ボーダレス社会と法

謹んで
オスカー・ハルトヴィーク先生に
捧げます

執筆者一同

執筆者一覧

(掲載順 ©2009, 編者＊)

石渡　　哲	(いしわた　さとし)	防衛大学校人文社会科学群教授
小田　　司	(おだ　つかさ)	日本大学法学部教授
＊永田　　誠	(ながた　まこと)	弁護士
芳賀　雅顯	(はが　まさあき)	明治大学法学部教授
＊石川　　明	(いしかわ　あきら)	愛知学院大学大学院法務研究科教授
大濱しのぶ	(おおはま　しのぶ)	関西学院大学法学部教授
小西　飛鳥	(こにし　あすか)	平成国際大学法学部准教授
我妻　　学	(わがつま　まなぶ)	首都大学東京法科大学院教授
蒲　　俊郎	(かば　としろう)	桐蔭横浜大学法科大学院専任教授
櫻井　雅夫	(さくらい　まさお)	青山学院大学WTO研究センター研究員
赤松　耕治	(あかまつ　こうじ)	富士通株式会社知的財産権本部知的財産戦略室担当部長
矢野　公子	(やの　きみこ)	弁理士
籾山　錚吾	(もみやま　そうご)	朝日大学大学院法学研究科教授
入稲福　智	(いりいなふく　さとし)	平成国際大学法学部准教授
青柳　由香	(あおやぎ　ゆか)	北海道大学大学院法学研究科文部科学省グローバルCOEプログラム研究員
鈴木　秀美	(すずき　ひでみ)	大阪大学法科大学院教授
工藤　敏隆	(くどう　としたか)	法務省大臣官房民事訟務課付
＊三上　威彦	(みかみ　たけひこ)	慶應義塾大学大学院法務研究科教授

オスカー・ハルトヴィーク先生

Borderless Economy and Law
ボーダレス社会と法

オスカー・ハルトヴィーク先生追悼

石川明・永田誠・三上威彦 編

信山社

は　し　が　き

　われわれの敬愛する，知日家であり，かつ親日家でもあり，しかも卓越したチェロ奏者でもあったハノーファー大学のオスカー・ハルトヴィーク教授（Prof. Dr. Oskar Hartwieg）は，2001年8月26日に逝去された。それから今年でもう8年が過ぎようとしているが，とくに親しくお付き合いしていた私共は，かけがえのない仲間を失ったという喪失感を未だにぬぐい去ることができないでいる。

　教授と知り合ったきっかけは以下のようなものであった。すなわち，1978年から，石川明を代表として，判例タイムズ誌上に「ドイツ民事訴訟法関係新判例紹介」というシリーズの掲載を始めた。これは，ドイツのBGH（ドイツ連邦通常裁判所）の最新判例を中心にして，その内容を紹介し，かつわが国の視点から若干の解説を試みたものであった。当時その研究会の事務局をしていた三上威彦が，たまたまドイツのNJW（Neue Juristische Wochenschrift）誌から，わが国におけるドイツとの学術交流活動があれば紹介してもらえないだろうかとの依頼を受けた。そこで，三上は，このドイツ民事訴訟法関係新判例紹介というシリーズについての紹介記事を書き，これがNJW誌上に掲載された。その掲載後間もなくして，おそらく1979年だったと思うが，この記事を読まれたハルトヴィーク教授から，このシリーズの具体的な内容を問うご丁寧なお手紙をいただき，そこから活発な文通が始まった。この文通により，教授からは，重要な新しい判例をお教えいただくことがたびたびあったが，それには必ず，自分はこう思うのだが，という多くは判例に批判的な意見が添えられており，日本の立場ではどうなりますか，という内容が書かれていた。このささやかに始まった国際交流活動は単なる文通にとどまらず，その後，何度かハルトヴィーク教授を日本にお招きして，慶應義塾大学をはじめ，さまざまな大学で講義をしていただいたり，共同セミナーを開催するまでに徐々に発展していった。さらにこの交流は，慶應義塾大学にハノーファー大学の学生を招き，日本法についての講義をしたり裁判所見学をするといったプログラムにまで発展し

はしがき

た。それに対してハルトヴィーク教授も，日独学術交流を積極的に推進して下さり，在外研究を希望するわが国の研究者を積極的にハノーファー大学で受け入れていただき，研究のサポートから日常生活におけるアドバイスまで，本当に親身になってお世話をしていただいた。そのようなご縁で教授とお近づきになり，教授の，学問や学術交流に対して注がれたなみなみならぬ情熱とそのフランクなお人柄に強く影響された者も少なくないと思われる。

　ハルトヴィーク教授は，国際労働関係法，国際経済関係法，経済法，国際私法といった幅広い分野を専攻しておられたが，そのほかにも，国際取引法，国際手続法，法社会学，さらにはドイツとイギリスを中心としながらも，その他の国々の民事訴訟法や民事裁判手続の法比較にも興味を有しておられた。そのせいもあり，英国，米国をはじめとして，わが国の研究者とも積極的に交流を図っておられた。教授がその著述を通して，どれほど学界に貢献されたかは，ハルトヴィーク教授の死後刊行された同教授の論文集である「比較法における事実研究と規範研究」(H. A. Hesse=S. Meder Hrsg., „Tatsachen- und Normarbeit im Rechtsvergleich", Mohr Seibeck, 2003) に寄せられた Gerhard Kegel 教授の追悼文や，ハルトヴィーク夫人も言及されている Stauder 教授の追悼文，および JZ 2002, S.90 に掲載された Manfred Rehbinder 教授の追悼文を読めば明らかである。そのような教授の学問上の多大な貢献と，その人柄を惜しみ，欧米では，教授のご逝去の後，同じ専攻分野の先生方による追悼論文集の刊行が直ちに企画された。この企画は多くの研究者の賛同を得て，執筆希望者もかなりの数にのぼったと聞いており，したがって，その刊行は順調に推移するかと思われた。しかし，諸般の事情から，追悼論文集はいまだに刊行されておらず，また今後も当分の間，刊行の見通しは立っていないように思われる。

　このような状況に鑑み，われわれ編者は，昨年の初めに相談し，生前に日独国際的学術交流のために並々ならぬご努力を捧げられたハルトヴィーク教授を顕彰すると共に，そのことに対する日本人研究者の感謝の印と，教授への追悼の意味を込めて，わが国で，教授に献呈する追悼論文集を刊行することを企画した。このような企画については，教授の令夫人にもご賛同頂き，ここに追悼論文集刊行に向けての作業が開始することになった。さいわいこの追悼論文集には，時間的に十分な余裕がなかったにもかかわらず，教授に直接ご指導をい

はしがき

　ただき教授を深く敬愛する人々だけでなく，教授の直接のご指導を受けた者ではないが，教授の研究分野に関心を寄せ，かつ教授を慕う多くの方々からレベルの高いたくさんの論稿をお寄せ頂いた。おかげで，編者としては，教授に献呈して恥ずかしくない立派な追悼論文集を刊行することができたのではないかと思っている。このことに対し，われわれ編者一同は心より感謝する次第であるが，泉下のハルトヴィーク教授もこの結果を了として受け入れて下さるのではないかと思っている。

　なお，本追悼論文集の刊行に当たっては，手続法研究所の上田基金から多大なご支援を頂いたほか，信山社には，必ずしも営業的にはペイしない学術出版を快く引き受けていただいた。また，レービンダー教授は，そのJZ誌上に載ったハルトヴィーク教授への追悼文を本書に翻訳・掲載することにつき快く承諾して下さった。これらに対し，この場をお借りして，心からお礼を申し上げたい。

　2009年7月7日

　　　　　　　　　　　　　　　　　　　　　　　　　　　　編者一同

思い出すままに

ハルトヴィーク夫人　　平塚桂子

　主人はBraunschweigの出身で，彼の父は代々続いた裁判官の4代目だったそうです。書類に埋もれた父親の生活を見て，自分は裁判官にはなるまい，ときめこんで大学に勤めました。主人の父は4人兄弟の末っ子でしたが，兄達3人は皆若くして一次大戦で戦没してしまいました。4人目の息子であった主人の父は第二次大戦に徴兵され，1949年，5年間のシベリア抑留から病身で帰宅致しました。終戦直後，主人は市の栄養失調児童の1人に選ばれて，半年ほどスイスの家庭に預けられていたということです。

　こういう時代背景の少年期ですから，彼は国家とかBGHとかいう「権威」はあまり好きではありませんでした。国に納める税金とか交通違反の罰金とかも大嫌いで，消費税やガソリン代なども，給料から税金を引いておきながら2度取りをしている，と不満でした。速度違反の通告が来るとjuristisches Experimentとか申しましてEinwendungを提出します。半年ほど役所との文通が続き，ついにお役所の方から，罰金は免除します，お願いですからもう書かないで下さい，と言って来た事が2度ほどありました。払う必要のないものを免除とは失礼な，とか申しておりました。

　彼の年代はAusbildungが厳しく，Referendarも3年勤めなくてはならず，国家試験の科目でも，ローマ法のExegeseなどが義務となっており，これには大変時間がかかったそうです。日本で言えば律令の注釈みたいなものでしょうか。こちらのカンニングは一種のスポーツで，一般に悪いという意識はありません。主人もGymnasiumなどではゴム輪でクラス中に回答をとばしたり，大学では，病気とか家の都合とかで切羽詰った友達のHausarbeitなどを書いた事があるそうです。又Klausurの時は，左の耳に鉛筆を挟んだらJa，右ならNeinとかの示し合わせもあったようです。

　主人の学生時代には考えられないことでしたが，今ではErasmus-Programm とかで法科の学生達も大変 global に勉強できるようになり，教師もあちこち客員教授としてでかけなくてはなりません。主人もひと月 Bristol の大学へ行くのを頼まれ，当時そこに留学していた 10 名ほどの Hannover の学生達のため，ドイツビール，洗面器ほどもあるドイツのごついパン，特大サラミなどを車に積んででかけ，大いに喜ばれたことがございます。皆で Bristol から London へ法廷見学に行くについて，London の地下鉄の終点の駅まで車で行き，そこから地下鉄で Temple まで行きました。帰り，暗くなってから地下鉄をおりたところ，Bristol から分乗してきた 3 台の車がありません。よく見たら駐車違反の標識の直下に 1 日駐車していたらしいのです。これは罰金，と一同げんなりしたのですが，主人が警察にでかけ，たわいもないおしゃべりをして，無料で 3 台のドイツナンバーの車を取り返してきました。この話は今でも人気があります。ドイツだったらこうはいくまい，と彼は Common Law の世界がますます気に入ったようです。

　Cambridge の前学部長 Cornish 先生はピアノを弾かれ，主人のチェロとのアンサンブルを楽しみにしておられました。彼が定年引退された際の記念論文集（Intellectual Property in the New Millennium）に，Strassbourg のヨーロッパ大学の Stauder 先生の，主人についての大変お心のこもった追悼文がございます（Oskar Hartwieg's thoughts on the English legal system）。門外漢である私にはよくわかりませんが，Stauder 先生はここで，主人の Common Law 理解を学問的に解説しておられるようです。主人は自身，議論や喧嘩には絶対負けない口達者でしたから，Humor や Ironie，果ては Sarkasmus や Spott まで織り込まれた Common Law の判決文を大変楽しんで読んでおりました。Lord Denning などは彼の敬愛する人物であったと思います。ドイツでは „Im Namen des Volkes" などと言って，味も素っ気もない Kommunique みたいな判決文を読み上げている，と言っていたのを思い出します。

　主人の病気は慢性でこれといった自覚症状もなく，診断を受けてからも 10 年間，相も変らぬ多忙な生活をしておりました。でも最後の 2，3 ヶ月は大変だった様子です。亡くなる 10 日前に最後の Doktorexamen をし，入院は 2 日間だけでした。彼が病気である事をご存じない方々が多かったこともあり，逝去の知らせに驚かれた方がたくさんいらっしゃいました。戦死した 3 人の面識

思い出すままに

のない叔父達や，強制収容所で無駄死にをしたユダヤ人達の事を思うとお墓なぞはいらない，Braunschweigの家族墓地にも入らない，無名墓地でよし。葬儀なぞもいらない，と常日頃申しておりましたので，それに従いました。

　没後直ちに同僚の先生方や主人の生徒さん達の間で追悼論文集の計画があり，出版社も決まり，半数の方々は論文を提出されたそうですが，主人の親しくして頂いていた先生方は，専門分野の関係から世界中に散らばっておられ，丁度秋から冬にかけての皆様ご多忙な時期にもかかり，まとめるのも大変でうやむやになっているとかなってしまったとか聞いております。こういう状態の折，もう7周期を迎えましたのに，主人が生前大変ご厚情をいただいておりました石川先生が，日本で追悼論文集を出してくださる旨伺い，主人にとりましてはそれこそ葬儀墓参にまさる弔意の賜物と，石川先生をはじめ，ご投稿いただく諸先生方に深く感謝いたしております。

2008年8月26日　Hemmingenにて

追 悼 文

オスカー・ハルトヴィーク

（1936年12月4日―2001年8月26日）

マンフレート・レービンダー（JZ 2002, S. 90）

　長年にわたるガンとの粘り強い戦いの後に，その終了は早くかつ不意におとずれた。ハノーファー大学において国際経済法の分野をになっていたオスカー・ハルトヴィークは，広範な学問的仕事および好きだった教育活動の途中にして天に召されたのである。しかし，彼の活動の分野は，なかんずく，比較訴訟法や法社会学へと，この国際経済法の広範な領域を遙かに超えていた。ただ，彼の学問的な入り口は国際私法であった。

　彼は，高等裁判所裁判官とピアニストの息子としてブラウンシュヴァイクに生まれかつそこで成長し，ミュンヘンとハンブルクで法律学を学び（1958 – 1962），ハンブルクのマックスプランク研究所（Max-Planck-Institut）の奨学生として学術活動を開始し（それは，「ドイツおよび国際的な契約法における反致（Renvoi im deutschen und interenationalen Vertragsrecht）」という1967年のハンブルクで書かれた博士論文によって終了した），また，ニーダーザクセン州の司法修習生として実務教育を開始した（1968年の第2次国家試験合格で終結）。その後，テュービンゲン大学のヨーゼフ・エッサー（Josef Esser）教授の研究室における短期の活動の後，ハノーファーのフォルクスワーゲン財団の学術研究員の地位を取得した（1970 – 1974）。この期間内において，彼は，法事実研究を中心とする法社会学や犯罪学における広範な知識を習得した。この領域内において，彼は，それ以降，非常に困難なテーマの一つ，すなわち裁判手続に関する様々な法構成の間の機能的法比較，に取りかかったのである。彼のテーマ設定や作業方法にとって典型的なものとして以下のような論文がある。すなわち，「フォーラム・ノン・コンビーニエンスと『十分な国内関連性』の間における法廷地漁り（Forum Shopping zwischen Forum Non Conveniens und „hinreichendem Inlandsbezug")」(JZ 1996, 109-118)，または，「法曹教育をめぐる議論における迅速な法的救済（Die schnellen Rechtsbehelfe in der Debatte um die Juristenausbildung)」(JZ 1997, 381-390) である。

裁判所の判決の生成やスタイルについての彼の取り組みは，民事訴訟の対話的構造へ立ち返るきっかけになった。この視点において将来を指し示すものとしては，彼の最後に公刊された次の論文がある。すなわち，単に証拠手続を簡素にするだけでなく，適切な本案裁判を促進するために訴訟における協働において当事者の支配を機能的に強化するという明確な目的を伴う「訴訟改革と要約的裁判（Prozeßreform und Summary Judgment）」(ZZPInt. 5〔2000〕19-58)であった。その際，判決理由は，ドイツの判決技術においてそうであるように当事者と裁判官の地位を平準化する代わりに，それを暴くべきなのである。彼は比較法的視点と並んでますます法史的観点を実り多いものにした。実体法と手続法とを再び結合するために，彼は，ローマ法上のアクチオとエクセプチオとの協働から今日までのイギリスの法発展へという結合線を引き出した。また最後に，彼は，国際的Eコマース（E-Commerce）における権利の貫徹を容易にするために，他人の権利を事実として当事者自らによって，訴訟に提出させるという要請でもって，橋渡しをしたのである（参照，「プリーディング・アクションと外国法の下における防御（Pleading actions and defences under foreign law)」(I. Fletcher u.a., Hersg., Foundations and Perspectives of International Trade Law, London 2001, 173-192)。

1975年以降ハルトヴィークは工科大学，後のハノーファー大学，で働いていたが，その後，1976年からは国際経済法の正教授に就任した。国際的に遂行された彼の研究プロジェクトは，多くの外国滞在と，なかんずく，ブリストル，東京，ルーヴァンにおける客員教授としての招聘，さらに，国際連合の専門家委員会（Commission on International Trade Law and International Assignment of Claims) への招聘をもたらした。彼の長く続いた健康上の問題は，彼とのこの共同作業を常に容易にするものではなかった。しかし，彼の同僚や弟子の多くは，彼を，自らおよび他の人々に対して高い学問的要求をしたが，しかしそのために，親しい間柄にあっては，なかなんずく活発な演奏活動（チェロ）や弟子や友人仲間において均衡も見出し，またこれらの日々においてわれ

追悼文

われの共感に値する日本人の令夫人に助けられていたひとりの人間として記憶するであろう。その折には，われわれは，彼の中に「その時代における英米法と大陸法との間の大きな対立においてはるか先のことを考えていた学者」（Gerhard Kegel）を忘れるのである。

（三上威彦訳）

目　次

はしがき

思い出すままに〔ハルトヴィーク夫人　平塚桂子〕

〈追悼文〉オスカー・ハルトヴィーク
　　　　　　〔マンフレート・レービンダー（三上威彦訳）〕

第1部　民事手続法

1　訴訟救助付決定に対する相手方当事者の即時抗告の許否
　　　…………………………………………〔石　渡　　哲〕……5

2　民事訴訟における違法収集証拠の利用と人格権の保護
　　　…………………………………………〔小　田　　司〕……29

3　国際裁判管轄についての一考察
　　　──ひとつの実務を中心として──………〔永　田　　誠〕……51

4　国際訴訟競合における"事件の同一性"を判断する法
　　　──同一性問題に関する序論的考察──………〔芳　賀　雅　顯〕……67

5　懲罰的損害賠償と外国判決の承認……………〔石　川　　明〕……113

6　ブリュッセルⅠ規則における間接強制の規律
　　　…………………………………………〔大　濱　しのぶ〕……125

第2部　民　事　法

7　ドイツにおける建築施工者の不動産の瑕疵についての法
　　　的責任──瑕疵請求権の譲渡を中心に──…………〔小　西　飛　鳥〕……163

8　産科医療補償制度について──アメリカにおける分娩に関連
　　　する脳性麻痺に対する無過失補償制度との比較──
　　　…………………………………………〔我　妻　　学〕……187

目　次

⑨　企業ポイントの概念整理及びポイントプログラム内容の
　　不利益変更の有効性について ……………………〔蒲　　俊　郎〕…217
⑩　≪資料≫ドイツの投資奨励保護規定 ……………〔櫻　井　雅　夫〕…241
⑪　知的財産法による情報成果物の保護の限界と不法行為法
　　による救済の可能性について ……………………〔赤　松　耕　治〕…261
⑫　商標制度利用者に求められる公益意識……………〔矢　野　公　子〕…289

第3部　EU法

⑬　ヨーロッパ法文化の鳥瞰図 ………………………〔椛　山　錚　吾〕…301
⑭　EC法上の基本的自由と国際私法 ………………〔入　稲福　智〕…325
⑮　EUにおける公共サービス事業の意義の変容
　　――競争法の限界への影響の視点から―― ……〔青　柳　由　香〕…347

第4部　憲　法

⑯　モデル小説と芸術の自由――ドイツ連邦憲法裁判所「エスラ」
　　事件決定を中心に―― ……………………………〔鈴　木　秀　美〕…379

第5部　欧　文

⑰　History and Possible Future Reform on Patent Invalidation
　　Procedure in the United States…〔Toshitaka Kudo（工藤敏隆）〕…403

⑱　Die Anordnung der Urkundenvorlage von der
　　Umlaufakte bis zur Darlehensentsceidungsfindung
　　in der Bank in Japan …………〔Takehiko Mikami（三上威彦）〕…433

オスカー・ハルトヴィーク先生略歴・主要文献目録
執筆者紹介

ボーダレス社会と法

オスカー・ハルトヴィーク先生追悼

第1部
民事手続法

1 訴訟救助付決定に対する相手方当事者の即時抗告の許否
2 民事訴訟における違法収集証拠の利用と人格権の保護
3 国際裁判管轄についての一考察
4 国際訴訟競合における"事件の同一性"を判断する法
5 懲罰的損害賠償と外国判決の承認
6 ブリュッセルⅠ規則における間接強制の規律

1　訴訟救助付与決定に対する相手方当事者の即時抗告の許否

石　渡　　哲

Ⅰ　はじめに
Ⅱ　判例および裁判例ならびに学説の概要
Ⅲ　検　　討
Ⅳ　付論（訴訟救助申立て却下決定に対する申立人の不服申立て方法）

Ⅰ　は じ め に

　訴訟救助付与決定に対して本案の相手方当事者が即時抗告を提起することができるか否かについては，旧民事訴訟法の時代以来，判例および裁判例ならびに学説は，これを肯定する「積極説」，否定する「消極説」，および，基本的には否定しながら，原告への訴訟救助の付与により訴訟費用の担保が免除される場合（民訴83条1項3号。旧民訴120条3号）にかぎり肯定する「制限説」，の3つの見解に分かれていた[1]。なお，最近，石川明教授は，消極説の立場に

（1）　これらの見解に付けられた名称について，筆者は若干問題があると考えている。
　まず，「積極説」と「消極説」であるが，本稿で取り上げる問題についてのみならず，一般に何かを肯定する見解を「積極説」，否定する見解を「消極説」と称することがある。しかし，そのような内容であるならば，端的に「肯定説」「否定説」といったほうが，明解であろう。この点で，川嶋四郎「判批」法セ600号119頁（2004年）が「肯定説」「全面否定説」の呼称を，石川明「訴訟救助決定と相手方の即時抗告」判タ1221号78頁（2006年）が「全面肯定説」「全面否定説」の呼称を用いているのは適切である。また，住吉博「訴訟上の救助付与決定に対する相手方の不服申立」『民事訴訟論集第1巻』102頁（法学書院，1978年。初出，新報80巻1号〈1973年〉）が積極説を「抗告許容説」と称しているのも，適切である。しかし，「積極説」「消極説」の名称が一般的であり，筆者自身も後注（3）に引用する旧稿でこれらを用いたので，本稿でもこれらを用いることにする。
　つぎに，「制限説」というと，基本的には肯定していて，限定的な場合に否定する見解との印象を与えるであろう。しかし，制限説は，基本的には消極説に立っており，訴訟費用の担保が除免されるという実務上まれなケースにおいてのみ，相手方の即時抗告を認めるのであるから，この名称は同説の内容に適合していない。しかし本稿では，

立ちながら，相手方の裁判を受ける権利の保障をも考慮に入れ，訴訟救助決定手続において相手方の審問請求権を認め，その範囲で消極説の立場について若干の譲歩をする見解もあるとし，これを仮に「審問請求権付否定説」と名付けられた[2]。ただし，石川教授自身が同説を支持されているわけではなく，また，わが国では同説の主張者もいないようである。

かつて筆者は，旧法下で，制限説が正当であると主張した[3]。ところが，現行民事訴訟法下で，平成16（2004）年に積極説を採用する最高裁判例が現れ（Ⅱ(1)の表に掲示する判例［2］)，学説においてもそれを機に相手方当事者の即時抗告の許否をめぐる議論が活発になっている。そこで筆者は，この判例やその後の諸学説の主張をも考慮し，あらためてこの問題を検討した。その結果が本稿である。あらかじめ結論を述べれば，筆者は現在でも制限説が正当であると考えている。なお，以下では，旧稿の論述中本稿で訂正または補正する部分のみ，その箇所を注で明示することにし，旧稿での論述と同じ内容を述べるさいには，旧稿を同旨の学説として引用することはしない。

ところで，この問題は，上述のように，旧民訴法の時代以来争われているが，各説が自説の拠り所としている条項は，旧民訴法においても現行民訴法においても内容的には変わっていない。すなわち，たしかに，訴訟救助付与の要件は現行民訴法制定にあたり修正されたが（旧民訴118条と民訴82条1項を対比されたい），訴訟救助決定の取消申立てに関する旧民訴法122条と現行民訴法84条，および，訴訟救助手続における決定に対して即時抗告の提起が可能と規定する旧民訴法124条と現行民訴法86条は内容的に変わっていない。ただし，86条については，立法の過程において，まさに本稿で取り上げられる問題に関して，後述のように（Ⅲ(2)(a)⑧)，制限説を採用する明文規定を設けることが検討されたが，結局かような明文化は見送られ，条文が口語化されただけに終わった。

なお，訴訟救助手続においては，訴訟救助申立てを却下する決定に対する申立人の不服申立て方法が通常抗告か即時抗告かということも，問題になってい

「積極説」「消極説」の名称を用いたのと同様の理由で，この名称を用いることにする。
（2） 石川・前掲注（1）78頁。
（3） 石渡哲「判批」判評267号33頁以下（1981年），同「訴訟救助手続における不服申立てに関する若干の問題」防衛大学校紀要47輯107頁以下（1983年）。

る。しかし，この問題は，相手方当事者の即時抗告の許否に比べると，活発な論争がなされてはおらず，独立した論文のテーマにはなりにくいものである。そこで，本稿の末尾（Ⅳ）で付論としてこの問題についての筆者の見解を披瀝することにしたい。

Ⅱ 判例および裁判例ならびに学説の概要

(1) 判例および裁判例の概要

相手方の即時抗告の許否に関する判例，裁判例は表にあるとおりである（以下では，判例，裁判例を表の中で付けられている番号で表示する）。

番号	判例・裁判例	見解	備考*
［1］	大決昭和11年12月15日民集15巻2207頁	積極説	残余財産違法分配返還請求訴訟
［2］	最決平成16年7月13日民集58巻5号1559頁	積極説	仮釈放許可申請不許可処分の取消請求等訴訟
［3］	名古屋高金沢支決昭和46年2月8日下民集22巻1～2号92頁＝判時629号21頁	積極説	イタイイタイ病公害訴訟
［4］	東京高決昭和54年5月31日東京高等裁判所判決時報民事30巻5号142頁＝判時933号71頁	制限説	
［5］	東京高決昭和54年11月12日東京高等裁判所判決時報民事30巻11号292頁＝判時951号64頁＝判タ401号72頁	積極説	安中公害訴訟第2次訴訟
［6］	福岡高決昭和55年5月27日下民集31巻5～8号424頁＝判時980号67頁＝判タ417号112頁	制限説	長崎じん肺訴訟
［7］	福岡高決昭和57年7月8日判タ479号118頁	制限説	
［8］	東京高決昭和61年11月28日東京高等裁判所判決時報民事37巻11～12号137頁＝判時1223号51頁＝判タ641号202頁	制限説	厚木基地夜間飛行差止め等請求訴訟
［9］	東京高決昭和63年3月25日東京高等裁判所判決時報民事39巻1～4号13頁＝判時1272号97頁＝判タ681号201頁	積極説	豊田商事関連損害賠償請求訴訟
［10］	高松高決平成2年12月17日判時1383号136頁＝判タ753号227頁	積極説	第2次徳島じん肺訴訟

| [11] | 大阪高決平成5年9月29日訟月40巻6号1222頁 | 積極説 | 尼崎大気汚染公害訴訟 |
| [12] | 東京高決平成7年12月25日訟月43巻4号1133頁 | 積極説 | 横田基地第4次訴訟 |

* 備考欄の記載は，本案がどのような訴訟であるかを，事件の内容や収録誌の標題等を参照して，筆者がまとめたものである。

　大審院時代には，積極説を採用した判例［1］があっただけである。戦後もしばらくは，訴訟救助が申し立てられること自体があまりなかったためであろうが，相手方当事者の即時抗告の許否が争点になった事例もなかった。しかし，公害訴訟などで原告が訴訟救助を申し立てる例が増加する[(4)]のに応じて，昭和46（1971）年に出た裁判例［3］を皮切りにかような事例も増加した。とはいえ，裁判例の蓄積ができたというほどに多数あったわけではないが，表にあるとおり，数のうえでは積極説と制限説が拮抗していた。ただし，訴訟費用の担保が免除された事例はないので，制限説をとった裁判例はすべて相手方当事者の即時抗告を却下している。そして，昭和63年の裁判例［9］以後は積極説を採用する裁判例が続いている。また，学説においては，後述のように，見解が分かれ，積極説が通説ないし多数説といえる状況ではないものの，実務家の著した文献および実務に影響を与えたと推測される文献では積極説を支持するものが多かった[(5)]。そこで，実務では積極説が優勢であったということができよう[(6)]。

（4）　この間の状況については，たとえば，斎藤秀夫「公害訴訟における訴訟救助の特色——集団訴訟における一特色——」打田畯一先生古稀記念『現代社会と民事法』315頁以下（第一法規，1981年），斎藤秀夫ほか編『注解民事訴訟法(3)』203頁〔斎藤秀夫＝松山恒明＝小室直人〕（第一法規，第2版，1991年）参照。ただし，内田武吉「訴訟上の救助——その運用状況と改革の方向」『実務民事訴訟講座2』177頁（日本評論社，1969年）は，交通事故訴訟の増加が訴訟救助制度の利用頻度上昇の原因と見ている。

（5）　最高裁判所事務総局刊『民事訴訟における訴訟費用の研究（裁判所書記官研修所資料）』132頁（法曹会，1957年〈研究自体は昭和26年度に行われた〉，横田忠「訴訟上の救助に関する研究」裁判所書記官実務研究報告書（昭和48年度）12巻1号188頁以下，菊井維大＝村松俊夫『民事訴訟法Ⅰ』629頁（日本評論社，全訂・追補版，1984年），松山恒明「訴訟救助に関する若干の問題」判タ668号18頁（1988年），篠田省二「判批」判タ677号255頁（1988年），『民事実務講義案Ⅱ』研修教材6号119頁（裁判所職員総合研究所，3訂版，2004年）。

しかし，許可抗告の制度がなかった旧民訴法下では判例（最高裁決定）による見解の統一はなしえなかった[7]。ところが，現行民訴法が許可抗告の制度を設けたことにより，決定で裁判される問題についても判例による実務の扱いの統一が可能になったところ，前述のように，平成16年に積極説を採用する判例［2］が現れた[8]。したがって，今後の実務においては積極説に従った扱いがなされる可能性が高いようにも思われる。ただし，判例［2］には反対意見も付されており，また，後述のように(2)，同伴例を契機として議論が活発になり，これに対する批判的見解を表明する論者も少なくないので，実務の動向はなお予測が困難であるということもできよう。

(2) 学説の概要

学説は従来から，積極説[9]，消極説[10]，制限説[11]に分かれていた。

（6） 筆者は，1983年に発表した，石渡・前掲注（3）訴訟手続における不服申立てに関する若干の問題108頁で，制限説が実務を支配しつつあると述べたが，その後の裁判例を見ると，筆者の予測ははずれたと言わざるを得ない。

（7） 花村治郎「判批」『判例民事上訴法』236頁注（1）（成文堂，1992年。初出，判評343号〈1987年〉），篠田・前掲注（5）255頁，渡辺武文「訴訟救助付与決定に対する相手方当事者の即時抗告の可否」甲法36巻1-4号99頁注（5）（1996年）が，旧民訴法下で判例の統一が不可能であることを指摘していた。

　なお，住吉・前掲注（1）102-103頁は，積極説は，高裁管内での訴訟救助申立人の資力の判断基準の統一を考慮しているのではないかと推測し，同論文122頁は最高裁の規則制定権の行使による統一を期待している。

（8） 金子宏直「判批」民商132巻1号52頁（2005年），我妻学「判批」リマークス32号106頁（2006年）が，現行民訴法の下でこその問題に関する最高裁判例が出たということを述べ，ないし示唆している。

（9） 注（5）に引用した文献のほか，長島毅＝森田豊次郎『改正民事訴訟法解釈』135頁（清水書店，1930年），竹野竹三郎『新民事訴訟法釈義（上）』347頁（有斐閣，1930年），野間繁「判批」民商5巻6号119頁以下（1937年），加藤正治『新訂 民事訴訟法要論』198頁（有斐閣，第3版，1951年），菊井維大『民事訴訟法（上）』210頁（弘文堂，補正版，1968年），内田・前掲注（4）185頁。いずれも旧民訴法下で公刊されたものである。

　なお，旧民訴法下で，中島弘道『日本民事訴訟法（上）』1039頁（松華堂書店，1934年）は，訴訟救助付与決定，救助申立却下決定に対して即時抗告が可能と述べているが，誰が申し立てることができるかは，述べていないので，積極説であると断定するのは躊躇される。しかし，申立権者をとくに限定していないので，積極説に分類しても間違いではなかろう。

第1部　民事手続法

　学説については以下のことを述べておきたい。第1は，制限説が公表される前の消極説[12]は，制限説が言及する訴訟費用担保が免除される場合を考慮していなかった可能性があることである。第2は，平成16年に出た判例［2］後に公刊された同伴例に対する評釈，体系書，注釈書等も積極説[13]，消極説[14]，制限説[15]に分かれて論争が展開されているが，とくに，積極説や消極説の論者の中に，同判例以前には指摘されていなかった，あるいは，指摘されてはいても強く認識されていなかった観点を自説の理由付けのために援用しようとする試みがみられることである。これらの観点についてもⅢで取り上げることにする。

---

(10)　松岡義正『新民事訴訟法注解第3巻』586頁（1932年），細野長良『民事訴訟法要義第5巻』300頁（巌松堂，再版，1941年），花村・前掲注（7）233頁以下，渡辺・前掲注（7）96頁以下。いずれも旧民訴法下で公刊されたものである。

(11)　旧民訴法下の学説として，兼子一「判批」『判例民事訴訟法（上）』478頁（弘文堂，1950年。初出，『判例民事法昭和11年』），同『条解民事訴訟法（上）』292頁（弘文堂，1955年），斎藤秀夫「判批」判評152号27頁（1971年），住吉・前掲注（1）91頁，鈴木宏「訴訟救助に関する問題点」専法18号112頁以下（1974年），福山達夫「訴訟の費用・法律扶助」『講座民事訴訟1』159頁（弘文堂，1984年），兼子一ほか『条解民事訴訟法』296頁〔新堂幸司〕（弘文堂，1986年），斎藤ほか・前掲注（4）256頁〔斎藤・松山・小室〕，上田徹一郎＝井上治典『注釈民事訴訟法(2)』629頁〔福山達夫〕（1992年，有斐閣）。現行民訴法下の学説として，山口健一「訴訟上の救助」『新民事訴訟法大系第1巻』246頁（青林書院，1997年），園尾隆司編『注解民事訴訟法Ⅱ』180頁〔山口健一〕（青林書院，2000年），藪口康夫「判批」『別冊ジュリスト171号』223頁（2004年）。

(12)　管見のおよぶかぎり，最初に制限説を主張したのは，判例［1］（大判昭和11年）に対する兼子博士の判批（前注(11)）であるから（この判批の初出は，『判例民事法昭和11年』である），その公表前の消極説というと，注(10)に掲示した学説中，松岡義正博士と細野長良氏の学説である。

(13)　遠藤曜子「判批」ひろば58巻6号73頁（2005年），秋山幹男ほか『基本法コンメンタール民事訴訟法Ⅱ』135頁（日本評論社，第2版，2006年），谷口豊「判解」判例民平成16年481頁以下，石川・前掲注（1）78頁以下，賀集唱ほか編『基本法コンメンタールⅠ』208頁〔大喜多啓光〕（日本評論社，第3版，2008年）。

(14)　岡田幸宏「判批」ジュリ1291号135頁（2005年），酒井博行「判批」北研41巻3号113頁以下，とくに120頁（2005年），川嶋・前掲注（1）119頁。金子・前掲注（8）55頁以下も消極説に分類できるであろう。

(15)　我妻・前掲注（8）106頁以下，河村好彦「判批」法研79巻6号125頁以下（2006年），松本博之＝上野泰男『民事訴訟法』751頁以下（弘文堂，2006年）。伊藤眞『民事訴訟法』554頁（有斐閣，第3版3訂版，2008年），新堂幸司『新民事訴訟法』948頁以下（弘文堂，第4版，2008年）。

Ⅲ 検 討

(1) 検討の手順および判断の基準
(a) 検討の手順

制限説は，訴訟費用の担保が免除されている場合にかぎり，相手方の即時抗告を可能とするのであるが，訴訟費用の担保が命じられる事態自体が多くないので，訴訟救助の付与により担保が免除されるという事態はきわめてまれなことであろう[16]。実際に，前述のように，裁判例の中には制限説をとるものもかなりあるが，訴訟費用の担保が免除され，それゆえ即時抗告を適法としたものは，その中にはない。もっとも，生活のあらゆる場面でボーダレス化が進んできた現在，訴訟費用の担保免除の事案が生じ，かつ増加する可能性はないではないが，少なくとも現状ではそのような事案はまれである。したがって本稿ではまず，この免除がなされていない場合における相手方当事者の即時抗告の許否を検討する。筆者は，この場合相手方当事者は即時抗告を提起できないと考えるので，つぎに，訴訟費用の担保が免除される場合における即時抗告の許否を検討する。

(b) 相手方当事者の即時抗告許否の判断基準（各説の根拠）

各説を支持する学説ならびに各説を採用する判例および裁判例が相手方当事者の即時抗告の許否の判断基準とする事項および判断基準になる可能性がある事項を列挙すると，以下のようになる。

① 民訴法 86 条（旧民訴法 124 条）の文言
② 民訴法 84 条（旧民訴法 122 条）との整合性
③ 相手方当事者の利害（即時抗告の利益）
④ 訴訟救助手続の構造
⑤ 相手方当事者は，勝訴しても，支出した訴訟費用の弁償を得られないこと
⑥ 濫訴防止
⑦ 立法の経緯 1 （旧々民訴法から旧民訴法への移行）

---

[16] 横田・前掲注(5) 189 頁，花村・前掲注(7) 233 頁，渡辺・前掲注(7) 89 頁，岡田・前掲注(14) 135 頁，我妻・前掲注(8) 105 頁が指摘するところである。

第1部　民事手続法

⑧　立法の経緯2（旧民訴法から現行民訴法への移行）
⑨　適正な手続
⑩　当事者間の公平・武器平等
⑪　紛争解決の迅速性

(2)　訴訟費用担保の免除がなされていない場合の検討

(a)　各判断基準の検討

以下では，(1)に列挙した判断基準ごとに検討する。

①　**民訴法86条（旧民訴法124条）の文言**　積極説をとる学説，判例・裁判例のほとんどが，訴訟救助手続における不服申立てにつき規定する民訴法86条が相手方当事者の即時抗告を排除していないことを，根拠の一つとしている[17]。しかし，たとえ条文が不服申立権者たることを排除していなくても，不服の利益のない者は不服を申し立てられない。すなわち，文言はこの問題の決め手にならない[18]。

②　**民訴法84条（旧民訴法122条）との整合性**　積極説をとる学説，判例・裁判例の多くは，また，民訴法84条が利害関係人に訴訟救助の決定取消しの申立てを認めていることとの整合性を，その根拠としている[19]。しかし，民訴法84条による取消しの申立ても，訴訟救助付与決定により利益を害される者のみがなし得るのである。すなわち，相手方当事者が訴訟救助付与決定によりその利益を害されるとの前提に立てば，同人はこの決定に対する即時抗告を提起することも，またこの決定の取消しを申し立てることもできることになるし，逆に，利益を害されないとの前提に立てば，いずれもなし得ないことに

---

(17)　篠田・前掲注（5）255頁，谷口・前掲注(13)483頁，判例［2］，裁判例［3］，［5］，［9］，［10］，［12］。

(18)　つとに，細野・前掲注(10)300頁がこのことを指摘している。そのほか，住吉・前掲注（1）93頁，渡辺・前掲注（7）88頁，小島浩「判批」判タ1215号209頁（2006年），判例［2］の滝井繁男裁判官の反対意見，裁判例［8］。また，積極説の立場からも，松山・前掲注（5）18頁，石川・前掲注（1）79頁以下が，文言は決め手にならないと述べている。

(19)　野間・前掲注（9）121頁，菊井＝村松・前掲注（5）641頁，松山・前掲注（5）18頁，賀集ほか編・前掲注(13)208頁〔大喜多〕，判例［1］，［2］，裁判例［5］，［9］，［12］。

なる。したがって，民訴法84条との整合性は積極説の根拠にならない。

　もっとも，積極説の側では，消極説ないし制限説の主張者の中に，取消しの申立てについては相手方当事者にこれを認める者があることを指摘し，一貫性が欠けるとの批判を提起しているものがある[20]。たしかに，指摘されているような消極説，制限説の学説があるのは事実であり[21]，それは一貫性を欠いている[22]。しかし，訴訟救助付与について相手方当事者は利害を持たないとの基本的立場に立ち，同人に即時抗告の利益なしと解したうえで，取消申立権者については同人はこれに含まれないと解するならば，論理的一貫性は維持できる[23]。したがって，民訴法84条との整合性の観点は消極説（および制限説）の正当性を否定する根拠にならない。

③　相手方当事者の利害（即時抗告の利益）

　(ⅰ)　訴訟救助付与決定は訴え提起の手数料その他の裁判費用等についてその支払の猶予等の効力を有するので（民訴83条1項1号。旧民訴120条1号），訴訟救助を付与された原告が訴え提起の手数料を納付しなくても，訴状が不適法として却下されることはなく（民訴137条1項後段・2項参照。旧民訴228条1項後段・2項参照），また，期日の呼出に必要な費用を予納しなくても，訴えが却下されることはない（民訴141条1項参照）。この点で，訴訟救助付与は訴えの適法性にかかわっている。積極説は，このことを捉えて，相手方当事者も訴訟救助付与につき利害を持つ，と主張している[24]。

---

(20)　判例［1］（民集15巻2210頁），松山・前掲注（5）18頁，谷口・前掲注(13) 489頁注（3）。

(21)　松岡・前掲注(10) 586頁，578頁は，相手方当事者の即時抗告の許否につき消極説をとりながら，取消申立権者に相手方当事者が含まれるとしている。また，斎藤ほか編・前掲注（4）256頁〔斎藤・松山・小室〕，238頁〔斎藤・松山・小室〕，園尾編・前掲注(11) 180頁〔山口〕，174頁〔山口〕は，制限説をとりながら，取消申立権者に相手方当事者が含まれるとしている。

(22)　制限説を支持する住吉・前掲注（1）95頁も，かような学説の一貫性の欠如を批判している。

(23)　実際に，住吉・前掲注（1）93頁以下，兼子ほか・前掲注(11) 296頁，300頁，酒井・前掲注(14) 118頁以下，河村・前掲注(15) 126頁，伊藤・前掲注(15) 554頁，555頁，新堂・前掲注(15) 948頁などは，消極説ないし制限説の立場に立ちつつ，本文で述べた意味での一貫性を保っている。

(24)　野間・前掲注（9）120頁以下，菊井＝村松・前掲注（5）629頁，松山・前掲注（5）19頁，賀集ほか編・前掲注(13) 208頁〔大喜多〕，判例［1］，［2］，裁判例

しかし，既に制限説や消極説が反論しているように(25)，この利害はたしかに訴訟救助付与から生じるとしても，反射的なものであり，救助付与決定に対する相手方当事者の即時抗告の利益を根拠付けるものとはいえない。

かような反論に対して，積極説を支持される松山恒明判事は，訴訟救助申立人は訴状却下を回避するために訴訟救助を申し立てるのであるから，相手方当事者にとって，訴状却下を申し立てることができなくなるのは，直接的な不利益である，と主張される(26)。しかし，たとえ訴訟救助申立人の主観的意図がそうであるとしても，訴訟救助の付与は国から被救助者になされるものであるから，前述の利害はやはり反射的なものである。

(ii) 積極説の中には，相手方当事者が救助付与決定により訴訟費用の担保の提供を受ける権利を失うことを，即時抗告の利益を肯定するために，援用するものがある(27)。訴訟費用担保提供免除の場合は，たしかに，裁判費用等の免除とは異なる。消極説とは別に，制限説が存在するのもそのためである。そこで，前述のように（(1)(a)），訴訟費用担保提供免除の場合については，別に論じることにする。

(iii) あるいは，訴訟救助が付与されなければ，訴えを提起できなかったであろう者が，付与されることによって訴えを提起し訴訟を追行することが，相手方当事者の利益を害するということもできないわけではない。判例［2］の多数意見が，「訴訟救助の決定は，……訴訟の追行を可能にするものであるから，訴訟の相手方当事者は，訴訟上の救助の決定が適法にされたかどうかについて利害関係を有する」と判示しているのは，この趣旨であると解される。しかし，この意味での利害もやはり反射的なものである。かつ，ある者が自己の権利の実現または保護のために訴えを提起したり訴訟を追行することが，相手方当事者にとって好ましくないこと，言い換えれば，その利益を害するのは当然のこ

---

　　［3］，［5］，［10］，［11］，［12］。
(25)　兼子・前掲注(11) 判批 478 頁，渡辺・前掲注(7) 95 頁以下頁，酒井・前掲注(14) 117 頁，河村・前掲注(15) 126 頁以下，我妻・前掲注(15) 107 頁，判例［1］の原決定（民集 15 巻 2212 頁），判例［2］の滝井繁男裁判官の反対意見（民集 58 巻 5 号 1601 頁），裁判例［4］，［6］，［7］，［8］。
(26)　松山・前掲注(5) 19 頁。
(27)　最高裁事務総局刊・前掲注(5) 132 頁，菊井＝村松・前掲注(5) 629 頁，裁判例［3］。

とであって，それを理由として訴え提起や訴訟追行に制約を課す方向の解釈論を展開することは，裁判を受ける権利を保障する憲法（憲32条）の精神に逆行しており，それゆえ支持できない。

④ **訴訟救助手続の構造**　訴訟救助手続は，救助申立人と裁判所とが関与する構造になっており，相手方当事者を関与させる構造にはなっていない[28]。このことも，相手方当事者の即時抗告を認めないことの根拠になる。もっとも，相手方当事者の関与を否定できるのは，③で明らかにした訴訟救助付与についての同人の直接的な利害が否定されるからこそである。したがって，手続の構造がどのようになっているかは，相手方当事者の利害が関わっているか否かと表裏をなしている。

このことに関連して，石川明教授は，判例［2］を契機として発表された論文で，訴訟救助手続が二当事者対立構造をとっていないとしながら，相手方当事者の審問請求権を認めるべき，と主張されている。その理由は，相手方当事者は，訴訟救助決定という訴訟の入り口で既に闘争に巻き込まれているということである[29]。石川教授は，訴訟救助をめぐる争いが本案の前哨戦であると考えておられるのではないかと，推測される。しかし，筆者は，訴訟救助手続で問題になるのは，あくまで救助の要件である資力の欠如等と勝訴の見込みがないとはいえないこと（民訴82条1項）であり，この手続で本案の前哨戦が行われているとみることはできない，と考える。

また，審問請求権の肯定は，石川教授が明示的に述べられているわけではないが，わが国の訴訟救助手続に相当するドイツの訴訟費用援助（Prozesskosten-hilfe）手続およびそれに関する学説の影響による面もあるのではないかと，推測される。すなわち，ドイツ民訴法118条1項は，訴訟費用援助の付与にあたっては相手方当事者に意見を述べる機会を与えなければならないと規定している。そしてドイツでは，この規定が相手方当事者に審問請求権を与える趣旨であるか否かにつき見解の対立があるが，これを肯定的に解するのが通説であ

---

(28)　斎藤・前掲注(11)判批27頁，住吉・前掲注（1）116頁以下，渡辺・前掲注（7）95頁，酒井・前掲注(14)117頁，我妻・前掲注(15)106頁，河村・前掲注(15)128頁，判例［2］の滝井繁男裁判官の反対意見，裁判例［4］，［8］。

(29)　石川・前掲注（1）80頁。

るといわれている(30)。前記規定が設けられたのは，おそらく，訴訟費用援助の付与が相手方当事者の利害にかかわることと，相手方当事者が訴訟費用援助申立人の経済状態を，したがって援助付与の要件が具備しているか否かをよく知っている可能性が高いことを，考慮してのことであろう。しかし，わが国の訴訟救助手続におけるのと同様に，訴訟費用援助に関する相手方当事者の利害も反射的なものである以上，同人の審問請求権は肯定すべきではない。

ちなみに，わが国では消極説の論者からも，相手方当事者は訴訟救助付与の要件の具備の有無を判断するうえでの情報源になるから，これに意見陳述の機会を与えることが重要であるとの指摘もなされている(31)。しかし，本案で争っている相手方当事者に公正な情報提供を期待することができるかは，疑問である。もちろん，対立構造をなす審理手続では両当事者に攻撃防御を尽くさせることが，公平な裁判をするために必要であるが，繰り返し述べているように，訴訟救助付与は国家と救助申立人の間の関係であるから，相手方当事者の意見を聴取する必要はないというべきである。

⑤ **相手方当事者は，勝訴しても，支出した訴訟費用の弁償を得られないこと**

積極説は，訴訟救助の効果は相手方当事者に及ばないので，たとえ同人が勝訴した場合でも，支出した訴訟費用の弁償を得られないことを，根拠の一つとしている(32)。しかし，この場合に相手方当事者が弁償を得られないことは，訴訟救助が付与されるか否かに関係ないことである。したがってこのことは積極説の根拠にならない(33)。なお，あえて付言すれば，訴訟救助付与決定が誤ってなされたということは，被救助者が経済的に困窮していないということを意味するのであるから，相手方当事者は，即時抗告を提起する労をとらなくても，勝訴した場合の弁償を得ることの可能性は大きいといえるのではないだろうか。

---

(30) 最新の文献ではないが，渡辺・前掲注(7) 92頁以下にドイツの状況が紹介されている。
(31) 渡辺・前掲注(7) 96頁。
(32) 谷口・前掲注(13) 485頁，裁判例［3］。ただし，谷口調査官の解説の対象となっている判例［2］はこのことを根拠としていない。
(33) 住吉・前掲注(1) 96頁，藪口・前掲注(11) 223頁，河村・前掲注(15) 127頁，酒井・前掲注(14) 118頁，川嶋・前掲注(1) 119頁，新堂・前掲注(15) 949頁，裁判例［6］。

⑥ **濫訴防止**　濫訴防止の観点が積極説の根拠とされることがある[34]。すなわち，民訴法82条1項但書およびその前身である旧民訴法118条但書は濫訴の防止のために設けられたが，濫訴による被害を受けるのは相手方当事者であるから，同人には訴訟救助付与決定に対する不服を申し立てる利益があるというのである。

しかし，この点につき筆者は以下のように考える。第1に，民訴法82条1項但書の「勝訴の見込みがないとはいえない」は「勝訴の見込みがある」よりも低い程度で足りるものであると解されている[35]。すなわち，法がこの要件の具備を要求するのは，訴訟上の主張が無茶であったり軽率な当事者に訴訟救助を付与することを防止するためであって，相手方当事者の利益保護のためではない。それゆえ，この要件が法定されていることを，相手方当事者の即時抗告の利益を肯定するための根拠として援用することは，適切でない[36]。第2に，濫訴であることは，訴えの適法性を阻却するものであるから，それが判明すれば，本案訴訟において訴えが却下されるべきである[37]。このように，濫訴防止の観点は積極説の根拠にならない[38]。

なお，濫訴とは訴え提起自体が訴権の濫用とみられる場合であるが，観念的には，これとは別に，訴訟救助の申立てが濫用的であるという場合も考えられる。すなわち，訴えをもって行う権利主張自体は無茶のものではないが，これを行う者が経済的に十分な余裕があるにもかかわらず，訴訟救助を申し立てる

---

(34) 松山・前掲注(5)19頁，判例[1]，裁判例[3]，[9]，[10]，[12]。ただし，金子・前掲注(8)54頁，我妻・前掲注(15)106頁が指摘しているように，判例[2]はこのことを根拠にしていない。

(35) 通説といえる。たとえば，兼子・前掲注(11)条解民事訴訟法（上）290頁，内田・前掲注(4)178頁，斎藤・前掲注(11)判批27頁，住吉・前掲注(1)98頁，斎藤ほか編・前掲注(4)207頁〔斎藤＝松山＝小室〕，菊井＝村松・前掲注(5)624頁以下，石川明「訴訟救助と『勝訴の見込み』」曹時34巻3号4頁以下（1982年）等。この問題については，石川論文が最も詳細に論じている。

(36) 斎藤・前掲注(11)判批27頁，住吉・前掲注(1)98頁。

(37) 住吉・前掲注(1)100頁，酒井・前掲注(14)117頁。
　　河村・前掲注(15)127頁以下は，濫訴であるか否かの判断を，訴訟の冒頭で行うのは不適当と主張している。

(38) 注(36)，(37)に掲げた学説のほか，金子・前掲注(8)57頁，新堂・前掲注(15)949頁，裁判例[6]，[8]。

という場合である。野間繁氏が「濫救」と表現しておられる[39]のは，この場合のことであろう。しかし，仮にかような訴訟救助申立てが認められ，救助が付与されてしまっても，相手方当事者はなんら直接的な不利益を被るわけではない。したがって，かような場合がありうることも，積極説の根拠にはならない。

⑦ **立法の経緯1（旧々民訴法から旧民訴法への移行）** 旧々民訴法102条1項は「訴訟上ノ救助ヲ付与シ又ハ其取消ヲ拒ミ若クハ費用追払ヲ命ズルコトヲ拒ム決定ニ対シテハ検事ニ限リ抗告ヲ為スコトヲ得」と規定していたのが，旧民訴法124条は「本節ニ規定スル裁判ニ対シテハ即時抗告ヲ為スコトヲ得」となった（現行民訴法86条も内容は同じ）。消極説の主張者である松岡義正博士は，訴訟救助付与の裁判に関しては「裁判所ヲ信頼スヘキモノニシテ特ニ検事抗告ヲ是認スル実益ナシ」と解されたことが，検事の抗告を廃止した理由である，と説明しておられる[40]。なお松岡博士は，旧民訴法制定過程において立法担当者としても，「検事の抗告を認めるやうなことは実際上要らなくなりはしないか，そう言ふ所から此点を改正したのであります」と述べておられる[41]。消極説の学説の中には，松岡氏のこれらの論述から，旧々民訴法から旧民訴法への移行の過程が消極説の根拠になると解していると推測されるものがある[42]。

しかし，兼子一博士が指摘されているとおり[43]，旧民訴法124条は，旧々民訴法が「個々的に通常抗告を許していた場合を即時抗告として一括した以外に他意なきものと見る」べきであって，旧々民訴法から旧民訴法への移行，すなわち検事の抗告申立権の廃止は相手方当事者の即時抗告申立権を肯定するための根拠にも，否定のための根拠にもなるものではない[44]。

---

(39) 野間・前掲注(19) 120頁。
(40) 松岡・前掲注(10) 570頁。
(41) 司法省『民事訴訟法改正調査委員会速記録』335頁（旧字体を新字体に改めた）。松本博之ほか編『民事訴訟法〔大正改正編〕(3)日本立法資料全集12』179頁以下にも収録されている。
(42) 花村・前掲注(7) 235頁，渡辺・前掲注(7) 95頁。
(43) 兼子・前掲注(11) 判批478頁。
(44) このことはいずれの立場に立つ学説からも指摘されている。積極説からは，松山・前掲注(5) 18頁以下，石川・前掲注(1) 80頁，消極説からは，酒井・前掲注(14)

⑧ 立法の経緯2（旧民訴法から現行民訴法への移行）　現行民訴法の制定過程における当初の段階，すなわち平成3年に公表された「民事手続に関する検討事項」では，見解が分れる問題につき解釈の統一を図るため，有力説である制限説に従った立法が提案されていた[(45)]。そして，法務省からの意見照会に対して寄せられた各界の意見の中では，賛成の意見が大多数であったとのことである[(46)]。それにもかかわらず，その後に公表された「民事訴訟手続に関する改正要綱試案」にはかような提案は見られない[(47)]。

　学説と裁判例において見解が分かれている中で，制限説の明文化がいったんは提案されながら，最終的に見送られたということから，現行民訴法は同説を採用しないことにしたとの主張が，制限説以外の見解，とくに積極説からなされる余地がある（ただし，管見の及ぶかぎり，実際にそのような主張がなされているわけではない）。しかし，上述の明文化が見送られたのは，この問題は解釈論に任せるべきとの判断によるものと解することもできるので，立法の経緯は必ずしも積極説の根拠になるものではない。

⑨ 適正な手続　判例［2］の評釈で遠藤曜子弁護士は，適正手続の保障の観点からすれば，訴訟救助手続の構造や，相手方当事者の利害が直接的が否かと厳格に問題にして，不服申立てを制限すべきではない，と主張される[(48)]。裁判所の誤った判断は，手続の構造いかんや，その者の利益の関わりかたなどにとらわれず，およそ紛争に関わるものによって是正されるべきであるというのは，新しい観点である。しかし，たとえ裁判所が誤った判断をしたとしても，

　　116頁，制限説からは，住吉・前掲注(1) 93頁，河村・前掲注(15) 126頁。
　　　ただし，兼子博士はこれを制限説，すなわち相手方当事者の即時抗告権の基本的否定の根拠とみているようでもある。
(45)　「民事訴訟手続に関する検討事項」52頁（法務省民事局参事官室編『民事手続の検討課題』別冊NBL23号所収〈1991年〉），「民事訴訟手続に関する検討事項補足説明」52頁（同書所収）。
(46)　柳田幸三ほか「『民事訴訟手続に関する検討事項』に対する各界の意見の概要(10)」NBL521号37頁（1993年）。なお，この資料は，柳田幸三ほか「『民事訴訟手続に関する検討事項』に対する各界の意見の概要」54頁（法務省民事局参事官室編『民事訴訟手続に関する改正試案』別冊NBL27号所収〈1994年〉）にも収録されている。
(47)　「民事訴訟手続に関する改正要綱試案」35頁参照（法務省民事局参事官室編・前掲注(46)民事訴訟手続に関する改正試案所収）。
(48)　遠藤・前掲注(13) 73頁。

それによって直接に利益を害されていない者に，その是正をする可能性を認めることは，現在の民事訴訟法が予定しているところではない。

⑩ **当事者間の公平・武器平等**　積極説の側には，訴訟救助付与の要件を満たしていないのにそれが付与された場合，当事者間の公平あるいは武器平等が害されるという考えが，以前からあったようであるが[49]，平成16年の判例［2］を契機として，最近新たに表明されている[50]。

しかし，仮に資力のある者に訴訟救助を付与してしまったとしても，公平・武器平等が冒されることにはならない[51]。なぜなら，たしかにそのような被救助者が訴訟救助を受けることは不当であるが，同人は訴訟救助を受けても受けなくても，同様の訴訟活動をしたであろうから，付与によって相手方当事者がことさら不利益な立場に立たされることにはならないからである。

ところで，やはり判例［2］を契機としてであるが，武器平等の観点を，積極説の側からではなく，むしろ消極説のための根拠として援用する学説が現れた。金子宏直教授の学説である。金子教授は，当事者間に経済力の差がない場合には，訴訟救助付与により当事者間の平等が害される危険があるが，訴訟救助申立人の相手方が国や大企業であり，申立人と相手方当事者の間に経済力の大きな差がある場合には（公害訴訟がその典型である。判例［2］の事案も，インドシナ難民と国の間の訴訟であるから，かような事件の一例といえるであろう），訴訟救助付与により平等は害されないので，相手方には抗告の利益がない，と主張される[52]。

しかし，訴訟救助の制度は，単純に資力の乏しい者に訴訟による権利の実現または保護を可能ならしめることを，目的としているのである。たしかに，経済力の乏しい者に訴訟救助が付与されることによって，結果として当事者間の公平が実現されるであろう。しかし，当事者間の公平を実現すること，言い換えれば，両当事者の経済的状態を同じにすることがこの制度の本来的な目的ではない。それゆえ，訴訟救助付与の要件の具備の判断にあたっても，また，相

---

(49) 積極説をとった昭和12年の判例［1］の「受救助当事者ノ地位ハ相手方ノ夫ニ比シテ著シク有利ナルコト明カナリ」という判示にもこの考え方が現れている。
(50) 谷口・前掲注(13) 487頁以下。
(51) 藪口・前掲注(11) 223頁。
(52) 金子・前掲注(8) 57頁。なお，渡辺・前掲注(7) 100頁注(26)参照。

手方当事者の即時抗告の許否の判断にあたっても，両当事者の資力のバランスを考慮する必要はないし，また，考慮してはならない[53]。ちなみに，上述の訴訟救助制度の目的からすれば，両当事者に訴訟救助が付与されることもあり得る[54]。

⑪ **紛争解決の迅速性**　相手方の即時抗告を認めることにより，訴訟救助付与をめぐる紛争，すなわち本案から見て派生的な紛争が生じ，そのために紛争解決が遅延しないかが問題になる。最近，石川明教授が，訴訟の迅速性の観点からは消極説が理に適うと述べておられるのは[55]，このことを考慮してのことであろう。しかし，訴訟救助付与手続およびその抗告審の手続は本案の手続とは別に進められるのであるから，即時抗告がなされたからといって，本案の手続の進行が妨げられることはないはずである[56]。もっとも理論的にはそうであっても，現実には抗告審の手続が行われることが訴訟救助申立人にとって時間的，金銭的，心理的，その他種々の負担を追わせるのではないかとの懸念が，ないわけではない[57]。しかし，抗告審の手続を簡易かつ迅速に行うならば，そのことは当事者にとってそれほど大きな負担になることはないであろう。また，抗告が認められるとしても，即時抗告なので，訴訟救助申立人が長期間にわたって不安定な立場に置かれることはないであろう[58]。したがって迅速性の観点は，相手方当事者の即時抗告の適法性を否定するための，決定的な根拠にはならない。

(b)　**小　　括**

以上の検討の結果を要約すると，以下のようになる。

訴訟救助付与決定に対する相手方当事者の即時抗告の許否を決するために，民訴法86条の文言（①）や民訴法84条との整合性（②）のような規定の形式的なあり方は決め手にならない。積極説が根拠として援用することのある濫訴防止の観点⑥も，決め手にならない。立法の経緯（⑦，⑧）も同様である。ま

---

(53)　酒井・前掲注(14) 118頁，河村・前掲注(15) 127頁。
(54)　住吉・前掲注(1) 94頁。
(55)　石川・前掲注(1) 78頁。
(56)　横田・前掲注(5) 190頁。
(57)　金子・前掲注(8) 58頁がこのことを指摘している。
(58)　遠藤・前掲注(13) 73頁。

た，とくに判例［２］を契機として指摘された，適正な手続（⑨），当事者間の公平・武器平等（⑩），紛争解決の迅速性（⑪）も同様に決め手にならない。

やはり決定的なのは，相手方当事者の利害が直接的なものか否か（③），それに対応して，訴訟救助手続の構造のいかん（④），および，相手方当事者が本案で勝訴しても，支出した訴訟費用の弁償を得られないことを，どのように評価するか（⑤）ということである。筆者は，相手方の利害は直接的なものではなく，それに対応して，訴訟救助手続の構造は，救助申立人と国家の二者の関係により構成されるものと考える。

そこで筆者は，訴訟費用の担保の提供が命じられていない場合には，訴訟救助付与決定に対して相手方当事者は即時抗告を申し立てることはできないとの立場に立つ。

(3) 訴訟費用担保の免除がなされた場合の検討
(a) 制限説の正当性

前述のように（(1)(a)），現在までのところ，訴訟費用の担保が免除される事態は多くないが，今後増加する可能性はある。それゆえこの場合について検討することには実益がある[59]。

制限説は，訴訟費用の担保が免除される場合以外においては，訴訟救助付与決定は相手方当事者の利益を直接には害しないとしながら，これが免除される場合には，相手方当事者は担保なしに応訴することを強いられるのであるから，直接の不利益を被ると主張する[60]。この不利益が，たとえば印紙不貼用による訴状却下の機会を失うという不利益と違うのは，担保が提供されていれば，相手方当事者は自分が勝訴した場合，訴訟費用を提供された担保から取り立てることができるのに，免除によりそれができなくなるという点で，直接的であることにある。

これに対して，消極説の論者が，担保提供が免除される場合でも相手方当事

---

(59) 花村・前掲注（７）234頁は，実益を否定している。しかし，花村治郎教授がこの判例批評を公刊されたのは，1987年であり，当時にあってはこの否定は的はずれであったわけではない。

(60) 兼子・前掲注（11）判批478頁以下，斎藤・前掲注（11）判批27頁，河村・前掲注（15）129頁，判例［２］の滝井裁判官の反対意見，裁判例［４］，［６］，［７］，［８］。

者の即時抗告を認めない理由は，担保免除は経済的弱者が応訴拒絶に会わないために認められているのであるから，これがなされたことのゆえをもって，相手方当事者の抗告権を認めるのは，論理が逆であるということである[61]。判例［2］の評釈中に，訴訟救助が憲法の保障する裁判を受ける権利の一つの具体化であることを根拠として，消極説を主張するものがある[62]が，その趣旨は先の論者と同じであろう。

　たしかに，経済的弱者が担保免除を拒絶されたため，訴訟による権利の実現または保護の道が閉ざされることがあってはならない。経済的弱者にもこの道を確保することは，憲法上の要請であるともいえよう。しかし，相手方当事者が即時抗告をもって主張するのは，原決定が訴訟救助付与の要件の具備につき判断を誤ったということ，具体的には，救助を受けることになった者が真に経済的弱者ではなかったということである。消極説の論者は，救助申立人が常に経済的弱者であることを当然の前提にしている，と推測される。しかし，実際にはそうでないこともあり得る。そのことを主張して，訴訟救助付与決定により直接的な不利益を受ける相手方当事者が即時抗告を申し立てることは，認められなければならない。もとより，抗告審が救助申立人が経済的弱者であると認定すれば，言い換えれば，抗告に理由がないと判断すれば，抗告は却下され，訴訟救助付与の原決定が維持されるのであるから，相手方の即時抗告の適法性を肯定しても，憲法上の問題は何ら生じない[63]。

(b) 即時抗告が提起されたときの処理

　以上のように，訴訟費用の担保が免除された場合には，相手方当事者は即時抗告を提起することができる。そこで，実際にこれが提起されたなら，以下のような問題が生じる余地がある。

　民訴法334条1項は，即時抗告は「執行停止の効力を有する」と規定している。そして，ここで停止される執行力には，狭義の執行力のみならず，広義の執行力，すなわち外部に対して裁判の効力を発揮しこれを利用せしめる効力も

---

[61]　花村・前掲注（7）231頁。渡辺・前掲注（7）97頁もこれを支持している。酒井・前掲注(14) 119頁以下も同旨であろう。
[62]　川嶋・前掲注（1）119頁，岡田・前掲注(14) 135頁。
[63]　河村・前掲注(15) 127頁以下。

包含される，と解釈するのが通説である(64)。かような解釈を前提にするなら，即時抗告の提起によって訴訟救助付与の効果も停止することになる。そうなると，原審が原告への訴訟救助付与決定をしても，即時抗告が提起されると，原告が裁判所により定められた期間（民訴75条5項）内に担保を提供しなければ，訴えが却下されることになる（同78条前段）。もとより担保提供期間内に即時抗告に関する裁判がなされれば，問題は生じない。しかし，この期間内に抗告審の裁判が出されないうちに，担保提供期間が経過してしまい，本案の訴えが却下されるという事態も起こりうる。それでは，訴訟救助制度の趣旨が損なわれるであろう。ちなみに，積極説によれば，同様に，即時抗告についての裁判前に印紙不帖用のゆえに訴状が却下される事態が起こり得る。もっとも，実務上は，訴訟救助が申し立てられた事案においては，裁判所が担保提供期間をあらかじめ長めに定めておくことにより，もしくは，即時抗告提起後にこれを伸張することにより，または，本案の裁判所が抗告審の決定が出るまで，訴え却下の判決を下さずに，待つことによって，かような事態は回避できる。したがって，この点を議論する実益はないように思われるかもしれない。しかし，これらの措置がなされるという保障はない。それゆえ，抗告審の裁判により訴訟救助付与決定が取り消されるまでは，本案の訴えは却下され得ない，という解釈論が成り立つような理論構成を考えることが，やはり必要である。

　要するに，即時抗告の提起によっても訴訟救助付与決定の（広義の）執行力が停止しなければいいのである。それは，この決定に対する即時抗告には民訴法334条1項が適用されないということである。民訴法334条1項は旧民訴法418条1項を受け継いだものであるが，後者が一律に，即時抗告は執行停止の効力を有するものと定めたことに対しては旧法下において批判があり(65)，判例も旧破産法上および旧和議法上の倒産手続開始決定に対する即時抗告につい

---

(64) 賀集唱ほか編『基本法コンメンタール民事訴訟法3』115頁〔加波眞一〕（日本評論社，第3版，2008年）。民訴法334条1項に相当する旧民訴法418条1項につき，兼子・前掲注(11) 条解民事訴訟法（上）292頁，菊井維大＝村松俊夫『民事訴訟法Ⅲ』350頁（日本評論社，全訂版，1986年），兼子ほか・前掲注(11) 条解民事訴訟法1252頁〔松浦馨〕，斎藤秀夫ほか編『注解民事訴訟法⑽』155頁〔斎藤秀夫＝磯部喬〕（第一法規，第2版，1996年）等。

(65) 斎藤ほか編・前掲注(64) 注解民事訴訟法（10）155頁〔斎藤＝磯部〕およびそこに引用されている学説。

て執行停止の効力を否定していた⁽⁶⁶⁾。そのような解釈論の根拠は，債務者の財産の散逸や隠匿の防止という倒産手続開始決定の目的の一つに求められている⁽⁶⁷⁾。この点は，現行法下でも同様の解釈が可能であろう（破30条2項，民再33条2項，会更41条2項参照）。もとより，倒産手続上の問題は訴訟救助には直接関連することではない。しかし，このことは，制度の目的が旧民訴法418条1項の適用を排除する前例があることを意味している。訴訟救助制度の目的は，経済的弱者の権利実現および保護の道を確保することである。この目的を確実に実現するためには，訴訟救助付与決定に対する即時抗告には民訴法334条1項（旧民訴法418条1項）は適用されないと解すべきである。

Ⅳ 付論（訴訟救助申立て却下決定に対する申立人の不服申立て方法）

訴訟救助申立て却下決定に対する申立人の不服申立て方法については，通常抗告によるべきとする見解（以下では「通常抗告説」という）⁽⁶⁸⁾と，即時抗告によるべきとする見解（以下では「即時抗告説」という）⁽⁶⁹⁾とが対立している。即時抗告説が通説である。筆者も，以下に述べるように，即時抗告説を支持する。

---

(66) 旧破産法上の破産宣告に対する即時抗告につき，大決明治36年11月12日民録9輯1240頁，大判昭和8年7月27日民集12巻2264頁。旧和議法上の和議決定に対する即時抗告につき，大決昭和7年9月10日新聞3463号12頁。

(67) 鈴木正裕＝鈴木重勝編『注釈民事訴訟法(8)』435頁〔三宅弘人＝古閑裕二〕（有斐閣，1998年），斎藤ほか編・前掲注(64)注解民事訴訟法(10) 157頁。

(68) 兼子・前掲注(11) 条解民事訴訟法（上）300頁，菊井・前掲注(9) 210頁。

(69) 長島＝森田・前掲注(9) 134頁，竹野・前掲注(9) 347頁，加藤・前掲注(9) 198頁，中島・前掲注(9) 1039頁，松岡・前掲注(10) 586頁，細野・前掲注(10) 301頁，内田・前掲注(4) 185頁，横田・前掲注(5) 187頁，斎藤ほか編・前掲注(4) 注解民事訴訟法（3）252頁〔斎藤＝松山＝小室〕，上田＝井上編・前掲注(11) 628頁〔福山〕，菊井＝村松・前掲注(5) 649頁。裁判例では，盛岡地決昭和31年2月3日下民集7巻2号227頁。なお，松本＝上野・前掲注(15) 751頁，伊藤・前掲注(15) 554頁，新堂・前掲注(15) 948頁等，最近の体系書は通常抗告説との対立に言及せず，当然のこととして，即時抗告説を表明している。

ちなみに，最高裁事務総局刊・前掲注(5) 132頁も即時抗告説であるが，横田・前掲注(5) 187頁，石渡哲「判批」判評283号36頁（1982年）は，これを通常抗告説に分類している。しかし，同書において通常抗告によるべきとされているのは，救助取消申立の却下決定であり，救助申立て却下決定に対しては即時抗告によるべきとされている。

通常抗告説は，いずれも旧民訴法下の学説であるが，その根拠を現行民訴法86条の前身である旧民訴法124条の反対解釈に求めている[70]。すなわち，同条にいわれている裁判の中に訴訟救助申立てを却下する決定は含まれていないというのである。

しかし，筆者は立法担当者の意思に適うのは即時抗告説であると考える。すなわち，旧民訴法124条につき立法理由書は「本条ハ救助ノ申立ニ関スル裁判，救助取消ノ裁判又ハ猶予シタル費用ノ支払ヲ命スル裁判等本節（旧民訴法第1編・第3章・第3節『訴訟上ノ救助』のこと）ニ規定スル裁判ニ対スル不服ノ申立ハ総テ即時抗告ニ依ルヘキモノトシ以テ救助ニ関スル争ノ敏速ナル解決ヲ期ス」と説明している[71]。この説明は，立法担当者が訴訟救助申立てを却下する決定に対する不服申立てを即時抗告によらしめる意思であったことを物語っている。したがって，通常抗告説が行っている前述の反対解釈は成り立たない[72]。

即時抗告説は実際にも以下の2点において妥当であり，これらの点も同説を支持するための観点となる[73]。

第1に，迅速な処理の観点からも，却下決定に対する不服申立てを即時抗告によらしめるのが妥当である[74]。立法担当者も迅速性が要請されていることを認識していたことは，上記の立法理書中の引用からも明らかである。

第2につぎのことがいえる。訴訟救助申立てが却下されたのち，申立人が繰

---

(70) 菊井・前掲注（9）210頁。これに対して，兼子・前掲注(11) 条解民事訴訟法（上）300頁の理由付けはやや不明瞭である。

(71) 司法省編纂『民事訴訟法中改正法律案理由書』67頁（清水書店，1926年）（旧字体を新字体に改めた。傍点およびカッコ内筆者）。

(72) 斎藤ほか編・前掲注（4）注解民事訴訟法(3)252頁〔斎藤＝松山＝小室〕。

(73) かつて筆者は，石渡・前掲注（3）訴訟救助手続における不服申立てに関する若干の問題121頁以下において，以下の2点も即時抗告説が正当であることの根拠として掲げた。しかし，これらの2点は，同説の正当性の決定的な理論的根拠というよりは，本文で述べるように，同説を支持するための観点というべきであろう。

(74) この点は，横田・前掲注（5）が強調するところである。筆者は，前注(73)で述べたように，この観点は即時抗告説の支持のための観点になると考えており，横田氏とほぼ同様の見解である。ただし，横田氏は，最高裁事務総局刊・前掲注（5）132頁が通常抗告説に従っているとの前提のもとで，それに対する反論としてこの点を強調しているのである。しかし，前掲注(69)で述べたように，同書は即時抗告説に従っている。

1 訴訟救助付与決定に対する相手方当事者の即時抗告の許否（石渡　哲）

り返し訴訟救助を申し立てることがあり得る。しかし，法的安定性の観点および訴訟救助申立権濫用の抑止の観点から，繰り返された申立てを排除するために，却下決定には既判力が認められる必要がある。かつ，訴訟救助申立て却下決定は，それが確定すれば，申立人の受救権の不存在を確定するという意味で，申立人と国の間の実体的法律関係を確定するものであるので，既判力を有するといえる。しかし，却下決定が確定するためには，それに対する不服申立て方法が即時抗告でなければならず，通常抗告であるならば，確定はしない。

このことからも，即時抗告説の結果が妥当であるということができる[75][76]。

---

(75)　山内確三郎『民事訴訟法の改正第1巻』220頁（法律新報社，1929年）は，以下のように述べている。「救助の関係は直接被救助者の権利義務に関するが故に救助に関する裁判を確定せしむる必要がある。新法（旧民訴法のこと）が其の裁判に対し即時抗告を為すことを許したのは之あるが為である。」（旧字体を新字体に改めた。カッコ内筆者）

(76)　訴訟救助却下決定の既判力については，石渡・前掲注(69) 35頁以下，吉川隆「裁判例解説」訟月40巻6号1226頁以下（1994年）参照。

2 民事訴訟における違法収集証拠の利用と人格権の保護

小 田　司

I　はじめに
II　違法収集証拠の訴訟手続上の
　　取扱い
III　人格権を侵害する方法により
　　収集された証拠の利用
IV　おわりに

I　はじめに

　民事訴訟では，原則として証拠資料の収集と提出を当事者の責任かつ権能とし，当事者が自己に有利な判決を獲得するためには，自ら自己の主張する事実を立証し得る証拠を収集して，それを裁判所に提出することが要求される。したがって，実際の訴訟においては，多くの場合，当事者が自己に有利な証拠を収集することができるか否かによって，訴訟の勝敗が決せられることになる。通常，当事者は適法な手段により証拠の収集に努めるが，証拠収集の成否が訴訟の勝敗に大きく影響することから，自己に有利な証拠を獲得するために，当事者は時として違法な手段を用いるという事態も生じ得る。例えば，相手方の日記または書類を窃取してこれを証拠としたり，相手方の会話を秘かにテープに録音してこれを証拠とするなど，相手方の人格権ないしプライバシーの権利や民法・刑法などの実体法規に違反する行為により証拠を収集するような場合である。

　このような違法な手段により収集された証拠については，これを証拠方法として用いることが許されるかが問題となるが，民事訴訟法は自由心証主義を採用し，原則として証拠能力を制限する規定を設けていない。一般的に違法収集証拠は，その収集の経緯や内容に照らし，高い証拠価値を有し，訴訟の結果に重大な影響を与えるものが多いことから，民事訴訟法が違法収集証拠の利用を排除する規定を設けていない以上，訴訟における真実発見のためには，あらゆる証拠方法を参酌できる方が好ましく，その採否・評価などは裁判所の訴訟指

揮と自由心証に任せればよいという考え方が成り立ち得る。その反面，民事訴訟法が証言拒絶権（民訴法196条以下）や文書提出命令の制限（民訴法220条4号イ〜ホ）を定めていることからも明らかなように，訴訟における真実発見の要請が他の法原則に対して無条件に優先するものではない。訴訟において違法な手段により入手した証拠の利用が認められるとすれば，違法な手段による証拠の収集を助長することになり，ひいては国民が期待する民事訴訟の公正さを損なうことにもなりかねない[1]。とりわけ，相手方の会話を無断で録音した録音テープ，相手方の承諾なしに録画したビデオテープ，窃取された日記や手紙など，それを証拠として利用することが憲法上保護される人格権の侵害をもたらすような場合には，人格権を保護する規範の趣旨・目的に従い，訴訟における証拠としての利用の禁止が要請されるものと思われる。

今日，録音機器，録画機器などの技術的発達及び普及に伴い，他人の私的生活領域に立ち入ることが容易となったことから，人格権の侵害をもたらす違法な方法により収集された証拠の利用が問題となる事例が増加するものと思われる。本稿においては，まず違法収集証拠に関するわが国の判例・学説の立場を整理・分析し，いかなる基準により違法収集証拠の証拠能力が否定されるかについて検証した上で，特に人格権の保護に重点を置き，人格権を侵害する方法によって収集された証拠が民事訴訟手続上いかに取り扱われるべきかについて検討を加えることにする。

Ⅱ 違法収集証拠の訴訟手続上の取扱い

(1) 判例の立場

違法に収集された証拠の証拠能力の問題については，最も古い裁判例として，大審院昭和18年7月2日の判決[2]がある。本件は，離縁訴訟の被告である養

---

[1] 兼子一＝松浦馨＝新堂幸司＝竹下守夫『条解民事訴訟法』942頁以下〔松浦馨〕（弘文堂，1986年）；伊藤眞『民事訴訟法〔第3版3訂版〕』320頁（有斐閣，2008年）；中野貞一郎＝松浦馨＝鈴木正裕編『新民事訴訟法講義〔第2版補訂2版〕』354頁〔青山善充〕（有斐閣，2008年）；松本博之＝上野泰男『民事訴訟法〔第5版〕』380頁〔松本博之〕（弘文堂，2008年）等。

[2] 大判昭和18年7月2日民集22巻574頁。

子が原告である養父の家を出る際に，被告が作成し，かつ所有する日記帳を原告の居宅座敷内に残置したところ，原告がこの日記帳に自己を侮辱する記載があるのを発見し，これを証拠として提出した事案である。大審院は，作成者であり，かつ所有者である被告の承諾がなければ，原告が所持する被告の日記帳を証拠とすることができないとする民事訴訟法の規定は存在しないとして，当該日記帳の証拠能力を肯定した。

この大審院の判決は，相手方の承諾がなくとも，自己が所持する相手方の日記帳を証拠とすることができるとするものであるが，本件については，事実上，被告が原告に日記帳の占有を委ねていた事案であると見ることができ，また大審院も当該日記帳が違法に収集された証拠であると明確に意識していなかったのではないかとの指摘がある[3]。

上記の大審院判決は戦前のものであり，戦後になって，違法収集証拠の証拠能力に関する最高裁の判例はまだ出されていない。この問題については，現在，無断録音テープ及び窃取文書の証拠能力に関する下級審の判例がいくつか存在するにすぎず，無断録音テープの証拠能力については，肯定・否定の立場が存在し，また窃取文書の証拠能力についても，これを肯定するものと否定するものに分かれ，その立場は明確に定まっていない。

(a) 無断録音テープの証拠能力

まず，相手方の同意なしに録音した録音テープに基づいて作成された反訳書面の証拠能力を認めたものとして，東京地裁昭和46年4月26日の判決[4]がある。本件は，原告が被告に無断で会談の模様を録音した録音テープの反訳書面を被告らの詐害行為を立証するための証拠として提出した事案であるが，本件東京地裁判決は，録取された会談は特に会談の当事者以外に聞き取られないことを意図したものではなく，「録取に際し他方当事者の同意を得ていなかった一事をもって公序良俗に反し違法に収集されたものであって，これにもとづいて作成された証拠に証拠能力を肯定することが社会通念上相当でないとするにはあたらない」として，本件録音テープに基づいて作成された書証の証拠能

---

(3) 間渕清史「民事訴訟における違法収集証拠（二・完）」民商103巻4号（1991年）622頁。
(4) 東京地判昭和46年4月26日下民集22巻3・4号454頁＝判時641号81頁。

力を肯定した。

　この判決は，会談の内容が債権債務関係の処理をめぐる一種の取引上の会談であることから，会談の当事者のみの秘密とする意図はなく，相手方の同意なしに会談の内容を録音したとしても，相手方の人格権を侵害するものではなく，公序良俗に反する違法な証拠の収集にはならないとするものである。

　東京高裁昭和52年7月15日の判決(5)も，結論として相手方の同意を得ないで録音した録音テープに基づいて作成された反訳書面の証拠能力を肯定する立場を採った。本件は，テレビ映画の製作放映に関する契約上の債務不履行を理由とする損害賠償請求事件で敗訴した原告が，控訴提起前に被告の担当者を料亭に招き，そこでの会話を密かに録音し，その反訳書面を被告との当該契約の成立を立証するために，控訴審において書証として提出した事案である。本件東京高裁判決は，民事訴訟法には証拠能力に関する規定が存在しないことから，当事者が挙証のために用いる証拠は，一般的に証拠能力を有するとした上で，「その証拠が，著しく反社会的な手段を用いて，人の精神的肉体的自由を拘束する等の人格権侵害を伴う方法によって採集されたものであるときは，それ自体違法の評価を受け，その証拠能力を否定されてもやむを得ない」とし，「話者の同意なくしてなされた録音テープは，通常話者の一般的人格権の侵害となり得ることは明らかであるから，その証拠能力の適否の判定に当っては，その録音の手段方法が著しく反社会的と認められるか否かを基準とすべきものと解するのが相当」であると判示した(6)。しかしながら，本件における録音

（5）　東京高判昭和52年7月15日判時867号60頁。
（6）　東京高判昭和52年7月15日判時867号60頁を引用し，名古屋地判平成15年2月7日判タ1118号278頁も，「自由心証主義（民事訴訟法247条）を採用している現行法の下では，当事者の提出する証拠については，原則としてその証拠能力を肯定すべきであり，ただ，その証拠が著しく反社会的な手段を用いて，人の精神的，肉体的自由を拘束するなどの人格権侵害を伴う方法によって採集されたものであるときに限り，その証拠能力は否定されると解するのが相当である」との判断を示した。本件は，原告の管理する音楽著作物をその許諾なしに再生演奏していた社交ダンス教室を被告として，原告が当該音楽著作物の使用差止め等を求めた事件で，原告により証拠として提出された被告の実態調査報告書が違法収集証拠に当るとして，その証拠能力が争われた事案である。本件名古屋地裁判決は，本件報告書は，原告が雇った調査会社の調査員が，被告との間でダンス受講契約を締結し，ダンスレッスンを受ける過程で現実に見聞した事実を報告したものであり，また，当該調査員は事実を見聞するに際し，他人に危害を加えたり，

は，酒席における相手方の発言供述を単に相手方が知らぬ間に録音したに止まるものであり，相手方の人格権を著しく反社会的な手段方法で侵害したものとはいえないとして，本件録音テープの証拠能力を認めるべきであるとした。

本判決は，民事訴訟における証拠の証拠能力は原則として肯定されるべきであることを前提に，証拠が著しく反社会的な手段を用いて収集された場合には，例外的にその証拠能力を否定すべきとするものである。ただし，相手方の発言供述を単に相手方の同意を得ないで録音したにすぎない場合には，著しく反社会的な手段方法で相手方の人格権を侵害したことにはならず，その証拠能力を肯定すべきとするものである。

さらに，盛岡地裁昭和59年8月10日の判決[7]は，交通事故の被害者の遺族である原告が加害者である被告に損害賠償を求めた事件で，被告が加害車両の運転手であったとの事実を立証するために，原告が被告らの会話を密かに録音した秘密録音テープの反訳書面を提出した事案において，その反訳書面の証拠能力を肯定した。本件盛岡地裁判決は，将来の違法行為を抑制する見地から，被録取者が身体的精神的自由の拘束下で供述を強制され，その内容を録取された場合のように，証拠の入手方法に強度の違法性が認められる場合には，民事訴訟法の基本原則である公平の原則に照らし，その証拠能力を否定すべきであるとするが，訴訟における真実発見の要請をも考慮すべきであり，「一般的人格権侵害の事実のみで直ちにその証拠能力を否定するのは妥当ではなく，会話の内容自体が個人の秘密として保護に値するか否か，とりわけその内容が公共の利害に関する事実か否か，訴訟において当該証拠の占める重要性等を総合考慮したうえその証拠能力の有無を決するのが相当」であるとした。そして，本件における録音は，被告らの発言内容を単に同人らの知らぬ間に録音したものであり，しかもその内容は犯罪行為に関するものであって重大な公共の利害に関する事実であり，かつ本件訴訟中に占める証拠としての重要性も非常に大きいものであるとの理由から，本件録音テープの証拠能力は肯定されるとした。

本判決は，将来の違法行為を抑制するためには，強度に違法な手段方法に

自由意志を抑圧するなどの手段をとることはなかったのであるから，本件報告書は違法収集証拠に当らないとして，その証拠能力を否定することはできないとした。
（7） 盛岡地判昭和59年8月10日判タ523号253頁。

よって入手した証拠の証拠能力を否定すべきとするものであるが、その証拠能力を否定するためには、一般的人格権侵害の事実のみでは十分ではなく、訴訟における真実発見の要請から、会話の内容の公共性、訴訟における証拠の重要性を総合的に考慮すべきとするものである。

相手方の同意なしに録音した録音テープの証拠能力を肯定する上記裁判例に対して、これを唯一否定するものとして、大分地裁昭和46年11月8日の判決[8]がある。本件は、債務不存在確認訴訟の原告が被告らのうち1名の同意を得ずに同人との対話を録音し、そのテープ内容を反訳した書面を書証として提出した事案である。本件大分地裁判決は、「相手方の同意なしに対話を録音することは、公益を保護するため或いは著しく優越する正当利益を擁護するためなど特段の事情のない限り、相手方の人格権を侵害する不法な行為と言うべきであり、民事事件の一方の当事者の証拠固めというような私的利益のみでは未だ一般的にこれを正当化する」ことができず、「対話の相手方の同意のない無断録音テープは不法手段で収集された証拠と言うべきで、法廷においてこれを証拠として許容することは訴訟法上の信義則、公正の原則に反する」とした。そして、無断録音による人格権の侵害を不法行為に基づく損害賠償などで解決させ、訴訟においてその証拠能力を認めるとすれば、「人格権侵害の不法行為を徒らに誘発する弊害をもたらすと共に、法廷における公正の原則にも背馳する」として、本件録音テープの証拠能力を否定した。

本判決は、訴訟法上の信義則・公正の原則及び違法行為の誘発防止の観点から、相手方の同意なしに録音した無断録音テープの証拠能力を否定すべきとするものであるが、公益を保護するため、あるいは著しく優越する正当利益を擁護するためなどの特段の事情がある場合には、例外的に無断録音テープの証拠能力を肯定し得るとするものである。相手方の同意なしに対話を録音することは、人格権の侵害であり、そのような不法手段で収集した証拠の証拠能力を原則として否定すべきとする点で、他の裁判例とは異なる。

(b) **窃取文書の証拠能力**

個人の手帳が本人に無断で持ち去られ、それがコピーされて書証として提出

---

(8) 大分地判昭和46年11月8日判時656号82頁。

された事案につき，名古屋高裁昭和56年2月18日の決定[9]は，「民事訴訟法が証人尋問の場合につき明文をもって個人の尊厳の前に実体的真実発見の要請を後退させていることにかんがみると，書証の場合においても，当該書証が窃取等正当な保持者の意思に反して提出者によって取得されたものであり，かつ，これを証拠として取調べることによってその者あるいは相手方当事者の個人的秘密が法廷で明らかにされ，これらの者の人格権が侵害されると認められる場合（私的な日記帳，手紙などがその適例である。）には，その書証を証拠方法とすることは許され」ないとの判断を示しながらも，本件手帳の内容は，職務上の出来事や行事予定を記載したものであり，個人の私生活に関する手記，日記帳とは異なるものであり，これを証拠として取り調べたとしても，手帳の所有者のプライバシーに関する事項が公にされ，その者の人格権が侵害されることはなく，また人格権の侵害に匹敵する重大な法益の被害は認められないとして，本件手帳のコピーの証拠能力を肯定した。

本決定は，結論として所有者に無断で持ち去った手帳のコピーの証拠能力を認めるものであるが，民事訴訟における実体的真実発見の要請は無制限ではなく，書証が正当な所有者の意思に反して不法に取得されたものであり，それを証拠として取り調べることによって，その者の人格権が侵害される場合には，その証拠能力が否定されるとするものである。

次に，神戸地裁昭和59年5月18日の判決[10]は，結論として窃取された文書の証拠能力を認める判断を示した。本件は，被告会社が原告である従業員らの思想・信条を根拠に，原告らの行動を監視し，職場内で孤立させるなどの政策を実施したことに対し，その対象とされた原告らが思想信条の自由，名誉及び人格に対する著しい侵害を理由に，被告会社に慰謝料の支払いと謝罪文の掲示を求めた事件で，原告側が証拠として提出した被告会社の内部資料の証拠能力が争われた事案である。本件神戸地裁判決は，「民事訴訟においては，例えば，一方当事者が自ら若しくは第三者と共謀ないし第三者を教唆して他方当事者の所持する文書を窃取するなど，信義則上これを証拠とすることが許されないとするに足る特段の事情がない限り，民事訴訟における真実発見の要請そ

---

(9) 名古屋高決昭和56年2月18日判時1007号66頁。
(10) 神戸地判昭和59年5月18日判時1135号140頁。

の他の諸原則に照らし，文書には原則として証拠能力を認めるのが相当であり，単に第三者の窃取にかかる文書であるという事由のみでは，なおその文書の証拠能力を否定するに足りないものと解すべきである」とした上で，本件における文書は，何者かにより窃取されたものに相違はないが，誰が窃取したのか不明であり，その証拠能力を否定する「特段の事情」を認めることができないとして，本件証拠の証拠能力を肯定した。

本判決は，民事訴訟における真実発見の要請から，文書は原則として証拠能力を有することを前提に，当事者自身が文書を窃取したか，あるいは第三者と共謀ないし第三者を教唆して文書を窃取するなどの「特段の事情」がある場合に限り，その証拠能力が否定されるとするものである。

さらに，原告である妻が夫の不倫相手である被告に対し，不法行為に基づく慰謝料を請求した事件で，原告が夫に無断で持ち出した信書の証拠能力が問題となった事案において，名古屋地裁平成3年8月9日の判決[11]は，「民事訴訟法には，いわゆる証拠能力に関して何ら規定するところがなく，当事者が挙証の用に供する証拠は，それが著しく反社会的な手段を用いて採集されたものである等，その証拠能力自体が否定されてもやむを得ないような場合を除いて，その証拠能力を肯定すべきものである」とした上で，本件における信書は原告が夫の賃借するマンションの郵便受けの中から無断で持ち出して開披し，隠匿していたものであるから，夫婦間の一般的承諾のもとに行われる行為の範囲を逸脱するものといえないでもないが，原告の証拠収集の方法・態様は，民事訴訟において証拠能力を否定するまでの違法性を帯びるものではないとして，本件信書の証拠能力を肯定した。

本判決は，無断録音テープの証拠能力に関する東京高裁昭和52年7月15日の判決[12]と同様に，民事訴訟における証拠の証拠能力は原則として肯定されることを前提に，証拠の収集行為に強度の違法性が認められる場合，すなわち証拠が著しく反社会的な手段を用いて収集されたものである場合には，例外的にその証拠能力が否定されるとするものである。

上記裁判例に対して，窃取された文書の証拠能力を唯一否定するものとして，

---

(11) 名古屋地判平成3年8月9日判時1408号105頁。
(12) 東京高判昭和52年7月15日判時867号60頁。

東京地裁平成10年5月29日の判決(13)がある。本件は、原告である夫が妻の不倫相手を被告として提起した損害賠償請求訴訟において、原告が作成した陳述書の原稿ないし手元控えを妻が密かに持ち出し、被告側がこれを書証として提出した事案である。本件東京地裁判決は、「わが民事訴訟法は、刑事訴訟法と異なり、証拠能力については規定しておらず、すべての証拠は証拠能力を付与されるかのごとくであるが、当該証拠の収集の仕方に社会的にみて相当性を欠くなどの反社会性が高い事情がある場合には、民事訴訟法2条の趣旨に徴し、当該証拠の申出は却下すべきものと解するのが相当である」との判断を示した上で、原告とその弁護士との間でのみ交わされる本件文書は、第三者の目に触れないことを想定するものであり、原告の妻が原告方に入り本件文書を密かに入手して、これを被告を介して被告の訴訟代理人に預託したものと推認されるから、「その文書の密行性という性質及び入手の方法において、書証として提出することに強い反社会性があり、民事訴訟法2条の掲げる信義誠実の原則に反するものであり、そのような証拠の申出は違法であり、却下を免れない」と判示した。

本判決は、唯一窃取された文書の証拠能力を否定するものであるが、当該文書に密行性があり、その入手方法に強い反社会性が認められる場合に、民事訴訟法2条が掲げる信義誠実の原則に基づき、その証拠能力を否定すべきとするものである。

(2) 学説の状況

違法収集証拠の証拠能力について、かつては、私人の不法行為または犯罪行為により取得した物件も証拠となし得るとし、窃取した文書など違法に入手した証拠にも証拠能力が認められるとする見解が存在したが(14)、今日では、違法収集証拠の証拠能力を無制限に肯定する見解は見当たらない。違法収集証拠について、その証拠能力に一定の制限を認めるのが現在の多数説であるが、その理論的根拠づけは一致しておらず、様々な見解が主張されている。代表的な

---

(13) 東京地判平成10年5月29日判タ1004号260頁。
(14) 岩松三郎＝兼子一編『法律実務講座 民事訴訟第一審手続(3)』(有斐閣〔復刻版〕、1984年) 154頁。

見解としては、以下の5つがある。

(a) 違法性二分説

この見解は、当事者が単なる実体法規に違反して収集した証拠方法と人格権など憲法上保障された相手方の人権を侵害して収集した証拠方法とを区別し、単純な違法収集証拠の場合には、原則としてその証拠能力は認められるが、違憲収集証拠の場合には、原則としてその証拠能力は否定されるとするものである[15]。例えば、話者の精神的・肉体的自由を拘束してなされた会話の録音テープ、家屋に侵入して盗聴マイクを設置して録音したテープなどについては、その証拠能力は否定される。ただし、侵害行為が正当防衛もしくは優越的利益の追求のために行われた場合、さらに、それにより収集された証拠方法の利用が正当防衛あるいは優越的利益の追求のためである場合のように、正当事由が存在するときは、挙証者がその正当事由を証明したときに限り、例外的に証拠能力が認められる。

違憲行為により収集された証拠方法の証拠能力が原則として否定される根拠は、裁判官の憲法遵守義務であるとされている。憲法に拘束され、その遵守義務を負う裁判官が違憲行為により収集された証拠方法の申出に対する相手方の証拠抗弁を無視して証拠調べを行うことは、憲法遵守義務違反となるから、憲法上保護されるべき権利の保護を求める相手方の証拠抗弁を無視することは許されないとしている。

この見解に対しては、裁判官は憲法のみならず、法律をも遵守する義務を負っており、民法・刑法等の実体法に違反する行為によって収集された証拠方法についても、その証拠能力が否定されるべきではないかとの批判がある[16]。

(b) 比較衡量説

この見解は、裁判における真実発見の要請と手続の公正・法秩序の統一性や違法収集の誘発の防止の調整という観点から、当該証拠の重要性・必要性や審

---

(15) 森勇「民事訴訟における違法収集証拠の取扱い—証拠収集行為の実体法上の瑕疵とその訴訟法的評価—」判タ507号(1983年)18頁、40頁以下;同「証拠能力」三ケ月章＝青山善充編『民事訴訟法の争点〔新版〕』256頁（有斐閣、1988年);春日偉知朗『民事証拠法研究』166頁以下（有斐閣、1991年);中野＝松浦＝鈴木編・前掲注(1) 354頁〔青山〕;松本＝上野・前掲注(1) 380頁以下〔松本〕。
(16) 間渕・前掲注(3) 619頁。

理の対象，収集行為の態様と被侵害利益などの要素を総合的に比較衡量して，違法収集証拠の証拠能力の有無を決定すべきとするものである(17)。

この見解に対しては，真実発見の要請・手続の公正・法秩序の統一性・違法収集の誘発の防止といった抽象的な要請の衡量が，違法収集証拠の証拠能力の有無を決定する理論的根拠となり得るかは疑問であり，諸要素を総合的に比較衡量するとしても，いかなる理由から，いかなる要素が，いかなる仕方で衡量されるのかが明確でないため，問題解決のための実践的な指針を提供し得ないとの指摘がある(18)。また，証拠能力の判断につき，裁判所の裁量を認めることは，事実認定過程を不透明なものにし，適切ではないとの批判が向けられている(19)。

(c) 訴訟における対話規範説

この見解は，いわゆる「手続保障の第三の波」学派が提唱する考え方であり，違法な手段で収集した証拠を武器として相手方当事者と対話を行い論争を試みることが，当事者間で妥当すべき論争ルールに照らして許容されるか否かを個別的に決定すべきとするものである(20)。すなわち，証拠収集の際の具体的な事情からみて，違法な手段を行使することがやむを得なかったとみられる場合や，それほど非難可能性はないとみられる場合には，違法収集証拠の証拠能力は認められるが，それ以外の場合にはその証拠能力は否定されるとしている。

この見解に対しては，「当事者間で妥当すべき論争ルール」の具体的内容が明確ではないため，違法収集証拠の証拠能力の問題に解決をもたらす具体的・実践的手続内規範を提示し得るのかが疑問であり，また訴訟前・訴訟外の当事者間のルールを訴訟内にそのまま妥当させることはできないのではないかとの

---

(17) 小林秀之『新証拠法〔第2版〕』137頁（弘文堂，2003年）；渡辺武文「証拠に関する当事者行為の規律―証明妨害，違法収集証拠の証拠能力を中心として」新堂幸司編集代表『講座民事訴訟第5巻 証拠』178頁（弘文堂，1983年）；福冨哲也「無断録音テープの証拠能力について」白川和雄先生古稀記念『民事紛争をめぐる法的諸問題』219頁以下（信山社，1999年）。

(18) 間渕・前掲注（3）620頁。

(19) 河野憲一郎「違法収集証拠をめぐる訴訟当事者間の法律関係」立教64号（2003年）119頁以下。

(20) 井上治典「手続保障の第三の波（二・完）」法教29号（1983年）23頁以下；同『民事手続論』51頁以下（有斐閣，1993年）。

指摘がある[21]。

(d) 証明権内在的制約説

この見解は、当事者が証拠を収集・提出して、その取調べを要求することができる法的根拠を裁判を受ける権利（憲法32条）の一内容である証拠に関する当事者権（証明権）であるとした上で、裁判を受ける権利といえども絶対無制限の権利（憲法13条）ではなく、他の憲法上の価値、とりわけ他人の権利・利益との関係では内在的制約に服さざるを得ないから、裁判を受ける権利の一内容である証明権にも内在的制約が及び、他人の権利・利益を違法に侵害するような形での証明権の行使は認められないとするものである[22]。すなわち、証明権の内在的制約として、他人の権利・利益を違法に侵害して収集した証拠の証拠能力は否定されるとしている。

この見解に対しては、いかなる場合に証拠を排除すべきかの基準が提供されておらず、また職権による当事者本人尋問で本人が違法に取得した情報を伝聞として聞き出す場合など、裁判所の職権証拠調べを排除できないのではないかとの指摘がある[23]。

(e) 信義則説

近時、信義則違反を理由として違法収集証拠の証拠能力を否定する立場が有力である。当事者の違法な証拠収集行為は、他の当事者や裁判所に対する誠実な訴訟追行の義務に違反するものであり、このような義務違反が生ずる場合には、その証拠能力は否定されるべきであるとするものである[24]。この信義則を根拠とする見解は、当事者の証拠収集行為が違法であるということのみで信義則違反を認め、証拠能力を否定する立場[25]と当事者の証拠収集行為のみな

---

(21) 間渕・前掲注（3）619頁；小林・前掲注(17) 137頁；井上治典＝伊藤眞＝佐上義和『これからの民事訴訟法』175頁以下〔伊藤眞〕（日本評論社, 1984年）。

(22) 間渕・前掲注（3）630頁以下。

(23) 井上治典『実践民事訴訟法』130頁（有斐閣, 2002年）。

(24) 上村明広「違法収集証拠の証拠適格」岡法32巻3・4号（1983年）371頁；兼子＝松浦＝新堂＝竹下・前掲注（1）517頁以下〔竹下守夫〕；井上繁規「日米両国におけるビデオテープの裁判への導入（下）―機能と問題点―」判タ643号（1987年）26頁；内堀宏達「証拠能力と証拠価値」門口正人編集代表『民事証拠法大系第2巻 総論Ⅱ』93頁以下（青林書院, 2004年）等。

(25) 山木戸克己「民事訴訟と信義則」末川先生古稀記念『権利の濫用（中）』265頁（有

らず，証拠の重要性，訴訟の性格等の他の要素をも総合的に衡量して信義則違反の有無を判断する立場[26]とに分かれる。

この見解に対しては，信義則が一般条項であることから，その適用範囲をそれ自体では明確にできず，また証拠を利用しようとする当事者の主観に重点が置かれることから，例えば文書を盗み出した者から善意で入手した訴訟当事者の場合など，信義則では証拠を排除すべき場合をすべて賄えないのではないかとの指摘がある[27]。

(3) 判例・学説の検討

違法収集証拠の証拠能力に関するわが国の裁判例及び学説の状況を概観したが，判例の多くは，相手方の人格権について言及するものの，違法な手段により収集された証拠の証拠能力を原則として肯定すべきとする立場を採り，単に証拠の収集行為が違法であるという事実，ないし人格権を侵害するという事実のみでは直ちにその証拠能力を否定すべきではないとする傾向が強い。ただし，例外的に，証拠が著しく反社会的な手段を用いて人の精神的肉体的自由を拘束する等の人格権の侵害を伴う方法によって収集された場合のように，証拠の入手方法に強度の違法性が認められる場合には，その証拠能力は否定されるとしている[28]。

窃取文書の証拠能力につき，東京地裁平成10年5月29日の判決[29]は，違法収集証拠の証拠能力を原則として否定すべきとする立場に立つが，究極的には相手方の人格権の侵害を理由とするものではなく，訴訟法上の信義則違反を根拠に窃取文書の証拠能力が否定されるものと解している。

これに対し，無断録音テープの証拠能力に関する大分地裁昭和46年11月8

斐閣，1962年）。
(26) 上村・前掲注(24) 371頁；井上・前掲注(24) 26頁；内堀・前掲注(24) 93頁以下。
(27) 新堂幸司＝鈴木正裕＝竹下守夫編集代表『注釈民事訴訟法(6) 証拠(1)』23頁〔谷口安平〕（有斐閣，1995年）。
(28) 東京高判昭和52年7月15日判時867号60頁；盛岡地判昭和59年8月10日判タ523号253頁；名古屋地判平成3年8月9日判時1408号105頁；名古屋地判平成15年2月7日判タ1118号278頁。
(29) 東京地判平成10年5月29日判タ1004号260頁。

日の判決(30)は，相手方の人格権を侵害する不法な手段により収集された証拠については，その証拠能力を原則として否定すべきとする立場に立つ。また，窃取文書の証拠能力に関する名古屋高裁昭和56年2月18日の決定(31)は，相手方の人格権を侵害して収集された証拠については，これを取り調べることがその者の人格権の侵害になるとして，その証拠能力が否定されるとしている。

学説には，憲法上保障された相手方の人格権を侵害して収集された証拠の場合には，当然にその証拠能力が否定されなければならないとする見解があるが(32)，多数説ないし有力説によれば，証拠収集行為に付随する著しい反社会性，相手方の秘密性の放棄，証拠の有する秘密性，ないし社会的価値及び訴訟において証拠の占める重要性等の要素を総合的に考慮して，証拠能力の有無を判断すべきとする傾向が見られる(33)。

Ⅲ 人格権を侵害する方法により収集された証拠の利用

ドイツ基本法1条1項は，人間の尊厳は不可侵であり，それを尊重し保護することは，すべての国家権力の義務であると規定する。さらに，同法2条1項によれば，各人は他人の権利を侵害せず，かつ合憲的秩序または人倫法則に反しない限り，自己の人格を自由に発展させる権利を有する。この人間の尊厳と人格の自由な発展を保障するドイツ基本法1条1項及び2条1項に基づき，ドイツでは明文をもって，一般的人格権が憲法上保障された権利として承認されている。

近時，ドイツ連邦憲法裁判所は，一般的人格権を侵害する方法により収集された証拠の利用が問題となった2つの事案において，ドイツ基本法1条1項及び2条1項により保障される一般的人格権の保護が重視されなければならないとする態度を示している。

まず，相手方の同意なしに電話の会話を第三者に漏れ聞かせ，その第三者が

---

(30) 大分地判昭和46年11月8日判時656号82頁。
(31) 名古屋高決昭和56年2月18日判時1007号66頁。
(32) 森・前掲注(15)判タ507号40頁以下；同・前掲注(15)争点257頁；中野＝松浦＝鈴木・前掲注(1)354頁〔青山〕；松本＝上野・前掲注(1)380頁以下〔松本〕。
(33) 井上・前掲注(24)26頁；内堀・前掲注(24)94頁以下等。

証人としてした供述を証拠として利用することの許否が問題となった事案につき，ドイツ連邦憲法裁判所は2002年10月9日の決定[34]において，裁判所がそのような第三者を証人として取り調べ，その供述を証拠として利用することは，一般的人格権の一部として憲法上保障されている自己が語った言葉について支配する権利を侵害するとして，その供述の利用は認められないとした。ドイツ基本法が肖像権とともに，自己が語った言葉について支配する権利をも保護することは，これまでのドイツ連邦憲法裁判所の判例において承認されている[35]。この権利は，他人とのコミュニケーションにおいて人格の自己表現についての自己決定を保障するものであり[36]，これには会話の内容について知ることができる者の範囲を自ら決定する権能が含まれる[37]。それ故に，ドイツ基本法は会話の内容を知ることができる者についての自己決定権が侵害されないように保護し，会話の相手方が話者の同意なしに第三者を傍聴者として会話に引き込むこと，あるいは第三者を間接的に会話に関与させることに対して保護を与える。ドイツ基本法2条1項により保護される自己決定権は，会話の相手方が会話を第三者に漏れ聞かせることについて話者の同意を要求し，この同意は明示的及び黙示的になし得るが，単に話者が異議を唱えなかったということにより黙示的同意がなされたものと推認することはできない[38]。

　もっとも，事実上の主張が重要であり，かつ立証を要する場合には，裁判所は真実を探求するために，当事者によって提出された証拠方法を考慮しなければならない。このことは，ドイツ民事訴訟法286条が規定する自由心証主義及びドイツ基本法103条1項に基づく法的審問請求権によっても要請される。し

---

(34) BVerfG NJW 2002, 3619. なお，本件については，ディーター・ライポルト（三上威彦訳）「民事訴訟における証明と違法に収集された証拠方法の取扱い―ドイツ法における新たな展開について―」法研80巻11号（2007年）71頁，87頁以下参照。
(35) BVerfGE 34, 238〔246 f.〕=NJW 1973, 891; BVerfGE 54, 148〔154〕=NJW 1980, 2070 参照。
(36) BVerfGE 54, 148〔155〕=NJW 1980, 2070 参照。
(37) BGHZ 27, 284〔286〕=NJW 1958, 1344 を引用して，BVerfGE 54, 148〔155〕=NJW 1980, 2070; さらに BAGE 41, 37〔42〕=NJW 1983, 1691 及びこれに従う BGH NJW 1991, 1180 参照。
(38) 電話による勧誘への黙示的同意の問題に関する BGH NJW 1989, 2820; BGH JZ 1990, 251; OLG Köln NJW-RR 1993, 753 参照。

かし、きちんとした機能を果たす刑事及び民事司法の一般的利益のみでは、比較衡量の枠組において、一般的人格権の保護と同等、ないしそれ以上の重要性を認めることはできない。一般的人格権の侵害にもかかわらず証拠調べの利益が保護に値することを示す局面が加わってはじめて、一般的人格権への侵害を正当化することができる。それは、例えば挙証者が正当防衛または正当防衛類似の状況に置かれている場合[39]、電話による匿名の中傷者を特定するために会話を無断で録音する場合[40]、あるいは恐喝的な脅迫を特定するために対処するような場合[41]である。これに対して、私法上の請求権のために証拠方法を確保するという利益のみでは、一般的人格権の侵害を正当化するのに十分ではないとしている[42]。

さらに、原告である父が被告である子に対して嫡出否認の訴えを提起した事件で、父子関係に疑惑が存在することを根拠づけるために、原告が被告の法定代理人である母の同意なしに行われたDNA鑑定結果を証拠として提出した事案につき、ドイツ連邦憲法裁判所は2007年2月13日の判決[43]において、子またはその法定代理人の同意なしに秘密裏にDNA鑑定を行うことは違法であり、子の人格権及び情報自己決定権を侵害するとの理由により、嫡出否認手続において子またはその法定代理人の意思に反し当該DNA鑑定結果を利用することはできないとしたドイツ連邦通常裁判所の判断[44]を肯定した。ドイツ基本法1条1項と結びつく同法2条1項により保障される一般的人格権に含まれる情報自己決定権は、自己の個人情報の開示及び利用について、原則上自ら決

---

(39) BGHZ 27, 284〔289 f.〕=NJW 1958, 1344 参照。
(40) BGH NJW, 1982, 277 参照。
(41) BGHZ 27, 284〔290〕=NJW 1958, 1344 参照。
(42) 例えば、BGHZ 27, 284〔290〕=NJW 1958, 1344; BGH NJW 1982, 277; BGH NJW 1988, 1016〔1018〕; BGH NJW 1998, 155 参照。
(43) BVerfG NJW 2007, 753. なお、本件については、春日偉知朗「ドイツの判例から見た「同意なくして行われたDNA鑑定」の人事訴訟における利用限界―違法収集証拠の利用禁止と個人情報をめぐる自己決定権―」小島武司先生古稀祝賀『民事司法の法理と政策 上巻』271頁、292頁以下（商事法務、2008年）；佐藤優希「ドイツ父子関係否認訴訟における秘密に行われたDNA鑑定の利用可能性」志學館9号（2008年）35頁、42頁以下参照。
(44) BGHZ 162, 1. なお、本件についても、春日・前掲注(43) 271頁、275頁以下；佐藤・前掲注(43) 35頁、38頁以下参照。

定する個人の権能を保護する[45]。この基本法上保護される情報には，他人の情報と比較することにより血統を推知できる個人の遺伝子上の形質に関する情報が含まれる[46]。しかしながら，この情報自己決定権は無制限に保障されるものではなく，とりわけ個人は優越する他の利益または公共の利益のために，この権利に対する制限を甘受しなければならないが，そのような制限をするためには，その要件及び範囲を明らかにし，かつ相当性原則に応じる法律上の根拠が必要である[47]。例えば，ドイツ民事訴訟法372条aによって規定されているように，それが他者の基本権，ここでは父が子の血統について知る権利との衡量により正当化され，かつ相当と認められる場合に，検査試料として相応しい身体の試料を提出させることにより，個人の血統を明らかにするセンシティヴ情報であっても開示させるための要件を手続法上定めることは可能である。しかしながら，情報自己決定権は国家機関に対して，私人である第三者が個人の知らないまま，または個人の同意なしに個人的特徴を示す情報に介入することから個人を保護すべき義務を課している。このことは，原則上，血統の解明という目的が基本法上保護される知る利益によって根拠づけられている場合にも妥当する。そのような場合に生じる基本法上の抵触は，基本法の担い手の1つである裁判所の裁量によって解決し得るものではなく，立法者によってのみ解決することが可能である[48]。遺伝子上の情報資料を用いて秘密裏に行われた父子関係の検査は，国家機関が保護すべき関係する子の自己決定権に対する違法な侵害を根拠づけるものである。

---

(45) BVerfGE 65, 1〔43〕=NJW 1984, 419 参照。
(46) BVerfGE 103, 21〔32〕=NJW 2001, 879 参照。
(47) BVerfGE 65, 1〔44〕=NJW 1984, 419 参照。
(48) なお，ドイツ連邦憲法裁判所は，立法者が法律上の父に子の血統を解明し，父子関係の存否を確認するための法的手続を提供していないことは，ドイツ基本法1条1項と結びつく同法2条1項に違反するとして，立法者に対し2008年3月31日までに，法律上の父が子の血統及び自己との父子関係を知る権利を実現するための手続を設けるように要請している。その結果，民法1598条aが新たに加えられるという形で（2008年4月1日施行），嫡出否認手続とは独立した血統の解明のみを目的とする手続が創設された。民法1598条a1項によれば，父は母または子に対して，子の血統を解明するために，遺伝子検査への同意とその検査の受忍を求めることができる。詳細については，MünchKommBGB/*Wellenhofer*, Band 8 Familienrecht II, 5. Aufl. (2008), § 1598a Rn. 1 ff.

第1部　民事手続法

　ドイツ基本法上，第三者によって知られることから保護される個人情報の開示及び利用が問題となる場合には，ドイツ基本法2条1項のような実体的基本権から裁判手続に対して様々な要請が生じる[49]。それ故に，裁判所は秘密裏に入手された他人の個人情報，そしてそのような情報から明らかになる知識を利用することが関係者の一般的人格権と調和するか否かにつき審査しなければならない[50]。きちんとした機能を果たす司法の利益と一般的人格権から導かれる情報自己決定権の保護とを比較衡量した際，人格権の侵害にもかかわらず保護に値することを示す局面，すなわち単なる証拠上の利益を越える局面が加わってはじめて，提出された情報及び知識を利用することの利益に優越性が認められる。これに対し，単に証拠方法を確保するという利益のみでは，そのような優越性を認めるのに十分ではない[51]。ドイツ連邦通常裁判所及びその原審は，裁判に際しこれらの点を考慮しており，憲法異議の申立人によって行われた子の遺伝子資料の秘密裏の入手及び子の個人情報に対する不当な介入は，子の情報自己決定権を著しく侵害するものであり，そのようにして得た知識を裁判手続において利用することは，子の人格権に対する侵害であるとした判断は，憲法に適合するものであるとしている。

　上記の裁判例が示すように，ドイツ連邦憲法裁判所は，ドイツ基本法1条1項及び2条1項により保障される一般的人格権の保護が優先されるべきことを前提に，憲法上保障される一般的人格権を侵害して収集された証拠については，その利用を禁止すべきことを原則とし，一般的人格権の侵害にもかかわらず証拠調べの利益が保護に値することを示す正当事由が存在する場合に限り，例外的にその利用が認められるとする立場に立っている。

　ドイツ基本法が明文をもって一般的人格権の保護を規定しているのに対し，日本国憲法には直接的に人格権を保護する規定は置かれていない。しかし，わが国においても，判例及び学説は，憲法13条などに基づき，憲法上保障される人格権として，プライバシー権，肖像権，自己決定権などを認めている。

　わが国で初めてプライバシー権を容認したのは，昭和39年の「宴のあと」

---

(49)　BVerfGE 101, 106〔122〕=NJW 2000, 1175 参照。
(50)　BVerfGE 106, 28〔48〕=NJW 2002, 3619 参照。
(51)　BVerfGE 106, 28〔49 f.〕=NJW 2002, 3619 参照。

事件判決である[52]。東京地裁は，個人の尊厳を規定する憲法13条を根拠に，プライバシー権の尊重は「もはや単に倫理的に要請されるにとどまらず，不法な侵害に対しては法的救済が与えられるまでに高められた人格的な利益であると考えるのが正当であり，それはいわゆる人格権に包摂されるものではあるけれども，なおこれを1つの権利と呼ぶことを妨げるものではない」として，「私生活をみだりに公開されないという法的保障ないし権利」という意味でのプライバシー権をその侵害に対して法的救済が認められるべき人格的な利益として承認している。

その後の「逆転」事件第一審判決[53]及び控訴審判決[54]も，個人の尊厳を定める憲法13条に基づき，「人格的自律ないし私生活上の平穏を維持するという利益」がプライバシーとして法的に保護されるべきであるとしている。

無断撮影と肖像権の問題については，刑事事件として，「京都府学連デモ」事件における最高裁大法廷判決[55]が，憲法13条によって保障される個人の私生活上の自由の1つとして，「何人も，その承諾なしに，みだりにその容ぼう・姿態（以下「容ぼう等」という。）を撮影されない自由を有する」ことを認め，「これを肖像権と称するかどうかは別として，少なくとも，警察官が，正当な理由もないのに，個人の容ぼう等を撮影することは，憲法13条の趣旨に反し，許されない」として，実質的に肖像権を承認している。

民事事件としては，「マーク・レスター」事件判決[56]が，人がみだりにその肖像を他人の眼にさらされないことは，当然に保護を受けるべき生活上の利益であり，「この利益は，今日においては，単に倫理，道徳の領域において保護すれば足りる性質のものではなく，法の領域においてその保護が図られるまでに高められた人格的利益」であるとし，人格的利益の1つとしての肖像権を認めている。

さらに，「エホバの証人」事件判決[57]は，「患者が，輸血を受けることは自

---

(52) 東京地判昭和39年9月28日判時385号12頁。
(53) 東京地裁昭和62年11月20日判時1258号22頁。
(54) 東京高判平成元年9月5日判時1323号37頁。
(55) 最大判昭和44年12月24日判時577号18頁。
(56) 東京地判昭和51年6月29日判時817号23頁。
(57) 最判平成12年2月29日民集54巻2号582頁，判時1710号97頁。

第 1 部　民事手続法

己の宗教上の信念に反するとして，輸血を伴う医療行為を拒否するとの明確な意思を有している場合，このような意思決定をする権利は，人格権の一内容として尊重されなければならない」とし，自己決定権が人格権に含まれるものと解している。

　わが国においても，電話の盗聴，会話の無断録音，個人の日記や手紙の開披，写真の無断撮影，画像の無断録画などは人格権ないしプライバシー権，肖像権，自己決定権の侵害となり，侵害行為の差止や損害賠償請求権など実体法上の法的救済が認められている。わが国の裁判所は，憲法上保障される人格権を侵害して収集された証拠であっても，その証拠能力を肯定すべきことを原則とし，証拠の入手方法に強度の違法性が認められる場合に，例外的に証拠としての利用が禁止されるとする立場に立つが[58]，訴訟において人格権の侵害を伴う方法によって収集された証拠の利用が問題となる場合には，侵害に対する法的保護を貫徹するため，実体法上の法的救済を与えるだけではなく，訴訟上も侵害に対する制裁としてその利用を禁止するのが人格権保護との関係で適切な取扱いであろう。わが国では，人格権の保護よりも，むしろ訴訟における真実発見の要請，ないし適正な裁判の実現が重視されているように思われるが，それはドイツ基本法が明文をもって一般的人格権の保護を規定しているのに対し，日本国憲法には直接的に人格権を保護する規定が置かれていないことによるのかも知れない。しかし，人格権を侵害する方法により収集された証拠の利用，そしてそれを取り調べることは，手続上の問題であるばかりではなく，憲法上の問題でもあることを認識する必要があるように思われる。提出された証拠が他人の人格権を侵害する行為により取得されたものであり，訴訟においてその利用を認め，これを取り調べることによりその者の人格権の侵害をもたらすような場合には，国家機関である裁判所自らが憲法上保障される人格権を制約することになる[59]。憲法 76 条 3 項及び 99 条によれば，裁判官は憲法に拘束され，

---

[58]　東京高判昭和 52 年 7 月 15 日判時 867 号 60 頁；盛岡地判昭和 59 年 8 月 10 日判タ 523 号 253 頁；名古屋地判平成 3 年 8 月 9 日判時 1408 号 105 頁；名古屋地判平成 15 年 2 月 7 日判タ 1118 号 278 頁。

[59]　名古屋高決昭和 56 年 2 月 18 日判時 1007 号 66 頁；森・前掲注(15) 判タ 507 号 42 頁注(75)；同・前掲注(15) 争点 257 頁；松本＝上野・前掲注（1）381 頁〔松本〕。小島武司「無断(秘密)録音テープの証拠能力」新堂幸司＝青山善充＝高橋宏志編『民事訴訟

それを尊重し擁護すべき義務を負う。憲法に拘束され，それを尊重し擁護すべき義務を負う裁判官が自ら憲法違反を犯すことを許容すべきではない[60]。したがって，提出された証拠が人格権を侵害する行為により取得されたものであり，これを証拠として取り調べることにより人格権の侵害がもたらされるような場合には，原則上，訴訟における証拠としての利用を禁止すべきである。

これに対して，証拠の収集行為及び証拠の取調べが人格権の侵害と認められない場合には，証拠収集の際の法規範の違反をもって，直ちに証拠の利用禁止へと導く必要はないものと思われる。すなわち，証拠収集行為における実体法上の違反のみが問題となる場合には，当該法規範の意味や目的，保護目標などを考慮に入れて，証拠としての利用を許容すべきか否かを決定するのが妥当であろう[61]。

法判例百選Ⅱ〔新法対応補正版〕』273頁（有斐閣，1998年）は，個人の日記などについては，証拠拒絶ないしこれに準ずる事由により，証拠調べ自体が訴訟法上許されないとしている。

なお，高橋宏志『重点講義民事訴訟法（下）〔補訂版〕』44頁以下（有斐閣，2006年）は，情報の内容からの規律と情報の収集過程から規律を区別し，情報の内容による規律として，プライバシーの侵害になり得るものは本人の同意がない限り証拠能力が否定されるとしている。

(60) 間渕・前掲注（3）619頁は，このような見解によれば，裁判官は憲法のみならず，法律をも遵守する義務を負っているから（憲法76条3項），実体法に違反する行為によって収集された証拠方法についても，その証拠能力が否定されなければならないとする。しかし，人格権の侵害を伴わず，単に実体法に違反して収集された証拠の場合に，これを証拠として取り調べること自体が人格権の侵害，ないし実体法違反となるわけではない。

なお，福冨・前掲注(17) 236頁は，住人不在の住居に不法に侵入し文書を窃取した場合は，なんら人格権の侵害を伴わず，単なる実体法違反となり，違法性二分説によれば，当該窃取文書の証拠能力は否定されないことになるが，国民の一般感情として，犯罪行為により文書を窃取した場合の方が人格権の侵害とされる無断録音の場合よりも違法性が強いと感じるのではなかろうかとしている。しかし，人の身体的自由の拘束下で文書が窃取された場合のみならず，住人不在の住居に不法に侵入し文書を窃取した場合であっても，窃取された文書が個人の私生活に関する手記，日記帳などである場合（名古屋高決昭和56年2月18日判時1007号66頁）には，単なる実体法違反に止まらず，人格権の侵害が問題となる。

(61) 松本＝上野・前掲注（1）381頁〔松本〕。

Ⅳ　おわりに

　民事訴訟法は，証拠の証拠能力を制限する規定を設けていない。したがって，たとえ違法な行為により収集された証拠であっても，明文によってその証拠能力は否定されない。このことから，多くの判例は，憲法上保障される人格権を侵害して収集された証拠とみられる証拠であっても，その証拠能力を肯定すべきことを原則とし，証拠収集行為における違法性の評価は裁判所の裁量に委ねられるべきものとしている。すなわち，証拠が著しく反社会的な手段を用いて人の精神的・肉体的自由を拘束する等の人格権侵害を伴う方法によって収集された場合のように，証拠の収集行為に強度の違法性が認められる場合には，例外的に証拠としての利用が禁止されるとしている[62]。しかし，憲法上保障される人格権を侵害して収集された証拠の利用を認めることは，結果として人格権侵害行為を黙認し，また人格権を侵害する方法での証拠収集を助長することにつながり，さらにはそのような証拠を取り調べることにより国家機関である裁判所自らが人格権の侵害をもたらすという問題がある。したがって，憲法上保障される人格権を侵害して収集された証拠については，人格権の侵害にもかかわらず証拠調べの利益が保護に値することを示す正当事由が存在しない限り，その利用を禁止するのが適切な取り扱いであろう[63]。

　しかしながら，民事訴訟において要請される真実発見を完全に無視することも適切ではない。したがって，人格権の侵害を伴わず，単に実体法に違反して収集された証拠については，当該法規範の意味や目的，保護目標，違法性の程度などを考慮した上で，証拠としての利用を許容するのが妥当であると思われる。

---

[62]　東京高判昭和52年7月15日判時867号60頁；盛岡地判昭和59年8月10日判タ523号253頁；名古屋地判平成3年8月9日判時1408号105頁；名古屋地判平成15年2月7日判タ1118号278頁。

[63]　BVerfG NJW 2002, 3619; BVerfG NJW 2007, 753; 名古屋高決昭和56年2月18日判時1007号66頁；森・前掲注(15) 判タ507号42頁注(75)；同・前掲注(15) 争点257頁；松本＝上野・前掲注（1）381頁〔松本〕。

3 国際裁判管轄についての一考察
――ひとつの実務を中心として――

永 田　誠

　Ⅰ　はじめに　　　　Ⅲ　むすび
　Ⅱ　考　察

Ⅰ　は じ め に

　平成8年6月24日言渡しの最高裁判所の離婚についての判決（平成5年（オ）第764号，最高裁判所民事判例集50巻7号，1451頁以下）は，すでにいろいろな側面から批評されている[1]。

　私は，この事件を担当した者として，この事件を再び掘り起こし，最高裁判所のこの判断が正しかったのかを，実務の動きも加えつつ検討を試みたい。

　ハルトヴィーク教授は，学者として優れた業績を残されたが，教授の興味は，実務の動きをとらえ，それをダイナミックに検討するところにあったから[2]，この私のやり方を許していただけるものと思う。

---

(1) 例えば，渡辺惺之・ジュリスト195号106頁以下，同・判例評論464号199頁，豪多喜寛・ジュリスト1113号2878頁，山下郁夫・ジュリスト1103号129頁，海老沢広美・私法判例リマークス15号174頁，小野寺則夫・判例タイムズ945号314頁，道垣内正人・ジュリスト1120号132頁，村上正子・一橋論叢119巻162頁，山田恒久・法学研究71巻6号95頁，横溝大・法学協会雑誌115巻5号115頁，櫻田嘉章・国際私法判例百選（別冊ジュリスト185号）184頁など。

(2) Oskar Hartwieg, Forum Shopping zwischen Forum Non Conveniens und "hinreichendem Inlandsbezug", in: JZ 1996, 109. また，ハルトヴィーク教授の講義録 IPR Ⅱ- International Business Transactions などを見れば，ハルトヴィーク先生の実務から出発した批判精神が読み取れる。

第1部　民事手続法

II　考　察

1．まず，本件の最高裁判所の判決文の重要な部分を掲げることにする。
「離婚訴訟においても被告の住所は国際裁判管轄の有無を決定するに当たって考慮すべき重要な要素であり，被告が我が国に住所を有する場合に我が国の管轄が認められることは，当然というべきである（第1段）。しかし，被告が我が国に住所を有しない場合であっても，原告の住所その他の要素から離婚請求と我が国との関連性が認められ，我が国の管轄を肯定すべき場合のあることは，否定しえないところであり，どのような場合に我が国の管轄を肯定すべきかについては，国際裁判管轄に関する法律の定めがなく，国際的慣習法の成熟も十分とは言い難いため，当事者間の公平や裁判の適正・迅速の理念により条理に従って決定するのが相当である。そして管轄の有無の判断に当たっては，応訴を余儀なくされる被告の不利益に配慮すべきことはもちろんであるが，他方，原告が被告の住所地国に離婚訴訟を提起することにつき法律上または事実上の障害があるかどうか及びその程度をも考慮し，離婚を求める原告の保護に欠けることのないように留意しなければならない（第2段）。」という一般的なルールを打ち出し，本件が，このルールをあてはめた場合どうなるかについて，「前記事実関係によれば，ドイツ連邦共和国においては，前記一3の記載の判決の確定により離婚の効力が生じ，被上告人と上告人との離婚はすでに終了したとされているが，我が国においては，右判決は民訴法200条2号の要件を欠くためその効力を認めることができず，婚姻はいまだ終了していないといわざるを得ない。このような状況の下では，仮に被上告人がドイツ連邦共和国で離婚訴訟を提起しても，既に離婚が終了していることを理由として訴えが不適法とされる可能性が高く，被上告人にとっては，我が国に離婚請求訴訟を提起する以外に方法はないと考えられるのであり，右の事情を考慮すると，本件離婚請求訴訟につき我が国の国際裁判管轄を肯定することは条理にかなうというべきである。この点に関する原審の判断は，結論において是認することができる」と結論づけている。

2．次に，この最高裁判所判決が定めたルールについて検討する。

（1） 第 1 段は，別に異論はない。しかし，なぜ「当然」であるのかは，説明しておかなければならなかったと思われる。すなわち，この被告の普通裁判籍に管轄を認めるというルールは，どこから来ており，なぜ「当然」かの説明がない限り，その「当然」を破る理由づけが出て来えないからである。その理由として一般に言われることは，「原告の主張する権利の存否は，判決を待って初めて確定するものであるから，被告とされた者の便宜を考慮し，その普通裁判籍所在地の裁判所に訴えを提起させるのが，当事者の公平に合するからである」とされている[3]。訴訟を仕掛ける者が，相手方のところに出向いて，そこの裁判所に訴えるべきである（actor sequitur forum rei）というローマ法の原則は，近代訴訟法の原則となっているのである[4]。

（2） しかして，最高裁判所は，第 2 段で，このルールを適用しない場合，つまり，我が国の管轄を肯定するべき場合として，「どのような場合に我が国の管轄を肯定すべきかについては，国際裁判管轄に関する法律の定めがなく，国際的慣習法の成熟も十分とは言い難いため，当事者間の公平や裁判の適正・迅速の理念により条理に従って決定するのが相当である（A 基準という）。そして，管轄の有無の判断に当たっては，応訴を余儀なくされる被告の不利益に配慮すべきことはもちろんであるが，他方，原告が被告の住所地国に離婚訴訟を提起することにつき法律上または事実上の障害があるかどうか及びその程度をも考慮し，離婚を求める原告の保護に欠けることのないように留意しなければならない（B 基準という）」とする。

まず，A 基準は，従来の裁判所の標準的基準であり，大方の了承を得ているものであり[5]，妥当であろう。しかし，この最高裁判所の判決の問題点は，この基準に則した「条理」をまったく考究しないところにある。本件において，何が「当事者間の公平」か，何が「裁判の適正・迅速の理念」かがまったく吟味されていない。本件を具体的に，「当事者間の公平」からみた場合，国際裁

---

[3] 斎藤秀夫編著『注解民事訴訟法(1) 総則』（第一法規，昭和 56 年）81 頁。
[4] 前掲注（3）。
[5] 最高裁判所昭和 56 年 10 月 16 日第二小法廷判決（民集 35 巻 7 号 1224 頁，いわゆるマレーシア航空事件）で，この基準が設定され，これについては，とくに反対の論評はない。本判決もこれに則っており，昭和 39 年 3 月 25 日判決とは関係がないと私は考えている。

判管轄を日本の裁判所に認めるのが当事者間の公平になるのか，ドイツの裁判所に認めるのが当事者間の公平に資するのかという側面からこれを見れば，ドイツの裁判所にゆだねた方が当事者間の公平ということになろう。けだし，婚姻はドイツで締結され，婚姻共同生活もドイツで営まれ，原告は30年以上もドイツで暮らしており，本件訴えの提起のとき（1989年7月26日）には，日本へ帰国してから（帰国は1989年4月9日であった），僅かに3カ月しか閲しておらず，ドイツが婚姻と密接な関係を有する国であるし，経済的にも被告が日本へ来るより原告がドイツへ出向く方が相対的に見て負担が少ないからであるばかりでなく，言葉の点でも原告のドイツ語力が被告の日本語力よりはるかに勝っているからである。また，「裁判の適正・迅速の理念」からしても，ドイツで訴訟をした方が条理にかなう。すなわち，「裁判の適正」という点では，離婚原因があるかどうかの判断は，婚姻が継続していた国で裁判をした方が適正な判断ができるし，また迅速に判断ができる。日本へは，婚姻が破綻してから以降の接点しかない。また，離婚原因があるかどうかについての書証，人証もすべてドイツにあるから，ドイツで裁判をした方が適正に判断できる。「裁判の迅速」という点では，ドイツの裁判の方がはるかに迅速である。書証・人証は，すべてドイツにあるし，書証はすべてドイツ語であり，人証もすべてドイツ人またはドイツ語のできる日本人であるから，ドイツで審理をすれば翻訳の時間が省けるし，証人尋問も通訳人をいれなくて済む。しかし，本最高裁判決は，この点について一言も触れていない。本判決の重点は，どうも，B基準，つまり，「管轄の有無の判断に当たっては，応訴を余儀なくされる被告の不利益に配慮すべきことはもちろんであるが，他方，原告が被告の住所地国に離婚訴訟を提起することにつき法律上または事実上の障害があるかどうか及びその程度をも考慮し，離婚を求める原告の保護に欠けることのないように留意しなければならない」というところにあると思われる。つまりA基準は，枕詞としての意味しか持っていない[6]と言わざるを得ない。

（6） Aの基準とBの基準との関係について，A基準を単なる「枕詞」と考えず，両者を整合的に理解する立場もあり（例えば，道垣内・前掲注（1）134頁），また，両者を区別しない立場もあるが（例えば，渡辺・前掲注（1）判例評論199頁），両基準の内容から見ると，この二つは別のことを言っていると私は考えざるを得ない。

このB基準であるが、まず、最高裁判所は、「応訴を余儀なくされる被告の不利益に」全く配慮していない。そしてその対極にあると思われる、「原告が被告の住所地国に離婚訴訟を提起することにつき法律上または事実上の障害があるかどうか及びその程度をも考慮し、離婚を求める原告の保護に欠けることのないように留意しなければならない」という側面だけを考量している。まことに公平さを欠いた判決といえる。

さらに、「法律上または事実上の障害があるか」を吟味するのであるが、これが間違った理解、推論から成り立ってしまっている。すなわち、最高裁判所は、「我が国においては、右判決は民事訴訟法200条2号の要件を欠くためその効力を認めることができず、婚姻はいまだ終了していないと言わざるを得ない。このような状況下では、仮に被上告人がドイツ連邦共和国に離婚請求訴訟を提起しても、既に婚姻が終了していることを理由として訴えが不適法とされる可能性が高く、被上告人にとっては、我が国に離婚請求訴訟を提起する以外に方法はないと考えられる」から、「我が国の国際裁判管轄を肯定することは条理にかなう」としているが、前段は、事実に目をつむった立論であり、後段は、ドイツの訴訟法とその実務の無理解からくる誤った推測に基づいている。

3．そこで、日本の民訴法200条2号の要件を検討すると、本件については、次のことがいえる。
① 少なくとも離婚に関しては、原告も離婚を望んでいたから、原告は敗訴の被告とは言えないのではないか[7]。
② 本件は、訴訟物として不法行為に基づく損害賠償請求も含まれているから、仮に原告が本権の訴えを提起しても、ドイツの裁判所は訴えの利益なしとして、unzulässig として abweisen はできないはずである。
したがって、最高裁判所の判断は正しくはない。

4．もし、然らずとするも、本件で承認が問題となっているシャルロッテンブルク家庭裁判所（以下、シャ家裁と略す）の判決は、信義則上、相手方（本件

---

(7) 山田・前掲注(1)。山田教授は、この点をとらえて、「実質的に『敗訴日本人被告』といいうるか否かについては、若干の疑問が残る」とされる (102, 103頁)。

の被上告人）の応訴があったと認められるべきであり(8)，従って「敗訴の被告が日本人」であっても，外国判決は承認要件を具備すると扱われるべきである(9)。

そこで，シャルロッテンブルク判決（以下シャ判決と略す）が，なぜ公示送達によって開始されたかを述べる(10)。

① 本件に先立つ 1989 年 5 月 8 日に被告は，ドイツで「父親は子供を母親に引き渡す義務がある」旨の仮処分決定を取った。この決定のドイツの裁判所から原告への送達は，通常外国事件について行われる外交ルートで行われた。宛先は原告の住民票上の住所とした。この住所は，原告の母親の住所でもあり，かつて婚姻がまだ破綻していなかったころ被告が日本へ来たときに住んだことのある住所でもあり，そこに外国人登録をした住所でもあった。しかし，この送達を依頼した東京のドイツ大使館から，1989 年 7 月 20 日付けで送り返されてきた。返送の理由は，原告が上記の宛先地に不明というものであった。

② さらに，ドイツの裁判所はフランクフルトにある国際社会事業団に，日本にいる子供についての調査を依頼し，国際社会事業団は日本国際社会事業団に調査を依頼した。日本国際社会事業団が，原告と連絡を取るべく書状を差し出した先は，原告の住民票上の住所（それは，母親の住所でもあるし，原告と被告との関係が破綻していなかったころ，被告が日本へ来たとき原告とともに住んでいた住所でもある）であったが，これに対して原告の代理人が電話をかけてよこし，「原告は社会福祉事業団の人と会う気持ちはない」と対応した。

③ 一方，被告は，前記 1989 年 5 月 8 日の仮決定の原本と和訳とを持って 1989 年 5 月 10 日に来日し，ドイツ大使館経由で日本の弁護士に依頼し，原告に面会を申し込んだが，原告の代理人において「原告と子供がどこに

---

(8) この点につき，渡辺・前掲注（1）判例評釈 202 頁，櫻田・前掲注（1）185 頁。
(9) 承認を否定することに対して疑問を呈するものとして，櫻田・前掲注（1）185 頁。
(10) 公示送達の具体的事実を審議するべきであったとするものとして，渡辺・前掲注（1）法学教室 107 頁。なお，以下①〜⑪における「原告」・「被告」は本件の日本での訴訟（1989 年 7 月 26 日に浦和地方裁判所越谷支部に提訴された離婚等請求事件）でのそれを指している。ドイツでの訴訟では，当然「原告」と「被告」の立場は入れ違っている。

住んでいるか不明」として，原告に会わせてもらえず，原告の代理人としか話ができなかった。被告は，1989年7月3日に，前記日本の弁護士に依頼して調停の申立てをしたが，原告が不出頭のため，調停は不調に終わった。

　この段階で被告は，人身保護法に基づく解決を考えたが，肝心の原告および子供の居所がまったくわからなかったので日本で打つ手がなかった[11]。

④　被告は，ドイツに帰りドイツで離婚訴訟を起こそうとしたが，このとき，訴状を原告に送達すべく，原告の住所を探した。これにはドイツ連邦共和国の国会議員を動員して，在東京ドイツ連邦共和国を煩わし，原告の住所を調べてもらったが，在東京ドイツ連邦共和国の度重なる努力にもかかわらず，原告の住所を知ることができず，結局，原告の上記の母親の住所しか分からなかった。

⑤　そこで，被告が，ドイツのシャ家裁に，本件で承認が問題となっている離婚・監護権判決の申立てをしたときに，その訴状と期日呼出状とを，シャ家裁は，最初に1989年7月12日に，次に1989年8月9日に，つまり2回にわたって通常の航空便で原告の上記の住所に送ったが，<u>それはドイツに返送されてはこなかった。</u>

⑥　この間にもう一度ドイツの国会議員にドイツ連邦共和国大使館に原告の住所の調査を依頼した。大使館は日本の外務省の協力も得て調査したが，1989年10月18日の大使館からの返事では，原告の住所として母親の住所が記されていた。この住所は，かつてドイツ大使館が1989年5月8日の仮処分を送り送達されなかった住所であり，社会福祉事業団が文書を送ったときは送達された住所であり，シャ家裁が本件で承認が問題となっている判決についての訴状と呼出状を航空便で送ったときに，ドイツに送り返されてこなかった住所であった。

⑦　シャ家裁は，原告が母親の住所をとおしてドイツの裁判所の二つの訴訟手続きのことを知らされていたにもかかわらず，正式の送達に対しては別

---

(11)　この点，人身保護法による救済を求めるべきであり，それをしないで公示送達による訴訟という方法を選択したことが適切でなかったとの道垣内教授の指摘（道垣内・前掲注（1）135頁）は当たらない。

第1部　民事手続法

のところに住んでいるといい，その別のところの住所を知らしめず，意識的に身を隠すことによって，正式の送達を意図的に妨げていたのであるとの確信を抱くに至った。

⑧　その確信を抱くに至ったので，シャ家裁はドイツ民事訴訟法203条に従って1989年11月23日の決定をもって，本件で承認が問題となっている離婚・親権訴訟の公示送達を許可したのである。

⑨　この送達は，1989年12月13日から1990年1月2日まで，裁判所の掲示板に掲示され，連邦官報に1990年1月3日に掲載されるという方法で行われた。

⑩　そして，公示送達の要件はその後も具備されていたので，判決が1990年3月23日から1990年4月1日にかけて行われた。

⑪　なお，本件での承認が問題となっているシャ家裁の判決についての訴状および呼出状の公示送達が，1990年1月13日に効力を生じたから（ドイツ民事訴訟法188条1文），このときから訴訟係属となったものである。

　本件原告の訴えは，1989年7月7月26日に提起されているが，これが本件被告に送達されたのは，1990年9月20日であったから，このときから訴訟係属が生じ，さらにドイツの判決が確定したのが1990年5月8日であったから，本件は，承認が問題となっているドイツの判決の確定後に訴訟係属となったものである。

以上が事実関係である(12)。

5．原審である東京高等裁判所は，「被控訴人が右訴訟の係属を知っていたと認める証拠はない」と断定したが，原審裁判官は，むしろ書証として提出されているドイツの裁判官の書状をよく吟味すれば，むしろ，被控訴人が訴訟の係属を知っていたと認める証拠は存在すると判断するべきであった。また，原審は，「証拠によれば，被控訴人は右訴訟提起前において，日本での代理人である弁護士を通じて控訴人の代理人である弁護士と交渉したことが認められる

---

(12)　以上の事実関係についてはシャルロッテンブルク簡易・家庭裁判所の裁判官の書簡に詳述してあり，乙第18号証として提出されている。その他に，乙7，8，9，10号証も以上の事実関係を証明するものである。これに対する反証は出ていない。

から，公示送達手続によらずに訴訟を進めることも可能であったと認められる」と付記しているが，これはドイツでの訴訟手続きの無知に基づいた誤った判断である。ドイツでは訴訟を始めるときは，訴訟を開始するための書類は，必ず被告本人に送達しなければならない。訴訟代理人への送達は，代理権を証する文書の提出を待って初めて可能である（ドイツ民訴法177条2文）。本件の場合，日本での調停事件での申立人（本件の上告人）は日本の弁護士に依頼している。しかし，この調停は，相手方の弁護士が，「被申立人がどこに住んでいるかわからない。子供もどこに住んでいるかわからない」として，不調に終わっている。そして，上告人はドイツに帰っている。このような状態で，ドイツで訴訟を起こそうとする場合，上告人がまた同じ弁護士を通して，訴訟の相手方の住所を聞き出してくれと頼んでみても，無駄であろうし，同じ弁護士に事件を依頼するかどうかは，上告人の全くの自由である。弁護士費用の問題もあろう。かつての調停事件で弁護士を依頼したから，そして相手方も弁護士が出てきたから，別の事件でも同じ弁護士同士で代理するなどということを前提とした議論は，実務についての無知としか言いようがない。本件で承認が問題となっているドイツの判決の訴訟手続きが公示送達以外の方法しかなかったことは，証拠も含めた裁判記録を読めばはっきりしている。原審のこの部分の認定は，あまりにも恣意的である。

　被控訴人は右訴訟提起前において，日本での代理人である弁護士を通じて控訴人の代理人である弁護士と交渉したが，それは，本訴と関係のない，被控訴人が日本で申し立てた調停についてのことである。調停が不調に終わって，被控訴人はドイツで新たに離婚訴訟を提起しなければならなかったのである。これは，日本での調停とは訴訟法的に別の事件であるから，その訴状の送達は，かつての日本での調停事件の代理人に送達するわけにはいかない。この段階では，原告（ドイツで行われるであろう訴訟の被告）は，新たに提起される訴訟の代理人を有していない。したがって，原告本人以外に訴状と呼び出し状を送達するべき人物は存在しない。そこで，被控訴人は，ドイツ連邦共和国の大使館を煩わして，原告の住所を調べてもらったのである。大使館の努力にもかかわらず，原告の住所は見つからなかった。したがって，公示送達の方法しかなかったのである。原審は，裁判所でありながら，このような訴訟手続きのこと

を知らないで判断している。

　6．上告人（被控訴人）は，上告理由書の第2では，「原判決は，民事訴訟法200条2号の解釈を誤るものである」として，「ドイツでの離婚訴訟において，被告（本件の原告）が訴訟の開始を知り防御の手段を尽くす機会が与えられていたときは，外国判決は承認についての同号の要件を満たしていると解釈されなければならない」と主張し，さらに第3で，「原判決は，判決に影響を及ぼすべきことが明らかな重要事項について理由に齟齬がある」として，日本の民訴法200条2号の「応訴したる」の解釈について，「被告の，およそ彼に対して訴訟が起こされたことを知っていたことを推定せしめるすべての反応をいう」と解釈されるべきであり（ツェラー『民事訴訟法，15版』924，925頁，欄外注139＝乙第12号証），このような事実があったことも，乙各号証で明らかである」と理由を述べているのに，最高裁判所は，これに全く応えていない。もし，この理由第2および第3を正面から吟味して判断をしていれば，最高裁判所が結論づけるように，「右判決は民事訴訟法200条2号の要件を欠くためその効力を認めることができず」という結論は出てこなかったはずである。

　7．仮に，それでもなお，シャ判決が，民訴法200条2号により我が国で承認できないとしても，最高裁判所が，「このような状況の下では，仮に被上告人がドイツ連邦共和国に離婚請求訴訟を提起しても，既に婚姻が終了していることを理由として訴えが不適法とされる可能性が高く」と推測するのは間違っている。ドイツでは，ドイツにおける外国人・ドイツ人間の離婚訴訟が確定しても，それが当該外国で承認要件を欠いており，もう一度外国の承認要件を具備した判決を必要とするときは，同じ当事者間での再訴訟は許されていると判断するべきであって[13]，最高裁判所が推測するように「不適法とされる可能性」はない。あるいは高くはない。すなわちドイツにおける離婚訴訟は，次のように進行する。

　離婚は裁判上の訴えによらなければならない（ドイツ民法1564条）。訴えの

---

[13] Zöller/Greger, ZPO, 25. Aufl., 2005, Rn. 18a Vor §253, S. 753を参照のこと。

提起についてのドイツの裁判管轄は，ドイツ民事訴訟法606 a 条によって，当事者の一方がドイツ人であるときはドイツの裁判所に認められる。本件は，当事者の一人がドイツ国籍を有しているから，この点は問題がない。そして，職務管轄は，離婚事件についても，親権事件についても家庭裁判所である（前者につきドイツ民訴法606条，後者につきドイツ民訴法621条）。従って，もし原告が，ドイツの土地管轄を有する家庭裁判所へ離婚訴訟を提起すれば，受理されて事件は訴訟係属となる。離婚訴訟は，形成訴訟であるから，原則としてどんな場合でも訴えの利益は存在する[14]。問題は，その後で，ドイツの裁判所で，「この事件は，一度すでにドイツの裁判所で判決が出されそれが確定しているから，すでに原告が訴えの利益を失っている」として訴えを不適法とするかであるが，答えは「否」である。ドイツの民事訴訟法によれば，訴えの要件は，主観的要件と客観的要件とからなり[15]，ここで問題となるのは，客観的要件であるが，これには次の4つがあるとされている。a）訴訟物について訴訟の係属がないこと，b）訴訟物について実体的に確定力のある判決が存在しないこと，c）法的保護の利益が存在すること，d）訴えの提起が手続的要件をみたしていること[16]。仮に，原告が，ドイツで本件の訴えを提起しようとした場合，問題となるのはb）の要件とc）の要件とである。そして，この二つの要件は密接不離の関係にある。本件の原告の訴えは，離婚と親権の部分についてはすでにドイツの裁判所で確定判決を得ているからb）の要件は満たさないことになるが，それでは，せっかくのドイツの確定判決は，相手方（つまり原告）に対しては効力が認められないから原告に対しては確定判決としての意味がなくなってしまう。すなわち，そうすると，もう一度ドイツで，日本での承認を得ることができるやり方で訴訟をやり直す法的保護の利益が出てくる。ゆえに，原告がドイツで本件の訴えを提起しようとすれば，ドイツの裁判所は，これを不適法とはしないで，実体的な審理を進めることはほぼ間違いがない。それに添う判例は少なくない[17]。すなわち，ドイツの裁判実務は，離婚判決が

---

(14) Jauernig, ZPO (Juristische Kurz-Lehrbücher), 29. Aufl., 2007, §35 Ⅳ. S.116
(15) Jauernig, 注14, §33, Ⅳ. S.104, 105, 106.
(16) Jauernig, 注14, §33, Ⅳ. S.105, 106。
(17) Zöller/Greger, 注13。

下されそれが確定していても，当事者がこの判決の確定証明付きの謄本を持っていないときは，すでに成立した離婚を確定するために訴えを起こすことが許されているし[18]，執行可能な債務名義が存在していても，それが和解や破産確定などのように本来の確定力を基礎づけるものでないときは，執行に対抗する訴えが予想されるときは，法的保護の利益があるとし[19]，ある意思表示を行うべきことを義務づける裁判上の和解，つまり執行可能な和解が成立した後でも，その意思表示を義務付けることを内容とする給付の訴えを提起する法的保護の利益は認められ[20]，執行力のある債務名義が失われまたは廃棄されてしまい回復の可能性がないとき[21]，確定した給付判決が存在するのに，新たな訴えを起こすのが時効中断の必要から要請されるとき[22]，債務名義を貫徹することに疑いがあるとき[23]，なども，法的保護の利益が存在するとしている。

　このようなドイツの裁判実務を考量すれば，本件の場合，仮に原告がドイツで離婚・親権訴訟を，「ドイツの判決は確定したが，日本で承認され得ないからドイツでもう一度訴えを提起する」として起こせば，ドイツの裁判所は，これを受理して審判を開始する可能性は極めて高い。ドイツの裁判所は，ドイツの離婚判決がその被告の所属国である日本で承認されなければ，「既に婚姻が終了している」とは考えず，「相手方に対する関係ではまだ婚姻は終了していない，つまり hinkende Ehe である」と考えるし，「被告に当たる人はドイツに住所を持っているから，今度ドイツで行われるであろう判決は，日本民訴法200条2項の要件を満たす」と考えるからである。

　最高裁判所は，このドイツの実務を調査することなく単なる日本的憶測で，「すでに離婚が終了していることを理由として訴えが不適法とされる可能性が高く」などとして，それでは原告の保護に欠けるから，日本の裁判所に国際裁判管轄を認めるなどと結論している。これは由々しき間違いである。このよう

---

(18) BGHZ 4, 314/323.
(19) NJW 1962, S.1392.
(20) MDR 1986, S.931.
(21) 注18，S.314, 321 ff.
(22) MDR 1985, S.562.
(23) Hamm NJW-RR 1998, 424

な憶測に基づく判断は，裁判所がやるべきことではない。

Ⅲ　む　す　び

8．本件の最高裁判所判決は，当然のことながら，原審の判断の当否についての判断である。そして原審は，「夫婦の一方が国籍を有する国の裁判所は，少なくとも，国籍を有する夫婦の一方が現に国籍国に居住し，裁判を求めているときは，離婚訴訟について国際裁判管轄権を有すると解するのが相当である」と判示している。すなわち，離婚については，「国籍国に居住する」というのを要件としている。最高裁判所は，これには応えることをしないで，「ドイツでの訴え提起の可能性が低い」ことを我が国に国際裁判管轄を認める唯一の根拠としている。これは，肩すかし判決とでもいうべきであるが，仮に，この最高裁判所の論法をもってすると，原告がドイツで訴訟を提起して，ドイツの裁判所で，「不適法」としないで，本案の審理に入る可能性が高ければ，原告に我が国の裁判所に国際裁判管轄権を認めないことになるのであろうか。もし，そうであるとすれば，外国での裁判の可能性の有無が我が国に国際裁判管轄権を認めるかどうかの基準となり，裁判管轄の基本である，actor sequitur forum rei と著しくかけ離れてしまい，とても承認できるものではない。

9．なお，本件は「離婚」請求についてだけ言及しているが，原審は，「親権者の指定，慰謝料請求についても，離婚訴訟を管轄する裁判所に管轄権がある」と判示しており，最高裁判所は，このことについて全く言及していないところをみると，最高裁判所も，この原審を前提としているものと思われる。そうすると，慰謝料請求の部分については，ドイツのシャルロッテンブルク家庭裁判所の判決は，離婚と監護権だけを訴訟物としているから，原告は，最高裁判所の論法をもってしても，ドイツで訴えを起こすことができる。したがって，日本の裁判所には管轄権がないことになる。しかし，これについても，日本に国際裁判管轄権を認める結論を出している。これは論理的矛盾である。

10．さらに，本訴訟の実質的な最も大きな争点は，道垣内教授が指摘されて

いるように，子供の親権（監護権）である[24]。これについてのドイツでの判決は，1990年5月8日に確定している。日本での訴えの提起は1989年7月26日であり，これは原告が子供を連れて日本へ来てからまだ3カ月しかたっていない時期であり，本件の第一審判決で，原告の日本での訴えの提起が不適法として却下されたのが，1991年11月28日であり，子供の福祉の観点から遅くともこのくらいの時期に子供の親権（監護権）は決定されていなければならなかったものであるのに，最高裁判所の判断が出されたのが，1996年8月26日といかにも遅すぎる。控訴審が結論を出したのが，1993年1月27日，上告状が提出されたのが，その2日後の1993年1月29日，これに対する最高裁判所の判断が，これから3年5カ月も経ってしまっている。子供の親権（監護権）も訴訟物となっている事件としては，最高裁判所の対応はいかにも不適切であったと言わざるを得ない。

11. 最後に，この最高裁判所の判断が出てから実務はどのように進行したか。
結局，事件は浦和地方裁判所越谷支部に差戻されたが，その後浦和地方裁判所に移送され，1997年1月31日に最初の期日が入り，4月，7月，9月，10月，12月と期日が続き，1998年1月27日に進行協議期日に変更され，原告からの慰謝料請求は取り下げられて，事件は夫婦関係調整事件として調停に付されることとなった。これが，1998年1月27日であった。最終的に，2000年10月20日に，当事者の離婚および原告（調停の申立人）に子供の親権を与えるとの審判が，被告（面接交渉権申立事件の申立人）に面接交渉権を認めるとの審判が出されて，本件は決着を見ることになった。原告が，子供を母親から切り離し日本へ連れてきてから実に11年6カ月，被告がドイツで離婚・監護権判決を取りそれが確定してから10年5カ月も時が経過してしまっている。これでは，子供の福祉に叶うわけがない。結果的に見て，原告に国際裁判管轄権を認めた最高裁判所の判決は，子供の福祉という観点からも，大きな疑問を残すこととなった。日本は真の意味で法治国家と言えるのか。

---

(24) 道垣内・前掲注（1）133号135頁。

〔付記〕　ハルトヴィーク先生が亡くなられて既に何年のときが流れたであろうか。ハルトヴィーク先生は，E-mail が大好きだったので，1999年に私がベルリンへ出張留学したおり，ベルリンから，「今ベルリンへ来ている。いずれお目にかかれるのを楽しみにしている」というメールを書こう，書こう，と思っているうちに，それを果たさず，お別れすることになってしまった。最大の心残りであった。期せずして，石川明先生，三上威彦先生から，ハルトヴィーク先生を偲んで論文集を出そうという，予期しない，実にありがたいお話があったのは昨年だったであろうか。1994年の秋に，ハルトヴィーク先生のゼミナールで外国判決の承認・執行の話をさせていただいたが，ミュンヘンの裁判所の給付判決が名古屋の執行裁判所で執行判決を取ることができたのに，執行の段階で和解となって，結局執行される事態には至らなかったという話をしたところ，ハルトヴィーク先生は，日本の実務が，どうも法律とはあまり関係のないところで決着をつけるということに非常な興味を示された。

　ハルトヴィーク先生を思い出すたびにその光景が目に浮かぶ。

　今回の論文のテーマについては，いろいろと考えてみたが，国際間の事例を中心として理論と実務がかみ合った問題，しかも疑問が残る問題，を取り扱うのが，ハルトヴィーク先生からいただいたご親交に報いる術であると思うに至った。

　まことに拙いものであるが，ハルトヴィーク先生を懐かしむ言葉に代えさせていただきたい。

4　国際訴訟競合における"事件の同一性"を判断する法
――同一性問題に関する序論的考察――

芳　賀　雅　顯

Ⅰ　問題の所在　　　　　　　　Ⅳ　検討――同一性を判断する法
Ⅱ　ドイツにおける議論　　　　　　はいずれの国か――
Ⅲ　日本における議論　　　　　Ⅴ　今後の課題

Ⅰ　問題の所在

　渉外的民事紛争に関する国際裁判管轄ルールの多くが国内法の規律に委ねられている現状では，ある渉外事件が複数の国の管轄に服することは避けられない。したがって，当事者は自己に有利な法廷地を探し出すことに腐心し，その結果，同一事件について複数の国に訴訟が係属してしまうことも稀ではない[1]。国際的訴訟競合が発生した場合については，規制に消極的な国が少なからずあるとされているが[2]，わが国では何らかの形で規制を認めようとす

（1）　その意味において管轄ルールに関する比較法的考察は重要な役割を果たす。たとえば，*Hartwieg*, Forum Shopping zwischen Forum Non Conveniens und „hinreichendem Inlandsbezug", JZ 1996, 109 ff. は，コモンローのフォーラム・ノン・コンヴェニエンスの法理の比較法的検討を行っている。また，同教授は，他の論文においても，大陸法とコモンローの比較法的検討を詳細に行っている。たとえば，*ders.*, Einheitliches UN-Kaufrecht（Wiener Kaufrecht）als Modell für japanisch-europäische Handelsbeziehungen, ZVglRWiss 88（1989），454 ff.; *ders.*, Die Klassifikation von Mobiliarsicherheiten im grenzüberschreitenden Handel, RabelsZ 57（1993），607 ff.; *ders.*, Prozessuale Aspekte einheitlicher Anwendung der Wiener UN-Konvention über den Internationalen Warenkauf（CISG），ZVglRWiss 92（1993），282 ff.; *ders.*, Die Publizität von Mobiliarsicherheiten im deutschen, US-amerikanischen und japanischen Recht, ZIP 1994, 96 ff.; *ders.*, International Trade Law und die deutsche Justiz, ZVglRWiss 101（2002），434 ff. （本論文は同教授の没後に公刊された）。
（2）　外国における議論について詳論する余裕はないが，*Schütze*, Deutsches Internationales Zivilprozessrecht unter Einschluss des Europäischen Zivilprozessrechts, 2. Aufl. 2005, Rdnr. 394 によると，外国訴訟係属を顧慮しない国として，日本，アメリカ合衆国，ブラジル，コスタ・リカ，フィンランド，カナダ，コロンビア，アイスランド，オランダ，ノルウェー，ポーランド，ポルトガル，スウェーデン，スペイン，その他多くの国があ

る立場が有力であるということができる。しかし，規制積極説の中でも様々な見解が唱えられており（承認予測説，管轄規制説，比較衡量説，訴えの利益説），これまで，わが国における国際訴訟競合に関する議論は，訴訟競合規制のための方法論に重心を置いてきたといって良いであろう[3]。

ところで，国際訴訟競合を論じる場合，その前提として，どのような場合に国際的訴訟競合の状態にあるのかを考える必要がある。規制消極説はともかくとして，何らかの形で規制を認めるのであるならば，そもそもどのような場合に訴訟競合の状態にあるのかは，重要な問題である。同一事件と判断されなければ，国際訴訟競合とはならないからである（ただし，同一性の判断を訴えの利益の中で解消する方法もありえよう）。しかし，国際的訴訟競合の規制論に関する議論と比べると，従来，わが国ではこの点はあまり論じられてこなかったといえる[4]。

他方，ヨーロッパでは，この問題はブリュッセル条約21条の解釈をめぐって大いに議論され，現在のブリュッセル規則（Ⅰ）27条についても活発に論じられている。すなわち，同条は，訴訟競合を規制するに際して，両手続が同一請求に関する訴え（Klage wegen desselben Anspruchs）であることを要件としているが，ヨーロッパ裁判所が1987年にこの"同一請求"の解釈について判決（Gubisch判決）を下して以降[5]，とくに議論が盛んになされるように

　　ると述べている。比較法的概観については，道垣内正人「国際的訴訟競合(1)」法学協会雑誌99巻8号4頁以下（1982年）も参照。

（3）　国際訴訟競合に関する文献は数多くあるが，ここでは比較的最近の以下の文献だけを指摘しておく。安達栄司「国際訴訟競合論」成城法学75号1頁（2007年），多喜寛「国際的二重起訴（国際訴訟競合）に関する覚書」法学新報109巻3号1頁（2002年），道垣内正人「国際訴訟競合」高桑昭＝道垣内正人編『新・裁判実務大系(3)』145頁（青林書院，2003年），本間学「ドイツにおける国際二重起訴論の生成と展開」立命館法学291号343頁（2003年）。

（4）　国際民事訴訟における訴訟物に関する邦語文献は，後に紹介するものの他に，たとえば，石黒一憲『国際民事訴訟法』229頁（新世社，1996年），海老沢美広「国際私法事件における訴訟物」青山法学論集7巻1号1頁（1965年），酒井一「国際的二重起訴に関する解釈論的考察」判タ829号43頁（1994年），田中徹「渉外事件における訴訟物」『国際私法の争点〔新版〕』218頁（1996年），本間靖規ほか『国際民事手続法』103頁〔酒井一〕（有斐閣，2005年）。

（5）　このヨーロッパ裁判所判決（EuGH, Urt. v. 8. 12. 1987-144/86 Gubisch/Palumbo, NJW 1989, 665）は，わが国でも紹介がなされている。たとえば，石川明＝石渡哲編

なった。この判決は，先行する給付訴訟と後行の債務不存在確認訴訟とは同一請求に該当するというものであった。その後，ヨーロッパ裁判所は，逆の場合，すなわち先行する消極的確認訴訟と後から提起された給付訴訟についても，条約にいう同一請求にあたると判断した(6)。

これらの動向は，ドイツの訴訟物概念に相当のインパクトを与えることとなった。というのも，とくに後行の給付訴訟が先行の消極的確認訴訟によって遮断されるとの扱いは，ドイツの実務と異なるものであり(7)，ドイツが採用している訴訟物概念と比べると，ヨーロッパ裁判所が採用した核心理論はより広く設定されていることになるからである(8)。この判決についてはドイツでは評価が分かれ，文献上では批判的な立場が比較的優勢ということができる(9)。その後は，ヨーロッパ裁判所の判決がドイツの訴訟物理論に及ぼす影

『EUの国際民事訴訟法判例』176頁〔酒井一〕（信山社，2005年）を参照。
（6）　このヨーロッパ裁判所判決（EuGH, Urt. v.6. 12. 1994-406/92, The Tatry/The Maciej Rataj, NJW 1995, 1883）は，わが国でも紹介がなされている。たとえば，石川＝石渡編・前掲注（5）182頁〔酒井〕を参照。
（7）　Vgl. BGH, Urt. v.22. 1. 1987, NJW 1987, 2680.
（8）　*Thomas/Putzo/Hüßtege*, ZPO, 29. Aufl. 2008, EuGVVO Art. 27 Rdnr. 5. しかし，ロートは，先行する消極的確認の訴えと後行の給付訴訟の訴えの訴訟物を同一と捉える。Vgl. *Stein/Jonas/Roth*, ZPO, 22. Aufl. 2008, §261 Rdnr. 32.
（9）　核心理論に批判的であるのは，*Dohm*, Die Einrede ausländischer Rechtshängigkeit im deutschen internationalen Zivilprozeßrecht, 1996, S. 67; *Geimer*, Internationales Zivilprozeßrecht, 5. Aufl. 2005, Rdnr. 2694 b ; *Isenburg-Epple*, Die Berücksichtigung ausländischer Rechtshängigkeit nach dem Europäischen Gerichtsstands- und Vollstreckungsübereinkommen vom 27. 9. 1968, 1992, S. 212, 259; *Leipold*, Internationale Rechtshängigkeit, Streitgegenstand und Rechtsschutzinteresse, in: GS. Arens, 1993, S. 227, 249（しかし，その後，ライポルドは核心理論を国内法上受け入れる立場を表明している。*Leipold*, Wege zur Konzentration von Zivilprozessen, 1999, S. 23. 以下において，筆者が引用するのは前者の論文である。）; *Rüßmann*, Die Streitgegenstandslehre und die Rechtsprechung des EuGH, ZZP 111 (1998), 399, 414 ff ; *Walker*, Die Streitgegenstandslehre und die Rechtsprechung des EuGH—nationales Recht unter gemeineuropäischem Einfluß, ZZP 111 (1998), 429, 454 ; *C. Wolf*, Rechtshängigkeit und Verfahrenskonnexität nach EuGVÜ, EuZW 1995, 365, 366 ; *M. Wolf*, Einheitliche Urteilsgeltung im EuGVÜ, in: FS. Schwab, 1990, S. 561, 563 f., 572 ; *Zeuner*, Zum Verhältnis zwischen internationaler Rechtshängigkeit nach Art. 21 EuGVÜ und Rechtshängigkeit nach den Regeln der ZPO, in: FS. Lüke, 1997, S. 1003, 1017 f.
　　これに対して，核心理論に好意的であるのは，*Bäumer*, Die ausländische Rechtshängigkeit und ihre Auswirkungen auf das internationale Zivilverfahrensrecht, 1999, S. 138

響など，国際民事訴訟法における訴訟物に関する議論は，ドイツでは大きなテーマの一つになったと評価することができ，わが国でもドイツの議論状況を紹介する論考が著されている(10)。

しかし，この問題をわが国で検討する際には，ヨーロッパ裁判所が核心理論を採用する前に，どのような議論がなされていたか，いま一度留意する必要がある。すなわち，現在，ヨーロッパ裁判所が採用した核心理論には，すでに実務上確固たる位置づけが与えられているため，ドイツの教科書や注釈書などでは，この理論を前提に説明がなされ(11)，具体的問題における結論の当否が議論されている。いわば，核心理論は所与の前提との感がある。しかし，同判決が出る以前は，——バリエーションがあるものの——前訴と後訴の法廷地法を考慮して同一性を判断する見解などが主張されていた。また，この核心理論は，ブリュッセル条約（ブリュッセル規則）といった，多国間の判決承認システムにおける法律概念の解釈（法律関係の性質決定）の問題であることも見逃すべきではない。そこで，現在のヨーロッパ民事訴訟法およびドイツの議論から，われわれが検討すべき課題は2つの段階に分かれる。つまり，第1段階として，訴訟物の同一性——ただし，訴訟物という概念設定自体が適切かどうか問題にする余地はあろう。筆者自身は訴訟物に限定する必要はないと考えるが，本稿では，多くの論者の用語法にしたがい訴訟物という言葉を用いる——を判断する法はどこの国の法か，その上で第2段階として，渉外訴訟法の見地から具体的問題についてどのように構成していくのかである。従来，わが国で論じられてきた議論は，第2段階に関するものが多いといえる(12)。

　　　（結論として賛成）; *P. Huber*, Fragen zur Rechtshängigkeit im Rahmen des EuGVÜ, JZ 1995, 603, 605; *Schack*, Internationales Zivilverfahrensrecht, 4. Aufl. 2006, Rdnr. 762.
(10)　詳細に論じるものとして，たとえば，越山和広「欧州司法裁判所における訴訟物の捉え方」民事手続法研究1号83頁（2005年）。
(11)　Vgl. *Geimer/Schütze*, Europäisches Zivilverfahrensrecht, 2. Aufl. 2004, Art. 27 EuGVVO Rdnr. 29 ff.; *Kropholler*, Europäisches Zivilprozeßrecht, 8. Aufl. 2005, Art. 27 Rdnr. 3; *Münchener Kommentar/Gottwald*, ZPO, Bd. 3, 3. Aufl. 2008, Art. 27 EuGVO Rdnr. 7; *Rauscher/Leible*, Europäisches Zivilprozeßrecht, Bd. 1, 2. Aufl. 2006, Art. 27 Brüssel 1-VO Rdnr. 8; *Schack*, a.a.O. (Fn. 9), Rdnr. 762; *Schlosser*, EU-Zivilprozessrecht, 3. Aufl. 2009, Art. 27 EuGVVO Rdnr. 4.
(12)　前掲注（4）の多くの文献は，第2段階の問題を論ずる。

そこで，本稿は訴訟物の同一性を判断する"法"を決定する問題について検討を試みたい。前述のように，ドイツではこの問題について，かつてはブリュッセル条約21条を適用する際の解釈や民事訴訟法261条を類推適用するに際していくつかの見解が主張されており，わが国の解釈に有益な示唆を与えると考えられる。そこで，本稿では，ドイツでの議論展開を参考にして，訴訟物の同一性を判断する"法"を決定する問題について，わが国の解釈論を試みるものである。第2段階の問題については別稿に譲ることにする。

II ドイツにおける議論

以下では，訴訟物の同一性を判断する法をどのようにして決定するのかに関する議論を，現在のブリュッセル規則の前身であるブリュッセル条約や，ドイツ固有法に関するドイツの学説・判例を中心に見ていくことにする[13]。ここでは，やや冗長になるが文献に示された内容をできるだけ忠実に述べることにしたい。

(1) ブリュッセル条約に関するドイツの議論
(a) 学説——ヨーロッパ裁判所1987年判決前を中心に

矛盾裁判の発生を防ぐために，ブリュッセル条約は21条と22条に規定をおいていた（現在はブリュッセル規則）。まず，21条は，同一当事者間の同一請求に関する（wegen desselben Anspruchs）訴訟が複数の締約国裁判所に提起されたときには，先に訴訟が提起された裁判所が管轄を有すると定め，また，22条では，相互に関連する（im Zusammenhang stehen）訴訟について後訴裁判所は無管轄を宣言することができると規定する。21条にいう「請求の同一性」，22条での「関連性」の概念については多くの議論がなされている[14]。ブリュッセル条約21条で用いられていた「請求の同一性」の判断基準の解釈に

---

[13] ここでは，いわゆるヨーロッパ民事訴訟条約についてだけ言及する。その他の多国間条約については，紙幅の関係で論じることができない。なお，道垣内正人「国際的訴訟競合(4)」法学協会雑誌99巻11号64頁以下（1982年）も参照。

[14] ブリュッセル条約21条と22条の関係については，たとえば，*Lüpfert*, Konnexität im EuGVÜ, 1997. 簡単には，石川＝石渡編・前掲注(5) 275頁〔芳賀雅顯〕を参照。

関して，ドイツでは，1987年のヨーロッパ裁判所判決が出る前は様々な見解が主張されていた(15)。

第1の立場として前訴の法廷地法の適用を説く見解がある。たとえば，かつてゴットヴァルトは，国際訴訟競合の場合では条約21条の適用により前訴裁判所の訴訟手続が続行されるのであるから，前訴裁判所が所属する国の法廷地法に基づく既判力だけが重要であると説き，前訴裁判所の法廷地法によるとした(16)。また，ライポルドもこの立場に立っていた。すなわち，ゴットヴァルト説を引用しつつ，すでに先行訴訟において後行訴訟の訴訟物に関する既判力ある裁判が期待されるときには，いずれにしても外国訴訟係属の効果を国内で肯定しなければならないとし，また既判力の限界確定は先行訴訟の国内法によらなければならないと説いていた(17)。さらに，ツォイナーも，このような考えに理解を示している(18)。

他方，第2の立場として，ハープシャイドは，これとは反対に後訴裁判所の法廷地法の適用を説く(19)。同教授は，訴訟係属の効果は，後訴の法（nach dem zweitstaatlichen Recht），すなわち，後に訴えが提起された裁判所が所属する国の法が原則として（grundsätzlich）定めると述べる。しかし，ここで"原則として"と述べていることが何を意味するのか，例外的にどの程度外国法を顧慮しうるのか同論文では明らかにされていない。

これに対して，第3の立場として前訴と後訴の法廷地法の双方の適用を説く

---

(15) 学説・判例の詳細は，たとえば，*Bäumer*, a.a.O. (Fn. 9), S. 119 ff., 148 ff.; *Dohm*, a.a.O. (Fn. 9), S. 95 ff.

(16) *Münchener Kommentar/Gottwald*, ZPO, Bd. 3, 1992, Art. 21 EuGVÜ Rdnr. 4.

(17) *Leipold*, a.a.O. (Fn. 9), S. 247. その上で，*Leipold*, a.a.O., S. 248 では，後行訴訟によって追求しようとしている権利保護の利益が先行訴訟によってすでに充足しているときには，訴訟物の同一性という枠を超えて国際訴訟係属を認める。

(18) *Zeuner*, a.a.O. (Fn. 9), S. 1006.

(19) *Habscheid*, Bemerkungen zur Rechtshängigkeitsproblematik im Verhältnis der Bundesrepublik Deutschland und der Schweiz einerseits und den USA anderseits, in: FS. Zweigert, 1981, S. 109, 112.

　また，*Geimer/Schütze*, Internationale Urteilsanerkennung, Bd. 1/2, 1984, S. 1654; *Krause-Ablass/Bastuck*, Deutsche Klagen zur Abwehr amerikanischer Prozesse?, in: FS. Stiefel, 1987, S. 445, 450 も同説による。しかし，ガイマーはこんにちでは，条約独自の解釈によるべきであるとしている。*Geimer*, Lis pendens in der Europäischen Union, in: FS. Sonnenberger, 2004, S. 357, 363.

見解がある。これは、さらに3つの見解に分かれる。まず3-A説として、かつてのドイツの学説・判例の主流は――ヨーロッパ裁判所1987年判決により様変わりするが――、関係する双方の訴訟法規により同一性が肯定されることが必要であるとの二重性質決定説（Doppelqualifikations-Theorie）を採用していたとされる[20]。たとえば、シュッツェは次のように述べている[21]。すなわち、両訴訟における訴訟物は同一でなければならないが、その際、同一性の問題は、前訴の法と後訴の法（nach erst- und zweitstaatlichem Recht）によって判断されねばならない。もし、ドイツ＝ベルギー条約で主張されているような後訴の法だけで決定すると[22]、締約国間で条約は異なって適用されることになり、たとえばドイツ法では手形小切手訴訟における証書に基づく請求権と原因債権に基づく請求権とは訴訟物の同一性はないとされているが、他の締約国が訴訟物の同一性を肯定しているならば、訴訟係属の抗弁を基礎付けるか否かは、最初にどこで訴訟が開始したかだけが重要となる。そうすると同じ訴訟が、ある締約国で提起されると他の国の訴訟係属を基礎付け、反対の場合には基礎付けないことになってしまうので、二重性質決定だけがすべての締約国における条約の適用を均一にする、と。また、シューマンも[23]、"同一請求" をめぐる締約国間の解釈に相違が生ずるのを避けるために、訴訟物の同一性が存在すること

---

(20) ドイツで二重性質決定説が有力であったとの指摘は、次の文献に見いだすことができる。*Bäumer*, a.a.O. (Fn. 9), S. 120；*Kropholler*, Europäisches Zivilprozessrecht, 1. Aufl. 1983, Art. 21 Rdnr. 1；*Münchener Kommentar/Gottwald*, a.a.O. (Fn. 11), Art. 27 EuGVO Rdnr. 6. なお、*Kropholler*, a.a.O. (Fn. 11), Art. 27 Rdnr. 3 には、二重性質決定論が過去の議論であったことが読み取れる。また、*Geimer/Schütze*, a.a.O. (Fn. 11), Art. 27 EuGVVO Rdnr. 29 は、ブリュッセル規則では、準拠法や法廷地法上の訴訟物概念は問題にならないと述べている。

(21) *Schütze*, Die Berücksichtigung der Rechtshängigkeit eines ausländischen Verfahrens nach dem EWG-Übereinkommen über die gerichtliche Zuständigkeit und die Vollstreckung gerichtlicher Entscheidungen, RIW 1975, 78, 79.

(22) かつてシュッツェはこの立場を支持していた（*Geimer/Schütze*, Internationale Urteilsanerkennung, Bd. 2, 1971, S. 320）。しかし、その後、シュッツェは条約の統一的適用の観点からこの見解を改め、本論文では二重性質決定を支持している。*Schütze*, a.a.O. (Fn. 21), S. 79 Fn. 23（Die dort vertretene Meinung gebe ich auf. と述べている）。

(23) *Schumann*, Internationale Rechtshängigkeit, in: FS. Kralik, 1986, S. 301, 312.
　なお、シューマンは、条約ではなくドイツ固有法が適用される場合には、ドイツ法廷地法により訴訟物の同一性を判断する解釈を支持する（*ders*., a.a.O., S. 307）。

の判断を双方の国内訴訟法によって行うべきであるとしている。この立場については シューマンは, 二重性質決定という用語は誤解を招くので二重適用 (Doppelanwendung) と呼ぶべきであるとしている。すなわち, ある法律効果について重ねて性質決定を行う (die doppelte Qualifizierung) のではなく, ある法的問題について外国法と国内法を二重に適用することによって検討することが重要であるとしている[24]。この立場では, 内国訴訟の訴訟物が外国訴訟と同一であると認められるのは, 外国訴訟法と内国訴訟法の両者によって同一性が肯定された場合に限られることになる。

次に3-B説として, ミュラーはおよそ次のように述べている[25]。条約21条の適用に際して基準となるのは, 両手続の訴訟物である。21条は訴訟物の定義をしておらず, それぞれの受訴裁判所が, 申し立てられた手続の訴訟物を自国の国内訴訟法によって判断する。したがって, 両手続の訴訟物が一致しているか, またどの程度一致しているかを確定するには, 関係する双方の訴訟法により基準となる概念が比較されなければならない, と。この立場は, 外国訴訟の訴訟物は当該外国法で, 内国訴訟の訴訟物は内国法で判断し, その上で双方を比較する点で, 後訴の訴訟物を前訴の法と後訴の法とで同一性を判断する二重性質決定説と異なる。また, 本説では両訴訟の比較に際して柔軟な処理を行う余地が生ずると思われる。

さらに, 3-C説としてマンフレード・ヴォルフは, 外国訴訟法の効力拡張

---

(24) *Stein/Jonas/Schumann*, ZPO, 20. Aufl. 1986, §261 Rdnr. 25 Fn. 43. 最近ではゴットヴァルトもこの用語法にしたがっている。Vgl. *Gottwald*, Streitgegenstandslehre und Sinnzusammenhänge, in: Gottwald/Greger/Prütting (Hrsg.), Dogmatische Grundfragen des Zivilprozesses im geeigneten Europa, 2000, S. 85, 87.

(25) *Bülow/Böckstiegel/Müller*, Internationaler Rechtsverkehr, Bd. 1, 1997, S. 606-170. なお, 同書は, ルーズリーフ式であるため, こんにちでは該当箇所を直接確認することは必ずしも容易ではない。そこで, 以下, 原文を引用しておく (注は省略した)。
"Maßgebend sind die Streitgegenstände beider Verfahren. Art. 21 enthält keine Definition des Streitgegenstands (ママ). Jedes der angerufenen Gerichte beurteilt den Streitgegenstand seines Verfahrens nach seinem nationalen Prozeßrecht. Um festzustellen, ob und wieweit die Streitgegenstände der beiden Verfahren übereinstimmen, müssen folglich die maßgebenden Begriffe der beiden betroffenen Verfahrensrechte verglichen werden. Im Regelfall werden allerdings keine Abweichungen von dem in §261 ZPO zugrundegelegten Begriff des Streitgegenstandes (ママ) zu erwarten sein."

(Wirkungerstreckung) と内国訴訟法の効力調整 (Wirkungangleichung) のコンビネーションを使って，やはり内外訴訟法の双方の適用を認める[26]。しかし，いわゆる二重性質決定説とは反対の方向性を採る。ヴォルフによると，ブリュッセル条約27条3号は矛盾判決の回避を目的としているのに対して，同21条1項は矛盾判決の回避だけではなく不必要な二重の訴訟追行の回避をも目的としている点で相違があるとする。そして，条約26条以下の規定による外国判決の承認は外国判決の内国への効力拡張を前提としているので，訴訟係属の問題も承認国ではなく判決国法が基準になるとする。したがって，先行する給付訴訟の法廷地法が，中間確認の訴えを併用しなくても先決的法律関係たる判決理由に既判力が生ずることを認める場合に，後行訴訟で確認の訴えを提起したときには，いずれの締約国でも訴訟係属の抗弁が認められる。これに対して，反対の場合，つまり，給付判決について先決的法律関係には既判力が認められない国で先行訴訟が提起された場合には，後行訴訟で確認の訴えを起こすことは妨げられないはずである。しかし，ヴォルフは，この場合に修正を加える。すなわち，ブリュッセル条約の目的は判決の統一的な通用性と国際的な平等的扱いにあるところ，ある国では訴訟係属を理由に管轄が否定され，他の国では肯定されることは，この目的に反するし，また，21条の目的である矛盾判決と不必要な二重の訴訟追行の回避にも反することになると説く。したがって，効力拡張の原則を補充する形で，効力調整の原則 (Grundsatz der Wirkungsangleichung) に導入することで，内国と同じ効力を外国判決に認めるというものである[27]。いわば，いずれか一方の国で同一性が認められれば，同一性があるとする立場である。

(b) ドイツ裁判所の判例

かつては，ドイツの裁判所も，ブリュッセル条約21条について国内での有力説である二重性質決定説にしたがっていたとされる[28]。その点を明示的に

---

[26] *M. Wolf*, a.a.O. (Fn. 9), S. 570 f.

[27] なお，マンフレード・ヴォルフは，いわゆる二重性質決定説に対しては，条約の適用を狭めることになり，矛盾判決の危険が増大し条約の目的に反することになると批判する。*M. Wolf*, a.a.O. (Fn. 9), S. 571 f.

[28] Vgl. *Bülow/Böckstiegel/Safferling*, Internationaler Rechtsverkehr, Bd. 2, 2005, S. 606-419 f.

述べるケースを2件紹介する。

【ハム上級地方裁判所1985年判決】[29]

原告は食料品の代金の残金支払をドイツの裁判所（エッセン地裁）で求めたところ，裁判所は，原告の請求を認めた。被告は控訴し，ドイツの裁判所は管轄を有しないと主張した。その理由は，イタリアの裁判所に専属的合意管轄が締結されていたこと，そしてイタリアのバリ（Bari）に，先行訴訟として引き渡された食料品の瑕疵に基づく賠償請求が係属しているので，ドイツの裁判所は管轄を有しないというものであった。

ハム上級地裁は，被告の主張を認めなかった。まず，イタリアの裁判所に専属的合意を締結しているとは認められないとした上で，外国訴訟係属の抗弁については訴訟物の同一性がないとした。その際，訴訟物の同一性の判断については，「同一性は，第一訴訟の国と第二訴訟の国によって認められねばならない。このような二重性質決定だけが，すべての締約国において条約の適用範囲が同一であることを保障するのである」，と述べた。

【ミュンヘン上級地方裁判所1987年判決】[30]

原告は，被告に対して代理店契約に基づく手数料の支払請求訴訟をドイツで起こした。他方で被告は，すでにイタリアで訴えを提起しており，その訴えでドイツ訴訟の原告に対して損害賠償請求を求め，この債権と手数料債権を相殺することや，手数料債権の一部不存在を求めていた。

ミュンヘン上級地方裁判所は，次のように述べて訴訟物の同一性がないためブリュッセル条約21条の適用はないとした。すなわち「通説によれば，この規定にいう請求の同一性（Identität der Ansprüche）は，関係する双方の国の国内法により肯定される場合にのみ認められる。」「さらにドイツ法によれば，訴訟物を構成している支払請求権が，当事者が入れ替わった訴訟で相殺を申し立てられたに過ぎない場合には，いずれにしても請求の同一性を欠く。」

(c) ヨーロッパ裁判所の見解

これに対してヨーロッパ裁判所は，特定の国の国内法概念によるのではなく，条約独自の解釈として核心理論（Kernpunkt-Theorie）を展開する。この考え

---

(29) OLG Hamm, Urt. v. 25. 9. 1985, IPRax 1986, 233.
(30) OLG München, Urt. v. 10. 4. 1987, IPRax 1988, 164.

はドイツ民事訴訟法における訴訟物理論とはまったく異なり(31)、より広いものと解されている。核心理論では、請求の趣旨および原因が完全に一致している必要はなく(32)、双方の請求権が同一の権利関係を根拠にし、この権利関係が存在する場合にのみ両請求権が成立するならば、同一請求権に該当すると説かれる(33)。たとえば、国際的な動産売買に関して、最初にドイツでの代金支払請求訴訟が提起され、その後にイタリアでの契約無効確認の訴えが起こされたところ、両訴訟が同一請求に該当するか否かという点が問題になった事案で、ヨーロッパ裁判所は、同一請求の概念は条約独自に解釈すべきであり、両訴訟の核心（Kernpunkt）は契約の有効無効の問題であるので、同条にいう同一請求に該当するという判断を下した(34)。また逆のケース、つまり債務不存在確認訴訟が先に提起された後に運送品が毀損したことによる損害賠償請求訴訟が提起された場合にも、ヨーロッパ裁判所は1994年の判決で同一性を肯定している(35)。

　このようなヨーロッパ裁判所の解釈に賛成する見解もあるが、ドイツの学説は概して批判的である(36)。しかし、現行のブリュッセル規則においても、この核心理論が踏襲されている(37)。

(2)　二国間条約

　ドイツは、外国判決承認に関する2国間条約を複数の国と締結しており、そのうち外国訴訟係属に関する規定をおいているものも少なくない。その中で、

---

(31)　*Schlosser*, a.a.O. (Fn. 11), Art. 27 EuGVVO Rdnr. 2.
(32)　*Kropholler*, a.a.O. (Fn. 11), Art. 27 Rdnr. 8.
(33)　*Rauscher*, Internationales Privatrecht, 3. Aufl. 2009, Rdnr. 2117.
(34)　EuGH, Urt. v. 8. 12. 1987 NJW 1989, 665 (Gubisch/Palumbo).
(35)　EuGH, Urt. v. 6. 12. 1994, JZ 1995, 616 (Tatray事件). 連邦通常裁判所も、同様のケース（前訴：契約の無効確認とすでに支払った20万マルクの返還請求訴訟、後訴：80万マルクの残代金支払請求訴訟）でブリュッセル条約21条の解釈として同一性を肯定している（BGH, Urt. v. 8. 2. 1995, NJW 1995, 1758）。
(36)　前掲注（9）を参照。
(37)　なお、ケラメウスを座長とするEC民訴条約の改正作業グループは、ブリュッセル条約21条について、改正案を示していた。*Kerameus/Prütting*, Die Revision des EuGVÜ-Bericht über ein Grotius-Projekt, ZZP Int 3 (1998), 265, 269 f. この点については、石川＝石渡編・前掲注（5）276頁〔芳賀雅顯〕を参照。

訴訟物の同一性について解説を参照することができたものについて、ここでは見ていくことにしたい。

まず、①1958年6月30日のドイツ＝ベルギー条約15条[38]は、外国訴訟係属の抗弁を明文で認めている。この条約では、ドイツ法と異なり、ベルギー法にあわせる形で文字通り外国訴訟係属の顧慮は抗弁によるとしている[39]。この抗弁が認められるためには、両手続が対象および範囲について同一でなければならないが、その判断は、シュッツェによると後訴が係属する地の法（zweitstaatliches Recht）によってなされると説明がなされている[40]。また、シュッツェが参考文献として当該箇所で挙げたハリスの説明では、"外国手続の訴訟物と当事者は外国法が定め、内国法が同一性の問題に答える"と述べている[41]。これは、外国訴訟の訴訟物が何か、また当事者が誰であるかは外国の訴訟法が定め、それが内国後訴と同一かどうかは後訴の法廷地法が判断するという趣旨と考えることができよう。

また、②1983年11月14日のドイツ＝スペイン条約については[42]、比較的詳細に論じている解説がある。同条約21条は、外国訴訟係属による内国訴訟の却下または中止を定めるが[43]、ある解説によると、そこでの訴訟物の同一性はそれぞれの締約国の訴訟法によって定まり、それゆえ、何が訴訟物である

---

(38) 民商事事件における判決、仲裁判断および公正証書の相互承認および執行に関するドイツ連邦共和国とベルギー王国との条約（BGBl. 1959-Ⅱ, S.766）
「第4編　訴訟係属の抗弁
　第15条
　　第1項　両締約国の裁判所は、この条約により管轄が認められる締約国裁判所で同一当事者間の同一請求につき手続が係属しており、その手続で下される判決が他国で承認されるときは、当事者の一方の申立に基づき裁判を拒否しなければならない。
　　第2項　略」
(39) Geimer/Schütze, a.a.O. (Fn. 22), S.320.
(40) Geimer/Schütze, a.a.O. (Fn. 22), S.320.
(41) Harries, Das deutsch-belgische Anerkennungs-und Vollstreckungsabkommen, RabelsZ 26 (1961), 629, 656. しかし、その後、シュッツェは条約の統一的適用の観点からこの見解を改め、二重性質決定を支持している。前掲注(22)を参照。
(42) 民商事事件における判決、和解および執行証書の承認執行に関するドイツ連邦共和国とスペインとの条約（BGBl. 1987-Ⅱ, S.35）
(43) 「第21条
　　第1項　一方の締約国の裁判所は、すでに同一当事者間での同一対象に関する手続が

かはスペイン法ないしドイツ法によって検討されるとする[44]。そして，訴訟係属が生じている要件を厳格にする累積的二重性質決定と異なり[45]，双方の締約国のうちの一方の法により――選択的に――訴訟物の同一性が認められれば，21条が適用されるには十分であるという。他方で，ヨーロッパ裁判所が行っている条約独自の性質決定（vertragsautonome Qualifikation）は，二国間条約の適用範囲内では成功は難しいとする。その理由として，多国間条約の場合と異なり，二国間条約では，双方の法比較から導き出した共通の原則を求めることは成功してこなかったし，条約独自の性質決定によった場合には各国で判決の矛盾を引き起こすと述べる。さらに，後訴が提起された国の法だけが同一性の判断を行うとの見解によった場合には[46]，両締約国で条約の統一的な適用が図られないため，判決抵触の危険が生ずるとして批判する。つまり，ドイツ法の観点からは訴訟物の同一性が認められないが，スペイン法からは同一性が認められるときには，後訴の法廷地法説では，訴訟係属の抗弁に関してはどこで訴訟が最初に開始したかが決め手となる。それゆえ，両締約国で矛盾判決が発生することを回避するという条約21条の目的は，最初に訴えが提起された国および後で提起された国の法（das Recht des Erst- und Zweitstaates）による選択的性質決定を通じて確保されるとする。さらに，選択的性質決定は，実際上の利点もあるという。すなわち，後訴の裁判所は，同一性の問題について最初に慣れ親んだ法である後訴の法廷地法を用い，その法廷地法によって同一性が認められなかった場合にのみ，前訴の法廷地法による審査を行うという点である[47]。なお，同条約5条1項1号が，承認拒絶事由として矛盾判決を挙

相手国において訴状提出の状態にあり，かつこの手続で下される判決がこの条約の規定により承認されねばならないときは，訴えを却下するか，必要に応じて手続を中止する。

第2項　略」

(44) *Bülow/Böckstiegel/Karl*, Internationaler Rechtsverkehr in Zivil-und Handelssachen, Bd. 3, 2005, S. 663-212 f.

(45) Vgl. *Schütze*, a.a.O. (Fn. 21), S. 79；*Bülow/Böckstiegel/Müller*, a.a.O. (Fn. 25), S. 606-170；OLG Hamm, Urt. v. 25. 9. 1985, RIW 1986, 383＝IPRax 1986, 233；OLG München, Urt. v. 10. 4. 1987, IPRax 1988, 164.

(46) Vgl. *Geimer/Schütze*, a.a.O. (Fn. 22), S. 320；*Geimer/Schütze*, a.a.O. (Fn. 19), S. 1654.

(47) *Bülow/Böckstiegel/Karl*, a.a.O. (Fn. 44), S. 663-214.

げているが⁽⁴⁸⁾，ここでの同一性の判断は，承認国法（die lex fori des Zweitstaates）によると解されている⁽⁴⁹⁾。

その他に，この問題につき解説を見出せなかったものの，外国訴訟係属について規定をおいている二国間条約として，③1936年3月9日のドイツ＝イタリア条約11条⁽⁵⁰⁾，④1959年6月6日のドイツ＝オーストリア条約17条（1959年）⁽⁵¹⁾や⁽⁵²⁾，⑤1961年11月4日のドイツ＝ギリシャ条約18条1項（1961年）⁽⁵³⁾，⑥1962年8月30日のドイツ＝オランダ条約18条1項⁽⁵⁴⁾，⑦

---

(48) 「第5条
第1項 承認は，以下の場合にのみ拒絶される。
第1号 略
第2号 同一当事者間で同一対象に関する手続が承認国において訴状提出の状態にあり（anhängig），かつ当該裁判所での手続が最初に開始したとき，
第3号 判決が，承認国において同一当事者間で下された確定判決と抵触するとき。
第2項 略」

(49) *Bülow/Böckstiegel/Karl*, a.a.O.（Fn. 44），S. 663-102.

(50) 民商事事件における判決の承認および執行に関するドイツ帝国とイタリア王国との条約（RGBl. 1937-Ⅱ, S.145）
「第11条
両締約国の裁判所は，本条約により管轄を有する他の締約国裁判所ですでに訴状提出状態にある請求権について，一方の当事者の申立に基づいて裁判を拒否しなければならない。」

(51) 民商事事件における判決，和解および公正証書の相互承認および執行に関するドイツ連邦共和国とオーストリア共和国との条約（BGBl. 1960-Ⅱ, S.1246）
「第17条
事件が一方の締約国の裁判所で訴訟係属にあり，他の締約国で承認されるときには，同一対象に関する同一当事者間につき後れて訴状が提出された他の締約国の裁判所は，判決を拒否しなければならない。」

(52) 外国訴訟係属の扱いについては，両国共に国内法上は明文規定をおいていなかったが，両国の学説および判例は，外国判決の承認が見込まれるときには外国訴訟係属を内国でも顧慮するという点で一致していた。そこで，条約ではこの点を明文化した。ベルギーとの二国間条約15条と異なり，裁判所は外国訴訟係属を職権で（vom Amts wegen）顧慮しなければならないとされる。*Geimer/Schütze*, a.a.O.（Fn.22），S.176.

(53) 民商事事件における判決，和解および公正証書の相互承認および執行に関するドイツ連邦共和国とギリシャ王国との条約（BGBl. 1963-Ⅱ, S.110）
「第18条
第1項 事件が一方の締約国の裁判所で訴訟係属にあり，他の締約国で承認されるときには，同一対象に関する同一当事者間につき後れて訴状が提出された他の締約国の裁判所は，判決を拒否しなければならない。
第2項 略」

4 国際訴訟競合における"事件の同一性"を判断する法（芳賀雅顯）

1966年7月19日のドイツ＝チュニジア条約44条1項[55]，⑧1977年6月17日のドイツ＝ノルウェー条約21条1項（1977年）[56]，⑨1977年7月20日のドイツ＝イスラエル条約22条[57]がある。

Vgl. *Pouliadis*, Die Bedeutung des deutsch-griechischen Vertrages vom 4. 11. 1961 für die Anerkennung und Vollstreckung deutscher Entscheidungen in der griechischen Praxis, IPRax 1985, 357 ff.

(54) 民商事事件における判決およびその他の債務名義の相互承認および執行に関するドイツ連邦共和国とオランダ王国との条約（BGBl. 1965-II, S. 27）
　「第18条
　　第1項　事件が一方の締約国の裁判所で訴訟係属にあり，他の締約国で承認されるべきときには，同一対象に関する同一当事者間につき後れて訴状が提出された他の締約国の裁判所は，裁判を拒否しなければならない。
　　第2項　略」

Vgl. *Ganske*, Der deutsch-niederländische Vollstreckungsvertrag in Zivil- und Handelssachen vom 30. 8. 1962, AWD 1964, 348, 352.

(55) 民商事事件における権利保護，司法共助および判決の相互承認執行ならびに商事仲裁に関するドイツ連邦共和国とチュニジアとの条約（BGBl. 1969-II, S. 890）
　「第44条
　　第1項　一方の締約国の裁判所は，すでに同一当事者間での同一対象に関する手続が相手国において訴状提出の状態にあり，かつこの手続で下される判決がこの条約の規定により承認されるときは，当事者の一方の申立に基づき訴えを却下するか，必要に応じて手続を中止する。
　　第2項　略」

Vgl. *Ganske*, Der deutsch-tunesische Rechtshilfe- und Vollstreckungsvertrag in Zivil- und Handelssachen vom 19. 7. 1966, AWD 1970, 145 ff., 154.

(56) 民商事事件における判決およびその他の債務名義の相互承認および執行に関するドイツ連邦共和国とノルウェー王国との条約（BGBl. 1981-II, S. 342）
　「第21条
　　第1項　一方の締約国の裁判所は，すでに同一当事者間での同一対象に関する手続が相手国において訴状提出の状態にあり，かつこの手続で下される判決がこの条約の規定により後訴の法廷地国で承認されるときは，当事者の一方の申立に基づき訴えを却下するか，必要に応じて手続を中止する。
　　第2項　略」

Vgl. *Pirrung*, Zu den Anerkennungs- und Vollstreckungsverträgen der Bundesrepublik Deutschland mit Israel und Norwegen, IPRax 1982, 130 ff.

(57) 民商事事件における判決の相互承認および執行に関するドイツ連邦共和国とイスラエル国との条約（BGBl. 1980-II, S. 926）
　「第22条
　　第1項　一方の締約国の裁判所は，すでに同一当事者間での同一対象に関する手続が相手国において訴状提出の状態にあり，かつこの手続で下される判決がこの条

第1部　民事手続法

(3) ドイツ固有法上の議論

ドイツでは国際訴訟競合の場面では，民事訴訟法261条3項1号が類推される。その際，要件としては，①当事者の同一性，②訴訟物の同一性，③外国訴訟係属が先行すること，④外国訴訟が承認される見込みがあること，が挙げられている[58]。

(a) 学　説

国際法上の規律がない領域については，通説は民事訴訟法261条3項1号を類推する。前訴優先ルールが適用される前提として，渉外事件においても訴訟物の同一性が要求されるというのがドイツの通説・判例の立場である[59]。訴訟物の同一性について，どの法によって判断するのかという問題については，簡潔なコメントが多いため必ずしも明らかではないが，かつてのブリュッセル条約における支配的立場であった二重性質決定説ではなく，後訴の法廷地法すなわちドイツ法によって判断するという立場が多数を占めると思われる[60]。たとえば，シュッツェは，2つの訴訟の訴訟物が同一であるか，そしてどのような訴訟上の効果を有するかは法廷地法（lex fori）が決めると述べ，後述の2000年フランクフルト上級地方裁判所判決を引用する[61]。このように，

　　　　約の規定により承認されるときは，当事者の一方の申立に基づき訴えを却下するか，必要に応じて手続を中止する。
　　第2項　略」
　　Vgl. *Pirrung*, a.a.O. (Fn. 56), S. 130 ff.
(58)　*Hay/Krätzschmar*, Internationales Privat- und Zivilverfahrensrecht, 3. Aufl. 2007, S. 47 f.; *Nagel/Gottwald*, Internationales Zivilprozessrecht, 6. Aufl. 2007, §5 Rdnr. 214.
(59)　*C. v. Bar/Mankowski*, Internationales Privatrecht, Bd. 1, 2. Aufl. 2003, §5 Rdnr. 143; *Henrich*, Internationales Familienrecht, 2. Aufl. 2000, S. 149; *Kegel/Schurig*, Internationales Privatrecht, 9. Aufl. 2004, §22 Ⅶ (S. 1084); *Koch/Magnus/Winkler von Mohrenfels*, IPR und Rechtsvergleichung, 3. Aufl. 2004, §2 Ⅲ 1 (S. 57); *Kropholler*, Internationales Privatrecht, 5. Aufl. 2004, §60 Ⅰ 2 (a) (S. 638); *Münchener Kommentar/Patzina*, ZPO, Bd. 1, 3. Aufl. 2008, §12 Rdnr. 75; BGH, Urt. v. 17. 1. 1952, NJW 1952, 705; BGH, Urt. v. 10. 10. 1985, NJW 1986, 2195; BGH, Urt. v. 18. 3. 1987, NJW 1987, 3083; BGH, Urt. v. 24. 10. 2000, IPRax 2001, 457=NJW 2001, 524; OLG Karlsruhe, Beschl. v. 22. 4. 1993, FamRZ 1994, 47; OLG Frankfurt/M, Urt. v. 8. 2. 2000, WM 2001, 1108.
(60)　後述の文献の他に，vgl. *Riezler*, Internationales Zivilprozeßrecht, 1949, S. 92.; *Schulte*, Die anderweitige (ausländische) Rechtshängigkeit im U.S.-amerikanischen Zivilprozeßrecht, 2001, S. 47. Vgl. auch *Heiderhoff*, Die Berücksichtigung ausländischer Rechtshängigkeit in Ehescheidungsverfahren, 1998, S. 201.

4 国際訴訟競合における"事件の同一性"を判断する法（芳賀雅顯）

シュッツェはブリュッセル条約の解釈では二重性質決定によっていたが，固有法が適用される局面ではドイツ法だけによって同一性の有無を判断しようとしている。シューマンなどは，訴訟係属が問題となった裁判所が所属する法廷地法（後訴の法廷地法）によって判断する[62]。ロートも，ドイツ法廷地法が判断するとだけ述べる[63]。リンケは，ドイツ法によって訴訟物の同一性を判断するとだけ述べる[64]。他方，シャックも訴訟物の同一性について，たんに法廷地法によると述べるにすぎないが[65]，シャックが同書で引用しているフランクフルト上級地方裁判所判決はシューマンの見解に依って議論を展開していることから[66]，後訴の法廷地法説（ドイツ法）を支持していると考えられる。

他方，関係する双方の国の法を適用する立場が，シュペレンベルクとゾンネンベルガーである。シュペレンベルクによると[67]，まず，訴訟係属の範囲とそれに伴う訴訟物の同一性は，何が外国で最初に訴状提出状態（anhängig）となったのかが当該外国法によって確定されることを通じて定まるとする。その上で，ドイツで後訴が提起されてはじめて，内国で同一対象が訴状提出状態にあるのかを判断すべきであるとし，この点についてはドイツ法によって判断され，そして両者を比較しなければならないと述べる。そこではシュペレンベルクはゾンネンベルガーの判例評釈を引用している。ゾンネンベルガーは，手続同一性の判断は3つの段階に分かれると述べる[68]。すなわち，第一段階として，何が外国手続の対象であるかは当該外国法がもっぱら適用され，第二段階として，何がドイツでの手続の対象かが確定されなければならないとする。そして，この部分はドイツ法によって判断される。第三段階としては，同一性の

---

(61) *Schütze*, a.a.O. (Fn. 2), Rdnr. 401；*Schütze*, Das internationale Zivilprozessrecht in der ZPO, 2008, §261 Rdnr. 9. 後掲注(77) を参照。
(62) *Schumann*, a.a.O. (Fn. 23), S. 307（ただし，注(23) も参照）; *Stein/Jonas/Schumann*, ZPO, 21. Aufl. 1996, §261 Rdnr. 12；*Geimer/Schütze*, a.a.O. (Fn. 19), S. 1654.
(63) *Stein/Jonas/Roth*, a.a. O. (Fn. 8), §261 Rdnr. 55.
(64) *Göppinger/Linke*, Unterhaltsrecht, 9. Aufl. 2008, Rdnr. 3236.
(65) *Schack*, a.a.O. (Fn. 9), Rdnr. 752.
(66) OLG Frankfurt/M, Urt. v. 8. 2. 2000, WM 2001, 1108, 1109. 本判決は法廷地法説によることを比較的詳細に述べているので，後で紹介する。後掲注(77) を参照。
(67) *Staudinger/Spellenberg*, BGB, 13. Aufl. 2005, IntVerfREhe Anh. zu §606 a ZPO Rdnr. 21.
(68) *Sonnenberger*, Deutsch-französische Ehescheidungsprobleme, IPRax 1992, 154, 155.

比較を行うことである，と。この立場は，ブリュッセル条約の解釈として，ミュラーが述べていたところと同じ見解である[69]。また，ラウシャーも，複数の法廷地法が介在することを認め，ドイツでの手続で何が訴訟物となるのかはドイツ法が判断し，このことが外国訴訟手続においても訴訟対象となるかは，その外国法廷地法が判断すると述べる[70]。簡略な説明ではあるが，おそらくはシュペレンベルクなどと同じ見解と考えられる。

これに対して，最近，シュッツェは，カナダのブリティッシュ・コロンビア裁判所で係属した事件との関係で連邦通常裁判所が下した判決の評釈で，次のように述べている[71]。「連邦通常裁判所は，カナダ訴訟の訴訟係属の範囲および効果を，民事訴訟法261条3項1号によって詳細に根拠づけて判断を行ってはいない。現在，民事訴訟法328条に基づき外国判決の既判力を〔内国に〕拡張するに際しては，既判力の効果はいずれにしても判決国法（erststaatliches Recht）よりも広い効果を認めることはできないとされている。これは，効力拡張（Wirkungserstreckung）という承認の性質による。判決国法以上の効力は拡張されないのである。同じことは訴訟係属にも妥当しないのであろうか。訴訟係属の効果が既判力の前段階として国境を越えるのであるならば，民事訴訟法328条に相当する規定がなくとも，外国法に基づいて外国訴訟が有するよりも広い効果を拡張することはできない。したがって，訴訟係属がつねに顧慮されねばならない訴訟障害事由か否かは，外国訴訟法により判断されねばならない」，と。

(b) 判　　例

判例は，外国訴訟係属を理由として内国後訴を却下する場合には，訴訟物の同一性を要求してきた[72]。そして，その判断基準としてドイツ訴訟法を意図

---

(69) *Bülow/Böckstiegel/Müller*, a.a.O. (Fn. 25), S. 606-170.
(70) *Rauscher*, a.a.O. (Fn. 33), Rdnr. 2156.
(71) *Schütze*, Internationale Rechtshängigkeit und Verbürgung der Gegenseitigkeit im Verhältnis zu British Colombia, IPRax 2001, 441, 442.
(72) 訴訟物の同一性を欠くとされたケースとしては，つぎのものがある。OLG Frankfurt, FamRZ 1975, 632（フランス法による別居の手続 Ehetrennungsverfahren とドイツの離婚申立）; KG NJW 1983, 2325, 2326（イタリア法による別居の手続とドイツの離婚申立（同旨，AG Siegburg NJW-RR 1997, 388。ただし，現在は，ブリュッセル規則（Ⅱ）19条1項）; OLG Karlsruhe, IPRax 1985, 36（フランス裁判所での離婚手続とドイ

していると考えられる。最近の判例を幾つか紹介する。

【連邦通常裁判所 1985 年判決】(73)（同一性肯定）

トルコ防衛省に無線機器を販売したドイツ企業が、仲介に入ったトルコ企業に仲介手数料の請求を求める訴えをトルコの裁判所とドイツの裁判所の双方で起こした事件である。連邦通常裁判所は、渉外事件において民訴法261条が問題となる場合に訴訟物の同一性を要求し、これを肯定している。

【連邦通常裁判所 1987 年判決】(74)（同一性肯定）

ドイツで夫が起こした離婚訴訟とスイスで妻が起こした離婚訴訟とが競合した事件である。1929年のドイツとスイスの承認執行条約が適用され、外国訴訟係属が先行することを理由に内国後訴を不適法却下した事件である。

裁判所は、二重起訴の禁止は当事者と訴訟物の同一性を前提としているが、本件ではこれが肯定されるとし、その理由としてスイスの手続とドイツの手続は当事者の離婚が同様に問題となっていることを挙げた。

【連邦通常裁判所 2000 年判決】(75)（同一性肯定）

カナダ法人がカナダ在住のドイツ人に対して貸金返還請求訴訟を、カナダのブリティッシュ・コロンビア州の裁判所とドイツで請求した事件である。原審はブリティッシュ・コロンビア州とドイツとの間には相互保証がないため、カナダ訴訟は外国訴訟係属の抗弁を基礎づけないとした。これに対して連邦通常裁判所は、同州とは相互保証があるとした上で、両訴訟は訴訟物が同一であるとした。

【カールスルーエ上級地方裁判所 1993 年判決】(76)（同一性否定）

ドイツ人夫とアメリカ国籍妻が、カールスルーエで結婚した後にアメリカに

ツの婚姻取消手続); OLG Köln FamRZ 1992, 75（ドイツ在住のトルコ人妻がトルコ人夫に対してトルコの離婚訴訟で提起した扶養の訴えと、扶養を求める保全処分のドイツ国内での申立); OLG Köln VersR 1973, 1065（外国での確認訴訟と国内での給付訴訟); OLG Saarbrücken WM 1998, 833（手形と代金請求); OLG Köln FamRZ 2003, 544（トルコにおける離婚訴訟係属中の扶養料請求とドイツ民法1361条に基づくドイツの別居扶養料).

(73) BGH, Urt. v. 10. 10. 1985, NJW 1986, 2195.
(74) BGH, Urt. v. 18. 3. 1987, NJW 1987, 3083.
(75) BGH, Urt. v. 24. 10. 2000, NJW 2001, 525=IPRax 2001, 457.
(76) OLG Karlsruhe, Beschl. v. 22. 4. 1993, FamRZ 1994, 47.

移ったが，その後，夫は単身カールスルーエに戻ったものの共同生活を送ることはなかった。夫は離婚手続を開始したが，すでに妻はニュー・ジャージー州で婚姻取消訴訟を提起していた。

裁判所は，ニュー・ジャージー州法による婚姻取消訴訟と本件の離婚訴訟とは訴訟物が異なるとして，二重起訴に当たらないとした。

【フランクフルト上級地方裁判所 2000 年判決】[77] (同一性否定)

オーストリア企業である原告は B 市に建物を建築する際に，トルコ企業の訴訟参加人 (die Streithilferin) にシステムキッチンの取り付けを依頼し，訴訟参加人は，トルコの銀行による銀行保証をしてもらった。その後，原告は，フランクフルト (マイン) に所在する銀行に対して銀行保証に基づいて 40 万マルクと附帯利息の請求を求めた。他方，訴訟参加人はアンカラの商事裁判所で，訴外銀行，被告および原告を相手に 40 万マルクを超える保証は無効であることの確認を求める訴えを提起していた。そこで，被告と訴訟参加人は，訴訟係属の抗弁を提出した。

これに対して，裁判所は，シューマンの見解（後訴の法廷地法であるドイツ法による立場）を引用しつつ，次のように述べて外国訴訟係属の抗弁は認められないとした。すなわち，訴訟物が同一か否かは，係属している請求について訴訟係属の問題を解決しなければならない裁判所の法廷地法，したがってドイツ法により判断される。ドイツ法によると，訴訟物が同一であるのは，同一の訴訟上の要求 (Begehren) が繰り返される場合だけではなく，前訴の被告が今度は反対に訴訟を提起し，前訴で求められた法的効果とは矛盾することを要求する場合も含まれる。たしかに，本件では，原告は被告の銀行から金銭の支払を求め，トルコでは参加人が金銭支払いを行わないことを求めている。この点で確かに，矛盾する行動を要求している。しかし本件では，当事者の同一性がないため，訴訟物の同一性を欠くことになる。なぜなら，トルコの訴訟で原告であった参加人は，本件では当事者としてではなく，参加人として訴訟に関与しているにすぎないが，当事者の同一性は，既判力の主観的範囲が及ぶ限りでの

---

(77) OLG Frankfurt/M, Urt. v. 8. 2. 2000, WM 2001, 1108.
(78) 石川＝石渡編・前掲注 (5) 180 頁〔酒見〕。ただし，本間ほか・前掲注 (4) 95 頁〔酒井〕も参照。

み肯定されるからである，と。

Ⅲ　日本における議論

冒頭でも述べたように，本稿がテーマとする問題については，わが国では議論があまりなされていなかったといえるが，後訴の法廷地訴訟法（日本法）を基準とする立場が有力といえよう。

(1)　学　　説
(a)　先行訴訟の法廷地法により決すべきであるとの立場

酒井教授は，「訴訟物が判決効の範囲を画するものと理解するドイツおよびわが国の従来的見解を前提にすると，先行訴訟の訴訟物（既判力の客観的範囲）により二重起訴の範囲が決せられることになろう」[78]と述べる。また，森教授は，「国際的訴訟競合の有無については先係属国法により審理の対象とされているものと後係属国法によるそれとを対比して判断する。例えば，債務不履行と不法行為など請求権競合の場合，国際裁判管轄との関係から，先係属国では債務不履行のみが審判対象となっている場合には，わが国において不法行為に基づく訴えが提起されても国際的訴訟競合にはならない」と述べる[79]。森教授は前訴の法廷地法と後訴の法廷地法に言及しておられるが，訴訟物の範囲を画するのは前訴の法廷地法による立場と理解することができよう。

(b)　先行訴訟と後行訴訟の双方の法廷地法による見解

他方，上村教授は，ドイツで有力に説かれている双方の訴訟物を比較検討する立場による[80]。それによると，まず，「両国訴訟の訴訟物を比較検討し，その同一性の有無を明らかにしなければならない」。そして，「債権の引き当てとなる財産が外国と内国に分散しているため，債権者が外国と内国の国際裁判管轄権ある裁判所へそれぞれ一部と残部を訴求した」場合に，①「外国も内国もそれぞれを一部請求として許容している場合には」，内外訴訟の訴訟物は別個

---
(79)　石川明＝小島武司編『国際民事訴訟法』186頁〔森勇〕（青林書院，1994年）。
(80)　上村明広「国際訴訟競合論序説」神戸学院法学28巻2号23頁（1998年）。

であるので，内国後訴は適法となる。もし，②「外国も内国もそれぞれを一部請求としては認め」ない場合には，両訴訟の訴訟物は同一であるので内国後訴を中止すべきであるとする。そして，③「外国が一部請求として許容するのに対し，内国が全部請求として扱う場合には」，内国裁判所は釈明権を行使して内国訴訟の原告に外国での訴えを取り下げるよう促し，応ずれば内国後訴を続行するが，応じないときには内国後訴を中止すべきとし，また④「逆に，外国が全部請求として扱い，内国が一部請求として扱う場合には」，内国後訴を中止すると述べる。しかし，なぜこのような比較をしなければならないのか，その理由は述べられていない。

道垣内教授は，前訴の法廷地法と後訴の法廷地法の双方の適用を認めるが，ドイツの二重性質決定説と同じような立場にある[81]。すなわち，「＜外国判決の効力によって全く争い得なくなる事項＞とは何か」については，外国判決の承認に関する通説である効力拡張説によれば，「当該外国法の定めるところによる」ことになるが，「それだけではすまない場合もある」と述べる。そして，前訴の外国法によると既判力の主観的・客観的範囲が著しく広く，わが国から見てその範囲が妥当ではないと評価される場合には，手続保障の観点からわが国に判決の効力は及ばないと解している。この見解は，前訴の訴訟法を基準としつつ，後訴の訴訟法（日本法）の介入を認める立場である。

(c) 後行訴訟の法廷地法によるとする見解

安達教授は，「両訴訟物から見て事件の同一性が認められるかどうかの問題は，わが国における重複訴訟の許容性（適法性）にかかわる事項なので，日本法の基準による」と述べる[82]。澤木教授は，「いかなる場合に訴訟当事者および訴訟物が同一であるとみなされるかは，わが国際民事訴訟法の立場から決定されるべき」と述べ[83]，「基本的には，内国民事訴訟法に関する理論に依拠してよい」とされる[84]。山本和彦教授も，国際的訴訟競合の内容はある実体権

---

(81) 道垣内正人「国際的訴訟競合（5・完）」法学協会雑誌100巻4号82頁以下（1983年）。
(82) 安達・前掲注（3）12頁。
(83) 山田鐐一＝沢木敬郎編『国際私法講義』242頁〔沢木〕（青林書院，1970年）。
(84) 沢木敬郎「国際的訴訟競合」鈴木忠一＝三ケ月章監修『新・実務民事訴訟講座（7）』117頁（日本評論社，1982年）。

が裁判所で遡及可能であるか否かの問題に属するので訴訟法的性格の問題であるとして，日本の法廷地法によって検討すべきとされる[85]。

海老沢教授は，いずれの国の法によるべきかについては明言しておられないようであるが，「なにをもって事件が同一であるか」「は訴訟地の国際民事訴訟法上の課題だといえよう。わが渉外事件のばあい，その訴訟の対象＝訴訟物は国内事件のばあいの解決をそのまま機械的に応用するだけでよいのかという問題をかんがえなければならない」とされていることから[86]，後訴の法廷地法（日本法）によっていると考えられる。また，矢吹教授も，この点について明言されていないが，「判決の抵触を回避し，訴訟経済をはかるためには，どのような重複訴訟を回避する必要があるかという観点から考える必要がある」と述べていることから[87]，後訴の法廷地法（日本法）の立場から基準を立てていると考えられる。古田教授も，「事件の同一性の程度」の判断を後訴の法廷地法（日本法）に委ねていると考えられる[88]。

(2) 判例の状況

以下では，国際的訴訟競合が問題になった日本の裁判例を時系列的に取り上げて，訴訟物の問題がどのように扱われてきたのかを見てみることにする[89]。

---

(85) 斉藤秀夫ほか編『注解民事訴訟法(5)〔第2版〕』414頁，415頁，461頁〔山本和彦〕（第一法規，1991年）。
(86) 海老沢美広「外国裁判所における訴訟係属と二重起訴の禁止」青山法学論集8巻4号30頁（1967年）。
(87) 矢吹徹雄「国際的な重複訴訟に関する一考察」北大法学論集31巻3＝4号287頁（1981年）。
(88) 古田啓昌『国際訴訟競合』133頁（信山社，1997年）。
(89) 国際的訴訟競合の事件ではないが，渉外民事事件で，二重起訴が問題となった事案として次のようなケースがある（東京地判平成8年9月2日判時1608号130頁）。日本人女性が訴外子供を出産する直前に，カリフォルニア在住の日本人男性に対して，父親認定の訴えをアメリカで提起した。裁判所は，男性を父親であるとし，また子の養育費を女性に支払うこと命ずる判決を下した。この判決では，男性の現在および将来の使用者に対して，養育費を天引きしてミネソタ州の公的集金機関に送金すべきこと，自動的な天引きがなされるまでは女性に直接支払うことなどを命じていた。女性は，この判決に基づいて養育費の強制執行を求める執行判決請求訴訟を日本で提起したところ（甲事件），男性が本判決は日本で効力を有しないことの確認を求める訴えを提起した（乙事件）。

第 1 部　民事手続法

　初期の裁判例では，二重起訴禁止に関する民事訴訟法の規定に外国裁判所は含まれないとだけ述べて，内国後訴を維持していた。このような解釈態度の時代には，訴訟物の問題を論じる必要もなく，また裁判例でもこの問題は言及されていなかった。後述の【ケース1】【ケース2】【ケース3】【ケース4】【ケース6】を参照。

　その後，裁判例は，日本に国際裁判管轄を認めることが当事者の公平などを害する「特段の事情」の中で，外国訴訟係属を考慮要素として捉えるようになった。裁判例では，原被告同一型訴訟と原被告逆転型訴訟とに大別されるが，内外訴訟の内容がどのような共通性を有する場合に規制するかについて，裁判所の立場は一致しない。「請求の基礎」，「争点」，「審理対象」，「訴訟物」といった表現が用いられている。まず，「請求の基礎」が同一であることを問題にしているのは【ケース5】【ケース8】である。また，【ケース13】は「審理対象を同じくする」ことを求めている。他方，【ケース15】は争点の同一でよいとしたが，ケース15の上告審である【ケース16】は訴訟物の同一性を求めており，その後に下された，【ケース17】，【ケース20】も訴訟物の同一性を要求している。なお，承認予測説に基づき訴訟物の同一性を要求している【ケース7】がある。このように規制する要件として，双方の訴訟についてどの程度の共通性が求められるのか判例は定まっていないが，近時は訴訟物の同一性を要求する立場が有力といえよう。

　同一性の判断をどの法によって検討しているのか，この点について明示的に言及している判例はないようである。しかし，【ケース12】はその中で興味深

　　裁判所は，甲事件について，将来の使用者などに対しても給与天引きを命ずる判決は，具体的給付請求権を表示してその給付を命ずるわが国の給与差押制度と大きく異なるもので，承認することはできないといた。そして，甲事件について承認要件を欠くことから，乙事件でさらにその無効確認を求めることは二重起訴に該当するとして却下した。
　　この事案は渉外事件ではあるが，同一の外国判決について，執行判決請求の手続と外国判決の無効確認の手続という国内訴訟手続が利用されたものにすぎないため，国際的訴訟競合とはいえない。評釈として，横溝大「判批」ジュリスト1153号134頁（1999年）。なお，控訴審では，養育費について給与天引きを定める外国判決であっても承認可能であるとしている。東京高判平成10年2月26日判時1647号107頁。評釈として，猪俣孝史「判批」判例評論482号29頁（1999年），小野寺規夫「判批」判タ1005号220頁（1999年），横溝大「判批」重判平成10年度300頁（1999年）。

い判断を示している。裁判所は当事者間で締結された紛争解決条項の対象範囲を米国法によって確定し，その上で当該条項の効果を法廷地法たる日本法によって判断するとしている。しかし，多くのケースでは暗黙の前提として後訴の法廷地法（日本法）によって判断しているものと考えられる。【ケース5】【ケース7】【ケース12】【ケース13】【ケース15】【ケース16】を参照。

なお，【ケース8】は訴えの客観的併合について，法廷地法によって請求が複数か否かを判断している。

【ケース1】東京地判昭和30年12月23日下民集6巻12号2679頁[90]（原被告同一型。外国訴訟係属を無視，管轄肯定）

原告は，新聞社に事業資金として貸し付けた金銭の返還を求めて，新聞社と保証人に対して訴えを提起した。これに対して，被告は，原告が保証人に対して台湾の裁判所に金銭支払請求訴訟を提起しており，二重起訴に当たるなどとして訴えの却下を求めた。

これに対して裁判所は，「いわゆる二重起訴の禁止を規定する民事訴訟法第231条にいう『裁判所』は，わが国の裁判所を指し，外国裁判所を含まないと解すべきであるから，この点の被告の主張は，これ自体理由のないこと明白である」とした。

【ケース2】東京高判昭和32年7月18日下民集8巻7号1282頁[91]（原被告同一型。外国訴訟係属を無視，管轄肯定）

ケース1の控訴審である。第1審で敗訴した被告が，控訴を提起し，控訴理由の一つとして二重起訴に触れる点をあげていた。

裁判所は，「民事訴訟法第231条にいう『裁判所』とは，日本の裁判所を意味し，外国の裁判所をふくまないものというべきである」とした。

【ケース3】東京地判昭和40年5月27日下民集16巻5号923頁[92]（原被告逆転型。国際的訴訟競合の問題に言及することなく，内国後訴を維持）

---

[90] 江藤价泰「判批」続民事訴訟法判例百選8頁（1972年）。
[91] 林脇トシ子「判批」ジュリスト163号67頁（1958年）。
[92] 岡本善八「判批」渉外判例百選172号（1967年），三ツ木正次「判批」ジュリスト337号144頁（1966年）。

原告は，ある映画の日本での上映権を買い取る意思がないにもかかわらず，被告に出捐させたとして，アメリカで損害賠償請求訴訟を提起されていた。これに対して，原告は，日本で債務不存在確認訴訟を提起した。

裁判所は，国際訴訟競合の問題に言及することなく，日本に不法行為地管轄があるとした。これは，裁判所が，ケース1および2と同様に，外国裁判所での訴訟係属は旧民事訴訟法231条の規律に服さないとの立場によっていると考えられる[93]。

【ケース4】大阪地(中)判昭和48年10月9日判時728号76頁[94]（原被告逆転型。外国訴訟係属を無視し，内国後訴を維持）

関西鉄鋼事件として著名な事件である。日本のプレスメーカーが，商社を通じてプレス機械をアメリカの航空機メーカーに輸出したところ，従業員がプレス機械で負傷した。そこで，この従業員が損害賠償を求めて，商社（2社）およびプレスメーカーを相手取って，アメリカで訴訟を起こした（アメリカ第1訴訟）。他方，商社のうち1社は，プレスメーカーを相手に，この第1訴訟で敗訴した場合に備えて求償を求める訴訟をアメリカで，提起した（アメリカ第2訴訟）。そこで，プレスメーカーは，アメリカ第2訴訟の原告を相手に，債務不存在確認の訴えを提起した。

裁判所は，民事訴訟法231条にいう「『裁判所』はわが国の裁判所を意味するものであって外国の裁判所を含まないと解すべきである」として，日本の国際裁判管轄を肯定した。

【ケース5】東京地判昭和59年2月15日判タ525号132頁[95]（原被告同一型。「特段の事情論」と考えられる。外国訴訟係属を考慮して管轄を否定）

日本に営業所を有するパナマ法人の原告は，その所有する船舶がアメリカの港に停泊中に，被告であるアメリカ法人によって仮差押えを受けた。原告は，

---

(93) 三ツ木・前掲注(92) 146頁。

(94) 越川純吉「判批」判例評論186号22頁（1974年），佐藤哲夫「判批」渉外判例百選〔増補版〕270頁（1976年），土井輝生「判批」ジュリスト569号142頁（1974年），道垣内正人「判批」渉外判例百選〔第2版〕220頁（1986年）。

(95) 神前禎「判批」ジュリスト885号92頁（1987年），道垣内正人「判批」ジュリスト843号134頁（1985年），平塚眞「判批」重判昭和59年度288頁（1985年），矢吹徹雄「判批」北星論集22号127頁（1984年）。

差押えを受けたことにより傭船契約を解除したため、損害を被ったとして、被告を相手に賠償請求訴訟を提起した。その際、原告は、被告の住所地、義務履行地および不法行為地が日本にあるとして日本に国際裁判管轄があることを主張している。他方、原告と被告を巡ってはアメリカで6件に及ぶ訴訟が係属していた[96]。

裁判所は、それぞれの管轄原因が日本にはないことを説示するに際して、アメリカでの訴訟係属があることを管轄原因否定の要素として取り上げている。まず、事務所ないし営業所所在地管轄について、当事者の証拠収集、訴訟活動についてアメリカ訴訟の方が便宜であり、内国後訴を認めると判決の矛盾・抵触が生じ、被告の負担にもなることから、「当事者の公平、裁判の適正、迅速を期することを基本理念とする条理に従えば、わが国に被告の『事務所』が存在することをもって裁判管轄権を認めることはできない」とした。また、義務履行地管轄については、不法行為請求権について義務履行地管轄を肯定すると、被告の予測可能性を損なうこと、また不法行為事件については不法行為地管轄が独立した管轄原因として認められていること、アメリカで訴訟が進行していることから義務履行地管轄は否定されるとした。そして、不法行為地管轄についても、予測可能性、証拠収集の便宜、さらにアメリカでの訴訟という事情に鑑みて管轄を肯定する必要性に乏しいとした。

このように、本件は、外国訴訟係属を管轄原因の有無という次元で取り込んでおり、「特段の事情」型の処理をした判例の中に位置づけられている[97]。その際に裁判所は、内外訴訟の同一性との関係では、営業所所在地管轄を論ずるに際して「本件と同一の事柄を請求の基礎とし、本件請求と一部重複するか、又は関連する訴訟が……提起され、その一部は現に係争中である」と述べている。本件は後訴の法廷地法の立場から判断していると評価することができよう。

【ケース6】東京地(中)判昭和62年6月23日判時1240号27頁[98]（原被告同一型。外国訴訟係属を無視）

---

(96) アメリカ訴訟の状況については、道垣内・前掲注(95) 134頁を参照。
(97) 参照、沢木敬郎「判批」私法判例リマークス1号278頁（1990年）。
(98) 海老沢美広「判批」ジュリスト898号47頁（1987年）、小林秀之「判批」重判昭和62年度273頁（1988年）、小林秀之「判批」法学セミナー397号106頁（1988年）、斉

第1部　民事手続法

　大韓航空機がサハリン上空で旧ソ連戦闘機に撃墜された事件で，遺族が航空会社に賠償請求訴訟を起こしたが，遺族らはすでにアメリカおよびカナダでも同様の訴訟を起こしていた。

　裁判所は，ワルソー条約上は国際的訴訟競合が禁止されていないとした上で，具体的事件において国際的訴訟競合が許されていないかどうかはこれとは別個の問題であるとしている。この判決の理解には議論があるが[99]，ともかくも裁判所は，内国訴訟を維持した。しかし，訴訟物の同一性をめぐる問題については言及していない。

【ケース7】東京地(中)判平成元年5月30日判時1348号91頁[100]（原被告逆転型。承認予測説，予測できないとして内国訴訟を維持）

　日本法人がアメリカ法人の企業情報を不正に取得したとして，アメリカで不法行為に基づく損害賠償請求訴訟を起こされていた。これに対して，日本法人が，アメリカ法人を相手に債務不存在確認の訴えを提起した。

　本判決は，承認予測説に依拠した上で，承認予測ができないとして内国後訴を維持した。その際，裁判所は，「同一の訴訟物に関する外国訴訟の係属を一切顧慮することなく常に国際的な二重起訴状態を無視して審理を進めてよいとも認めがたい」と述べた上で，外国判決が相当程度の確実性をもって予測される場合には，内国後訴の規制がありうるとしている。承認予測説に立ちつつ，訴訟物の同一性を要求している判決であるが，どのような基準で訴訟物の同一性が認められるのかについては，明言していない。

【ケース8】東京地(中)判平成元年6月19日判タ703号246頁[101]（原被告逆転

　　　藤彰「判批」渉外判例百選〔第3版〕204頁（1995年），沢木敬郎「判批」判タ651号42頁（1988年），野村美明「判批」ジュリスト912号117頁（1988年），松岡博「判批」法学教室86号106頁（1987年），山崎悠基「判批」ジュリスト975号107頁（1991年）。
　(99)　この点については，野村・前掲注(98)119頁を参照。
　(100)　石黒一憲「判批」判例評論382号46頁（1990年），小林秀之「判批」渉外判例百選〔第3版〕238頁（1995年），瀬木比呂志「判批」判タ735号348頁（1990年），出口耕自「判批」重判平成元年度271頁（1990年），道垣内正人「判批」民事訴訟法判例百選(1)50頁（1992年），道垣内正人「判批」民事訴訟法判例百選(1)〔新法対応補正版〕50頁（1998年），栂善夫「判批」法学セミナー431号136頁（1990年），不破茂「判批」ジュリスト959号122頁（1990年）。
　(101)　沢木・前掲注(97)275頁，瀬木・前掲注(100)348頁，道垣内正人「判批」ジュリスト956号125頁（1990年）。

型。規制消極説，内国後訴を維持）

　アメリカ法人が，アメリカで日本法人を相手に，日本法人の製造した製品に瑕疵があったとして，契約違反などを理由に損害賠償請求訴訟を起こしたところ，日本法人が日本で債務不存在確認訴訟を提起した。

　裁判所は，まず日本の管轄を肯定するに際して，不法行為地管轄が日本に所在することを理由に債務不存在確認請求を起こすことを認め，また債務不履行責任に基づく債務の不存在確認の訴えを併合することも認めている。「わが国法上も，一般に売買の目的物に契約の趣旨に合致しない欠陥があるために生じた損害についての賠償責任は，債務不履行によるそれと不法行為によるそれとが競合して成立すると解されること，しかも，本件においては，いずれの性質の損害賠償請求権と構成したとしても，両者は請求の基礎を同一とする請求であり，結局，本件アルミナリングの瑕疵の有無が主要な争点となることが予想されることを考えると，この不法行為に基づく損害賠償請求権（債務）の不存在を求める訴え」は許されるとし，また，その他の契約違反に基づく債務の不存在を求める請求は「不法行為に基づく請求と基礎を同じくするものである」から，双方の訴えを併合することは許されるとした。訴えの客観的併合の問題ではあるが，裁判所は，法廷地法を基準に議論を展開している。

　訴訟競合の問題については，裁判所は，「民事訴訟法231条にいう『裁判所』とは外国裁判所を含まない」として規制消極説に立っているが，内国後訴を提起することが被告に著しい不利益をもたらすかといった点も考慮している。

【ケース9】東京地判平成元年8月28日判タ710号249頁[102]（原被告逆転型。そもそも国内に管轄がないとして，内国後訴を却下）

　日本の出版社が出版した雑誌がアメリカで販売されたところ，同誌の記事が名誉棄損に当たるとしてアメリカ在住の日本人がアメリカで損害賠償請求訴訟を起こした。これに対して，出版社が，日本で債務不存在確認訴訟を提起した。

　裁判所は，雑誌の編集・出版する行為は不法行為にあたらず，日本に不法行為地管轄は認められないとした。その際，裁判所は，国際的訴訟競合の問題は論じていない。

---

[102]　小野寺則夫「判批」判タ735号342頁（1990年），德岡卓樹「判批」ジュリスト970号114頁（1990年），松岡博「判批」判例評論381号41頁（1990年）。

第1部　民事手続法

【ケース10】東京地判平成3年1月29日判時1390号98頁[103]（原被告逆転型。特段の事情論，内国後訴を却下）

日本の製麺メーカーが，製麺機械をアメリカ企業に輸出したところ，同社の従業員が機械によって負傷した。従業員は，日本のメーカーおよび米国会社の社長を相手に損害賠償請求訴訟をアメリカで起こした（アメリカ第1訴訟）。米国会社の社長は，アメリカ第1訴訟で敗訴した場合に備えて，日本企業を相手に求償請求の訴えを提起した（アメリカ第2訴訟）。これに対して日本企業は，従業員を相手にした賠償義務の不存在確認訴訟と（日本第1訴訟）と社長を相手にした求償債務不存在確認訴訟（日本第2訴訟）を起こした。本件は，第2訴訟に対する裁判所の判断である。関西鉄工事件と類似の事案である。

裁判所は，アメリカにおいて同一当事者間で訴訟が進行しているので，内国後訴を認めると判決の矛盾抵触を生じること，証拠がアメリカに集中していること，日本での訴訟は当事者の予測可能性を欠くことなど，日本の国際裁判管轄を否定する特段の事情があるとした。しかし，事件の同一性に関する問題については，とくに言及していない。

【ケース11】静岡地浜松支判平成3年7月15日判時1401号98頁[104]（原被告逆転型。特段の事情論，内国後訴を却下）

日本法人（原告）が，アメリカの不動産を売却する契約を，アメリカ在住の日本人（被告）と締結した。しかし，その契約の効力をめぐって当事者間で紛争が生じ，被告はアメリカで原告を相手に契約の履行を求める訴えを提起した。これに対して，原告は，不動産売却債務不存在確認の訴えを日本で提起した。

裁判所は日本の国際裁判管轄を否定した。まず，被告の普通裁判籍，義務履行地，財産所在地，不動産所在地はアメリカにあるとした。つぎに，当事者が原告・被告双方とも日本人または日本法人であり，問題となった書類は双方の

---

(103) 伊藤剛「判批」判タ790号250頁（1992年），江泉芳信「判批」国際私法判例百選200頁（2004年），江泉芳信「判批」国際私法判例百選〔新法対応補正版〕204頁（2007年），道垣内正人「判批」判例評論398号39頁（1992年），徳岡卓樹「判批」重判平成3年度268頁（1992年），早川吉尚「判批」ジュリスト1007号168頁（1992年），渡辺惺之「判批」私法判例リマークス5号166頁（1992年）．

(104) 西川知一郎「判批」判タ821号262頁（1993年），山田恒久「判批」ジュリスト1031号144頁（1993年）．

当事者が日本に居た期間に作成されたことから，当事者の公平，裁判の適正迅速の観点から日本に管轄を認める要因がないとはいえないが，日本が不動産所在地国でないときには不動産所在地国での訴訟追行が当事者に著しく困難となるといった事情が必要であるとした。そして，本件ではすでに米国で訴訟が係属しており，不動産所在地国での訴訟追行が困難とはいえないなどとして，日本の国際裁判管轄を否定した。その際，裁判所は事件の同一性について，「売主の債務の履行を求める米国訴訟が係属し，原告はこれに対応した訴訟活動を行っている」と述べ，これを肯定している。

【ケース12】東京地(中)判平成7年10月27日判時1572号96頁[105]（原被告同一型。特段の事情論，内国後訴維持）

アメリカ合衆国は，日本に営業所のあるアメリカ法人と在日大使館用の燃料補充と燃料タンクの保守整備などの業務委託契約を結んでいたところ，訴外日本人従業員が長年にわたり燃料を抜き取っていた。そこでアメリカ合衆国は，法人に対して使用者責任に基づく賠償請求訴訟を起こした。しかし，本業務委託契約には，契約は1978年契約紛争法（CDA）にしたがうとする紛争解決条項が挿入されており，すでにアメリカでCDAによる手続が進行中であった。

裁判所は，日本での訴訟はCDA手続の対象外とした上で，特段の事情論によりつつ，わが国の国際裁判管轄を否定する特段の事情はないとして，内国後訴を維持した。裁判所は，まず，本件訴えは在日アメリカ大使館のオイル窃取につき使用者責任に基づく損害賠償を請求する事案であるので，不法行為地は日本にあり，特段の事情がない限り日本の国際裁判管轄は認められるとした。その上で，CDA手続は契約に関する請求であるから不法行為に関する請求は同手続の対象外であり，また本件は米国判例上契約事件として扱われている「不法行為的契約違反」には該当しないとした。そして，「CDAの手続の対象となっているのは契約違反に基づく請求のみであり，本件請求は不法行為に基づくもので訴訟物が異なるのであるから，2つの手続が並行的に進行すること自体不合理なことではない」し，被告が日本で営業を行っていることや証拠収

---

(105) 小田敬美＝村上正子「判批」判タ901号27頁（1996年），後藤明史「判批」重判平成7年度261頁（1996年），三井哲夫「判批」判例評論457号62頁（1997年），渡辺惺之「判批」私法判例リマークス14号159頁（1997年）。

集の観点などから日本の国際裁判管轄を否定する特段の事情はないとした。本件では，裁判所は，わが国の旧訴訟物理論的発想で，訴訟物概念を設定しているとも評されている[106]。しかし，後述のように私はCDAによる紛争解条項のカバーする紛争対象を米国法によって画した上で，内国後訴の許容性を判断する枠組そのものには賛成したい。

【ケース13】東京地判平成10年11月27日判タ1037号235頁[107]（原被告逆転型。特段の事情論，内国後訴維持）

夫の母の援助によりアメリカで生活をしていた夫婦が，アメリカでの生活をあきらめて帰国したが，その後，妻はアメリカでの生活を続けるとして再渡米した。ところが，妻は，アメリカで夫の母を相手に，監護権の侵害や経済的扶養の中止などを理由に不法行為に基づく損害賠償請求訴訟を提起した。これに対して夫の母が，日本で債務不存在確認の訴えを提起した。

裁判所は，国際裁判管轄の一般基準について特段の事情論によることを明らかにした。そして，「損害賠償請求の訴えと審理の対象を同じくする損害賠償債務の不存在確認の訴えについて」も，不法行為地管轄で審理することができるとし，経済的な扶養を中止した地が東京にあることを理由に不法行為地が日本にあることを認めた。その上で，日本で訴訟を遂行することにより訴訟法の理念に反することとなるような特段の事情があるかを検討している。この点について，裁判所は，当事者双方ともに日本国籍を有すること，また日本を不法行為地とする不法行為請求権について審理をすることから，特段の事情があるとするには慎重にならざるを得ないとした。そして，とくに日本国民の間で子の監護権や親族に関する被侵害利益を対象とする請求については，このことは特に当てはまるとし国籍を重視している。さらに，外国訴訟係属との関係については，日本に不法行為管轄が認められる以上，外国裁判所と日本の裁判所との判断に相違が生じることや，外国判決が日本で承認される可能性を考慮する必要はないとしている。訴訟係属の範囲との関係では，「審理の対象を同じく

---

[106] 渡辺・前掲注[105] 163頁は，この点を批判している。また，後藤・前掲注[105] 263頁も明言していないが，この点に関する判旨を批判的に論じているといえよう。

[107] 田中美穂「判批」ジュリスト1245号216頁（2001年），中西康「判批」私法判例リマークス23号148頁（2001年）。

する」ことをメルクマールにしているが，法廷地法を基準にしているのではないかと推察される。

【ケース 14】東京地判平成 11 年 1 月 28 日判タ 1046 号 273 頁[108]（原被告同一型。内国後訴却下）

原告は，ギリシャ法人の被告とレジスターの売買契約を締結したが，被告は製品の受け取りを拒絶した。そこで，原告は契約の解除を行い，債務不履行を理由に損害賠償請求訴訟を提起した。ところが，原告は，すでにギリシャで被告を相手に，金銭の支払請求と債権の存在確認訴訟を提起していた。そして，ギリシャの裁判所は中間判決を下し，前者については請求を棄却し，後者については証拠不十分のため終局判決を留保し，原告に証拠の追加提出を求めていたが，原告はそれに応じていなかった。

裁判所は，原告に不利な内容を含む中間判決がギリシャ下された経緯に照らすと，原告は自己の不利な状況を挽回するために日本で訴訟を起こしたと考えられるとし，また被告は普通裁判籍も財産も日本に有していないことを認めた上で，「不適法な国際二重起訴と言うほかない」として却下した。ただし，その理論的根拠を示していない。

【ケース 15】東京高判平成 12 年 3 月 16 日民集 55 巻 4 号 778 頁[109]（原被告同一型。特段の事情論，内国訴訟を却下）

日本の会社（原告）は，自己が有する著作権について日本および東南アジアの各国での利用を訴外会社に許諾していた。他方，タイ在住の被告は，原告から日本を除くすべての国で，本件著作物の利用を無期限で独占的に利用することができる契約書があるとして，タイで本件著作物を利用していた。これに対して，原告は，原告がタイにおける本件著作権者であることの確認や著作権侵害に基づく損害賠償請求訴訟を提起した。他方，原告は，日本での賠償請求訴訟提起の後に，タイにおいて被告の著作権侵害行為の差止めなどを求めた。第1 審の東京地裁は[110]，特段の事情論により，日本に国際裁判管轄はないとし

---

[108] 齊藤哲「判批」法学セミナー 561 号 115 頁（2001 年），高畑洋文「判批」ジュリスト 1206 号 294 頁（2001 年）。

[109] 道垣内正人「判批」著作権判例百選〔第 3 版〕234 頁（2001 年）。

[110] 東京地判平成 11 年 1 月 28 日判時 1681 号 147 頁。評釈として，上北武男「判批」知財管理 50 巻 8 号 1247 頁（2000 年），中野俊一郎「判批」重判平成 11 年度 311 頁

第1部　民事手続法

た。その際，裁判所は，日本国内で著作された著作物であっても，その著作物の外国での利用については，その国の著作権法が問題になるので，日本は財産所在地ではないこと，原告はタイで訴訟を行うことができたのに対して，被告はタイに在住する個人で日本に営業所などを有しないため，日本での応訴は被告に過大な負担となるなどとして，日本の国際裁判管轄を否定した。それに対して原告が控訴した。

　裁判所は，特報の事情論により判断をし，本件では日本国内に民事訴訟法が定める土地管轄原因が存在しないとしつつ，念のために「特段の事情」を論じている。そこでは，原告は，タイでの権利保護の法的手段が保障され，実際に，「タイ訴訟において，本件訴訟と同様の争点について争っている」ので，日本に営業所などを有しない被告に日本での応訴を強いることは，訴訟法の理念に反するため，日本の国際裁判管轄を否定する「特段の事情」があるとした。この判決は，日本とタイにおける双方の訴訟の争点が同じであることを，「特段の事情」で考慮している。

【ケース 16】最判平成 13 年 6 月 8 日民集 55 巻 4 号 727 頁[111]（原被告同一型。特段の事情論，管轄肯定）

　本件は【ケース 15】の最高裁判決である。裁判所は，国際裁判管轄を肯定し，破棄差し戻した。

　裁判所は，タイ訴訟との関係について，日本の国際裁判管轄を否定する特段の事情を検討するに際して次のように述べている。つまり，「本件訴訟とタイ訴訟の請求の内容は同一ではなく，訴訟物が異なるのであるから，タイ訴訟の

　　　（2000 年），松本直樹「判批」判例評論 494 号 215 頁（2000 年）。
(111)　安達栄司「判批」NBL735 号 91 頁（2002 年），木棚照一「判批」リマークス 25 号 146 頁（2002 年），小林秀之「判批」判例評論 518 号 9 頁（2002 年），齊藤哲「判批」法学セミナー 565 号 111 頁（2002 年），佐藤鉄男「判批」知財管理 52 巻 4 号 503 頁（2002 年），髙橋宏志「判批」国際私法判例百選〔新法対応補正版〕170 頁（2007 年），髙部眞規子「判批」ジュリスト 1220 号 107 頁（2002 年），髙部眞規子「判解」最高裁判所判例解説（民事篇）平成 13 年度（下）475 頁，髙部眞規子「判解」法曹時報 55 巻 2 号 297 頁（2003 年），花村良一「判批」判タ 1096 号 228 頁（2002 年），早川吉尚「判批」民商法雑誌 131 巻 3 号 88 頁（2004 年），松岡博「判批」重判平成 13 年度 325 頁（2002 年），村上正子「判批」法学教室 257 号 135 頁（2002 年），横溝大「判批」法協 119 巻 10 号 203 頁（2002 年），渡辺惺之「判批」ジュリスト 1223 号 106 頁（2002 年）。

争点の一つが本件著作物についての独占的利用権の有無であり，これが本件訴訟の争点と共通するところがあるとしても，本件訴訟について被上告人を我が裁判権に服させることが当事者間の公平，裁判の適正・迅速を期するという理念に反するものということはできない」とした。

原判決が「争点が同一」であることを日本の国際裁判管轄を否定する要素として捉えたのに対して，本判決は「訴訟物が同一」ではないので特段の事情には当たらないとした[(112)]。

【ケース17】東京家裁平成17年3月31日 LEX28131220（原被告逆転型。承認予測説，内国後訴却下）

中国籍の夫が，同じく中国籍の妻を相手に離婚，財産分与，子の養育費などを求める訴えを提起した。他方，すでに中国で，妻は夫を相手に離婚，子の扶養，財産分与などを求める訴訟を提起し，第1審がすでに下されて上訴審が係属中であった。

裁判所は，二重起訴の禁止を定める民訴法142条にいう「裁判所」に外国裁判所は含まれないとした。しかし，身分関係の安定ないし画一的確定の要請から「同一訴訟物に関する外国訴訟の係属を一切考慮することなく，常に国際的な二重起訴状態を無視して審理することが相当とは認め難い」として，「国際的な二重起訴の場合にも，先行する外国訴訟について本案判決がされてそれが確定に至ることが相当の確実性をもって予測され，かつ，その判決が日本国において承認される可能性があるときは，判決の矛盾抵触の防止，当事者の公平，裁判の適正，迅速，さらに訴訟経済の観点から，二重起訴の禁止の上記規定の趣旨を類推して，後訴を不適法とすべき」であるとした。本判決は，近時の裁判例の傾向である特段の事情論による処理ではなく承認予測説により，「同一訴訟物」を規制することを述べているが，何を以て同一訴訟物とするかについては言及していない。おそらくは，国内訴訟法を前提にしていると考えられる。

【ケース18】東京高判平成17年9月14日 LEX 28131221（ケース17の控訴

---

(112) 髙部・前掲注(111)法曹時報264頁では，本件訴訟は著作権の帰属や警告書の送付による不法行為を問題とし，他方で，タイ訴訟が著作権侵害を問題としているので，両訴訟の請求の内容は一致しないと述べる。なお，本件でのタイ訴訟との関係については，小林・前掲注(111) 14頁，早川・前掲注(111) 100頁，松岡・前掲注(111) 327頁，横溝・前掲注(111) 213頁も参照。

審。控訴認容，取消し差戻し）

　控訴審は，民訴法142条に外国裁判所は含まれないとした上で，中国における判決が確定しておらず，直ちに判決が下される状況にはないこと，訴訟当事者がいずれも日本に在住し，日本に在留資格を有することから，日本で裁判を受ける権利を奪うことは出来ないとした[113]。事案を総合的に考慮して，内国後訴を維持するとしている。

　【ケース19】東京地(中)判平成19年3月20日判時1974号156頁[114]（原被告逆転型。特段の事情，内国後訴を維持）

　日本の銀行が，A社に不動産投資資金を融資し，A社はアメリカ法人B社に出資した。B社はC社の100％出資の子会社であった。A，B，C社の代表者は日本人Dである。その後，投資対象であった不動産が売却され，当該銀行のB社口座に振り込まれ，さらに同行のC社口座に振り込まれた。C社は，A社の負担する担保に，自社の預金口座を差し入れた。その後，銀行は，担保に供されたC社の預金口座につき担保権の実行をしたところ，この担保権の実行は違法であるなどとして，アメリカでB社によって不当利得や損害賠償を求められた。これに対して，銀行が債務不存在確認訴訟を提起した。

　裁判所は，民事訴訟法142条には外国の裁判所は含まれないとした上で，特段の事情論により管轄を肯定した。まず，預金口座のある東京において預金担保権が実行されたことから，不法行為地が日本にあることを認定している。その上で，日本で訴訟を行うことを否定する特段の事情があるかどうかを検討している。裁判所は，被告会社がアメリカでの営業活動の実体がなく，被告会社の代表者が日本に住所を有すること，預金担保の実行が日本でなされ，関係証拠が日本にあること，準拠法が日本法であること，そして，外国での訴訟が，①本案審理に入っておらず，②確定するか不確実であり，③原告はアメリカ訴訟に対抗して本件訴訟を提起したのではないこと，などから，日本の国際裁判管轄を否定する特段の事情はないとした。

---

(113)　その後，上告受理の申立がなされたが，最決平成18年7月7日 LEX 28131222 は，不受理決定を下した。

(114)　森下哲朗「判批」ジュリスト1353号144頁（2008年），山田恒久「判批」判例評論591号26頁（2008年）。

【ケース20】東京地判平成 20 年 6 月 30 日判時 2014 号 96 頁

【ケース19】の事案で、A社の破産管財人が、銀行に対して、銀行が質権実行によって回収した金銭について否認権を行使した。すなわち、管財人は、A社とC社は別法人ではあるものの、法人格が濫用されたのであり、C社による預金口座に対する質権設定行為は旧破産法72条1号の故意否認の対象になるとして、銀行が質権の実行により回収した金銭の支払いを求めた。これに対して銀行は、A社とC社が実質的に同一であるとの管財人の主張によるならば、本件訴訟と上記ケースとは、実質的に本件の定期預金債権に係る金銭請求であることから二重起訴に該当し不適法になると主張した。

これに対して裁判所は、「被告が主張するイリノイ訴訟においては、［B社が］自ら被告に対して有する請求権の存在を主張するものであり、本件における原告の請求とは、主体も訴訟物も異にするものと認められるから、両者を同一の事件ということはできない」として、二重起訴にあたらないとした。

Ⅳ　検討——同一性を判断する法はいずれの国か——

これまで見てきたように、訴訟物の同一性を判断する法をどのようにして決めるのかについては様々な見解が主張されてきた。それぞれの見解について検討したい。

まず、日本およびドイツで有力に主張されている、後訴の法廷地法を適用する見解は(115)、文字通り解すれば後訴の法廷地法によってのみ、前訴の訴訟物が後訴の訴訟物をカバーするか否かを判断することになる。しかし、なぜそのようになるのか、日本およびドイツの学説は、その理由を必ずしも明らかにしてこなかったように思われる。学説の大勢は、当然の前提として、"手続は法廷地法による"の原則に服することを考えていたようにも見受けられる。しか

---

(115)　日本では、安達教授（前掲注82）、澤木教授（前掲注83）、山本和彦教授（前掲注85）。また、明言していないが、海老沢教授（前掲注86）、矢吹教授（前掲注87）、古田教授（前掲注88）もこの立場と考えられる。ドイツではブリュッセル条約につき、ハープシャイド（前掲注19）。ドイツ固有法について、シュッツェ（前掲注61）、シューマン（前掲注62）、ロート（前掲注63）、リンケ（前掲注64）、シャック（前掲注65）など。2000年2月8日フランクフルト上級地裁判決（前掲注77）。

し，法廷地は，前訴と後訴の双方があるのに，なぜ後訴の法廷地法だけが適用されるのか，説明が必要であろう。他方，この点について，内国後訴の許容性に関わる問題であることを根拠に挙げている有力説がある[116]。たしかに，一般的には国際的訴訟競合は内国後訴の適法性に関する問題である——ただし，proper forum theory によった場合には，外国後訴の提起によって内国前訴が不適法になる可能性は残るように思われる——。しかし，そうであるからといって，この問題のすべてが内国法に服するとは言い切れない。国際訴訟競合の規律の問題と訴訟物の同一性の問題は同一平面にあるのではなく，後者は前者の前提にすぎない。むしろ，国際的訴訟競合について検討すべき各問題について，内国訴訟法によって判断されるべきか否かを，当該制度の趣旨を考慮して検討すべきではないだろうか。

　双方の法廷地法の適用を説く見解は，その内容において必ずしも一致をみているわけではない。一つの立場は，前訴の訴訟物については前訴の法廷地法によって，また後訴の訴訟物については後訴の法廷地法によって決定し，その上で両者の比較を行うというものである[117]。もう一つの見解が，二重性質決定説あるいは二重適用説（Doppelanwendung）の立場である[118]。つまり，後訴が前訴の訴訟物に包含されるか否かは，前訴の法廷地法と後訴の法廷地法の双方の訴訟法によってチェックされるという。したがって，前訴の訴訟法によっても後訴の訴訟法によっても訴訟物の同一性が肯定されない限り，二重訴訟は可能ということになる。この立場を採った場合，二国間条約が適用される場面では，どの国で訴えを起こしても結論が同じになることから，締約国間における統一的解釈という観点からはメリットがある。他方で，他の見解と比べると訴訟競合として扱われる範囲が狭くなるため，矛盾判決発生の点からは問題があることが指摘される。しかし，現在の日本の条約締結状況からすれば，このようなメリット・デメリットは大きな意味を有するものではないため，解釈論

---

(116)　安達・前掲注(82)，斉藤ほか編・前掲注(85)〔山本〕。

(117)　日本では，上村教授（前掲注80）。ドイツではブリュッセル条約につき，ミュラー（前掲注25）。ドイツ国内法につき，シュペレンベルク（前掲注67），ゾンネンベルガー（前掲注68），ラウシャー（前掲注70）。

(118)　日本では，道垣内教授の立場がこれに近いと言えよう（前掲注81）。ドイツでは，ブリュッセル条約につき，シュッツェ（前掲注21），シューマン（前掲注23）。

を左右する問題ではない。筆者は，この立場に近い見解であり，この点は後述する。他方，少数ではあるが，二重性質決定とは逆に，前訴または後訴の法廷地法のいずれかで訴訟物が同一であると認められれば訴訟物の同一性を肯定してよいとする見解がある(119)。この立場は，訴訟物の同一性が広範に認められるため，国際的二重訴訟の発生が抑止されるという点からすると，条約が機能する場面ではメリットがあるといえよう。しかし，わが国の法状況を考えると，内国後訴の当事者の権利追求の可能性を大きく制限することになりかねないため，この見解には賛成することができない。

　思うに，外国判決が内国に拡張される外国判決承認制度を前提とする限り(120)，まず考えなければならないのは，最初に訴えが提起された外国訴訟法が(121)，訴訟係属による遮断効の範囲を決めるということである(122)。という

---

(119) わが国では，この立場を主張する見解はないように思われる。ドイツではブリュッセル条約につき，マンフレード・ヴォルフ（前掲注26）。ドイツ＝スペイン条約21条につき，カール（前掲注44）。

(120) 外国判決の効力については，効力拡張説が日本での通説である。最判平成9年7月11日民集51巻6号2573頁もこの立場と考えられる。石川＝小島編・前掲注(79) 134頁〔坂本恵三〕，兼子一ほか『条解民事訴訟法』641頁〔竹下守夫〕（弘文堂，1986年），鈴木正裕＝青山善充編『注釈民事訴訟法(4)』362頁〔高田裕成〕（有斐閣，1997年），高桑昭「外国判決の承認及び執行」鈴木忠一＝三ケ月章監修『新・実務民事訴訟講座(7)』128頁（日本評論社，1982年），中野貞一郎『民事執行法〔増補新訂5版〕』184頁（青林書院，2006年），本間ほか・前掲注(4) 176頁〔中野俊一郎〕。なお，上村明広「外国裁判承認理論に関する一覚書」法曹時報44巻5号847頁（1992年），岡田幸宏「外国判決の効力」伊藤眞＝徳田和幸編『講座・新民事訴訟法(Ⅲ)』37頁（弘文堂，1998年），木棚照一ほか『国際私法概論〔第5版〕』342頁〔渡辺惺之〕（有斐閣，2007年），松本博之「国際民事訴訟における既判力問題」石部雅亮ほか編『法の国際化への道』107頁（信山社，1994年）。

(121) 内外訴訟の訴訟係属の時期がここで問題になる。ドイツではかつて，ヨーロッパ民事訴訟法との関係で，当該各国の法廷地法によって訴訟係属の時期を決定すべきであるとの見解が有力に説かれていた。しかし，この立場は，どこに法廷地を設定するのかによって係属の先後が変わることになり，妥当ではない。筆者別稿で，訴訟係属の時期について国際的な統一性がない状況では被告への送達時とする内国ルールと同じ規律では，訴状提出時で訴訟係属が生ずるとする国と訴訟競合状態になった場合には不公平が生ずると考え，国際的訴訟競合では訴訟係属の時期を変える立場を主張した。この点については，芳賀雅顯「訴訟係属の多義性――国際的訴訟競合における"前訴"の判断基準――」法律論叢69巻3＝4＝5号167頁（1997年），ヘルムート・リュスマン（芳賀雅顯訳）「国際民事訴訟法における訴訟係属の時期」法学研究75巻9号79頁（2002年）を参照。

のも，最初に訴えが提起された国の手続法によって，当事者のその後の紛争解決行動が制約を受け，後訴が遮断されると解するのが，外国判決承認制度との整合性が保たれると考えられるからである。すなわち，外国判決の承認により当該外国判決の効力がわが国で認められる場合，効力を内国法の立場から付与すると考えるのか，それとも判決国法の効力が内国に拡張されるのか議論があるが，既判力については効力拡張説が支配的見解であり，この立場は，当事者は判決国において訴訟活動を行ってきた以上は，その地で生ずる訴訟法上の効力に拘束されるべきであり，当該判決が外国で承認される場合には判決国法上認められた効力が承認国に拡張されることを出発点とする。そうすると，とくに承認予測説に立った場合には，外国訴訟係属の効果は将来下されるであろう外国判決のいわば生成中の既判力の承認に他ならないため，訴訟係属の範囲＝既判力の範囲というテーゼを前提とすると，判決国法（＝前訴の法廷地法）の訴訟係属の範囲が決定的要素となる。他方，承認予測説を採らずに，訴えの利益説や適切な法廷地説，あるいは特段の事情論による処理枠組みを採用したとしても，同一性の判断基準として前訴の法廷地法を無視する合理的理由はないように思われる。たしかに国際的訴訟競合の問題では，英米型の規制方法によった場合にはドイツ法と比べて訴訟物の同一性を厳密には要求されない[123]。だが，かりにこの立場に立つとしても，同一性を判断するに際し前訴の法廷地法を考慮することは当事者の予測可能性の点から正当化されよう。つまり，前訴の法廷地法による訴訟物が遮断する範囲に後訴の法廷地が影響を受けることは，当事者にとっても予測可能であるし，基準として明確であるため，その後の当事者の紛争解決行動の指針として判断しやすい。この立場からは，前述の【ケース12】が紛争解決条項の対象とする範囲を当該紛争解決条項の準拠法によって画するという基本姿勢を示しているのは，当事者の予測可能性の点から評価に値する。他方で，訴訟物の同一性の判断を後訴の法廷地法によらせた場

---

(122) 石川明＝石渡編・前掲注（5）180頁〔酒井〕，石川＝小島編・前掲注(79) 186頁〔森〕。Vgl. *Münchener Kommentar/Gottwald*, a.a.O. (Fn. 16), Art. 21 EuGVÜ Rdnr. 4. *Leipold*, a.a.O. (Fn. 9), S. 247; *M. Wolf*, a.a.O. (Fn. 9), S. 570; *Zeuner*, a.a.O. (Fn. 9), S. 1006. また，前掲注(71)のシュッツェの見解も参照。

(123) 石黒一憲『国際私法〔新版〕』250頁（有斐閣，1990年），石黒一憲『国際民事紛争処理の深層』110頁（日本評論社，1992年）。なお，道垣内・前掲注(13) 110頁。

合には，前訴の法廷地法は意味をなさないことになるため当事者の予測可能性の点から問題がある。また，この見解によると，前訴と後訴の同一性が後訴の法廷地法の判断次第ということになるため，フォーラム・ショッピングを招くことになりかねないことになる。つまり，私見は外国訴訟の訴訟物は当該外国法によって定まり，また内国訴訟の訴訟物は内国訴訟法によって定まるとした上で，外国訴訟法による訴訟物が内国訴訟の訴訟物を包含する場合には，同一訴訟物とするものである(124)。

　このように，訴訟物の範囲は，まずは前訴の法廷地である外国訴訟法によって決すべきであると考えるが，後訴の法廷地法の介入を考える必要がないか，つぎに検討する。たとえば，クラス・アクションの場合にように，前訴の法廷地法による遮断効の範囲が広く及ぶ場合には，後訴の法廷地法による制限を考慮する必要がある(125)。これは，内国で訴える権利が広範な遮断効を認める前訴の法廷地法によって阻害されることを防ぐ趣旨から，内国後訴提起の機会を確保させるものである。外国判決の承認については，判決国法の効力拡張を基本としながらも，承認国法による制限を認めるのが有力である(126)。これと同じことは訴訟係属の範囲についても妥当しよう。いわば，内国訴訟法が留保条款的に機能するものであり，結果的には二重適用説と同じになる。たしかに外国判決承認制度に照らした場合，判決国の効力が内国に拡張される点からすると，内国で判決国法以上の効力を内国で生じさせることはできないが，そうであるからといって，判決国法上の効力を承認国の立場から制限を加えることは否定されないであろう。すでに通説・判例は，判決の一部承認という形で，判決国の効力拡張を内国法の立場から制限することを認めているからである(127)。

---

(124)　Vgl. *Dohm*, a.a.O. (Fn. 9), S. 281.
(125)　道垣内・前掲注(81) 82 頁以下。
(126)　参照，秋山幹男ほか『コンメンタール民事訴訟法(2)〔第 2 版〕』510 頁（日本評論社，2006 年），石黒一憲『現代国際私法（上）』424 頁（東京大学出版会，1986 年），高桑昭「外国裁判の承認」高桑昭＝道垣内正人編『新裁判実務大系(3)』311 頁（青林書院，2002 年），高田裕成「財産関係事件に関する外国判決の承認」沢木敬郎＝青山善充編『国際民事訴訟法の理論』369 頁（有斐閣，1987 年），中野・前掲注(120) 198 頁。ドイツについては，vgl. *Geimer*, a.a.O. (Fn. 9), Rdnr. 2780; *Nagel/Gottwald*, a.a.O. (Fn. 58), §11 Rdnr. 113 f.; *Schack*, a.a.O. (Fn. 9), Rdnr. 796; *Schütze*, a.a.O. (Fn. 2), Rdnr. 319; *Stein/Jonas/Roth*, a.a.O. (Fn. 8), §328 Rdnr. 7 ff.

第1部　民事手続法

　この問題は，当事者の予測可能性を重視するのか（前訴の法廷地法），それとも後訴の当事者行動の規制を重視するのか（後訴の法廷地法），または両者の調和を模索するのか（双方の法廷地法），という価値判断をも含んでいるといえる。筆者は前述のように，外国判決承認制度との調和，当事者の予測可能性，フォーラム・ショッピングの回避を重視し，前訴の法廷地法による遮断効の範囲を基本的に重視する立場を支持する。

Ⅴ　今後の課題

　残された課題としては，法律関係の性質決定との関係[128]，適応問題との関係[129]，訴訟物と既判力の範囲の関係，訴訟物と準拠法の関係，ヨーロッパ民事訴訟法において発展した核心理論の検討などを挙げることができる。詳細は別稿に譲りたいが，2点について簡単に言及しておきたい。

(1)　訴訟物と準拠法の関係

　渉外訴訟における訴訟物が準拠実体法によって分断されるのかについては，わが国でも比較的古くから論じられており，準拠法の相違は訴訟物の相違をもたらさないとする見解が支配的である[130]。他方，ドイツでは相違をもたらすとの立場も有力に説かれている。検討は別の機会に譲るとして，ここではドイツでの見解の対立について議論を簡単に紹介しておきたい。

---

(127)　たとえば，懲罰的損害賠償を命ずるアメリカ合衆国裁判所が下した判決の承認に関する，最判平成9年7月11日民集51巻6号2573頁は，填補賠償部分のみ承認可能としている。わが国における議論状況については，さしあたり芳賀雅顯「懲罰的損害賠償を命ずる外国判決の承認」法律論叢80巻2＝3号313頁（2008年）。
(128)　最近の労作として，国友明彦『国際私法上の当事者利益による性質決定』（有斐閣，2002年），不破茂『不法行為準拠法と実質法の役割』（成文堂，2009年）がある。
(129)　たとえば，三浦正人『国際私法における適応問題の研究』（有斐閣，1964年）。
(130)　石川＝小島編・前掲注(79) 186頁〔森〕，石黒一憲「国際民事訴訟法上の諸問題」ジュリスト681号204頁（1979年），上村・前掲注(80) 23頁，道垣内・前掲注(3) 149頁，本間ほか・前掲注(4) 106頁〔酒井〕。
　東京高判平成8年1月23日東京高裁判決時報47巻1～12号1頁は，ドイツ法に基づく請求権で敗訴した原告が，日本で日本法に基づく請求権を主張することは，訴訟上の信義則に反して許されないとした。

4 国際訴訟競合における"事件の同一性"を判断する法（芳賀雅顯）

　ガイマーは，準拠法の相違による分断を否定し，訴訟物は抵触法上の分類によって限界付けられることはないとしている(131)。その見解によると，フランスで契約の基づく訴えが提起され，この契約がフランス法に服すると主張されたときには，同一の契約に基づく訴えがドイツで提起され，契約準拠法がドイツ法であると主張されたときにも，フランスの訴訟係属は顧慮されなければならないと述べる。マルティニーも同様に，次のように述べる(132)。すなわち，外国判決は特定の法秩序をもとにして法的効果を宣言するのであるから，――明文の規定はないが――，訴訟物が法適用の影響を受けるか否かという問題が生ずる。訴訟物に関するドイツの見解によれば，訴訟物は，ある生活事実関係から生じた法的効果について裁判官が宣言するものと特徴づけられる。たしかに，訴訟物について一肢説，二肢説があるが，これらの見解は主張された請求権を訴訟法的に理解し，実体法上の請求権からは区別されているので，未解決のままでよい。また，請求権が根拠とする個々の立法規定は訴訟物を構成しない。したがって，訴訟物は，どの法秩序が適用されるのかによって定まるものではない。それゆえ，イタリア人夫婦がロンドンでイングランド法によって離婚し，他方で再びドイツにおいてイタリア法が適用されるであろう離婚の申立をした場合には，訴訟物は同一である。そして，その理由は，同一の権利関係の解消を求める同一の申立を行っているからである，と。

　これに対してハウスマンは，準拠実体法により訴訟物が異なることを認め，次のような例を挙げて説明する(133)。ドイツの裁判所にイタリア人が離婚を求める訴えを提起し，イタリア法が準拠法となったところ，すでに夫婦のドミサイルがあったイングランド法で判断されたイングランドの離婚判決がドイツの法務局（Landesjustizverwaltung）で承認されていた。この場合，ドイツの手続は妨げられるか。この説例について，ハウスマンは，訴訟物の同一性を欠くため妨げられないとする。その理由として，第1に，イタリア法により離婚原因

---

(131) *Geimer*, a.a.O. (Fn. 9), Rdnrn. 2693 und 2644.
(132) *Martiny*, Handbuch des internationalen Zivilverfahrensrechts, Bd. 3/1, 1984, Kap. 1, Rdnr. 386 f.
(133) *Hausmann*, Die kollisionsrechtlichen Schranken der Gestaltungskraft von Scheidungsurteilen, 1980, S. 183 f. オーストリア法について同趣旨を説くのは，*Hoyer*, Die Anerkennung ausländischer Eheentscheidungen in Österreich, 1972, S. 78.

の存在が確定したとしても，ドイツの裁判官がイングランド法によって離婚原因を確定することとは矛盾しないこと，第2に，別の実質法上の根拠に基づき裁判がなされる以上は，承認された判決の蒸し返しではない，と述べる。

この問題については，現時点ではドイツの有力説の紹介にとどめ，検討は別稿に譲りたい。

(2) 核心理論について

つぎに，ヨーロッパ裁判所が採用した核心理論について，触れておきたい。

核心理論は，もともとブリュッセル条約についてヨーロッパ裁判所が採用したものである。もし，条約が規定する"同一請求"の解釈を抵触法的解決に委ね，事件が係属する関係各国の——前訴の法，後訴の法，あるいは双方の法——訴訟物概念により判断するとしたらどうなっていたであろうか。訴訟物の判断が各国法に委ねられるということは，同じ内容の紛争であっても，A国とB国で係属する事案は同一訴訟物と評価されるが，C国とD国に係属する事案は同一ではないと評価される事態が生じうる。このような事態は，条約（ないし規則）の統一的解釈という観点からは好ましくない[134]。その意味では核心理論という解釈は，国際的訴訟競合の規制手段を多国間スキームで行う以上は，いわば必然的に出てきたものといっても良いであろう。そして，その具体的内容をヨーロッパ裁判所という，各国裁判所を超えた最終的判断機関が解釈することは，制度的にも好ましいと言えよう[135]。しかも，地域的に近接した領域で妥当する条約ないし規則という特徴からは，訴訟物の範囲を比較的広

---

(134) *Rüßmann*, a.a.O. (Fn.9), S.404 は，関係国の国内法を適用するとなると，時間がかかり，また法の統一的適用の点から問題が生ずるとして，その限りではヨーロッパ裁判所判決による条約独自の概念解釈に理解を示す。

(135) これに関連して，ドイツとイタリア間の判決承認に関する1936年条約を適用したケルン上級地方裁判所1973年判決が，興味深い示唆を与える（OLG Köln, Urt. v.4.4. 1973, VersR 1973, 1065, 1066）。この事案は，ドイツ企業がイタリアの代理店を相手にイタリアで，代理店契約解消に伴う清算金の確認訴訟を提起した後で，イタリア企業がドイツで清算金支払請求訴訟を提起したところ，裁判所は，これらの訴訟は訴訟物の同一性を欠くとして訴訟係属の抗弁を認めなかった。その際，裁判所は，条約11条はその時の各国の法状態に連結されるだけであり，各国法から乖離し独立した訴訟係属の概念を創出するものではないので，訴訟物概念の拡張はなされない，とした。つまり，条約独自の訴訟物概念を設けることは出来ないとした。

めに設定することで矛盾判決の発生を可及的に排除し，後訴の当事者には反訴などを使って自己の権利主張を実現していくことが求められたとしても[136]，実際上当事者にそれほど過大な負担とはならないと評価することもできよう。それでもなお，核心理論に対してドイツで批判が根強いことに注意すべきである[137]。それは，方法論——もちろん，方法論そのものに対する異論もあり得るが[138]——そのものよりも，その具体的中身，つまり，伝統的に解されていたドイツの訴訟物論理よりも訴訟物を広く設定することにより，前訴の被告となった者に対する国境を越えた応訴義務が強化されることへの批判が強いと考えられる[139]。したがって，わが国の多国間条約や二国間条約の締結状況を考えた場合，このような解釈を持ち込むことには慎重であるべきであろう[140]。とくに，核心理論についてドイツで有力になされている批判点が，わが国の現状ではより一層顕著に表れてくることも想起すべきであるし，ドイツの議論がブリュッセル条約ないし規則における立場と国内固有法の場合とで解釈を異にしているとの有力説の指摘も参考になろう[141]。

---

(136) *Nagel/Gottowald*, a.a.O.（Fn. 58），§ 5 Rdnr. 203 などは，核心理論からは，関連する手続を先行訴訟の裁判所に集中させる責任（Konzentrationslast）が生じると述べる。国内訴訟につき同趣旨を説くのは，vgl. *Stein/Jonas/Roth*, a.a.O.（Fn. 8），§ 256 Rdnr. 96.
(137) 核心理論をめぐるドイツでの評価については，越山・前掲注(10) 98頁以下を参照。
(138) たとえば，ブリュッセル条約が同一訴訟物の場合（21条）と関連請求（22条）の場合とで規律方法を区別したものの，核心理論によったのではその限界確定が曖昧になるとの批判（*Münchener Kommentar/Gottwald*, a.a.O.(Fn. 16), Art. 21 EuGVÜ Rdnr. 4)や，外国判決の効力はいずれにしても判決国法によらざるを得ないが，核心理論によるならば訴訟係属の範囲と判決効の範囲とが連続性を欠くことになるとの批判（*Gottwald*, a.a.O.(Fn. 24), S. 96）がなされていた。ただし，vgl. *Münchener Kommentar/Gottwald*, a.a.O.(Fn. 11), Art 27 EuGVO Rdnr. 7.
(139) たとえば，ガイマーは，核心理論は当事者の司法保護請求権を著しく（massiv）制限すると評する。*Geimer*, a.a.O.（Fn. 9），Rdnr. 2694 b.
(140) 同旨，安達・前掲注(3) 11頁。
(141) たとえばシュッツェは，核心理論は固有法の局面では適用はないと述べる。*Schütze*, a.a.O.（Fn. 61），§ 261 Rdnr. 9. Vgl. auch *Geimer*, a.a.O.（Fn. 9），Rdnrn. 2693 und 2694 a.

5　懲罰的損害賠償と外国判決の承認

石　川　　明

I　問題の提起　　　　　　　Ⅲ　評　　価
Ⅱ　不法行為による損害賠償の法　Ⅳ　結　　論
　的性質論と外国判決の承認

I　問題の提起

　最判平成9年7月11日民集51巻6号2573頁（裁時1199号3頁，判時1624号94頁，判タ958号93頁）は民訴法118条4号の公序に反することを理由に懲罰的損害賠償を命じるアメリカの裁判所の判決の承認を否定した。この問題はいわゆる司法摩擦問題のひとつである。この種の判決に関し公序違反説がわが国の通説・判例である。

　公序違反説は，塡補賠償制度をとる（ドイツ法を継受している）わが国の損害賠償制度に由来する。しかしながらこの通説・判例に対して異説もないわけではない。この問題については，わが国でも上記判例を契機としてほとんど議論が出尽くした感がないでもないし，その極めて的確且つ要領のよい纏めは芳賀雅顕「懲罰的損害賠償論を命ずる外国判決の承認」法律論叢80巻2・3号合併号（2008年2月——以下，芳賀論文と略す）313頁以下に示されているし，そこに収録された文献は殆ど完璧であるということができよう。同論文からドイツでもかなりの議論がなされたことがわかる。本稿は通説・判例およびその批判説について理論構成上若干の筆者の試論を展開しようとするものである。

　本稿は上記芳賀論文をベースにしているし，詳細な文献の引用をしていないことをお断りしておきたい。しかるがゆえに本稿の作成にあたり，芳賀論文から多くの示唆をうけたがゆえに，芳賀教授に対しては深甚なる謝意を表するものである。

Ⅱ 不法行為による損害賠償の法的性質論と外国判決の承認

(1) 実体的性質

　芳賀論文（315頁以下，特に322頁以下に詳細に学説が紹介されている）が指摘しているように，わが国における不法行為による損害賠償の法的性質について通説・判例は，元来塡補賠償と解している。これに対して，財産的損害は塡補賠償に徹するにしても被害者救済という点からすると，塡補賠償論では不十分であり，慰謝料については制裁的要素を加味して抑止的効果を狙うべきであるとする見解もある。さらにはこのような目的をもった制裁的慰謝料を考えることに対する反論もある。

　しかし私見は以下のとおりである。本来慰謝料は精神的損害に対する賠償であってそれに制裁的ないし抑止的効果をもたせることは便宜的取扱いであって，慰謝料も本来は塡補的損害賠償である。特に慰謝料額を操作することによって，これに制裁的ないし抑止的機能をもたせることは慰謝料のもつ本来的機能を軽視することであって許されない。特に慰謝料を含めて塡補賠償に抑止効果をもたせることは塡補賠償の本来的姿ではなく，その反射的効果にすぎないというのが私見である。

(2) 訴訟上の問題

　(a) 本論文のテーマに関する学説としては，大別して，承認否定説（通説・判例）と承認肯定説とが対立している。

　(ⅰ) 承認否定説は更に大別して，①第一に懲罰的損害賠償を命じる判決は民事判決の性質を有しないので承認の対象にならないとする非民事判決説，②第二に，公序違反説があり，更にこれは二つの見解に分かれる。(イ)第一にこの種外国判決の承認を公序一般との関係で否定する，いわゆる公序違反説であり，――わが国の損害賠償はそもそも塡補賠償である点を強調――(ロ)第二に部分的な公序違反に着目して，相当額を超えた部分のみが公序に反しその相当金額を超えない部分についてのみ承認の対象とする金額公序違反説がある。

　後者である金額的公序違反説は更に公序の範囲内と見られる相当な金額をめぐって見解が分かれる。

(ⅱ) 非承認説に対して少数説として承認説がないわけではないが，これに対しては強い批判があることはいうまでもない。

以上の要約的紹介の詳細について芳賀論文324頁以下を参照されたい。各説の文献も同所に関する注に子細に紹介されているのでここでは重ねて紹介することを避けたい。

(3) 最高裁判例

前記最高裁判決はそれが採用する否定説を以下のように判示している。

まず第一に懲罰的損害賠償の機能ないし目的を以下のように理解している。

「カリフォルニア州民法典が定める懲罰的損害賠償（以下，単に『懲罰的損害賠償』という。）の制度は，悪性の強い行為をした加害者に対し，実際に生じた損害の賠償に加えて，さらに賠償金の支払いを命ずることにより，加害者に制裁を加え，かつ，将来における同様の行為を抑止しようとするものであることが明らかであって，その目的からすると，むしろわが国における罰金等の刑罰とほぼ同様の意義を有するものということができる」。

つぎに第二に，懲罰的賠償制がわが国の塡補賠償制と相容れない点について以下のように判示している。

「わが国においては，加害者に対して制裁を課し，将来の同様の行為を抑止することは，刑事上又は行政上の制裁に委ねられているのである。そうしてみると，不法行為の当事者間において，被害者が加害者から，実際に生じた損害の賠償に加えて，制裁及び一般予防を目的とする賠償金の支払を受け得るとすることは，右に見た我が国における不法行為に基づく損害賠償制度の基本原則ないし基本理念と相いれないものである。」

加え以下のように否定説を説いている。

「本件外国判決のうち，塡補的損害賠償及び訴訟費用に加えて，見せしめと制裁のために被上告会社に対し懲罰的損害賠償としての金員の支払を命じた部分は，我が国の公序に反するから，その効力を有しない」と判断したのである。

Ⅲ 評　　価

(1) 芳賀論文の要旨

(a) 芳賀論文332頁～333頁は以下のように述べて，まず非民事判決説及び一般的公序違反説を否定する（芳賀論文には詳細な注が注番号65～73までつけられている。同論文の注を参照して頂きたい）。

(b) まず，第一にわが国では懲罰的損害賠償制度を認めていないという支配的見解について次のような記述をしている。

「懲罰的損害賠償という制度は，日本での損害賠償制度と合致するものなのであろうか。通説・判例によると，日本の不法行為法の立場は被害者に生じた損害を塡補することにあるとしている。それでは，懲罰的損害賠償制度に類似する制度は，日本には全く存在しないのであろうか。すでに述べたように，わが国では労働基準法114条による付加金の制度があり，また船員法116条も同様の制度を有している。また，民事執行法172条（間接強制）は，現実に生じた損害を超えた間接強制金を認めている。

この点について竹下教授は，労働基準法114条および船員法116条が懲罰的損害賠償に類似する制度を有し，また一部の下級審裁判例が懲罰的損害賠償制度を認めたとしても，日本の損害賠償制度の基本が塡補賠償であることを覆すものではないと述べ，また最高裁判決の調査官解説も同様の態度にある」とされている。

(c) 第二に，芳賀論文には以下の記述が続く（332頁～333頁）。

「だが，こんにち，わが国の少なからぬ民法学者が，不法行為制度に制裁的要素を見出していることは先に示した通りである。ことに，現在の日本民法における損害賠償の議論が転換期を迎えていると評価することもできる現在の状態においては，一層，不法行為の機能論（法的性質論）から，この問題の結論を直結して導き出すことはできないというべきである。かりに，日本の損害賠償制度が制裁を目的とするものではないという通説・判例を前提にしても，懲罰的損害賠償を命ずる外国判決を承認することが日本の基本的公序を乱すとは一般的に評価することはできず，むしろ後述のように個別的判断に委ねられているというべきである。また，懲罰的損

害賠償を求める訴えであっても，一般市民が提起する民事事件に関する訴訟での損害賠償判決であることから，懲罰的損害賠償を命ずる判決を刑事事件との性質決定を行うことは，できないというべきであろう。さらに，外国判決承認要件としての公序の判断は，本来は個別事案ごとに行う筈である。したがって，懲罰的損害賠償を命ずる判決であることを理由に，一律的に拒絶する立場（東京高裁および最高裁の立場はこれに属する），すなわち，非民事判決説，および一般的公序違反説を支持することはできない。」

　(d)　第三に更に続けて反公序性の判断について以下の論旨を展開する（333頁～335頁。些か長きにわたるが正確を期するためにあえてそのまま引用させていただく)。

　「承認要件としての公序に反するか否かの判断は，個別事案によるのが原則であるが，その際には①事案の内国牽連性と②結果の反公序性が問題になる。懲罰的損害賠償を命ずる外国判決の承認が問題になった場合においても，この立場を堅持すべきである。したがって，たとえば，アメリカ企業間，あるいは外国企業間の紛争について懲罰的損害賠償判決が下された場合に，被告企業等の財産がたまたま日本にあることから日本の財産に対して強制執行を行うために，日本の裁判所に当該判決の承認を求めたとしても，この外国判決は事案の内国牽連性が希薄であるといえ，承認が公序に反するとはいえない。

　前述のように，外国判決が内国牽連性を有する場合に，懲罰的損害賠償を命ずる判決の承認が何故に問題になるのかという点は，懲罰的損害賠償の法的性質によるものではないと考える。すなわち，実損害額を過度に超えた賠償を命ずる点，つまり賠償金額の極端な高さにある。だが，なぜ賠償額が高額であることによって不承認となるのであろうか。主権国家が併存する現代社会においては，当然，それぞれの国の法の内容は不均一である。外国判決を承認する以上は，そのような法の不均一を前提として，極めて例外的な場合を除いて外国の法制度を問題にすることはできない。そうであるとするならば，懲罰的損害賠償を命ずる外国の法制度は，いわば単なる法制度の相違として承認国が甘受しなければならない範囲内にあるとする考えが生ずる。しかし，萬世工業事件のように，塡補賠償額の三倍

に近い一〇〇万ドルを超える懲罰的損害賠償を命じるような場合においては，現在の日本の不法行為法によって認められている損害賠償と大きく乖離することになり，このような異常ともいいうる賠償額の相違はわが国の公序に反することになると解する（だが，内国牽連性が希薄であれば承認可能である）。では，どの程度で認め，どのような方法でその額を算定すべきであろうか。賠償金額を承認国側から評価することは実質的再審査の禁止との関係で，微妙な問題が生じうる。萬世工業事件で東京地裁判決は，判決国の事実認定にまで踏み込んだ上で不承認の判断をした。しかし，学説はこの判決に対して，実質的再審査の禁止を定めた民事執行法二四条二項に反しているとして，一致して批判する。そこで，承認可能な賠償額を導き出すために，類型論的な手法を考察する見解が考えられる。この見解によると，懲罰的損害賠償を認めた法域の懲罰的損害賠償の機能と，日本法上認められている賠償との類型的な機能比較を行い，弁護士報酬を含む訴訟費用の限度しか懲罰的損害賠償を認めない州の場合や精神的損害を慰謝する Exemplary Damages しか認めない州の場合は原則として承認するが，『私的法務長官』としての機能を含めて多くの機能が制度として予定されているタイプについては，日本法の観点から許容できる範囲でのみ部分的に承認することになる。この類型的な考察を採った場合，日本法で認められる塡補賠償額より多くの額が承認される可能性があるが，これは各国間における法制度の相違の範囲内として，許されることになる。実質的再審査禁止の原則とも調和が取れており，外国懲罰賠償判決について内国牽連性が認められる場合の承認基準として，妥当な立場であると考える。」

(2) 評　価（その一）

　私は上記論文中第一点，第二点については以下のように考えている。
　第一点は第二点の前提として展開された議論である。そこで，ここではとりあえず第二点について考察してみよう。①芳賀論文は，日本の損害賠償制度が制裁を目的とするものではないとする通説・判例を前提にしても懲罰的損害賠償責任を命じる外国判決がわが国の公序に反するとする一般的評価は成立しないとされる。結論的にこの見解は評価できる。通説・判例の見解は塡補賠償制

を前提とする限り正当なものなのであるが、私見によれば塡補的損害賠償が現行法の立場であるとはいっても、それはあくまでも現行法の制度の範囲内の問題であって、抑止的機能の必要性を考えることは現行法の範囲外の条理の領域で考えられないものではなく、損害賠償に条理上抑止的機能をもたせる現代法上の必要性から見てはじめて、同機能が認められるものである。しかもそれを認めることは民事法の範囲内の問題であって、これを命じる判決をもって刑事法的判決であるとか行政事件的判決であるということはできない。公序の刑事法的抑止的機能とか行政法的抑止機能は当然考えられてしかるべきであるが、合わせて民事法的側面からの規制は前二者と相まって効果的実効性をもつことになる。かように解すると、懲罰的損害賠償を命じる外国判決をもって一律に非民事判決とか民事法上の一般的公序に反するということはできない。この点で芳賀説が塡補賠償機能のみならず抑止的機能という観点からみてその論理過程は別にしても結論的には正当というべきであろうし、高く評価されてよいと思われる。

(3) 評　価（その二）

芳賀論文334頁は懲罰的損害賠償額が極端に高い萬世工業事件における外国判決はわが国の公序に反する旨説かれている。

この指摘は正当なものと思われる。懲罰的損害賠償の外国判決はその額からみて、日本法の塡補賠償制度が甘受しなければならない範囲内にあるとは到底いえない。

しかしながら、次のように考えることはできないのであろうか。日本法の損害賠償制度の立法趣旨は塡補賠償制であるが、例えば損害が人的に広い範囲に深刻な損害を与える公害事件のようなケース（現代型不法行為事件全般に拡大してもよいかもしれない。—以下同じ）では、損害賠償に単に塡補的機能をもたせるにとどまっていたのでは、抑止の効果は出てこない。ドイツ法継受の頃の日本法の立法者は上記の種類の不法行為について、損害が塡補されれば足り、例えば公害のような場合については、凡そ抑止的機能をもたせることはその念頭になかった。したがって、立法者からみると、抑止機能は全くの想定外のものであった。しかしながら社会の進展に伴って公害のような新しい型の不法行為

が生まれるようになると、塡補賠償機能のみをもってしてはこれに適切に対応でなくなる。そこでこれに対して、刑罰による対応や行政による対応が必要になることは当然であるが、それらに限らず、民事法上も損害賠償に民法の立法者が予想もしなかったことではあるものの抑止的機能をもたせる必要性が出てくるのではないか。しかしこの種の機能は現行法に含まれていない。いわば現行法の盲点である。しかるがゆえにこの種の機能をもたせるための解釈的構成が必要とされる。

確かに現行民法中に損害賠償に抑止的機能をもたせてはいけないとする明文の規定はないが、損害賠償が塡補賠償であるとする立法趣旨は否定しがたい。勿論塡補賠償も不法行為について若干なりとも抑止的効果を反射的にもつことは否定できない。しかしそれはあくまでも反射的効果で塡補賠償の本来的効果として予定されたのではない。したがって、現行法の解釈論として抑止的機能を現行法の損害賠償の趣旨を拡大して本来的効果と考えることは立法者意思に反する。そこで私見は法の欠缺、すなわち規定の空白を条理を適用して埋めるというものである。現行法の穴を条理的解釈により埋める判例の展開が必要になる。損害賠償に条理上抑止的効果をもたせて、塡補賠償の枠を外して賠償塡補額以上に拡大するとしても解釈論として不条理とはいえない。そのように考えると、つぎに、条理上損害額の何倍の額が適正な額といえるかという問題が生じる。

更にまた抑止機能を解釈論として認める以上賠償額を損害額塡補のみに限定するのは不十分で、少なくとも1倍以上の懲罰的額が必要とされる。抑止機能を持たせるには少なくとも実損の1.5倍ないし2倍が必要であろう。その範囲内で額をどう定めるかは各事件の状況により類型化すべきである。3倍の額が適切なものと即断し承認することはできないまでも、上記の範囲内で事件類型にしたがって、懲罰額を決めていくのが妥当であるように思われる。3倍の懲罰的損害賠償外国判決の承認が問題になった場合、少なくとも一切不承認とするのではなく、その範囲内で承認するという必要があるのではないかと考える。たしかにこのような考え方は形式的には実質的再審査の禁止を定めた民執法24条2項に違反するのではないかとの疑問を生ぜしめる。

非承認説により懲罰的部分の全額について不承認とするのは原告にとり苛酷

であって，外国判決が懲罰的損害賠償を判示したからといって，当該部分を全面的に承認しないというのは形式的に過ぎる。塡補賠償制をとるわが国でもその範囲では外国判決を承認しても原告の法的救済としては合理的な扱いといえる。懲罰的損害賠償を認めている外国判決から塡補賠償額を判断することはそれほど困難なことではないように思われる。したがって，外国判決の実質的再審査の禁止に違反するとまではいえないと思われる。外国判決中で実損は判断されているものと思われるからである。

外国判決の承認の場合，3倍の額までは承認しないまでも損害補塡額までは当該外国判決の執行力を認めるべきであるとする考え方が存在するのはむしろ当然であろう。私見のように3倍まで認めないにしても一定範囲の予防的懲罰的賠償を認めるとすれば上記の考え方による懲罰的部分の一部承認取扱いも認めえられてしかるべきで，その範囲内ではわが国の裁判所が外国判決の承認にあたり実質的判断はしないという建前を崩してもわが国の裁判所に過重な負担を負わせることにならないから認めてもよいし，あるいは建前を崩していないのではないかと思われる。

芳賀論文の前掲部分すなわち「たとえば，アメリカ企業間，あるいは外国企業間の紛争について懲罰的損害賠償判決が下された場合に，被告企業等の財産がたまたま日本にあることから日本にある財産に対して強制執行を行うために，日本の裁判所に当該判決の承認を求めたとしても，この外国判決は事案の内国牽連性が希薄であるといえ，承認が公序に反するとはいえない」とされている部分は既述のとおり高く評価されてしかるべきであると思うが，その当否が問われる。たしかに司法の国際性の尊重とか日本国民を護ればよいという観点からすればこの見解は正当であるといえなくもない。しかし，上記最高裁判決のケースにおいて，対象判決のわが国における全額執行を認めるということが公序に反するとすることには説得力がある。わが国の公序に反する判決の執行を認めること，すなわち，わが国の公序を乱すことになるという観点からみれば問題がないわけではないと思われる。しかるがゆえに内国牽連性が薄いとはいえ結果的に日本国内において日本国の公序を紊すわけにはいかないと解すべきではないかと思われるのである。

つぎに引用の後半では懲罰的損害賠償額との関係における公序性の問題が取

り上げられている。そこでは次のように述べられている。①「なぜ賠償額が高額であることによって不承認となるのであろうか。…中略…それぞれの国の法の内容は不均一である。外国判決を承認する以上は、そのような法の不均一を前提として、極めて例外的な場合を除いて外国の法制度を問題にすることはできない。そうであるとするならば、懲罰的損害賠償を命ずる外国の法制度は、いわば単なる法制度の相違として承認国が甘受しなければならない範囲内にあるとする考えが生ずる」とされている。この考え方は場合によっては承認要件としての公序を外す危険性を有するのではないかと思われる。この見解の問題点はそれが公序性に著しく反する場合を除けば公序性違反は重要視しない、換言すれば公序性違反の要件は原則から外して、例外的に著しい場合にその例外的部分についてのみ承認を認めないということになり、公序性違反要件の原則と例外を逆転させる結果になってしまうのではないかという点で疑問が生じるのである。もっとも芳賀論文はその末尾で②「類型的な考察を採った場合、日本法で認められる塡補賠償額より多くの額が承認される可能性があるが、これは各国間における法制度の相違の範囲内として許されることになる」とされているので、結果的にいうと、①と②とでは相矛盾しないのかもしれない。

Ⅳ 結 論

そこで私見を要約すると以下のようになる。

1. 日本民法が予定している不法行為の損害賠償は塡補賠償であって、公害等の現代型訴訟における抑止的機能等はそもそも当初全く予定されていない。

しかしながらこれら現代型訴訟にあっては抑止的機能が重視されなければならない。その為には懲罰的損害賠償制の導入に合理性がないわけではなく、それが必要である。ただ現行実定民法の不法行為法にはこの種の懲罰的損害賠償制という考え方が存しない。したがって抑止的機能は民法の全くの予想しなかった現代型訴訟の発生によりこれらに対応する抑止機能は条文上空白である。したがって抑止的機能をもつ現行損害賠償制は法のなかでも懲罰的損害賠償制は条理上認められるべきものであり、塡補賠償のみに止めることが公序というわけにはいかない。このような理由から懲罰的損害賠償性がすべてわが国にお

いて公序に反すると断定することはできない。問題は塡補賠償を基調とするわが国の場合，塡補賠償の何倍までの懲罰的損害賠償を公序の範囲内にあるものと認めるべきかという点が残るに過ぎない。

 2． さらに加えると以下のごとくである。

 私見は第一に承認の対象たる判決の内国牽連性がないがゆえに公序違反を考えることなく承認すべしとする見解はとるべきではないこと，第二に懲罰的損害の塡補部分を超える部分はわが国の塡補賠償額を超えても，特に現代型不法行為訴訟において条理上相当の範囲内で承認すること，第三に損害賠償判決の承認にあたり原則と例外を逆転してはならないこと，第四に上記第二，第三の命題が出てくるのは，懲罰的損害賠償が実定法上の解釈論の範囲内から出てくるのではなく，現行法の塡補賠償制度を原則としながら，賠償に条理上の解釈を加えるもので，その額は抑止的なものであると考えるべきであるように思われる。予防機能を考えた場合抑止的の範囲如何という点についてはなお検討すべき問題を残していることは明らかである。一方では塡補賠償制がとられるなかで抑止的機能を果たすことができる範囲内での賠償額の拡大を考えるのであるから，損害額の1.5倍ないし2倍程度に止めることが合理的であって，3倍は原則的制度である塡補賠償制からみて行き過ぎではないかと思われる。要は懲罰的損害賠償を支払うのでは不法行為をなすことが割に合わない程度にその額を止めるということであろう。

 3． 懲罰的損害賠償額は実損額の何倍が適切かという問題は極めて解釈の困難なものである。この点については別稿に譲り，改めて検討したいと考えている。

 懲罰的損害賠償の額について Stiful-Stürner の提案に関して，渡辺惺之「懲罰的損害賠償を命じた米国判決の執行が公序に反するとされた事例」特許管理 vol. 40 No. 10, 1991年1321頁以下がある。

 今日私が参考として適切な示唆を与えるものとしては，民事執行法167条の5第2項である。同条は間接強制の強制金に関する規定であるが，それを決するについて三つの基準を挙げている。すなわち，①債務不履行により債権者が受けるべき不利益，②債務者の資力，③従前の履行の態様の三つである。これらは過去，現在，未来の債務不履行の違法性を是正するために課せられる強制

金決定の基準であるが，違法性の予防という観点についても適用しうる基準としても用いることができるものではないかと考えられる。過去の違法を是正する強制金も将来の違法を予防する強制金の額も，同種の違法を対象とするものであるから同一と考えてよいと考えられるからである。

なお，民事執行法の間接強制に関して著名な体系書，実務書を別にすれば以下のものがある。

大濱しのぶ『フランスのアストラント』（信山社，2004年），同「間接強制の決定に関する覚書——強制金の額及び期間を中心に——」小島先生古稀祝賀（上）（商事法務，2008年，889頁以下），同「間接強制と他の執行方法の併用の許否」判タ1217号73頁以下，同「扶養義務等に係る金銭債権間接強制に関する事例」民商136巻1号166頁以下，家裁月報60巻4号75, 76頁，及び82頁以下がある。加えて，「アメリカにおける懲罰的損害賠償に関する最近の動向——連邦憲法デュープロセス条項による懲罰的損害賠償額の制限を中心に(1)～(3・完)」NBL782号（2004年）23頁以下，783号7頁以下，784号49頁以下，菅原章文「PL訴訟の日米比較——懲罰的損害賠償制度の動向」NBL835号（2006年）36頁以下がある。

わが国の不法行為法がドイツ法を継受して，塡補賠償制を採用していることは立法の経緯からみて明らかであるが，裁判には法創造機能があることも否定できない。現代型不法行為については裁判に予防的機能を持たせようとすることは，その影響するところが大きく，刑事法的，行政法的な抑止機能と相俟って重要なことであると思われる。私見のように各種解釈によって，ないし判例を通して塡補賠償をこえて予防的機能を不法行為の損害賠償制度にもたせることは，必要最小限にとどめるにしても，極めて重要な法創造機能である。裁判所の法創造機能からみてわが国の裁判所もこの方向に一歩進むことも決して背理ではないものと思われる。

余談であるが，事情が異なるとはいえ最近のヨーロッパ人権裁判所はかなり勇断をもって新しい判例を展開している（例えばゲオルグ・レス著・入稲福智訳「欧州人権裁判所判例の安定性に関する側面」早大比較法研究所刊「比較法学」41巻3号41頁以下参照）。

6 ブリュッセルⅠ規則における間接強制の規律

大濱しのぶ

Ⅰ　はじめに　　　　　Ⅲ　フランスの状況
Ⅱ　ブリュッセルⅠ規則49条の　Ⅳ　結　　び
　　内容

Ⅰ　はじめに

「ブリュッセルⅠ規則」（「ブラッセルⅠ規則」）とは，2002年3月1日に発効した「民事及び商事事件における裁判管轄並びに裁判の承認及び執行に関する2000年12月22日のEU理事会規則44/2001号」[1]の略称である。前身は，1968年9月27日にブリュッセルで署名され，1973年2月1日に発効した「民事及び商事事件における裁判管轄及び裁判の執行に関する条約」で，「ブリュッセル条約」（「ブラッセル条約」）等と呼ばれる[2]。この条約は，当時のEEC（欧州経済共同体。後のEC）の構成国であるフランス・ドイツ・イタリ

---

(1) この名称のうち「裁判」は，仏語ではdécisionsのところ英語ではjudgmentsで，「判決」と訳されることも多い。「EU理事会規則」は，原語ではEC理事会規則である。国際法学会編『国際関係法辞典』（三省堂，2版，2005年）832頁等参照。ブリュッセルⅠ規則をはじめEU関係の条約・法令は，EUR-Lex (http://eur-lex.europa.eu/) の検索システムでみることができる。

　なお，デンマークについては，当初ブリュッセルⅠ規則は適用されなかったが，その後ECとの間で同一内容の条約を締結し，2007年7月1日にこれが発効したので，現在では同規則が妥当する。B. Hess/T. Pfeiffer/P. Schlosser, Study JLS/C4/2005/03, Report on the Application of Regulation Brussels I in the Member States, Final Version September 2007, p.4, note 10 (Hess). この報告書は，本文で後述するように，本稿では「ヘス＝ファイファー＝シュロッサー報告書」という。出版もされている（The Brussels 1 Regulation 44/2001, Application and Enforcement in the EU, Beck/Hart, 2008) が，本稿はhttp://ec.europa.eu/civiljustice/news/docs/study_application_brussels_1_en.pdfに基づいている。

(2) ブリュッセルⅠ条約と呼ばれることもある。中西康「ブリュッセルⅠ条約の規則化とその問題点」国際私法年報3号（2001年）165頁注6参照。

第 1 部　民事手続法

ア・ベルギー・オランダ・ルクセンブルグ（後の 3 カ国はいわゆるベネルクス諸国）の 6 カ国間で EEC 条約 220 条[3]に基づいて締結されたもので，EC・EU の拡大につれて加盟国も増え，改正も重ねられた。1971 年 6 月 3 日の議定書（1975 年 9 月 1 日発効）[4]により，欧州司法裁判所にブリュッセル条約の解釈権限が与えられ，解釈の統一も図られてきた。なお，1988 年 9 月 16 日には，ブリュッセル条約と概ね同じ内容の条約が，EC と EFTA（欧州自由貿易連合）諸国との間に締結されており，「ルガーノ条約」と呼ばれる[5]。

このブリュッセル I 規則には，僅か 1 か条ながら，間接強制に関する規定がある（49 条）。同様の規定は，ブリュッセル条約に当初から存在し，ルガーノ条約にも存在する（いずれも 43 条）。この間接強制の規定については，欧州司法裁判所の判例も未だなく，EU 構成国の裁判所の裁判例も少ないようであり[6]，欧州でも従来はあまり注目されることがなかったようである。とはいえ，若干の問題が指摘されており，近時は改正の提言もある。また，とくに知的財産関係の分野における間接強制の活用が期待されているようであり[7]，今後はこの規定も重要性を増す可能性はあるように思われる。

日本においても，ブリュッセル I 規則やブリュッセル条約については多くの研究が重ねられている[8]が，この間接強制に関する規定については——ブ

（3）　後の EC 条約 293 条に当たる。同条は，リスボン条約の発効により EC 条約が EU の機能に関する条約に移行する際には，廃止される予定である。

（4）　この議定書の邦訳として，岡本善八「わが国際私法事件における EEC 裁判管轄条約（二）」同法 29 巻 5 号（1978 年）555 頁以下，中西康「民事及び商事事件における裁判管轄及び裁判の執行に関するブリュッセル条約（二・完）」民商 122 巻 4 ＝ 5 号（2000 年）738 頁以下。

（5）　以上の記述及びブリュッセル I 規則の沿革につき，U. Magnus/P. Mankowski, Brussels I Regulation, Sellier, 2007, Introduction, para. 16, p. 13 et seq.（Magnus）。ブリュッセル条約からブリュッセル I 規則への移行については中西・前掲注（2）147 頁以下に詳しい。後掲注（8）の文献等も参照。

（6）　Hess/Pfeiffer/Schlosser, *op. cit.*, para. 612, p. 271 (Hess).

（7）　*Ibid.*.

（8）　ブリュッセル I 規則・ブリュッセル条約に関する研究は，個別の問題を扱うものを含めると，枚挙に暇がない。差し当たり，ブリュッセル I 規則又はブリュッセル条約を全般的に扱った研究の一部を挙げておく。
　　ブリュッセル I 規則につき，邦訳として，中西康「民事及び商事事件における裁判管轄及び裁判の執行に関する 2000 年 12 月 22 日の理事会規則（EC）44/2001（ブリュッ

リュッセルⅠ規則，ブリュッセル条約やその公式報告書の邦訳のなかで扱われているにせよ——個別にとりあげた研究は，管見の及ぶ限り，見当たらない。また，国際的な民事紛争の局面における間接強制の研究は，日本では未だ着手されていないといっても過言ではないように思われる。そこで，こうした研究の手掛かりとするために，本稿では間接強制に関するブリュッセルⅠ規則49条をとりあげて，その問題状況について紹介し，若干の考察を加えることにする。また，併せて同条に関するフランスの状況もみておく。フランスをとりあげる理由は，筆者は従来から同国の間接強制（アストラント）を研究対象としていること[9]，本条に関する興味深い裁判例があること等による。

　論述の順序は，以下のようである。まず，ブリュッセルⅠ規則49条の条文をみて，同条に関する諸問題を概観する（Ⅱ(1)）。これらの諸問題のうち，間接強制の裁判をした国の裁判所による間接強制金の額を確定する裁判の要否の問題に関しては，とくに掘り下げてみることにする。この問題は，同条がどの国の制度をモデルにするか，別言すれば，同条の規律の根本に関わるものと考えるためである（Ⅱ(2)）。また，ヘス教授，ファイファー教授（独ハイデルベルク大学）及びシュロッサー教授（独ミュンヘン大学）が各国報告書に基づいて近年公表したブリュッセルⅠ規則の適用に関する報告書（以下，ヘス＝ファイファー＝シュロッサー報告書という）のなかで同条の改正が提言されているので，これを紹介し，考察を加える（Ⅱ(3)）。次に，同条に関するフランスの状況について判例（Ⅲ(1)）及び学説（Ⅲ(2)）を考察する。最後に，考察の要旨（Ⅳ

　　セルⅠ規則）（上）（下）」際商30巻3号311頁以下・4号465頁以下（2002年）。この他，中西・前掲注（2）・147頁以下，関西国際民事訴訟法研究会「民事及び商事事件に関する裁判管轄及び裁判の承認及び執行に関する理事会規則（EC）についての提案（ブラッセル規則についての提案）（1）－（4・完）」際商31巻2号251頁以下－5号708頁以下（2003年）等。

　　ブリュッセル条約につき，邦訳として，中西康「民事及び商事事件における裁判管轄及び裁判の執行に関するブリュッセル条約（一）（二・完）」民商122巻3号426頁以下・4＝5号712頁以下（2000年）等。公式報告書の邦訳については後掲注(22)。

　　ブリュッセルⅠ規則・ブリュッセル条約等に関する判例の総合的研究として，石川明＝石渡哲編『EUの国際民事訴訟法判例』（信山社，2005年）。同書10頁（芳賀雅顯「ヨーロッパ国際民事訴訟法の最近の変遷」）に邦語文献の説明もある。

（9）　拙著『フランスのアストラント』（信山社，2004年）。同書465頁で，ブリュッセル条約43条に触れている。

(1)) と若干の私見を補足する (Ⅳ(2))。なお，本稿で用いる欧文資料は，仏語及び英語のものに限定する。ブリュッセルⅠ規則49条に関する文献にはとくに独語のものが多数ある[10]が，筆者の拙さ故ここでは扱わないことをお許し頂きたい。

Ⅱ　ブリュッセルⅠ規則49条の内容

(1)　条文及び問題の所在

ブリュッセルⅠ規則49条（以下，本条という）について，仏語と英語のテキストを比較すると，間接強制に関する文言にかなり開きがある。仏語はastreinte，英語はperiodic payment by way of a penalty（制裁としての定期的な支払い）である。astreinteの語は，フランスの間接強制を意味するものとして広く知られているが，仏語を公用語の一つとするベルギーやルクセンブルグでも自国の間接強制を意味する語として用いられる。また，間接強制において支払いを命じられる金銭（間接強制金）の意味でも用いられる。こうした点や英語テキストの文言等にも鑑みれば，本条のastreinteの文言は「間接強制金の支払い」と訳すことができ，本条が広くEU構成国に適用されることからすれば，この訳語の方が適切である[11]が，本稿ではフランスの状況をみる際等に便宜であるから「アストラント」の訳語を用いる。

以上のような前提で，仏語テキストに基づいて本条の拙訳を示すと，次のようになる。些か見苦しいが，別訳を〔　〕，英語テキストの訳を【　】で示し，原語の一部を仏語・英語の順で付記する。

ブリュッセルⅠ規則49条　「アストラント〔間接強制金の支払い〕【制裁としての定期的な支払い】（astreinte ; periodic payment by way of a penalty）を命じる外国の裁判は，裁判をした構成国の裁判所によりその額【支払

---

(10) Magnus/Mankowski, op. cit., p.683 (L. Pålsson) に掲げられた文献等。
(11) 本条について，中西教授は次のように訳されている（同・前掲注(8) 際商30巻4号467頁）。「間接強制のための金銭の支払いを命じる外国裁判は，原判決裁判所によりその金額が確定的に定められた場合にのみ，執行を求められた構成国で執行できる」。

額】が確定的に定められていた（définitivement fixé ; finally determined）場合に限り，執行を求められた構成国において執行することができる。」[12]

本条の前身であるブリュッセル条約43条についても，仏語テキスト[13]に基づく拙訳を示しておく。二つの条文は実質的にはかわりがない。唯一の相違点は，前者の「構成国」の文言が，後者では単に「国」となっている点である。

ブリュッセル条約43条 「アストラントを命じる外国の裁判は，裁判をした国の裁判所によりその額が確定的に定められていた場合に限り，執行を求められた国において執行することができる。」[14]

まず，本条の文言から直接明らかにできる基本的な事柄を三点ほど指摘しておこう。

第1に，間接強制は，広い意味では，債務者に対し心理的圧迫を加えて履行を強制する方法で，ドイツのように拘禁を用いる立法もあるが，本条は，日本の場合（民事執行法172条1項）と同様に，専ら金銭の支払いによる間接強制を前提とする。

第2に，仏語テキストでは明らかでないが，英語テキストによれば，本条は間接強制金の法的性質が「制裁」であることを前提とする。因みに，日本の間

---

[12] ブリュッセルⅠ規則49条の仏語・英語テキストを掲げておく。

　［仏語］Les décisions étrangères condamnant à une astreinte ne sont exécutoires dans l'État membre requis que si le montant en a été définitivement fixé par les tribunaux de l'État membre d'origine.

　［英語］A foreign judgment which orders a periodic payment by way of a penalty shall be enforceable in the Member State in which enforcement is sought only if the amount of the payment has been finally determined by the courts of the Member State of origin.

[13] ブリュッセル条約は加盟国の公用語で定められ，仏語テキストは当初から，英語テキストは英国が加入した第1次加入条約から用いられている。ブリュッセル条約68条及び中西・前掲注（8）民商122巻4＝5号738頁参照。

[14] 中西教授の訳（前掲注（8）民商122巻4＝5号724頁）を参考にして，ブリュッセル条約43条の従前の拙訳（拙著・前掲注（9）465頁）を変更した。

接強制金の性質については，従来は法定違約金と解するのが通説で，実質的には損害賠償の一種とする考え方が有力であったように思われる[15]が，現在では制裁と解する説[16]も有力であり，筆者も制裁と解する[17]。

第3に，外国裁判の執行に関して間接強制が問題になる場合としては，大別すれば㋐債権者が，債務の履行を命じる外国裁判の執行の許可を得て，間接強制の発令を求める場合と，㋑間接強制を命じる外国裁判の執行（間接強制金を取り立てるための執行）の許可を求める場合が考えられるが，本条は㋐を規律するものではなく，専ら㋑を対象としてこれに制限を加えるものである。すなわち，間接強制を命じる外国裁判に基づく間接強制金取立ての執行が許されるのは，間接強制の裁判をした国の裁判所により間接強制金の「額が確定的に定められていた場合」に限られる。

次に，本条の解釈に関して，どのような問題があるかにつき，主としてPålsson教授（スウェーデン・ルンド大学）による本条の注釈に依拠してみていく。

まず，本条の「額が確定的に定められていた場合」に関して2つの問題がある。

第1は，間接強制金の支払いを命じる裁判が，既判力（*res judiciata*）を生じている（確定している）ことを要するか否かという問題である（**問題①**）。Pålsson教授やGaudemet-Tallon教授（仏パリ第2大学）は，これを否定する[18]。その根拠は明らかにされていないが，ブリュッセルⅠ規則が未確定の裁判の承認執行を認めること（32条・33条1項参照）に求められているのではないかと

---

(15) 拙著・前掲注（9）487頁。

(16) 中野貞一郎『民事執行法』（青林書院，増補新訂5版，2006年）774頁。竹下守夫ほか『ハンディコンメンタール民事執行法』（判例タイムズ社，1985年）416頁（竹下）も「制裁金」という。伊藤眞ほか「座談会・間接強制の現在と将来」判タ1168号（2005年）38頁の山本和彦発言も制裁の側面を重視する。なお，松下淳一「扶養義務等に係る金銭債権についての間接強制」家月57巻11号（2005年）16頁は，損害賠償と制裁の性格を併有するもので，問題となる局面ごとにどの側面を重視すべきかを考える他ないとする。

(17) 拙著・前掲注（9）489頁。

(18) Magnus/Mankowski, *op. cit.*, Art. 49, para. 5, p.683 (L. Pålsson); H. Gaudemet-Tallon, Compétence et exécution des jugements en Europe, Règlement n° 44/2001, Conventions de Bruxelles et de Legano, 3ᵉ éd., LGDJ, 2002, n° 465, p.382.

憶測する。なお，ヘス＝ファイファー＝シュロッサー報告書は，ドイツでは肯定する立場の（下級審）裁判例があるというが，同規則32条により暫定的に執行することができる裁判は承認の対象とすべきであるとし，本条の「確定的に」の文言の削除を提言する[19]。

第2の問題は，間接強制金の額の特定性に関わるもので，間接強制金の支払いを命じる裁判が，履行しないときは一定額を支払えという形式をとる場合，その額を確定する別の裁判が必要か否かである（**問題②**）。これは，本条がどの国の制度をモデルにしたものかという点にも関連し，本条の規律の根本に関わる問題と考えられること，またフランスとベネルクス諸国のアストラントの相違に関する説明等を要することから，(2)で改めて述べる。

この他にも，本条に関して次の諸点が問題にされる。

すなわち第3の問題は，本条の英語テキストが，間接強制金の支払方式を「定期的な（periodic）」ものと定めることから，本条の適用は定期金の方式で間接強制が命じられた場合に限定すべきか否かである（**問題③**）。Pålsson教授は，定期金に限定する文言は，他の言語のテキストには存在しないこと，定期金の場合に限定する合理性はないことを理由に，否定説に立つ[20]。なお，ヘス＝ファイファー＝シュロッサー報告書も，英語テキストの上記文言を削除すべきであるとする[21]。ブリュッセル条約の発効の際の公式報告書いわゆるジュナール報告書[22]が，同条約43条に関し，遅延1日につき一定額の支払い

---

[19] Hess/Pfeiffer/Schlosser, *op. cit.*, para. 619, p.275 (Hess).
[20] Magnus/Mankowski, *op. cit.*, Art. 49, para. 3, p.682 (Pålsson).
[21] Hess/Pfeiffer/Schlosser, *op. cit.*, para. 615, p.272 (Hess).
[22] ブリュッセル条約の公式報告書は，条約の発効及び加入条約による変更の際に専門家委員会において作成され，欧州司法裁判所による条約の解釈においても重要な役割を果たしてきたとされる。なかでも，条約発効の際に作成されたもの及び英国（連合王国）・デンマーク・アイルランドが加入した第1次加入条約についてのものが最も重要とされる。前者はジュナール報告書（ジュナール氏は当時ベルギー外務省局長），後者はシュロッサー報告書と呼ばれる。いずれも1979年のEC官報に掲載され，その英文テキストに基づいた邦訳が公表されている。関西国際民事訴訟法研究会「民事及び商事に関する裁判管轄並びに判決の執行に関するブリュッセル条約公式報告書（1）–（21・完）」際商27巻7号（1999年）752頁以下–29巻3号（2001年）360頁以下。公式報告書の意義については，同（1）の冒頭説明参照。
  関西国際民事訴訟法研究会の邦訳の43条に関する部分は，ジュナール報告書については同（7）際商28巻1号48頁（岡野祐子担当），該当する英語テキストはOJ 1979

を命じる方式の間接強制について述べている(23)ことも問題になりうるが，これは例示と解することが可能である。因みに，遅延1日につき一定額の支払いを命じる方式は，フランスやベルギーのアストラントで一般的に用いられるが，両国でも，1日以外の期間（時間・週・月等）又は違反を単位として一定額の支払いを命じる方式も可能であるし，総額を定める方式も否定されているわけではない(24)。

第4に，フランスやベルギーのアストラントは，日本の間接強制のように，債権者に支払われるが，ドイツや英国のように間接強制金に相当する金銭が国に支払われる場合にも，本条の適用があるか否かという問題がある（**問題④**）。ブリュッセル条約に英国等が加入した際の公式報告書いわゆるシュロッサー報告書は，ブリュッセル条約はこの問題を「未解決のまま残している」という(25)。同条約43条を踏襲した本条にも，同様のことがあてはまる。ブリュッセルⅠ規則1条1項は同規則の適用範囲を「民事及び商事事件」に限定する(26)ことから，Pålsson教授は，この問題は同項の「民事及び商事事件」の解釈にかかっているが，機能的にみれば肯定した方がよいとする(27)。ヘス＝ファイファー＝シュロッサー報告書は，国に対する間接強制金支払義務について，（英国報告書に鑑みても）「民事及び商事事件」と解しうるものではないから本条の適用は疑わしいが，（オランダ報告書がいうように）制裁ではなく執行方法と扱うべきであるとする。もっとも，この取立てを認めるとしても，債権者が外国で国庫に帰属する金銭を取り立てることはできないので，別の手当て

　　C 59, pp. 53-54, 仏語テキストはJO 1979 C 59, pp. 53-54. シュロッサー報告書については同（19）際商29巻1号102頁以下，段落211-213及び222（岡野祐子担当），該当する英語テキストはOJ 1979 C 59, pp. 132 et 135, 仏語テキストJO 1979 C 59, pp. 132 et 135.

(23) 　後掲注(33)のジョナール報告書の拙訳参照。

(24) 　フランスにつき拙著・前掲注(9) 20頁。ベルギーについては民事訴訟法典1385条の3。同条については，拙稿「ヨーロッパ民事訴訟モデル法試案におけるアストラント——フランスのアストラントとの比較及びベネルクス諸国のアストラント統一法の紹介も兼ねて」石川明＝櫻井雅夫編『EUの法的課題』（慶應義塾大学出版会，1999年）306頁。同所では法典の名称を「裁判法典」と訳したが，「民事訴訟法典」に改める。

(25) 　シュロッサー報告書（前掲注22）段落213。

(26) 　ブリュッセルⅠ規則1条1項は「本規則は，裁判所の種類にかかわらず，民事及び商事事件に適用する。とくに，租税，関税又は行政事件には適用しない」とする。

(27) 　Magnus/Mankowski, *op. cit.*, Art. 49, para. 6, p. 683 (Pålsson).

が必要であるとしている⁽²⁸⁾。

　第5に，債務の履行を命じる外国裁判及びその債務の履行を確保するための間接強制を命じる外国裁判について共に執行が許可されている場合に，前者の執行として間接強制の発令を求めることができるか否かという問題がある（**問題⑤**）。すなわち同一債務の履行確保のための間接強制の裁判を外国及び内国の双方で取得することができるか否かである。この点には立ち入らず，問題の指摘にとどめる⁽²⁹⁾。なお，本条は，債権者が債務の履行を命じる外国裁判の執行の許可を得て，間接強制の発令を求める場合（前記㋐）を規律するものではないと述べたが，仮に，本条を根拠として，この問題を否定的に解するならば，本条の規律は㋐の場合にも及ぶことになる。

　第6に，㋐の場合（間接強制の発令）に関しては，次のような問題も指摘される。EU構成国の中には間接強制を一般的には認めていない国もあり，その例としてはイタリアが挙げられる。このような国で債務の履行を命じる裁判を得た債権者が，間接強制を認める国で，その裁判の執行許可を得て間接強制の発令を求めることができるか否か（**問題⑥**）⁽³⁰⁾。これも問題の指摘にとどめる。なお，間接強制の対象となる債務の範囲に関しては，シュロッサー報告書では，金銭債務以外の債務が前提にされている⁽³¹⁾。

　以上述べたことのうち，ヘス＝ファイファー＝シュロッサー報告書の立法論に関わる部分については，(3)で再び言及する。その前に，留保した問題②について(2)で説明しよう。

(2)　裁判国における間接強制金の額を確定する裁判の要否
　　　　――フランスのアストラントとベネルクス諸国のアストラントの相違点

　本条は，間接強制金の支払いを命じる外国裁判の執行が許されるためには，この裁判をした国（裁判国）の裁判所により間接強制金の「額が確定的に定められていた場合」でなければならないとする。Ⅲ(1)で述べるように，フラン

---

(28)　Hess/Pfeiffer/Schlosser, *op. cit.*, para. 615, p. 273 (Hess).
(29)　Magnus/Mankowski, *op. cit.*, Art. 49, para. 7, p. 683 (Pålsson). この問題はドイツで論じられているようである。
(30)　Hess/Pfeiffer/Schlosser, *op. cit.*, para. 616, p. 273 (Hess).
(31)　シュロッサー報告書（前掲注22）段落211。

スの裁判例では，遅延1日・違反1回等につき一定額の間接強制金の支払いを命じるベネルクス諸国（とくにベルギー）の裁判について，「額が確定的に定められていた場合」の要件を満たすためには，ベネルクス諸国の法制では不要とされる，間接強制金の額を確定する裁判を裁判国で得ておく必要があるか否かが問題になっている。ベネルクス諸国の法制とは異なり，フランス法では間接強制金の額を確定する裁判が必要とされることから，こうした問題が生じやすいが，ベネルクス諸国の裁判に関する同様の問題は，フランスのみならず他の構成国でも生じているようである[32]。

　こうした問題は，抽象化すると，次のように捉えることができると思う。間接強制金の支払いを命じる外国裁判が，債務者の不履行を条件として一定額の支払いを命じる形式をとるとき，本条の「額が確定的に定められていた場合」の要件を満たすためには，裁判国で，間接強制金の額を確定する別の裁判を得ることが必要か否か。これが(1)で留保した問題②である。別の観点からみれば，問題②は，不履行を条件として一定額の間接強制金の支払いを命じる外国裁判において，間接強制金の額が特定しているか否かを問うものともいえる。遅延1日につき一定額の間接強制金の支払いを命じる裁判を例にとると，1日あたりの額及び不履行期間によりその総額を計算できるから間接強制金の額は特定していると解するならば，その額を確定する裁判をあらためて得る必要はないが，こうした計算可能性のみでは間接強制金の額は特定しないと解するならば，その額を確定する裁判を裁判国で得る必要がある，ということになろう。このような意味で，問題②は額の特定の問題と表裏すると考えられる。なお，不履行を条件として一定額の間接強制金の支払いを命じる裁判である限り，定期金ではなく，総額をもって間接強制金を定める場合であっても，また，ベネルクス諸国の間接強制の裁判は債務の履行を命じる本案判決と同時に命じられるが，このような場合でなくとも，問題②は当てはまると考える。もっとも，

---

[32]　本文後述のヘス＝ファイファー＝シュロッサー報告書の言及するドイツやベルギーの裁判例参照。また，同報告書は，本条に関して各国報告書が言及する判例は多くないとしつつ，「報告された事例の大半は，ベネルクスのアストラントについての近隣の構成国における承認に関するもの」という。Hess/Pfeiffer/Schlosser, *op. cit.*, para. 612 et note 865, p. 271 (Hess). 憶測するに，本条に関する事例のうち，本文で述べるような問題が関係するものは，かなりあるのではなかろうか。

実際に問題②が争われるのはベネルクス諸国の間接強制の裁判であるが，これは，裁判国法が，不履行を条件に一定額の間接強制金の支払いを命じる裁判自体に基づく執行を認める場合といえる。この場合，裁判国法は間接強制金の額を確定する裁判を要求しないにもかかわらず，このような裁判を裁判国で取得する必要があるか否かという形で，問題②が顕在化する。因みに，日本の間接強制金の支払いを命じる裁判（間接強制決定）も，この場合に当たる。

　ところで，問題②はブリュッセル条約43条にもあてはまる。同条に関するジュナール報告書の説明は，仏語テキストによれば，間接強制金の額を確定する別個の裁判を要する趣旨と解する余地がある。もっとも，同報告書の英語テキストから同様の趣旨を読み取ることはできない[33]。シュロッサー報告書は，問題②に対する立場は明らかではないが，これに関連して比較的詳しい説明を加えているので，その概要をみておこう[34]。

　シュロッサー報告書は，まず，金銭の支払い以外の行為を命じる判決の執行の制度として，（当時の新規加入国である）英国・アイルランドでは裁判所侮辱

---

(33) ジュナール報告書（前掲注22）の関連部分（JO 1979 C 59, p.54；OJ 1979 C 59, p.54）を仏語テキストに基づいて訳すと，次のようになる。なお，問題になる（下線を付した）部分は，日本語としては適切でないが，あえて直訳する。また，英語テキストの原文も付記する。

「採択された文言によれば，債務者にその債務を履行させるために，遅延1日につきある額の金銭の支払いを命じる旨の，締約国でされた裁判は，裁判をした国の裁判所によりその確定的な額で金額を確定されていた場合（si elles〔condamnations〕ont été liquidées à leur montant définitif ; if the amount of the payment has been finally determined）に限り，他の締約国において執行されることになる」。

このように，本条の「額が確定的に定められていた場合」に関し，ジュナール報告書の英語テキストは条文の文言を用いて説明するにとどまるが，仏語テキストは条文の文言 définitivement fixé ではなく，liquidées à leur montant définitif の語を用いて説明する。liquidées の語は，フランスのアストラントではその金額を確定する裁判について用いるものであることから，仏語テキストによる限り，間接強制金の額を確定する別の裁判を要する趣旨と解するのが自然であろう。因みに，フランスの学説の中には，本条をこのように解する際にジュナール報告書を挙げるものもある。J.-P. et M.-J. Beraudo, Vº Convention de Bruxelles du 27 septembre 1968, Convention de Lugano du 16 septembre 1988, Règlement nº 44/2001 du Conseil du 22 décembre 2000, Exécution des décisions judiciaires, des actes authentiques et des transactions judiciaires, JurisClasseur Procédure civile, Fasc. 52-60, 2005, nº 13.

(34) シュロッサー報告書（前掲注22）段落211-213（とくに213）。

としての制裁金又は拘禁等があること，このような行為を命じる英国判決の執行がドイツで申し立てられれば，これに相当するドイツ判決の場合に認められる強制手段すなわち制裁金又は拘禁を適用すべきこと，反対の場合も同様であること等に言及する。その上で，段落を改め，他の国では執行の制度が異なり，フランス・ベルギー・ルクセンブルグでは，行為と同時に，その履行確保のためにある額の金銭の支払いが命じられるとする。この金銭はアストラントのことである。同報告書は，更にフランスとベルギーの制度の相違を述べる。すなわち，フランスでは，債務者は当初はアストラントの支払いを警告されるのみで，履行しない場合は別の裁判が必要であり，この裁判では大抵，当初の額を減額する。一方，ベルギーでは，アストラントの額は行為を命じる判決のなかで既に定められているとする。そうして，ブリュッセル条約43条は，「以上の事から生じうる問題を克服する目的」の規定であると説明する。

　こうしたシュロッサー報告書の説明によると，ブリュッセル条約43条ひいては本条の目的は，各国の間接強制の差異から生じる問題を克服することにある。各国の間接強制の差異について，間接強制として金銭の支払いのみを命じる国（フランス・ベルギー等）とそうでない国（ドイツ・英国等）があること，間接強制を執行段階で命じる国（ドイツ・英国等）と判決手続の段階で命じる国（フランス・ベルギー等）があることも配慮されているようであるが，とくに重視されているのは，判決手続の段階で間接強制を命じる国の中に，間接強制金の額を事後的に確定する裁判を必要とする国（フランス）と不要とする国（ベルギー）がある，ということのようである。

　補足すると，ベルギー・オランダ・ルクセンブルグから成るベネルクス諸国は，1973年11月26日に「アストラント（間接強制）に関する統一法を定めるベネルクス条約」（仏語によると Convention Benelux portant loi uniforme relative à l'astreinte）に署名し，ルクセンブルグ及びオランダでは1978年10月1日に，ベルギーでは1980年3月1日に発効している。「アストラントに関する統一法」（以下，統一法という）はベネルクス諸国の国内法に組み込まれており，この解釈の統一は，1965年3月31日の条約で創設されたベネルクス裁判所により図られている。因みに，この統一法は，1994年にベルギーの Storme 教授らの作業グループが出版した「欧州連合における民事訴訟法の接近（Rapprochement du Droit Judiciaire de l'Union européenne)」と題する報告書で提示された試案において，間接強制に関する規定のモデルとされたものでもある。統一法3条後段は，アストラントを命じる裁判に基づいてその取立てができる旨定めるので，アストラントの額を確定する裁判を要しない仕組みは，少なくとも現在では，ベルギーのみならずベネルクス諸国に共通する。なお，ベネルクス諸国のアストラントでも，履行不能等の場合には減額・廃止（取消 supprimer）・進行停止等が認められている（統一法4条乃至7条）[35]。

　フランスのアストラントについても補足すると，シュロッサー報告書がいうように，債務の履行を命じる本案判決と同時に命じられることが多いが，その後に命じることも可能である（1991年7月9日の法律650号33条2項）。また，フランスのアストラントには暫定的アストラント（astreinte provisoire）と確定的アストラント（astreinte définitive）の2種類がある。前者は，金額を確定する裁判（liquidation）の段階で，債務者の態度等に鑑みて減額することができるのに対し，後者は，不可抗力等の場合を除いて，減額することができないもので，補充的に用いられる（同法34条・36条）[36]。シュロッサー報告書がフランスの制度として説明するのは暫定的アストラントである。確定的アストラントは，事後的な減額を原則的に認めない点では，ベネルクス諸国のアストラントに類似するが，金額を確定する裁判を要する点で，これとは異なる。なお，日本の間接強制は，沿革的にはフランスのアストラントをモデルにするが，金額を確定する裁判を要しない点では，ベネルクス諸国のアストラントに近い。

　さて，上述の問題②（債務者の不履行を条件として一定額の間接強制金の支払いを命じる外国裁判について，裁判国において間接強制金の額を確定する裁判を得ることの要否）について，既述のように，ジョナール報告書は，英語テキストによれば，立場は明らかでないが，仏語テキストによれば，間接強制金の額を確定する裁判を要すると解する余地はある。シュロッサー報告書も立場を明らかにしていないが，同報告書によれば，本条はとくにフランスとベネルクス諸国の制度の相違から問題が生じるのを避けるためのものであることがわかる。こうした点や本条の文言に鑑みると，問題②について差当り次のような立場が考

---

(35)　以上の記述につき拙稿・前掲注(24) 299頁以下。
(36)　以上の記述につき拙著・前掲注(9) 18頁以下。

えられる。第1は，本条はフランスの制度をモデルにするとみて，間接強制金の額を確定する裁判は，常に必要とする立場である（**必要説**）。第2は，本条をベネルクス諸国の制度とフランスの制度の折衷的なものとみて，ベネルクス諸国の裁判のような場合は，間接強制金の額を確定する裁判を要しないが，フランスの裁判のような場合は，これを必要とする立場である（**折衷説**）。別言すれば，間接強制金の額を確定する裁判の要否を裁判国法に委ねる立場ということができよう。第3に，本条はベネルクス諸国の制度をモデルにするとみて，間接強制金の額を確定する裁判は常に不要とする立場も，一応考えられないわけではない（**不要説**）。しかし，不要説によると，フランスのとくに暫定的アストラントの場合，「額が確定的に定められていた場合」に明らかに該当しないと考えられるにもかかわらず執行できることになりかねず，妥当ではない。故に，不要説はまずとりえないと思う。

　必要説に立つ学説として挙げられるのは，Pålsson 教授である。同教授は，本条はフランスのような制度に大きな影響を受けているとし，間接強制金の額が，1日当たりの額及び不履行期間により算出できることでは足りないし，間接強制金の支払いを命じる裁判をした国ではその額の確定（liquidation）が要求されない場合であっても，同様とする。Ⅲでみるように，フランスの（下級審）裁判例や学説も必要説に立つが，同教授は，同旨のものとしてこの裁判例の一つを挙げる[37]。

　一方，ヘス＝ファイファー＝シュロッサー報告書は，多くの構成国では執行手続の段階で間接強制金の額を定めており，判決手続の段階でその額を定めるのはベネルクス諸国のみであるという文脈においてであるが，本条は「ベネルクスのモデルに忠実に従いすぎるもの（follow the model of the Benelux too closely）のように思われる」と述べている[38]。同報告書は直接的には問題②を扱っていないので，明らかではないが，本条のモデルをベネルクス諸国と解す

---

(37) Magnus/Mankowski, *op. cit.*, Art. 49, para. 2, p. 682 (Pålsson). 同所（note 4）で挙げられているフランスの裁判例は，後述Ⅲ(1)の裁判例ⓐである。

(38) Hess/Pfeiffer/Schlosser, *op. cit.*, para. 617, p. 274 (Hess). なお，同所（note 878）のフランスのアストラントの説明には若干問題がある。フランスではアストラントの金額の確定は執行手続（enforcement proceedings）で行われるとするが，フランスではアストラントが執行方法か否かに議論があり，否定するのが判例及び通説である（拙著・

るにしても，不要説ではなく，折衷説を支持すると考えられる。もっとも，同報告書は次の点にも言及している。まず，ドイツの（下級審）裁判例は，オランダの裁判所が間接強制金の額を常に特定するわけではないことを示しており，ドイツの裁判所がその額を定める権限を有するか否かの問題が連邦通常裁判所に係属中という。また，ベルギーの（下級審）裁判例は，債権者が英国で間接強制金の執行をする前にその（総）額を定めるよう求めた事案で，ベルギーの裁判所は，他の構成国において間接強制金の執行ができるようにするため，既に裁判所が命じた間接強制金の（総）額を定める権限を有することを認めているとする[39]。これらの裁判例は，アストラントを命じるベネルクス諸国の裁判について，実際にその額を確定する別の裁判が必要とされる場合があることを示すものといえよう。

私見としては必要説を支持する。すなわち，本条はフランスの制度をモデルにするものと考える。理由は次のようである。第1に，条文の文言及びジョナール報告書の仏語テキストからみて，このような解釈が自然であると思う。第2に，ヘス＝ファイファー＝シュロッサー報告書の引用する裁判例が示すように，折衷説では困難が生じる場合がある。第3に，本条は，間接強制金の支払いを命じる外国裁判の執行手続で実体的審査を排除するための仕組みと考えることができる（後述(3)）が，実体的審査の排除を貫くためには，必要説が適している。

(3) 改正の提言

本条の概要として最後に，ヘス＝ファイファー＝シュロッサー報告書における本条の改正の提言について紹介する。同報告書（英語）は，ブリュッセルI規則73条に基づいて欧州委員会が欧州議会等に提出する報告書の準備として，欧州委員会の諮問を受けて近年作成されたもので[40]，一部の規定についての改正も提案しており，このうちに本条が含まれている。なお，同報告書には，

前掲注(9) 35頁以下）。また，アストラントは発令の段階は暫定的アストラントで，その金額を確定する段階では確定的アストラントになると解するようにみえるが，仮にそうであれば誤解である。

(39) Hess/Pfeiffer/Schlosser, *op. cit.*, p. 274, note 877 (Hess).
(40) http://www.ipr.uni-heidelberg.de/studie2/index.htm.

保全処分や知的財産関係の問題との関連で，間接強制に関する言及が少なくない。また，同報告書は EU 構成国の各国報告書に基づくもので，各国報告書にも本条に関する部分が含まれるが，これらの考察は別の機会に譲る。

　本条について，ヘス＝ファイファー＝シュロッサー報告書は，これまでみてきたような問題をとりあげて検討している[41]。その主な内容は既に述べた。同報告書は，その上で，本条は裁判の自由移動を保障するものとして十分ではなく，本条の明確化及び拡大が必要であるとし，改正すべき点として 4 点を挙げる[42]。この 4 点について適宜補足しながらみておこう。

　第 1 は，「他の構成国において特定の行為を為すこと又は為さないことを債務者に命じる判決が一般的に許されることの明確化」である。これは間接強制それ自体の問題ではないから，ここでは立ち入らないが，関連することを若干付言する。ヘス＝ファイファー＝シュロッサー報告書は，ベルギー報告書の内容を比較的詳しく紹介し[43]，そのなかで，ベルギーの裁判所は，外国における作為又は不作為を命じており，大半のケースで，併せて日毎の間接強制金の支払いを命じているという。また，ベルギーのこうした方法によれば，外国における執行の問題が生じない旨指摘する。

　改正点の第 2 は，「執行許可宣言（declaration of enforceability）をする司法機関（又は執行を求められた構成国の国内法により権限を有する機関）が支払額を定める権限を有することの明確化」である[44]。これは(2)で詳述した問題②（債務者の不履行を条件として一定額の間接強制金の支払いを命じる外国裁判について，裁判国において間接強制金の額を確定する裁判を得ることの要否）に関連がある。(2)でも述べたように，ヘス＝ファイファー＝シュロッサー報告書は，本条のモデルをベネルクス諸国のアストラントと解するようであり，間接強制金の額を判決手続の段階で定めるのはベネルクス諸国のみで，他の構成国の多くは執

---

(41)　Hess/Pfeiffer/Schlosser, *op. cit.*, para. 612, p. 271 et seq.（Hess）．
(42)　Hess/Pfeiffer/Schlosser, *op. cit.*, para. 619, p. 275（Hess）．総括として，para. 640, p. 288（Hess）; para. 906, p. 361 にも同様の記述がある。但し，総括の部分では，改正点第 2 点に括弧が付された箇所があり，第 4 点もない。
(43)　Hess/Pfeiffer/Schlosser, *op. cit.*, paras. 613-614, pp. 271-272（Hess）．
(44)　文中の括弧は，報告書の段落 620 にはないが，総括に関する段落 640 及び 906 で付されている。前掲注(42) 参照。

行手続で定めるから，承認されるべき裁判でこの額を定めることを要求する本条には問題があるとする。そこで，執行国でも間接強制金の額を定めることができるようにすべきであるとしている。外国の判決の不遵守について制裁を命じることは，主権侵害のおそれがあると考える構成国もあるが，EU では主権を根拠とする議論は慎重にすべきであるともいう。執行国において間接強制金の額を定める付加的な権限が認められるべき機関としては，(i)各国法により判決の不遵守についての制裁を課す権限を有する司法機関，更に代替的なものとして，(ii)ブリュッセルⅠ規則39条により執行許可宣言をする司法機関が考えられている[45]。(i)については上記のように括弧が付されており[46]，後掲の改正案にはこの旨の定めはない。間接強制金の額の確定は執行を許可する手続の中ですべきであるから(ii)が適切と考えられたのであろうか。

改正点の第3としては，「（侮辱金〔contempt fines〕のような）裁判をした構成国の国庫に対する支払いは，執行を求められた構成国の司法機関が取り立てることの明確化。金銭の引渡しは，関係する構成国の司法機関の間で行う」ことが挙げられている。これは間接強制金が国に帰属する場合の問題すなわち(1)でとりあげた問題④に関するものである。ヘス＝ファイファー＝シュロッサー報告書は，この場合について，制裁でなく執行方法と解して本条の適用を認めうるが，債権者は取立てができないので問題があるとすることは，既に述べた。改正点は，この問題を解決するため，執行国の司法機関にこの金銭の取立権限を与えて，この金銭の引渡しは執行国と裁判国の司法機関によって行うことにしたと考えられる。同報告書は，こうしたケースとしてオーストリア・英国・ドイツを挙げており[47]，上記括弧書にも鑑みれば，英国の裁判所侮辱も間接強制として扱う趣旨であることがわかる。

改正点の第4としては，「『確定的』に定める（"final" determination）旨の言及を削除することにより，第2パラグラフの文言を明確化すべきである」ことが挙げられている。要するに，本条の「確定的に」の文言の削除であり，「第2パラグラフ」とは後掲改正案の第2項を指すとみられる。もっとも，同報告

---

(45) Hess/Pfeiffer/Schlosser, *op. cit.*, paras. 617-618, pp. 273-274 (Hess).
(46) 前掲注(44)。
(47) Hess/Pfeiffer/Schlosser, *op. cit.*, p. 273, note 873 (Hess).

書の総括の部分では，他の3つの改正点は採り上げられているものの，この第4点は省略されている[48]から，改正点として重視されてはいないようである。同報告書は，第4点に関し，間接強制金の支払いを命じる裁判は既判力を有するものでなければならないかという問題（前述(1)の問題①）に言及し，既述のように，ドイツでは肯定する裁判例があるが，ブリュッセルⅠ規則32条により暫定的に執行できる裁判は承認の対象とすべきであること等を述べる。こうした説明に鑑みると，第4点は，間接強制金の支払いを命じる裁判は確定していることを要しない旨明確にする趣旨とみられる。なお，本条の「確定的に」の文言は，問題②（債務者の不履行を条件として一定額の間接強制金の支払いを命じる外国裁判について，裁判国において間接強制金の額を確定する裁判を得ることの要否）にも関係する。この点に関しては，同報告書は，上記改正点第2点でみたように，執行国の機関に間接強制金の額を定める権限を付与することによって解決を図る。

この他に，問題③に関して述べたように，同報告書は英語テキストの「定期的な（periodic）」の文言を削除すべきであるとしている。

同報告書は，以上の改正点を挙げた上で，次のような改正案を英語テキストで提示する。

ブリュッセルⅠ規則49条改正案　「(1) 制裁としての支払いを命じる外国の裁判は，執行を求められた構成国において執行することができる。
　(2) 裁判をした構成国の裁判所が支払額を定めていなかったときは，執行許可宣言をする権限を有する裁判所又は機関は，その額を定める。」[49]

改正案の第1項は，現行条文（英語テキスト）の「定期的な」及び「裁判を

---

(48)　前掲注(42)。
(49)　Hess/Pfeiffer/Schlosser, *op. cit.*, para. 620, p. 275 (Hess); para. 640, p. 288 (Hess); para. 906, p. 362. 原文は以下のようである。
（1）A foreign judgment which orders a payment by way of a penalty shall be enforceable in the Member State in which enforcement is sought.
（2）The court or competent authority for the declaration of enforceability shall determine (fix) the amount of the payment if that amount has not been determined by the courts of the Member State of origin.

した構成国の裁判所によりその額が確定的に定められていた場合に限り」の文言を削除したものと同文である。第2項は，改正点第2点を法文化したとみられるもので，第4点にも即している。改正点第1点及び第3点は，この改正案のなかには盛り込まれていない。第1点については直接的には間接強制に関するものではないためと考えられるが，第3点については実現に困難があると考えられたのであろうか。以上のことから，改正案は第2点の実現を図るもの，すなわち執行国にも間接強制金の額を定める権限を付与し，且つ，執行を許可するか否かの判断をする機関がこの権限を有することを明らかにするもので，このようにして間接強制金の国際的な取立てを容易にし，間接強制の実効性の強化を図る趣旨と考えられる。

　以上のようなヘス＝ファイファー＝シュロッサー報告書の改正の提言について，若干私見を述べておく。

　改正案は，本条の「裁判をした構成国の裁判所によりその額が確定的に定められていた場合に限り」の文言及び英語テキストの「定期的な」の文言を削除して2項を設けることにより，これらの文言に関する上述の問題①②③に立法的解決を与えることになる。後者の文言の削除は賛成である。一方，前者の文言の削除及び2項の新設については，本条の規律を根本的に変更すると考えられるものであって，その是非につき直ちに結論を述べることはできないが，これにより間接強制金の国際的な取立てが容易になるかどうか疑問の余地はある。この点を若干敷衍しておく。

　後述Ⅲ(1)のフランスの裁判例に鑑みても，間接強制金の額を定める裁判は，本案の問題と関連し，多かれ少なかれ，実体的な審理を要すると考えられる。故に，間接強制金の額を定める権限を執行国裁判所に付与することは，執行国裁判所に少なからず重い負担を強い，手続の遅延を招くおそれはないであろうか。たとえば，金額を確定する前の暫定的アストラントを命じるフランスの裁判の執行許可を求める申立てがされた場合，改正案の2項により，執行国裁判所がアストラントの額を確定して，執行を許可する裁判をすることになろう。この額を確定するに当たり，どの国の法を適用すべきかという問題も生じうるであろうし，フランス法を適用するとしても，執行国裁判所は債務者の履行状況等を考慮してその額を確定することが容易・迅速にできるであろうか。ベネ

143

ルクス諸国のアストラントにしても，不履行の存否をめぐって争いがあるような場合を想定すれば，同様のことが当てはまるのではないか。もっとも，法制の接近を強力に進める EU という特殊な領域においては，別の考慮が必要なのかもしれない。

翻って，現行の本条は，間接強制金の支払いを命じる外国裁判の執行手続に要件を付加して制限を加えるから，一見すれば，外国裁判の執行手続を簡素化・容易化する方向に反するようにみえる。けれども，現行の本条は，本案と関係する問題は本案と同様の法制の下で決着をつけさせ，外国裁判の執行手続における実体的審査を排除するための仕組みと捉えれば，手続経済及び迅速化に資する面があり，合理的な制度と評価することができると思う。

ところで，改正点第1点がいうように，外国における作為・不作為を命じる判決が許されるとするならば，この判決に基づいて間接強制を命じることが考えられる。こうした間接強制によると，外国裁判の執行手続を要さずに，外国における作為・不作為を強制することができ，とくに債務者の財産が国内に存在する場合は，外国裁判の執行手続とは無縁のまま，間接強制金の取立てまですることができる。国際民事紛争の局面で間接強制の効用が発揮されるのは，とくにこのような場合であろう。外国における作為・不作為義務の履行確保のための間接強制が，許されるか否かは問題になりえようが，このような間接強制の効用を損なうべきではなく，許すべきである。同報告書によればベルギーでは許容されていることにも留意しておきたい。

Ⅲ　フランスの状況

次に，本条（ブリュッセルⅠ規則49条）に関するフランスの問題状況について，判例・学説の順でみていくことにする。

(1)　判　例

本条及びブリュッセル条約43条に関するフランスの判例の状況についてみると，破毀院判決は見当たらないが[50]，ブリュッセル条約43条に関して，少なくとも4つの控訴院判決がある。このうちよく引用されるのは1992年のパ

リ控訴院判決（後掲裁判例ⓐ）で，フランス以外の国の文献でも採り上げられることがある[51]。また，4つの控訴院判決はいずれも上述の問題②（債務者の不履行を条件として一定額の間接強制金の支払いを命じる外国裁判について，裁判国において間接強制金の額を確定する裁判を得ることの要否）に関するものである。事案も次のような点で共通する。もっとも，裁判例ⓐの事案は不明であるが，他のものと同様と推測できる。すなわち，これらの裁判例では，ベネルクス諸国の裁判所において定期金の方式でアストラントを命じる裁判を得た債権者が，フランスでアストラントを取り立てるための執行の許可を求め，この申立てを認めた大審裁判所所長の裁判に対して，債務者が控訴院に不服を申し立てたところ，ベネルクス諸国のアストラントを命じる裁判がブリュッセル条約43条の「額が確定的に定められていた」場合に当たるか否かが問題になっている[52]。なお，ベネルクス諸国と述べたが，裁判例ⓐを除くと，いずれもベルギーで，裁判例ⓐも判旨からベルギー又はオランダと推測される。

以下，ブリュッセル条約43条に関するこの4つの控訴院判決について，時系列に掲げてみていく。なお，同条に関する判断以外は省略する。また，判旨の下線は筆者が付したものである。

［裁判例ⓐ］パリ控訴院1992年7月7日[53]

事案は不明であるが，判旨は次のようである。「1968年9月27日のブリュッセル条約31条の文言によれば，締約国においてした裁判で，その国で執行することができる（exécutoires）ものは，他の締約国において利害関係人

---

(50) 関連する破毀院判決としては，後掲注(67)。
(51) 裁判例ⓐを引用するフランス以外の文献としては，たとえば前掲注(37)。また，独語の評釈として European Review of Private Law 1994, 399, note O. Remien. フランスの文献については後掲注(62)。
(52) ブリュッセル条約・ブリュッセルⅠ規則では，外国裁判の執行の許可を求める申立ての段階で，債務者は意見を述べることができない（同条約34条1項・同規則41条）。不服申立ては対審の手続による（同条約37条1項・同規則43条3項）。なお，フランスでは執行許可の申立ては大審裁判所所長に（同条約32条1項・同規則39条1項及び付属文書2），不服申立ては控訴院に対してする（同条約37条1項・同規則43条2項及び付属文書3）。
(53) CA Paris 7 juill. 1992, D 1992 IR 226.

の申立て（requête）に基づいて執行することができる旨宣言された後は，その国で執行することができる（mises à exécution）。

この申立てには，同条約27条，46条及び47条で定める文書を添付しなければならない。

しかしながら，ある事項に関して，ブリュッセル条約は外国裁判の執行のための補足的な要件を要求する。

すなわち43条は『アストラントを命じる外国の裁判は，裁判をした国の裁判所によりその額が確定的に定められていた場合に限り，執行を求められた国において執行することができる』と定める。

共同体法のこの条文は，各締約国が従わなければならないもので，アストラントに関する各国の多様な法制の調和を図るための妥協（compromis）の結果である。

裁判をした国のアストラントに関する法制では——ベルギー法及びオランダ法のように——アストラントを取り立てる前に，受益者が新たな裁判名義（titre en justice）を得ることを要しない場合であっても，裁判の執行を求める当事者は，この法制を援用することができない。

故に，同条約43条の適用により，アストラントの受益者は，執行を求める国における執行に先立ち，裁判をした国において，ある額の支払いを命じる単純な裁判に類似する，アストラントの額について確定的な形式で定める裁判を得なければならない」。

［裁判例ⓑ］ヴェルサイユ控訴院2000年6月29日[54]

ベルギーの会社Xは，フランスの会社Yを被告としてベルギーで訴えを提起し，リエージュ商事裁判所は1999年4月30日判決によりYに対して一定の商標の使用を禁止し，アストラントとして，この禁止に違反した公告行為について10万ベルギーフランの支払いを命じ，各個のプレート（plaquette ou feuillet）が1個の違反を構成するとし，更に当該商標を付した製品の売買の申

---

(54) CA Versailles 29 juin 2000, http://www.legifrance.gouv.fr/ より検索。V. aussi, J.-M. Thiers, V° Astreinte judiciaire, JurisClasseur Encyclopédie des Huissiers de Justice, Fasc. 10, 2003, n° 63.

込み（offre en vente）について100万ベルギーフランの支払いを命じる等した。この判決は仮執行が認められている。Xはフランスにおいてこの判決の執行の許可を求め，ナンテール大審裁判所所長は1999年7月2日の命令によりXの申立てを認めて，ブリュッセル条約に基づいて上記判決（リエージュ商事裁判所判決）はフランスで執行することができる旨宣言した。

Yは控訴し，上記判決はフランスの公序に反すると主張すると共に，アストラントを命じる部分について，ブリュッセル条約43条の意味で，その額が定められたものではないと主張した。これに対し，Xは，リエージュ商事裁判所はアストラントの額を確定しないで命じたのではなく，アストラントの適用をYの違反にかからしめて，違反すればアストラントを課すとしてYの商標使用を禁じるにとどまると反駁した。なお，Yは上記判決に対してベルギーで控訴を提起したことを理由に，手続の中止も求めた。

ヴェルサイユ控訴院は「本件ではアストラントは付随的なものであるにせよ，商事裁判所によるアストラントを命じる裁判は，上記43条が定める要件を満たしていない」と述べ，アストラントを命じる部分については，原裁判を取り消してフランスで執行することはできないとし，他の部分については原裁判を確認した。

［裁判例ⓒ］パリ控訴院2001年3月22日[55]

ベルギーに居住するXは，ドイツに本店所在地がある会社Yに対し，解雇手当及び使用者分担金についてYを有責とし（condamnations au titre de l'indemnité de licenciement et des cotisations patronales），併せて，アストラントを命じる旨のブリュッセル商事裁判所（ベルギー）の1999年9月8日判決を得た。この判決は仮執行ができるものである。なお，この判決におけるアストラントの内容については，後掲判示部分で述べられていること以外は不明である。ベルギーでは金銭債務についてアストラントを命じることは許されない（民事訴訟法典1385条の2第1項但書）[56]ので，本件のアストラントは解雇手当

---

(55) CA Paris 22 mars 2001, Juris-Data n° 2001-144834. V. aussi, Thiers, *op. cit.*, n° 63 ; S. Vicente, V° Exequatur, JurisClasseur Encyclopédie des Huissiers de Justice, Fasc. unique, 2006, n° 38.

等の支払義務について命じられたものではないと推測される。

Xは，フランスにおけるYの財産の状況に鑑み，同国において上記ブリュッセル商事裁判所判決の執行の許可を求めたところ，パリ大審裁判所所長は1999年10月14日の命令によりXの申立てを認め，ブリュッセル条約に基づいて上記判決はフランスで執行することができる旨宣言した。Yは控訴し，Yのフランスにおける子会社の本店所在地はヴェルサイユ大審裁判所の管轄区域内にあるからパリ大審裁判所は無管轄であると主張し，予備的に，上記判決の送達を受けていないこと等を理由に原裁判の取消し，上記判決に対してベルギーで控訴を提起したことを理由に手続の中止を求めた。アストラントに関する主張は不明である。

パリ控訴院は，Yの控訴を斥けて原裁判を確認し，アストラントに関しては次のように判示した。「更に，ブリュッセル条約43条によれば，アストラントを命じる外国の裁判は，裁判をした国の裁判所によりその額が確定的に定められていた場合に限り，執行を求められた国において執行することができる。なぜならば，アストラントの金額確定（liquidation）は，執行裁判官（juge de l'exécution）に禁止されている，紛争の実体に関する判断（appréciation sur le fond du litige）を必要とするからである。Xは，解雇手当及び使用者分担金についての有責裁判のYによる履行の証明（preuve）のために判決の中で命じられた遅延1日及び違反毎10万ベルギーフランのアストラントは，ベルギーの裁判官により，その金額が確定されている（liquidée）ことを明らかにしている」。

［裁判例ⓓ］パリ控訴院2003年1月16日[57]

ベルギーの建築労働者社会保障基金（Fonds de Sécurité d'Existence des Ouvriers de la Construction　以下，Xという）は，1998年12月16日の契約により，コンピュータ・システムの一部を改めるためのソフトウエアの実現についてフランスの会社Yに委ねたが，2001年3月にこの契約関係は解消された。X・Yは互いに相手に責任があるとしたが，Xの申請により，ブリュッセル商事裁

---

(56)　拙稿・前掲注(24) 305頁。
(57)　CA Paris 16 janv. 2003, Juris-Data nº 2003-226273. V. aussi, Vicente, *op. cit.*, nº 38.

判所のレフェレ裁判官は2001年5月11日の命令で，Yに対して種々の行為とアストラントを命じた。その概要は，アプリケーションFOSECOについて，同年10月30日までに一定の措置を講じ，その遅延日毎10万ベルギーフランのアストラントを支払うこと，一定の事項を処理する機能を遅くとも同年7月31日までに向上させ，その遅延日毎5万ベルギーフランのアストラントを支払うこと，一定のメンテナンスを行い，仕様書に定める機能が実現されない場合は48時間毎に10万ベルギーフランを支払うことである。この命令は，同年9月13日のブリュッセル控訴院の判決により確認された。Xは，ブリュッセル商事裁判所の上記命令についてフランスにおける執行の許可を求めたところ，パリ大審裁判所所長は2002年4月5日の命令によりXの申立てを認め，ブリュッセル条約に基づいてこれを執行することができる旨宣言した。

　Yは控訴して，原裁判はブリュッセル条約43条及びブリュッセルⅠ規則49条に違反する旨主張し，ブリュッセル商事裁判所の命令の執行はフランス法に委ねられ，同法からみれば，アストラントは暫定的で，その額はまだ確定していないとした。一方，Xは，上記規定について，アストラントの金額を確定する裁判を要求するものではなく，金額（総額）の決定方法を裁判国の裁判所に委ねること，ベルギー民事訴訟法典1385条の4は，アストラントが一旦効力を生じたならば，その裁判を得た者がその全部を取得し，それを定める名義自体に基づいてその取立てをすることができると定めること，Yは履行せず又は履行を遅滞したこと等を述べ，本件のアストラントの金額は確定的に定められていると主張した。

　パリ控訴院は，本件にはブリュッセルⅠ規則ではなくブリュッセル条約が適用されるとした上で，次のように判示して，原裁判を取り消し，執行命令（exequatur）を求めるXの申立てを排斥した。ブリュッセル条約43条は「各締約国が従わなければならないもので，アストラントに関する各国の多様な法制の調和を図るための妥協の結果である。従って，ベルギー法が，債権者に対し，ベルギーでアストラントの取立てをする前に新たな裁判名義の取得を要求しない場合であっても，条約は，執行を求められた国におけるアストラントの裁判の執行を，その受益者が，裁判をした国の裁判所が確定的な形式でアストラントの額を定めた裁判を取得することにかからしめている。本件では，その

額は裁判をした国の裁判官により確定されておらず，これを執行裁判官がすることはできない。なぜならば，その［額の］決定は，執行裁判官に禁止されている，紛争の実体に関する判断を必要とするからである。更に，Yは，ベルギーの裁判所に対しアストラントの効力が生じる日の延期及び予備的にその停止を申し立てている」。

　以上の４つの裁判例のうち，執行を許したのは裁判例ⓒのみである。他はいずれも執行を許さず[58]，このうち裁判例ⓐ及びⓓは，ブリュッセル条約43条について，裁判国法がアストラントを命じる裁判自体に基づく取立てを認める場合でも，裁判国でアストラントの額を確定する裁判を得る必要があると解すべき旨明言する。裁判例ⓑは明言してはいないが，事案に照らせば同旨と解することができる。ⓑは，債務の履行を命じる本案判決と同時にされたアストラントの裁判も，本案の部分とは切り離して，ブリュッセル条約43条の要件の充足を要する旨明らかにする点にとくに意義があると考えられる。
　執行を許さなかった裁判例のうち，アストラントの額を確定する裁判国の裁判を要する旨明言したⓐ及びⓓについて，その理由とするところをみてみよう。ⓐは，ブリュッセル条約43条は「各締約国が従わなければならないもので，アストラントに関する各国の多様な法制の調和を図るための妥協の結果である」ことを挙げる。これは（アストラントを命じる裁判に基づく取立てを認める）裁判国法によることが許されない理由と考えられる。アストラントの額を確定する裁判国の裁判を要する実質的な理由は述べられていない。
　裁判例ⓓも，上記ⓐの判示を踏襲するが，更に，アストラントの額を確定する裁判国の裁判を必要とする理由に関して，その額の確定が「執行裁判官に禁止されている，紛争の実体に関する判断を必要とするからである」と判示する。この判示は，執行を許可した裁判例ⓒと同じである。ここにいう「執行裁判官」とは外国裁判の執行許可の判断をする裁判所の意味と解される[59]ので，判示は，換言すれば，外国裁判の執行手続では実体的判断が禁止されるところ，

---

(58)　裁判例ⓐについては，判例集から明らかなのは原裁判を取り消したことのみであるが，本文のように推測される。

(59)　Vicente, *op. cit.*, nº 38.

アストラントの額の確定は実体的判断を必要とするから，外国裁判の執行手続においてアストラントの額を確定することは許されず，裁判国でその額を確定する裁判を得る必要があるという趣旨である。アストラントの額の確定は実体的判断を必要とするという点及びこれを裁判国でその額を確定する裁判を得ることを要する理由と結び付ける点は，正鵠を射ていると思う。Ⅱ(2)(3)で述べたように，私見もこのような考え方に賛成である。外国裁判の執行手続では実体的判断が禁止されるという点については，実質的再審査禁止の原則（ブリュッセル条約29条・ブリュッセルⅠ規則36条）に関係すると思われるが，明らかではなく，また，実体的判断が一切禁止される趣旨とすれば，疑問がある。

　一方，執行を許可した裁判例ⓒは，ⓓと同様の判示を掲げた上で，更に「Xは……判決の中で命じられた遅延1日及び違反毎10万ベルギーフランのアストラントは，ベルギーの裁判官により，その金額が確定されている（liquidée）ことを明らかにしている」という。この裁判例ⓒについては，事案の詳細が明らかではないことから，一応2つの見方が可能である。第1は，他の裁判例とは異なり，アストラントを命じる裁判によりその額は確定しているので，裁判国でその額を確定する裁判を得る必要はないとの立場をとるという見方である。第2は，他の裁判例と同様に，裁判国でアストラントの額を確定する裁判を得る必要があるとの立場をとるが，この事案は，債権者が既にこの裁判を得ている場合に当たるから執行を許可したという見方である。第2の見方が妥当であると思う。理由は，裁判例ⓒはⓓと同様の判示を含む上，裁判所の構成（3名の裁判官から成る）が全く同じであること，また，ヘス＝ファイファー＝シュロッサー報告書によれば，ベルギーの（下級審）裁判例は，他の構成国におけるアストラントの取立てのために，その額を確定する裁判を許容していること[60]である。仮に，第1の見方が正しく，ⓒは他の裁判例と異なる立場をとるものであるとしても，時期的にみてⓒはⓐとⓓの間に位置すること，ⓐⓒⓓはいずれもパリ控訴院（同じ部）のものであることにも鑑みれば，ⓒの意義は小さく，これにより判例の立場が変化したとみる必要はないと思う。

　以上のことから，フランスの判例は，ベネルクス諸国のアストラントを命じ

---

[60]　Ⅱ(2)参照。但し，ヘス＝ファイファー＝シュロッサー報告書が挙げるベルギー裁判例は，裁判例ⓒより2年後の2003年9月17日のものである。

る裁判（債務者の不履行を条件として一定額の間接強制金の支払いを命じる裁判）について，本条の「額が確定的に定められていた場合」の要件を満たすためには，裁判国法がこの裁判に基づく間接強制金の取立てを認めるにしても，裁判国でその額を確定する裁判を取得する必要があるとの立場（問題②に関する必要説。Ⅱ(2)）をとることが明らかにできる。裁判国法によることが許されない理由は，本条が各国法制の調和を図ることを目的とする点に求められている。また，間接強制金の額を確定する裁判国の裁判を要する理由については，この額の確定には実体的判断を要するため，外国裁判の執行手続でこれをすることは許されないとする裁判例がある。私見も，こうした考え方に基本的には賛成する。

(2) 学　説

次に，フランスの学説の状況についてみよう。本条について詳細に論じるものはないが，本条に言及する学説の多くが，アストラントの金額を確定する裁判が必要であるといい，又はこれを前提にしており[61]，とくに異論は見当たらない。こうした学説のいうアストラントとは，フランスのものに限定する趣旨か，それとも外国の制度も含む間接強制一般を指す趣旨か，明らかでない場合もあるが，フランスに限定する文言がないものは後者と解してよいであろう。そうすると，学説も一般に，判例と同様，問題②（債務者の不履行を条件として一定額の間接強制金の支払いを命じる外国裁判について，裁判国において間接強制金の額を確定する裁判を得ることの要否）について必要説を支持するとみることができる。学説がよく挙げる裁判例は，上述ⓐである[62]。間接強制金の額の確定は「執行裁判官に禁止されている，紛争の実体に関する判断を必要とす

---

(61)　R. Perrot et Ph. Théry, Procédures civiles d'exécution, 2ᵉ éd., Dalloz, 2005, nᵒ 45, p. 49（本文後述）; S. Guinchard et T. Moussa, Droit et pratique des voies d'exécution, éd. 2007/2008, Dalloz, 2008, nᵒ 1711. 162, p. 1777, par E. Guinchard ; J.-P. et M.-J. Beraudo, op. cit., nᵒ 13 ; Vicente, op. cit. nᵒ 38 ; Thiers, op. cit. nᵒ 63 ; Ch. Gentili, Vᵒ Incitations à l'exéctuion, JurisClasseur Voies d'exécution, Fasc. 220, 2004, nᵒ 57.

(62)　裁判例ⓐのみを挙げるものとして，たとえば Gaudemet-Tallon, op. cit., p. 382, note 99 ; Perrot et Théry, op. cit., p. 49, note 1. なお Code de procédure civile, éd. 2009, Dalloz, p. 1548 もブリュッセル条約43条に関する参照判例としてⓐのみを挙げる。

る」と判示する裁判例ⓒⓓに言及することは少なく，これらの裁判例についての学説の評価は明らかでない。

　本条について比較的詳しく述べるのは Gaudemet-Tallon 教授で，ブリュッセルⅠ規則に関する体系書の中で複数の問題をとりあげている。その一部は既にみた（2(1)問題①）が，問題②については，裁判例ⓐを引用するものの，自らの立場を明確にはしていない。但し，アストラントを命じるフランスの裁判については，本条により，フランスの裁判所がその「金額を確定した」場合に限り，他の構成国で執行できる旨明言する[63]。この点は，上述の多くの学説も当然に認めていると考えられる。まず異論はないとみてよい[64]。

　ところで，ペロー教授及びテリー教授による民事執行法の体系書は，国際民事執行手続に関する部分でアストラントについて比較的詳しく述べている。同書では，問題②に関連する見解や興味深い考え方も示されているので，以下ではこの内容を紹介する[65]。なお，ペロー教授はフランスの民事執行法に当たる1991年7月9日の法律の起草を担当した委員会の長で，テリー教授もこの立法に関与しており，両教授はフランス民事手続法の代表的な学者である。

　ペロー及びテリー両教授は，同書において一般のアストラントとは別に，国際民事執行手続に関する部分で「人に対する強制処分」(mesures de contrainte sur la personne) という見出しを付してアストラントをとりあげる。フランスの通説・判例はアストラントを執行方法（強制執行）ではないとしており[66]，両教授もこの見解に立った上で，次のように述べる。「アストラントは，債務者の意思に圧迫を加える目的のものである限り，確かに域外的効力 (effet extraterritorial) を有しうる。たとえば，プライバシーに関する紛争で，フランスの裁判官は，出版物がどこで頒布されているにせよ，出版物の回収につきアストラントを付して命じることを想定しうる。フランスの裁判官は，外国で頒

---

[63] Gaudemet-Tallon, *op. cit.*, nº 465, p. 382.
[64] なお，フランスのアストラントについては，その金額を確定する（裁判の）前に強制執行をすることはできない旨の明文の規定がある（1992年7月31日のデクレ755号53条1項）。もっとも，かつては金額を確定する前の強制執行の許否につき議論があった。拙著・前掲注(9) 458頁以下。
[65] Perrot et Théry, *op. cit.*, nº 45, pp. 47-49.
[66] 前掲注(38)。

布されている出版物の回収又は未回収を考慮して，アストラントの金額を確定することができる。この意味で，アストラントはマレーバ・インジャンクションに類似する」（以下，この部分をⅠという）。両教授はこのように述べて，英国のマレーバ・インジャンクションに関してかなり説明を加えているが，ここでは省略する(67)。

更に，両教授は次のように述べる。「アストラントは裁判の執行力の尊重確

---

(67) 両教授は，マレーバ・インジャンクションに関する 2004 年 6 月 30 日の破毀院第 1 民事部判決（Civ Ⅰ 30 juin 2004, D 2004. 2743, note N. Bouche）にも触れている。これは債務者の財産について，4 億 1100 万カナダドルの限度で，所在地にかかわらず，凍結を命じる旨の英国裁判所のマレーバ・インジャンクションについて，ブリュッセル条約に基づくフランスにおける執行の許否が問題になった事案である。同判決は，マレーバ・インジャンクションは民事の性質をもつ保全的・暫定的処分であって，その承認は，裁判国で付される刑事制裁（裁判所侮辱）とは別に検討すべきこと，債務者の基本権，外国の主権，とりわけ，いわゆる訴訟差止命令（injonctions dites《anti-suit》）とは異なり，執行国の裁判管轄権を侵害するものではないことを述べ，故に国際的公序に反するものではなく，承認・執行に関する他の要件を具備すれば，フランス法において効力を認めることができるとする。

なお，ブリュッセルⅠ規則に関わるものではないが，（米国の）裁判所侮辱については，最近の破毀院判決がある（2009 年 1 月 28 日第 1 民事部判決。Civ Ⅰ 29 janvier 2009, JCP 2009. 80, note É. Cornut. また http://www.legifrance.gouv.fr/ で検索できる）。これは次のようなものである。Yはフランス在住の米国人で，米国の金融会社の取締役（dirigeant）であったが，米国で証券取引法違反を理由に民事訴訟の被告とされ，詐取された財産の回復等のために選任された特別管理人（《receiver》〔administrateur ad hoc〕）であるXに協力するよう命じられ，更に，裁判所侮辱として遅延 1 日につき 100 ドル（遅延 1 日毎に倍額となる）を命じられた。YはXに協力しなかったため，裁判所侮辱の額は 1300 万ドル余と確定され，この支払いを命じる米国の裁判について，Xはフランスで執行の許可を求めた。執行を許可した控訴院判決に対し，Yは破毀を申し立て，(i)当該米国裁判は刑事の性質を有するもので，(ii)制裁はYの違反行為と均衡を失し，国際的公序に反すると主張した。破毀院はYの破毀申立てを排斥し，(i)については「外国の裁判官の命令の不遵守の制裁として，Yに対しある額の金銭の支払いを命じる裁判は，民事の性質の裁判に当たる」とした原判決を正当とし，(ii)については「Yが責任を追及された詐取（détournement）は 2 億ドルと算定されているから，これは 1789 年 8 月 26 日の人及び市民の権利宣言 8 条及び欧州人権条約附属第 1 議定書 1 条に反しない。故に，控訴院は，確定されたアストラント〔筆者注：裁判所侮辱金〕の額は比例原則に反しないと判断することができた」と述べた。

裁判所侮辱の性質について，2004 年判決は「刑事制裁」というが，2009 年判決は「民事」とする。この点に関し，2009 年判決の評釈者（Cornut）は，裁判所侮辱の多様性から説明できるとし，2009 年判決の事案では，裁判所侮辱金は被害を被った会社に帰すること，米国裁判所もこれを民事と判断したことが関係するとみている。

保を目的とすることから，属地性（territorialité）が別の局面で再び現れる。執行力は属地的であって，執行力の尊重を確保する方法の決定及びその方法の実施は，各国の権限に属する。同様に，アストラントの金額を確定できるのは，これを発令した国の裁判官のみである。すなわち，A国の裁判官は，B国で下された判決の尊重について配慮する必要はない。これに対し，A国の裁判にフランスで執行命令（exequatur）が付された場合は，フランスの裁判官がアストラントを発令することは，何ら妨げられない。ここで問題になるのは，外国判決にフランスで付与された執行力を尊重することだからである。こうした結論は，共同体規則43条〔筆者注：ブリュッセルⅠ規則49条〕が採用する結論と一致する。すなわち，アストラントを発令する外国裁判は，アストラントを発令した〔筆者注：国の〕裁判官により，予めその金額を確定された場合に限り，執行国で執行力を有しうる。というのも，執行国は，裁判国の裁判の命令権（*imperium*）を尊重する責任は負わない。これに対し，アストラントは，いったん金額を確定されれば，普通の債権となって，執行命令後は，債務者が財産を有する全ての地で執行が可能になる」（以下，この部分をⅡという）。

以上のようなペロー及びテリー両教授の見解の中で，注目しておきたい点を若干指摘する。Ⅰでは，アストラントが人的強制の性格を有することが重視されている。こうした性格を根拠として外国にも効力が及びうる[68]とし，その効力の現れとして，出版物の回収の例を引き，外国における行為の強制にアストラントを用いることを認めている。これを間接強制一般に引き直してみると，間接強制は他の執行方法とは異なって外国にも効力を及ぼすことができるとし，外国における作為・不作為を強制するための間接強制を認めると共に，その根拠を間接強制の人的な性格に求める考え方とみることができる。傾聴に値しよう。

Ⅱでは，アストラントも一般の執行方法と同様に，属地的な制約を受けることが述べられている。このうち「アストラントの金額を確定できるのは，これを発令した国の裁判官のみ」とする点は，前述のヘス＝ファイファー＝シュロッサー報告書の改正案とは反対の立場といえる。ペロー及びテリー両教授は，

---

[68] アストラントに域外的効力を認めるか否かについては議論があるが，ここでは立ち入らない。S. Guinchard et Moussa, *op. cit.*, nº 1711.163, pp. 1777-1778, par E. Guinchard.

この根拠を専ら国家主権に求めるようにもみえるが、アストラントの発令とその金額の確定は、切り離すことができない手続であるとの見方が、背景にあるように思われる。次に、本条により「アストラントを発令した〔国の〕裁判官により、予めその金額を確定された (liquidée) 場合に限り、執行国で執行力を有しうる」とする点は、フランスのアストラントのみならず、ベネルクス諸国のアストラント等の外国の間接強制一般に関する見解とみるならば、判例の立場すなわち問題②（債務者の不履行を条件として一定額の間接強制金の支払いを命じる外国裁判について、裁判国において間接強制金の額を確定する裁判を得ることの要否）について必要説を支持する趣旨とみることができる。フランスに限定する文言はないから、ペロー及びテリー両教授は必要説を支持するとみてよいであろう。

以上のように、フランスの学説は、判例と同様に、問題②に関し必要説を支持する。必要説は本条のモデルをフランスとみる立場であるから、この説がフランスで支持されるのは、ある意味で自然なことともいえる。それでも、フランスの判例・学説が必要説で固まっているとみられることには留意すべきである。私見もまた、フランスの判例・学説と同様、必要説を支持することは既述のとおりである（Ⅱ(2)）。

Ⅳ 結 び

(1) 考察の要旨

まず、本条（ブリュッセルⅠ規則49条）に関して述べてきたことについて要約する。なお、便宜上、論じた順序と若干異なる部分もある。

本条は、間接強制金の支払い（仏語テキストでは「アストラント」、英語テキストでは「制裁としての定期的な支払い」）を命じる外国裁判の執行（間接強制金の取立ての執行）が許されるのは、裁判国の裁判所により間接強制金の「額が確定的に定められていた場合」に限るとする。本条の解釈に関する問題としては、「額が確定的に定められていた場合」の要件を満たすために、間接強制金の支払いを命じる裁判が既判力を有する（確定している）ことを要するか（**問題①**）、間接強制金の支払いを命じる裁判が、履行しないときは一定額を支払えという

形式をとる場合，間接強制金の額を確定する別の裁判が必要かという問題（**問題②**）がある。その他，本条の適用は，定期金の方式で間接強制金の支払いが命じられた場合に限定すべきか（**問題③**），間接強制金に相当する金銭が国に支払われる場合にも，本条の適用を認めるべきかという問題（**問題④**）等もある（Ⅱ(1)）。

このうち問題②は，本条がどの国の制度をモデルとするかに関連し，本条の規律の根本に関わる問題と考えられる。実際には，間接強制金の額を確定する裁判を不要とする法制のベネルクス諸国の裁判について，執行の許可が求められた場合に問題になる。本条の前身であるブリュッセル条約43条に関するシュロッサー報告書の説明（問題②に関する自らの立場は明らかにしていない）や本条の文言に鑑みると，問題②について差当り次のような立場が考えられる。間接強制金の額を確定する裁判について，常に必要とする立場（本条のモデルは，このような裁判を必要とするフランスの制度とみる立場。必要説），裁判国法に委ねる立場（本条はフランスとベネルクス諸国の制度の折衷的なものとみる立場。折衷説）である。常に不要とする立場（本条のモデルはベネルクス諸国の制度とみる立場。不要説）も一応考えられるが，フランスの制度との関係で困難を生じるから，これを支持することは考え難い。

必要説に立つものとして，スウェーデンのPålsson教授及びフランスの判例・学説が挙げられる。フランスの判例は，裁判国法によることが許されない理由については，本条が各国法制の調和を図ることを目的とすること，間接強制金の額を確定する裁判国の裁判を要する理由については，この額の確定が，外国裁判の執行手続で禁じられる実体的審査を要することに求める（Ⅲ(1)）。ジョナール報告書も仏語版による限りは必要説と解する余地がある。一方，ヘス＝ファイファー＝シュロッサー報告書（欧州委員会の諮問を受け，近年作成されたブリュッセルⅠ規則の適用に関する報告書）は，問題②を直接論じてはいないが，本条はベネルクス諸国の制度に忠実に従いすぎるという。不要説とは考え難く，折衷説に基づくと考えられる。

私見は，次のような理由で，必要説に賛成する。本条の文言やジョナール報告書仏語版からみても，この説が自然であると思う。また，フランスの判例に鑑みると，本条は間接強制金の支払いを命じる外国裁判の執行手続で実体的審

査を排除するための仕組みと考えることができるが，実体的審査の排除を貫くためには，必要説が適している。

本条に関する立法論としては，ヘス＝ファイファー＝シュロッサー報告書が，次のような改正を提言する。(i)他の構成国における作為・不作為を命じる判決が許されることの明確化，(ii)執行国でも間接強制金の額を定めることができるようにするため，その額を定める権限を，執行の許可につき判断する司法機関に認めること（問題②関係。(iv)とも関連），(iii)間接強制金が国に支払われる場合にも本条の適用を認め，金銭は執行国の司法機関が取り立て，その引渡しは関係国の司法機関で行うこと（問題④関係），(iv)「確定的に」の文言の削除（問題①関係），(v)英語テキストの「定期的な（periodic）」の文言の削除である（問題③関係）。同報告書は具体的な改正案も提示する。これは(ii)を中心に(iv)(v)の実現を図るものにとどまるが，間接強制金の額を定める権限を執行国に与える点で，本条の規律を根本的に変更すると考えられる。

改正案の是非について直ちに結論は出せないが，疑問の余地はある。フランスの判例に鑑みても，間接強制金の額を定める裁判は，本案の問題と関連し，実体的な審理を要すると考えられる。故に，この額を定める権限を執行国裁判所に付与することは，執行国裁判所に少なからず重い負担を強い，手続の遅延を招くおそれもあるのではないかと思う。翻って，現行の本条は，実体的な審理を排除する仕組みと捉えれば，手続経済及び迅速化に資する面があると評価することもできると思う（Ⅱ(3)）。

(2) 若干の補足

考察の要旨で述べたように，私見は問題②につき必要説を支持する。すなわち，本条（ブリュッセルⅠ規則49条）は，フランスの制度をモデルにするもので，間接強制金の支払いを命じる外国裁判が，不履行を条件として一定額の支払いを命じる形式をとる場合，本条により執行が許されるのは，この裁判をした国の裁判所が間接強制金の額を確定する裁判をしていた場合に限ると解する。因みに，日本の間接強制は，不履行を条件に一定額を支払えと命じる裁判自体に基づく執行を認める点で[69]，ベネルクス諸国と同様である（Ⅱ(2)）。本条は，EU構成国の裁判所の裁判に適用されるものであるから（同規則32条），

日本の間接強制決定には適用されないが，仮に適用があるとして，本条を私見のように解すると，日本の間接強制決定については本条による執行は許されないことになる。

こうした本条の規律は，実体的な審理を排除する仕組みとして合理性があると考えるが，間接強制金の支払いを命じる外国裁判の執行の規律として最適なものか否かについては，本稿では検討していない。この点は，ヘス＝ファイファー＝シュロッサー報告書の提示する改正案の是非及び同報告書に付随する各国報告書の検討と共に，今後の課題とする。

最後に，考察の要旨では触れなかったが，本論で言及した次の2点に関し，補足しておきたい。

第1は，Ⅱ(3)で述べたように，外国における行為を強制するための間接強制を許すべきことである。このような間接強制は，とくに債務者の財産が国内に存在する場合には間接強制金の取立ても含め，外国裁判の執行手続を要しない点で，債権者にとって最も便利な間接強制の利用方法であり，その効用を損なわないようにすべきである。

このような間接強制が許される理論的な根拠に関しては，今後掘り下げた検討が必要であるが，基本的には，フランスの学説（ペロー及びテリー両教授）が指摘するように（Ⅲ(2)），間接強制の人的な性格に求めることができると思う。間接強制は，債務者の意思に働きかけるものであるから対人的な性格を有する。それ故，その効力は国内に制限されるものではなく，外国にも及ぶと考えられるのではないか。

また，このような間接強制の許容性の限界についても今後掘り下げた検討が必要であるが，基本的には，国内の行為を強制するための間接強制と同様に考えてよいと思う。国内の行為を強制するための間接強制についても，履行を強制できない債務等には間接強制が許されないことが一般に認められているし，私見としては間接強制が許されない場合をより緩やかに判断してよいと考えて

---

(69) 私見としては，日本の間接強制についても，フランスの制度のように，間接強制金の額を事後的に確定する手続を導入すべきであると考える。拙著・前掲注(9) 492頁以下。

いる⁽⁷⁰⁾。外国における行為を強制するための間接強制についても，基本的には，同様の枠組みで考えることができるのではないかと思う。

　第2は，間接強制金の制裁の性質に関することである。Ⅱ(1)で述べたように，本条は間接強制金が制裁であることを前提とする。国際的にみればこうした理解が一般的といえる。日本でも間接強制金を制裁と解する見解が有力とはいえ，損害賠償に充当することを認める民事執行法172条4項があること等により，損害賠償の一種とみる見方が根強いと思われるが，国際的なレベルでみれば，損害賠償の一種とする考え方は一般的とはいえない。

　間接強制金が制裁であることを強調すれば，間接強制金の支払いを命じる裁判が民事に関するものか否か（民事性）に問題が生じうる。本条に関しても，間接強制金に当たる金銭が国庫に帰属する場合には，民事性が問題となっている（Ⅱ(1)問題④）。しかし，ヘス＝ファイファー＝シュロッサー報告書は，この場合も制裁ではなく執行方法と解して民事性を肯定すべき旨の見解を示しており，賛成である。この見解に鑑みれば，次のような指摘ができる。まず，制裁の性質を有することから直ちに民事性を否定すべきではない。また，国に帰属するか債権者に帰属するかによって，直ちに間接強制金の性質に本質的な違いが生じるわけではないと考えるべきである。故に，取立てに関する問題はあるにせよ（この点につきⅡ(3)改正点第3点参照），間接強制金に相当する金銭の支払いを命じる外国裁判の執行において，この金銭が国等の公的機関に帰属するものであることから直ちに民事性を否定すべきではないと考える。

　〔付記〕　本稿は，国際保全・執行研究会における報告を大幅に改めたもので，同研究会の諸先生方に貴重な御教示を賜った。改めて厚く御礼申し上げる。

---

(70)　拙著・前掲注(9) 498頁。

第 2 部
民 事 法

7　ドイツにおける建築施工者の不動産の瑕疵についての法的責任

8　産科医療補償制度について

9　企業ポイントの概念整理及びポイントプログラム内容の不利益変更の有効性について

10　≪資料≫ドイツの投資奨励保護規定

11　知的財産法による規整の限界と不法行為法による救済の可能性について

12　商標制度利用者に求められる公益意識

7 ドイツにおける建築施工者の不動産の瑕疵についての法的責任
―― 瑕疵請求権の譲渡を中心に ――

小 西 飛 鳥

```
Ⅰ  はじめに              Ⅳ  責任の制限に関する規定
Ⅱ  建築施工者契約とは      Ⅴ  おわりに
Ⅲ  建築施工者の責任
```

Ⅰ はじめに

　建物の買主が，買い受けた建物に瑕疵を発見したときに，売主に対して瑕疵担保責任を追及することは当然に認められている（民法570条・566条）。それでは，買主は，この建物を施工した業者，設計者，工事監理者に対しても，瑕疵の責任を追及することができるだろうか。この点について，施工者，設計者の不法行為責任を認めた判決が平成19年に出されている[1]。建物の瑕疵に対して，売主が倒産あるいは資力が不十分であるなどといった理由で，事実上，責任追及ができない場合に，これらの者に対して責任の追及が可能であるとされたことは大きな意味がある。本稿では，建物を買い受けようとする者が，建物の瑕疵に対して，どのような法的保護を受けられるべきなのかを考えるための素材として，ドイツの建築取得に関わる建築施工者契約を中心にみていくことにする。ドイツの建設工事と我が国の建設工事とでは，違いがあり，請負の

---

(1) 最判平成19・7・6民集61巻5号1769頁以下。
　　　この判決については，すでに多くの評釈が出されている。秋山靖浩「欠陥建物・最高裁判決とその意義」法学セミナー637号（2008年）42頁以下，鎌野邦樹「建物の瑕疵についての施工者・設計者の法的責任―最二判平成19・7・6（平17(受)第702号，損害賠償請求事件，裁時1439号2頁）を契機として」NBL875号（2008年）4頁以下，幸田雅弘「欠陥住宅訴訟―施工業者の責任を認める」法学セミナー638号（2008年）18頁以下，原田剛「建物の瑕疵に関する最近の最高裁判決が提起する新たな課題―追完の場合の利用利益返還問題および瑕疵のある建物の『権利侵害』性」法と政治59巻3号（2008年）719頁以下，松本克美「建物の瑕疵と建築施工者の等の不法行為責任」立命館法学313号（2007年）774頁以下など。

方法について，我が国では発注者から元請に注文し，元請がさらに専門毎に下請けに注文するのが通常なのに対し，ドイツでは発注者が元請を経由せず，個々の専門業者に直接発注する方式をとることが少なくないため，ドイツとの比較を行う際には発注方式の相違による法律問題の相違がどのように具体化しているかを明らかにしなければならないとの指摘もある(2)。本稿では，我が国では元請として大規模建設会社が媒介していることがマンションなどの建設では多いことを踏まえたうえで，最も単純な関係である取得者（買主），発注者（売主）と個々の建築関係者（大工，左官などの職人（Handwerker））をめぐる問題を中心に検討していくことにする。以下では，まず建築施工者契約とは何かについて紹介し，次に建築施工者契約における不動産の瑕疵について，最後に建築施工者の有する建築関係者に対する請求権の譲渡について検討する。

II　建築施工者契約とは

建築施工者契約（Bauträgervertrag）とは，その契約の中で，建築施工者（Bauträger）が建築主として，営業として，設置する建物あるいは住居所有権建物（Eigentumswohnung）が取得者に譲渡されることをまず第1に内容とするものを指す(3)。

この建築施工者契約の性質には，さまざまな要素があり，売買契約の要素については，不動産（土地）の取得があり，請負契約の要素については，建設するという債務を負うとことである。またさらに，アレンジの給付，設計の給付，技術の給付といった要素も含んでいる(4)。

建築施工者契約は，不動産の売買契約の要素を含んでいるため，通常の売買契約と同様，ドイツ民法（以下では，条文数のみを挙げている）311b条1項1

---

(2)　栗田哲男「建設請負契約の比較法的検討の基礎―我が国における一括発注方式とドイツにおける分割発注方式との相違点を中心として―」立教法学35巻（1991年）39頁以下，39頁参照（同『現代民法研究(1)（請負契約）』（信山社，1997年）346頁）。

(3)　Gregor Basty, Der Bauträgervertrag, 5. Aufl. 2005, S. 2, Rn. 1 ; Peter Derleder, Der Bauträgervertrag nach der Schuldrechtsmodernisierung-Die Auswirkungen auf die Sachmängelgewährleistung, NZBau 2004, 237, S. 237.

(4)　Gregor Basty, a.a.O.（前掲注3），S. 3, Rn. 3 ; Peter Derleder, a.a.O.（前掲注3），S. 237.

文[5]により，公正証書化する必要がある。この形式をみたさない場合，契約の全体が無効となる[6]。これにより，公証人の関与が義務付けられ，契約当事者はその契約内容について理解し，また助言を受けることができ，当事者の望む契約形成が可能となる。

建築施工者契約の中で，住居所有権の売買，アウフラッスングの仮登記，建設の義務，代金（報酬）額，代金の支払い時期，強制執行の認諾，目的物の引渡の時期，アウフラッスング，瑕疵責任，解除権などが定められ，これらについて公証人が適宜，必要な助言を行ったことが記される[7]。

Ⅲ　建築施工者の責任

（1）　建築施工者の義務

建築施工者は，義務違反に対し責任を負う。建築施工者は，まず第1に売却された土地の所有（Grundbesitz）（土地，住居所有権，あるいは部分所有権あるいは地上権）並びに合意された建築を給付する債務を負う。それ故，物の瑕疵および権利の瑕疵（建築施工者契約の請負契約の要素に関しては633条1項参照[8]，

（5）　311b条　不動産，財産及び遺産に関する契約
　　①　当事者の一方が土地の所有権を移転又は取得する義務を負う契約は，公正証書によることを要する。（以下略）
　　（②項以下略）
　　（ドイツ民法（BGB）の条文については，断りのない限り，岡孝編著『契約法における現代化の課題』（法政大学出版局，2002年）182頁以下の訳によった。また，一度，注で紹介した条文については，本文中に条文が示されている場合にも，注で再度，引用することは省略している。）
（6）　Gregor Basty, a.a.O.（前掲注3），S. 65, Rn. 120.
（7）　例えば，Gregor Basty, a.a.O.（前掲注3），S. 509ff., Rn. 1048に契約のモデルが掲載されている。
（8）　633条　物及び権利の瑕疵
　　①　請負人は，注文者に物の瑕疵及び権利の瑕疵のない仕事を取得させなければならない。
　　②　仕事が合意した性状を有するときは，その仕事に物の瑕疵がないものとする。性状につき合意のない限り，次の各号のいずれかに該当するときは，その仕事に物の瑕疵がないものとする。
　　　1　仕事が契約において前提とした使用に適する場合
　　　2　仕事が通常の使用に適し，かつ，同種の仕事において普通とされ，注文者がその

第2部 民事法

この売買契約の要素に関しては433条1項2文[9]に対する責任が問題となる。建築施工者は，売却された目的物および（瑕疵のない）建築物の給付と並んで，建築施工者はさらなる義務を負う。場合によっては，この義務から，例えば，独立して引き受けられた計画の給付（Planungsleistungen），建築監督（Bauüberwachung），例えば，取得者によって第三者に与えられた特別の望みの引き受けあるいは融資の仲介に関して，建築施工者の独立の責任が認められる[10]。

(a) **契約締結前の義務**

建築施工者は，契約締結前の説明義務及び助言義務が課せられている。取得者にとって，契約の締結を決定すること際して意味のあるすべての状況に関して説明しなければならない。さらに，与えられた情報，例えば，賃貸の可能性及び賃貸料の高さに関する情報が与えられた場合，この情報は正しく完全でなければならない[11]。取得者が，契約の交渉の間に建築計画とは異なる希望を述べた場合，建築施工者は，その希望を実現すると必要になる建築許可並びに，既存の建築許可と矛盾する障害に対して助言しなければならない[12]。そのような助言義務に違反すると，取得者は契約の解消の請求をすることができる。建築施工者は，契約の方式の無効性とは関係なく，損害賠償として，公証費用，登記費用，取得者が融資に要した費用並びにすでに支払われた不動産取得税の利息に対して債務を負う[13]。

   仕事の種類から期待できる性状を有する場合
  請負人が注文とは異なる仕事を製作し，又は製作された仕事が過少であるときは，物の瑕疵と同様とする。
  ③ 第三者が仕事に関し注文者に権利を行使することができないとき，又は契約において引き受けた権利のみを行使することができるときは，その仕事に権利の瑕疵がないものとする。

(9) 433条 売買契約における契約類型上の義務
  ① 売買契約により，物の売主は，買主に物を引き渡し，物の所有権を移転する義務を負う。売主は，物の瑕疵及び権利の瑕疵のない物を買主に取得させなければならない。
  （②項略）
(10) Gregor Basty, a.a.O.（前掲注3）, S. 452, Rn. 933.
(11) Gregor Basty, a.a.O.（前掲注3）, S. 452, Rn. 934.
(12) BGH 11. 7. 2002, http://www.bundesgerichtshof.de/［最終アクセス日2008. 10. 1］
(13) BGH 11. 7. 2002, http://www.bundesgerichtshof.de/［最終アクセス日2008. 10. 1］

(b) 契約上の付随義務

建築施工者契約から，通常，契約上の付随義務が生じる。建築施工者は，取得者に契約の実行の間，取得者にとって意味のある全ての状況を説明しなければならない。特に，取得者には，施設及び建物の区画の一部での必要な整備に関して，情報が与えられなければならない[14]。

(c) 建築施工者契約からは独立した助言義務

建築施工者は，建築施工者契約に基づいて，原則として，税法上の成果に関してはなんの責任を取得者に対して負わない。しかしながら，これに対して，建築施工者が，契約交渉の過程で，特に，質問に対して，明確な助言を付与した場合には異なる[15]。その際，建築施工者契約とともに締結された（311b条1項の形式の規定が適用されない）助言契約が問題である[16]。例えば，建築施工者が，費用と税法上の優遇措置に関して計算した事例を見せた場合には，建築施工者は，責任を問われることになる[17]。

(2) 権利の瑕疵に対する責任

債務法の改正[18]により，売買法（433条1項2文）と同じ規定が，請負契約法（633条1項）においても採用され，権利の瑕疵のないことに対して責任が課せられることになった。ただ，これまでも学説上，権利の瑕疵についても売買法の規定が類推適用されていたため[19]。請負契約法への権利の瑕疵責任の統一は，建築の給付と関連しない限りで（例えば，都市計画（Planung）に関する独占法），建築施工者契約に関してなんの根本的な変更を生じないといって

---

[14] Gregor Basty, a.a.O.（前掲注3），S. 453, Rn. 935.
[15] Gregor Basty, a.a.O.（前掲注3），S. 453, Rn. 936.
[16] Vgl. BGH 27. 11. 1998, BGHZ 140, 111 ; 31. 10. 2003, 156, 371.
[17] BGH 27. 11. 1998, BGHZ 140, 111, 115 ; 6. 4. 2001, NJW 2001, 2021 など。
[18] ドイツの債務法の改正について，特に請負法の分野に関する日本語の文献として，芦野訓和「ドイツ新債務法における請負法の改正―我が国への示唆を含めて―」駿河台法学17巻1号（2003年）3頁以下，今西康人「ドイツ新債務法における仕事の瑕疵に関する請負人の責任」関西法学52巻4＝5号（2003年）85頁以下，デートレフ・レーネン（永田誠訳）「ドイツにおける債務法の現代化＝売買契約ならびに請負契約の新規制および新消滅時効法」日本法学69巻1号（2003年）239頁以下がある。
[19] 芦野・前掲注(18) 13頁以下。

よいとされる[20]。

　権利の瑕疵は，第三者が契約目的物に関して，取得者に対し，契約で引き受けていない権利を主張できる場合に存在する（435条1文参照[21]）。特に，賃貸借[22]あるいは存在する住居拘束法（Wohnungsbindungsgesetz）に基づく社会的拘束（Sozialverbindung）[23]といった，登記簿の第2項及び第3項における負担が考慮されなければならない。権利の瑕疵は，増築された倉庫（Speicher）が住居所有権法上，住居目的に使用されてはならないこと[24]，あるいは併せて売却されたホビールームの単独の使用は，特別所有権（Sondereingentum）あるいは特別使用権（Sondernutzungsrecht）によっては保証されない場合[25]に存在する。同様のことは，公法上の義務についても妥当する。例えば，土地の一部分（Teilfläche）が，市町村（Gemeinde）に譲渡されなければならないという公法上の義務が課せられている場合に権利の瑕疵が存在する[26]。権利の瑕疵責任を問われることを避けるために，引き受けられるべき権利及び負担及び取得者が引き継ぐ権利及び負担を場合に応じて明確に契約上示されなければならない[27]。

　権利の瑕疵がない状態は，法律の規定によれば，アウフラッスングおよび登記の結果として，所有権取得が完成した時点で生じていなければならない。しかしながら，すでに占有の移転の際にもはや存在してはならない（例えば，賃貸関係，Pacht関係）瑕疵と，もう少し後の時点，通常，所有権の書き換えの際には除去されなければならない（例えば，Grundpfandrecht）瑕疵とを区別することは，権利の瑕疵に関して意義があるとされる。このことは，特に，契約

---

(20)　Gregor Basty, a.a.O.（前掲注3），S. 455., Rn. 938.
(21)　435条　権利の瑕疵
　　　第三者が物に関し買主に権利を行使することができないとき，又は売買契約において引き受けた権利のみを行使することができるときは，その物に権利の瑕疵がないものとする。土地登記簿に存在しない権利が登記されているときは，権利の瑕疵と同様とする。
(22)　Vgl. BGH 8. 11. 1991, DNotZ 1993, 670.
(23)　BGH 21. 1. 2000, http://www.bundesgerichtshof.de/［最終アクセス日 2008. 10. 1］
(24)　BGH 26. 9/2003, NJW 2004, 364.
(25)　BGH 28. 2. 1997, DNotZ 1998, 51.
(26)　BGH 4. 6. 1982, NJW 1983, 275.
(27)　Gregor Basty, a.a.O.（前掲注3），S. 455, Rn. 939.

が，占有の移転と所有権の書き換えの間に，長い時間が予定されている場合に，妥当する[28]。

権利の瑕疵責任を排除することは，古い権利，つまり，登記簿に登記されていない役権では可能であるが，これは形式に従って行わなければならず，消費者契約においては重大な過失のない場合に限られる（309条7b号[29]）[30]。

---

[28] Gregor Basty, a.a.O.（前掲注3），S.455f., Rn.940.
[29] 309条　評価の余地のない条項禁止
　　法律の規定と異なることが定められる場合であっても，普通取引約款において，次の各号に掲げるものは，無効とする。
　　　（1号から6号略）
　　7　（生命，身体及び健康の侵害並びに重大な過失がある場合の免責）
　　　（a号略）
　　　b　（重大な過失）
　　生命，身体及び健康以外の損害について，約款使用者の重大な過失による義務違反若しくは約款使用者の法定代理人若しくは履行補助者の故意若しくは重大な過失による義務違反に基づく責任を排除し，又は制限すること；（以下略）
　　8　（義務違反におけるその他の免責）
　　　（a号略）
　　　b　（瑕疵）
　　新しく製造される物の引渡し及び請負給付に関する契約において，次の各号に掲げるいずれかに該当することを定める条項
　　aa　（[責任の] 排除及び第三者 [に対する権利行使] の指示）
　　　瑕疵に基づき約款使用者に対して行使する請求権について，その全部若しくは一部を排除し，第三者に対してのみ請求権を認め，又は第三者に対してあらかじめ裁判上の権利行使をすることを要件とすること
　　bb　（追完の制限）
　　　追完が達成されなかった場合において，減額する権利，又は瑕疵に基づく責任の対象が建築工事である場合を除いて契約相手方の選択により契約を解除する権利が当該契約相手方に明示的に留保されていないときに，約款使用者に対する請求権を全部又は一部につき追完請求権に制限すること
　　cc　（追完における費用）
　　　追完のために必要とされる費用，特に運送費，交通費，労務費及び材料費に関する約款使用者の負担を排除し，又は制限すること
　　dd　（追完の不当な留保）
　　　約款使用者が，対価の全額前払い，又は瑕疵と比較して不当に高額な対価の部分的前払いを前提としてのみ追完を行うこと
　　ee　（瑕疵通知の除斥期間）
　　　約款使用者が，契約相手方に対して，容易に発見できない瑕疵の通知につき，ffにより認められる期間よりも短い除斥期間を設けること
　　ff　（消滅時効期間の短縮）

(3) 物の瑕疵に対する責任

(a) 土地に関する責任

建築施工者が契約に基づいて給付しなければならない土地についての責任は，請負契約に基づくのではなく，売買契約法に基づき定められる[31]。この場合，消滅時効について定める438条1項[32]の2号（5年の消滅時効），3号（2年の消滅時効）のいずれが適用されるかについては争いがある[33]。

土地についての責任に関しては，建築施工者契約は売買契約と請負契約の要素が特別に結びついた固有な契約であることが重要であることが考慮されなければならない。土地の瑕疵は，これから設置されるあるいはすでに設置された建築物へ影響を及ぼす限りで，請負契約上の責任が存在する[34]。このことは，土地の瑕疵，例えば，化学物質による土地の汚染[35]（いわゆる，アルトラステン）が，建築物の利用を不可能にし，あるいは制限する場合に特にあてはまる。

　　　第438条第1項第2号及び第634a条第1項第2号に該当する場合において，瑕疵に基づき約款使用者に対して行使する請求権の消滅時効を短縮し，又はその他の場合において，法定の消滅時効の開始から1年よりも短い時効の完成を認める時効期間を設けること；この規定は，建設請負工事規定第B部を全体的に組み込んだ契約については適用しない。
　　（9号以下略）
(30) Gregor Basty, a.a.O.（前掲注3），S. 456, Rn. 940.
(31) BGH 10. 10. 1973, BGHZ 63, 96；BGH 16. 4. 1974, BGHZ 60, 362；Thode/Quack, Abnahme und Gewährleistung im Bau-und Bauträgervertrag, 2003, Rn. 21.
(32) 438条　瑕疵に基づく請求権の消滅時効
　① 前条第1号及び第3号に掲げる請求権は，次の各号に掲げる消滅時効にかかる。
　　（1号略）
　　2　次に掲げるいずれにも該当するときは5年
　　　a　土地工作物のとき
　　　b　物をその通常の使用方法に従って土地工作物に使用してその欠陥を引き起こしたとき
　　3　その他のときは2年
　　（②項以下略）
(33) Gregor Basty, a.a.O.（前掲注3），S. 456, Rn. 941.
(34) Gregor Basty, a.a.O.（前掲注3），S. 456, Rn. 942. 契約締結の際に建築物が完成しているか否かは関係なく，請負契約法が適用される。Peter Derleder, a.a.O.（前掲注3），S. 238.
(35) OLG Düsseldorf 21. 8. 1996, NJW 1996, 3284；OLG München 21. 4. 1994, NJW 1995, 2566.

この状況は，建築物の設置の際に，健康を害する物質（例えば，ホルムアルデヒド）が使用された点を評価するのと異ならない(36)。両事例とも，契約により要件とされた利用が損なわれるからである(37)。

さらに，建築施工者が必要な建築策定の履行（Planungsleistung）を義務付けられているという事情もある。土地の瑕疵は，責任を制限することができない建築策定の瑕疵としても現れる。建設計画（Bauplanung）に対する責任を理由に，建築施工者は633条BGBに基づき建設事業計画（Bauvorhaben）の法的および事実上の実行可能性(38)及び目的物の利用適合性に関して責任を負う。建築士に応じて，建築施工者は，土地に関して調査義務および検査義務，例えば土地の実際の状況及び公法上及び私法上の制限に関する調査・検査義務が課せられる(39)。

(b) 建築物に関する責任

(i) 瑕　　疵

建築施工者は，建築物が瑕疵のない状態で建設されることが義務付けられている。契約の当事者が義務付けられた性状（Beschaffenheit）として合意したものが基準となるが，その際，とりわけ，広告，パンフレットでの記述が考慮されうる(40)。建築物の現に有る性状があるべき性状と乖離している場合に，物の瑕疵があることになる。すなわち，価値および利用適合性を侵害していることは，それ故，旧633条(41)とは異なり，物の瑕疵の存否とは結びつかない(42)。瑕疵は，なされた給付が，経済的に技術的に見れば，合意された給付よりもよい場合であっても，存在することになる(43)。

受領（Abnahme）の時期が，瑕疵の存否の基準となる。その際，通常の損耗は，それだけでは物の瑕疵があるとは判断されない。例えば，環境によい塗装の耐用年数が4年であった場合，この期間の経過後新しく塗りなおされなけれ

---

(36) Vgl. OLG Nürnberg 15. 1. 1992, NJW-RR 1993, 1300.
(37) Vgl. OLG München 3. 4. 1998, NJW-RR 1999, 455.
(38) Vgl. BGH 21. 12. 2000, NJW 2001, 1642.
(39) Gregor Basty, a.a.O.（前掲注3），S. 457, Rn. 943.
(40) Gregor Basty, a.a.O.（前掲注3），S. 457, Rn. 944.
(41) 芦野・前掲注(17) 11頁以下参照。
(42) Gregor Basty, a.a.O.（前掲注3），S. 356, Rn. 729.
(43) Gregor Basty, a.a.O.（前掲注3），S. 457, Rn. 944.

ばならないが，この必要な塗り替えは，取得者が引き受けなければならない損耗であって，この場合には瑕疵は存在しない[44]。このことは，特に，取得者が，自己の占有している時点において，必要な整備，例えば暖房設備の整備を怠った場合に，当てはまる。整備の必要性およびその整備が行われるべき間隔に関して，建築施工者は特に助言しなければならない。そうでない場合には，建築施工者は，契約に基づく付随義務違反に基づき，損害賠償を義務付けられる[45]。

(ii) 瑕疵請求権

建築物の瑕疵に関しては，建築施工者は，請負契約に基づいて責任を負う[46]。取得者ないし注文者は，634条[47]による権利を有している。新築の建物に瑕疵があるときは請負契約法により瑕疵が判断され，634条に基づく請求権が認められるが，中古の建物の場合には，売買契約法により瑕疵が判断される（後述Ⅳ(1)も参照）[48]。これにより，取得者ないし注文者は，まず第一に追完（Nacherfüllung）を請求できる。すなわち，請負人（Unternehmer）は，建築物を新しく作り直すか，瑕疵を除去するかを自らの選択により実行できる[49]。原則として，これに関して，請負人には相当な期間が付与される（例外として636条，281条2項，323条2項[50]）。瑕疵の除去は，それが過度の費用

---

(44) Brambring/Jerschke/Waldner, Beck'sches Notarhandbuch, 4. Aufl., 2006, A. II (Kutter), S. 271, Rn. 101.
(45) Gregor Basty, a.a.O.（前掲注3), S. 457, Rn. 945.
(46) BGH 16. 4. 1973, BGHZ 60, 362；BGH 5. 4. 1979, BGHZ 74, 204.
(47) 634条　瑕疵がある場合における注文者の権利
　仕事に瑕疵がある場合において，別段の定めがない限り，注文者は，次の各号に掲げる権利を有する。
　　1　第635条による追完請求権
　　2　第637条による瑕疵除去権及び必要費償還請求権
　　3　第636条，第323条及び第326条第5項による解除権又は第638条による報酬減額権
　　4　第636条，第280条，第281条，第283条及び第311a条による損害賠償請求権又は第284条に基づく無駄になった費用の賠償請求権
(48) Peter Derleder, a.a.O.（前掲注3), S. 238.
(49) 原田剛『請負における瑕疵担保責任［補訂版］』（成文堂，2009年）73頁以下に請負人が瑕疵修補の方法を選択する権利について，ドイツの判例・学説の流れで詳しく紹介されている。

が必要となるときには，拒絶することができる。

　追完のために設けられた相当な期間が成果なく経過した場合には，注文者は下記のことを請求できる。まず，第1に，637条[51]に基づき瑕疵を自ら除去し，必要な代償（Ersatz）の費用（Aufwendug）を請求することができる。第2に，契約を解除することができる（636，323，326条5項[52]）[53]。第3に，報

---

(50)　636条　解除及び損害賠償に関する特則
　　第281条第2項及び第323条第2項のほかに，請負人が前条第3項により追完を拒絶するとき，追完が達成されなかったとき，又は注文者に期待することができないときは，期間を定めることを要しない。
　　281条　給付がないこと又は給付が契約に適合しないことに基づく給付に代わる損害賠償
（①項略）
②　債務者が給付をすることを断固としてかつ終局的に拒絶するとき，又は当事者双方の利益を衡量して損害賠償請求権を即時に行使することを正当化するような特別な事情が存在するときは，期間の定めを要しない。
（③項以下略）
　　323条　不履行又は履行が契約に適合しないことに基づく解除
①　双務契約において債務者が履行期到来の給付を履行せず，又はその履行が契約に適合しない場合において，債権者は，債務者に対して履行又は追完のために相当期間を定め，その期間が徒過したときは，契約を解除することができる。
②　次の各号のいずれかに該当する場合には，期間の定めを要しない。
　　1　債務者が給付することを断固としてかつ終局的に拒絶するとき
　　2　債務者が契約において定めた期日又は期間内に給付をせず，かつ，債権者がその契約において給付が適時にされなければ給付利益が存続しないとしていたとき
　　3　当事者双方の利益を衡量して特別な事情から即時の解除が正当とされるとき
（③項，④項略）
⑤　債務者が給付の一部しか履行しない場合において，債権者は，給付の一部では利益がないときにのみ，契約の全部を解除することができる。債務者の給付が契約に適合しない場合において，その義務違反が重大でないときは，債権者は，契約を解除することができない。
（⑥項略）
(51)　637条　注文者による瑕疵の除去
①　注文者は，請負人の追完拒絶が適法でないときは，仕事の瑕疵を理由として，追完のために定めた相当の期間が経過した後に，その瑕疵を自ら除去し，必要な費用の償還を請求することができる。
②　第323条第2項は，［この場合に］準用する。追完が達成されなかったとき，又は注文者に期待することができないときは，期間を定めることを要しない。
③　注文者は，請負人に，瑕疵の除去のために必要な費用の前払いを請求することができる。

酬を減額することができる（638条(54)）。第4に，636，280，281，311a条(55)

> (52) 326条　給付義務が排除された場合における反対給付からの解放及び解除
> （①項から④項略）
> ⑤　債務者が第275条第1項から第3項までにより給付を要しないときは，債権者は，解除することができる；解除については，期間の定めを要することなく第323条を準用する。
>
> (53) 原田・前掲注(49) 174頁以下にドイツの請負契約における解除問題が詳しく紹介されている。
>
> (54) 638条　報酬減額
> ①　注文者は，解除に代えて，請負人に対する意思表示によって報酬を減額することができる。第323条第5項第2文の排除原因は，［この場合には］適用しない。
> （②項略）
> ③　減額の場合には，報酬は，契約締結時における瑕疵がない状態の仕事の価値と実際の価値を比較して引き下げられる。減額は，必要なときに限って，査定によって算定される。
> ④　注文者が減額された報酬より多く支払っていたときは，請負人は，超過額を返還しなければならない。第346条第1項及び第347条第1項は，［この場合には］準用する。
>
> (55) 280条　義務違反に基づく損害賠償
> ①　債務者が債務関係から生じる義務に違反した場合には，債権者は，これにより生じた損害の賠償を請求することができる。これは，義務違反につき債務者に帰責事由がない場合には適用しない。
> ②　債権者は，第286条により付加された要件を満たす場合においてのみ，給付の遅延に基づく損害賠償を請求することができる。
> ③　債権者は，第281条，第282条又は第283条により付加される要件を満たす場合においてのみ，給付に代わる損害賠償を請求することができる。
>
> 　281条　給付がないこと又は給付が契約に適合しないことに基づく給付に代わる損害賠償
> ①　債務者が履行期到来の給付をせず，又は給付が契約に適合しない限り，債権者は，債務者に対して履行又は追完のために相当な期間を定め，その期間が徒過した場合には，前条第1項の要件のもとで給付に代わる損害賠償を請求することができる。債務者が給付の一部しか履行しない場合には，債権者は，給付の一部について利益を有しないときにのみ，全部の給付に代わる損害賠償を請求することができる。債務者の給付が契約に適合しない場合において，その義務違反が重大でないときは，債権者は，全部の給付に代わる損害賠償を請求することができない。
> ②　債務者が給付をすることを断固としてかつ終局的に拒絶するとき，又は当事者双方の利益を衡量して損害賠償請求権を即時に行使することを正当化するような特別な事情が存在するときは，期間の定めを要しない。
> （③項略）
> ④　債権者が給付に代えて損害賠償を請求したときは，給付請求権は，ただちに消滅する。
> ⑤　債権者が全部の給付に代えて損害賠償を請求する場合には，債権者は，第346条から第348条までに基づきすでに給付したものの返還をただちに請求することができる。

の要件の下で損害賠償を請求することができる。第5に，284条[56]に従って無駄になった費用の代償を，費用の前払い（Kostenvorschuss）として，請求することができる[57]。

債務法改正までは，瑕疵を理由とする請求権の段階的な関係を契約の条項として，「まず第一に，瑕疵の除去，第二に，売買代金の引き下げを請求できる」というように規定されるべきであった。改正後は，法律で段階的な関係が定められたため，そのような条項を定めることはもはや必要なくなった[58]。

住居所有権（Wohnungseigentum）の場合に，瑕疵が各自の特別所有権（Sondereigentum）に関連している限り，各取得者は，この権利及び請求の行使を制限されない。共同所有権（Gemeinschaftseigentum）の瑕疵の場合に，この瑕疵が特別所有権に影響をもたらす場合にも，また逆に，共同所有権へ影響をもたらす特別所有権の瑕疵の場合にも，共同の相関性（Gemeinschaftsbezogenheit）に基づき，権利の行使が制限される[59]。この共同の相関性については，第5及び第7民事部の評価は一致しておらず，加えて，共同所有権に対する要求が，すべての取得者にとって同一でなければならないとされてはいないことから，いかなる結果を生じるかは不明確なままである[60]。判例によれば，個々の取得者は，共同所有権の瑕疵の場合に，いわゆる主たる（第1義的な）瑕疵請求権（特に追完請求権，すなわち瑕疵の除去，ならびに瑕疵除去にかかった費用の補

　311a条　契約締結の際に給付が妨げられていること
① 債務者が第275条第1項から第3項までに基づき給付をすることを要せず，契約締結の際にすでにその給付が妨げられていることによって，給付の効力を妨げない。
② 債権者は，その選択に従い，給付に代わる損害賠償又は第284条が定める範囲の費用の賠償を請求することができる。これは，債務者が契約締結の際に給付を妨げる事情を知らず，かつ，知らないことにつき帰責事由もないときは，適用しない。第281条第1項第2文及び第3文並びに第5項は，［この場合に］準用する。
(56)　284条　無駄になった費用の賠償
　債権者が給付を受けることを信じて出費をし，かつ，それが正当な場合には，債権者は，給付に代わる損害賠償に代えてその費用の賠償を請求することができる，ただし，債務者の義務違反がなかったとしても出費の目的を達することができなかったであろうばあいは，この限りでない。
(57)　Gregor Basty, a.a.O.（前掲注3），S. 457f., Rn. 946.
(58)　Gregor Basty, a.a.O.（前掲注3），S. 458, Rn. 947.
(59)　Gregor Basty, a.a.O.（前掲注3），S. 458f., Rn. 948.
(60)　Gregor Basty, a.a.O.（前掲注3），S. 459, Rn. 948.

償および他人の修補に関する費用の前払い）を無制限に主張できる[61]。すなわち，このことは，他の取得者の権利には依拠せず適用されるが，特に，その他の取得者の請求権がすでに時効消滅している場合に意味がある[62]。いわゆる第2の（2次的な）瑕疵請求権（代金減額，損害賠償）は，建築施工者が自分自身，唯一の共同所有者（Miteigentümer）ではない限り，あるいは当該瑕疵が特別所有権へのみ影響を与える限りで，共同相関性を理由として，共同（住居所有者，取得者）の決定に応じた範囲でのみ主張できる[63]。しかしながら，契約を解除する可能性は，これによっては制限されない[64]。

(iii) 時　　効

瑕疵請求権は，634a条1項2号[65]に基づき，建築物の仕事の際には5年で時効消滅する。消滅時効は，目的物の受領によって開始する（634a条2項）。悪意の黙秘の事例において，つまり，建築施工者は，建築物の重大な瑕疵を受領の際に認識しており，このことを取得者に明示しない場合，時効消滅は，634a条3項も適用されうる。その限りで，199条1項に基づき1年の終わりに開始する3年の通常の消滅時効期間（195条[66]）が適用される。この請求は，634a条1項2号から生じる5年の期間（634a条3項2文）及び，請求権の発生後，遅くとも10年，詳しく言うならば，生命，身体，健康及び自由の侵害の

---

(61) Gregor Basty, a.a.O.（前掲注3），S. 459, Rn. 948.
(62) BGH 21. 2. 1985, DNotZ 1985, 622.
(63) BGH 28. 10. 1999, MDR 2000, 204；BGH 10. 3. 1988, NJW 1988, 1718；BGH 4. 11. 1982, NJW 1983, 453.
(64) BGH 10. 5. 1979, BGHZ 74, 258.
(65) 634a条　瑕疵に基づく請求権の消滅時効
　① 前条第1号，第2号及び第4号に掲げる請求権は，次の各号に掲げる消滅時効にかかる。
　　（1号略）
　　2　土地工作物及びこれを計画し，又は監督する仕事については5年
　　3　その他の仕事については通常の消滅時効期間
　② 消滅時効は，前項第1号及び第2号に掲げる場合には，引取りの時から進行する。
　③ 請負人が瑕疵を知りながら告げなかったときは，第1項第1号及び第2号並びに前項にかかわらず，請求権は，通常の消滅時効期間により消滅時効にかかる。第1項第2号の場合には，その号が定める期間が満了する前には，消滅時効は，完成しない。
　（④，⑤項略）
(66) 195条　通常の消滅時効期間
　通常の消滅時効期間は，3年とする。

場合の30年の消滅時効（199条2項[67]）の前には消滅しない。以上のことから主観的な要素が存在する場合，5年の責任よりも長期に責任が認められうる。

Ⅳ　責任の制限に関する規定

(1)　合意による責任の制限

一般取引約款あるいは消費者契約（Verbrauchervertrag）における責任の制限は，特に，309条8b号及び307条[68]の要件をみたす必要がある。責任の制限をすることは，個別契約（Individualvertrag）においてもまた242条[69]に違反する可能性がある[70]。一般規定によれば責任を制限することが無効であっても，値引き（Preisnachlass）した場合には可能にすることができるかどうかは，判例では判断されていない。文献では，このことを，原則としては排除していない[71]。しかしながら，307条以下の規定は，この可能性を開いていな

---

[67]　199条　通常の消滅時効期間の起算点及び最長期間
（①項略）
②　生命，身体，健康又は自由の侵害を理由とする損害賠償請求権は，その発生の有無を問わず，また，[それを]知っているか又は重大な過失により知らないかにかかわらず，行為の時，義務違反の時又は損害を惹起するその他の出来事が発生した時から30年の消滅時効にかかる。
（③から⑤項略）

[68]　307条　内容規制
①　普通取引約款に含まれる条項は，当該条項が信義誠実の原則に反して約款使用者の契約相手方を不相当に不利益に取り扱うときは，無効とする。不相当な不利益は，条項が明確でなく，又は平易でないことからも生じる。
②　ある条項が次の各号のいずれかに該当する場合であって，疑いがあるときは，不相当に不利益な取扱いと推定する。
　1　法律の規定における本質的基本思想から逸脱し，合意すべきでないとき
　2　契約の性質から生じる本質的な権利又は義務を著しく制限し，契約目的の達成を危険にさらすとき
③　前2項並びに第308条及び第309条は，法律の規定と異なる規律又はこれを補充する規律を合意した普通取引約款に含まれる条項についてのみ適用する。前文に該当しない条項は，第1項第1文との関連における第1項第2文により無効とする。

[69]　242条　信義誠実による給付
債務者は，取引慣行を考慮して信義誠実に従い，給付をすることが義務付けられる。
（本条文については，拙訳による。）

[70]　BGH 29. 6. 1989, BGHZ 108, 164.

い。場合によっては，値引きは，責任に関する個別的合意のための根拠となり得る[72]。責任の制限に関する有効な条項は，いずれにせよ，義務付けられた建築の給付（Bauleistung）の領域に関しては，見分けがつかない。というのは，合意されたものとは異なる物が給付されないように，義務付けられた性状（Beschaffenheit）に関して正確かつ明確な規定のみが，責任の回避に関して建築施工者の観点からも言えるのだが，薦められるからである[73]。

新築の場合には，責任の制限に関して規定することは，通常，309条8b号に違反する。当該契約が売買契約あるいは請負契約として定められているかどうかは，取るに足らないことである。309条8b号の意味における新築は，譲渡人が建築物をまず第1に自身で製造したかあるいは2，3ヶ月住んでいたかということによっては，排除されず，新築として扱われる。展示のために指定された使用している，契約締結の際にすでに完成した「モデルハウス」は，新築物でありうる。このことは，アルトバウ全体の近代化（Totalsanierung），例えば歴史的なファサードで囲われているが中身は新築である建築物にも当てはまる[74]。当事者の考えおよび取引慣行に従って，取得者は，新築を取得させられるかどうかが，決定される[75]。目的物が完成後に使用されたか否かが顧慮されなければならないという根拠を，完成後に経過した時間は示している。文献では，その限りで非常にさまざまな期間が挙げられているが，その間にその者自身があるいは他者が使用したという事例に関しては，その目的物が完成後，数年経過した後には，もはや新しいとはみなされないという見解がある[76]。完成後に使用されていない目的物の場合，学説では，2，3あるいは

---

(71) Christian Kesseler, Die Insolvenz des Bauträgers, RNotZ 2004, 176, S. 215f.; Gregor Basty, a.a.O.（前掲注3），S. 462, Rn. 954.
(72) Gregor Basty, a.a.O.（前掲注3），S. 15f., 462, Rn. 24, 954.
(73) Gregor Basty, a.a.O.（前掲注3），S. 351ff., 462, Rn. 722ff., 954.
(74) Gregor Basty, a.a.O.（前掲注3），S. 395ff., 462, Rn. 811ff., 955.
(75) Vgl. Jürgen Doerry, Bauträgerschaft, Baubetreuung und Bautreuhand schaft sowie Prospekt haftung bei Baumodellen in der Rechtsprechung des Bundesgevichtshofs, WM 1991 Sonderbeilage Nr. 8, S. 4; Gregor Basty, a.a.O.（前掲注3），S. 462, Rn. 955.
(76) Rainer Kanzleiter, Die. Sachmängelgewährleistung beim kauf von Häusern und Eigentumswohnungen, DNotZ 1987, 651, S. 659; Kutter, a.a.O.（前掲注44），A. II, S. 237, 271, Rn. 11, 100; Gregor Basty, a.a.O.（前掲注3），S. 462, Rn. 955.

5年の期間が限界事例として考慮されている[77]。

ここで5年の法定の時効期間よりも短かい期間を正当と認める限りで，このことは全ての場合において，完全な責任の排除を正当化するのではなく，ただ消滅時効期間の短縮化を正当化するに過ぎない[78]。

ある目的物が新築として譲渡される場合には，特にそのような期間は重要性を有しない[79]。新築として売却する売主の建築施工者は，提示された期間よりも明らかに長期の期間が経過した場合には，この見解を気にしなければならない。これとの関連で，建築物が建設された当時すでに転売の意図があったかどうか，及び譲渡が個人（Privat）である譲渡人によって行われたかどうか，あるいは建築における営業の行為によって行われたかが大きな意味を有する。つまり，営業上の建築施工者については，建築完成後のより長い期間経過後も，新築であることを期待することが多いということである[80]。

(2) 建築関係者に対する請求権の譲渡

建築施工者契約のうち少なくない契約において，建築施工者が建築関係者（Baubeteiligte）（すなわち，設計者，エンジニア，供給者（Lieferante），下請人（Subunternehmer））に対する瑕疵請求権を取得者に譲渡しあるいは，一定の要件の下では譲渡しなければならないということが定められている[81]。補充的な契約解釈の方法で，請求権の譲渡あるいは義務は，厳格な要件の下でのみ肯定されうるとされる[82]。譲渡の規定によって，さまざまな目的が追求されうる。場合によっては，建築施工者の固有の責任を制限することが，目指される

---

(77) Kanzleiter, a.a.O.（前掲注76）, S.651 では1年；Brambring/Jerschke/Waldner, a.a.O.（前掲注44）, A. II (Kutter), S.237, 271, Rn.11, 100 では2年；Hans-Hermann Klumpp, AGB-Gewährleistungsausschluß für "alte" Neubauten?, NJW, 1993, 372, S.374 では5年。

(78) Gregor Basty, a.a.O.（前掲注3）, S.463. 486f., Rn.955, 1009f.

(79) Kanzleiter, a.a.O.（前掲注76）, S.659；Gregor Basty, a.a.O.（前掲注3）, S.463, Rn.956.

(80) Vgl. OLG Frankfurt 17. 5. 1995, IBR 1997, 232.

(81) Vgl. Schmidt/Eue, Münchener Vertragshandbuch, I. 30 Anm. 51 und im Vertragsmuster unter §11 Abs.2；Gregor Basty, a.a.O.（前掲注3）, S.467, Rn.966.

(82) Vgl. BGH 20. 12. 1996, NJW 1997, 652；Thode/Quack, a.a.O.（前掲注31）, Rn.536；Gregor Basty, a.a.O.（前掲注3）, S.467, Rn.966.

(これについては，下記(a)を参照)。しかしながら，特に建築施工者の倒産に目をやると，取得者の法的地位を強めること（これに関しては，下記(b)を参照），特に，住居所有権（Wohnungseigentum）の場合に，譲渡によって目指された結果をもたらすことが可能であるか（これに関しては下記(c)を参照）どうかは非常に疑わしいことが問題であるとされる[83]。

(a) 建築施工者の責任を制限するための譲渡——補充責任条項

2002年3月21日の連邦通常裁判所（BGH）判決[84]によれば，取得者が，取得者に譲渡された他の建築関係者への建築施工者の瑕疵請求権を実行しようとしたが成果を得られなかった場合に初めて，建築施工者が責任を負うという建築施工者契約上の条項は，307条2項2号に基づき，通説の見解[85]とは反対に無効とされた。契約の目的の達成が危険にさらされるため，契約の性質から明らかとなる契約当事者の本質的な権利と義務を制限することは，連邦通常裁判所の見解によれば認められないとされる[86]。判例の見解によれば，取得者は，瑕疵の徴候について発見しそれを伝えさえすればよく，瑕疵の原因，つまり個々の建築関係者（大工，左官工，建具工などの職人）のいずれの者が責任を負うべきかについてまで明らかにする必要はないとしているが，これは取得者にとって計り知れないほどの長所である[87]。

連邦通常裁判所が，この譲渡条項／補充責任条項全体を無効と解釈するのであれば，建築施工者の補充責任およびそれにより認められる消滅時効期間の延長に関して，原則としてなにも適用する余地がないことになる。その限りで，消費者の観点から，この判決は，むしろ不利である。判例の変更によって生じる消滅時効の問題点が，どのようにして解決されうるかどうかが問題である。これまで有効とみなされてきた条項を顧慮して，（そして建築施工者の補充責任への信頼において），取得者が，まず第一に，譲渡された権利から，弁償しても

---

(83) Gregor Basty, a.a.O.（前掲注3), S. 467f., Rn. 966.
(84) BGH 21. 3. 2002, BGHZ 150, 226
(85) Volken Emmerich JuS 2003, 90；Frank Peters, JR 2003, 17, S. 20f.；Gregor Basty, a.a.O.（前掲注3), S. 468, Rn. 967.
(86) Gregor Basty, a.a.O.（前掲注3), S. 10, 468, Rn. 14, 967.
(87) Vgl. BGH 7. 6. 2001, MDR 2001, 985 (http://www.bundesgerichtshof.de/［最終アクセス日 2008. 10. 1］)

らうことを望んだ場合，その間に生じた固有の責任についての時効を建築施工者が援用することは，信義誠実の原則に違反する（242条BGB）。というのは，建築施工者の行為，すなわちあいまいな契約条項が，取得者の振る舞い方の動機付けとなったからである。少なくとも，変更された判例に合わせるために，引渡（Übergang）の時期についても適用されなければならない。さらに，Bastyの考えでは，それだけでなく，その条項が使用されるすべての事例において，これまでの判例によれば補充責任が影響を及ぼすであろう期間に適用してかまわないとされる[88]。

(b) 建築関係者に対する請求権の「担保のための債権譲渡」

建築関係者に対する請求権の担保のための債権譲渡（Sicherungsabtretung）は，取得者の法的地位を強める可能性があるとされる。しかし，譲渡の場合に建築施工者の経済的な破綻という危険が広範囲に広まっている時点では，建築施工者に対する瑕疵請求権は，通常は実行可能ではない。建築関係者に対する請求権が，譲渡可能である場合には，建築施工者に対する主たる責任（Primärhaftung）をそのまま保持し，それに加えて第三者に対して建築施工者が有する請求権を取得者は予定しておくという規定が薦められる[89]。建築施工者は，この請求権の実行に関して，自己にも権限が保持されたままの状態にしておくべきとされる。問題になるのは，特に，建築施工者が自らの義務の履行が遅れ，相当な期間をともなった書面による催告によっても義務の履行がなされない場合，あるいは建築施工者に対する請求権がもはや存在しない場合の契約形成である[90]。

契約文言の例

「担保のために，譲渡人が，建築に関係する建築士，大工などの職人，供給者，その他全ての建築に関与する第三者に対して譲渡人に帰属する履行請求権，損害賠償請求権並びに瑕疵を理由とする請求権を取得者に譲渡する。取得者の譲渡人

---

(88) Gregor Basty, a.a.O.（前掲注3），S. 469, Rn. 969.
(89) 取得者の権利を拡張するそのような規定は，譲渡された請求権の範囲の観点から，広く解釈されうる。
(90) Brambring/Jerschke/Waldner, a.a.O.（前掲注44），AII (Kutter), S. 273, Rn. 107；Gregor Basty, a.a.O.（前掲注3），S. 469, Rn. 970.

に対する請求権は，この譲渡によっては，影響を及ぼさない。すなわち，この取得者の譲渡人に対する請求権は，第三者に対する請求権を事前に行使することなく，行使することができる。この譲渡は，譲渡人が自己の義務が遅滞に陥り，相当な期間を伴う催告によっても義務が履行されず，あるいは譲渡人に対する請求権がもはや存在しない場合に初めて，有効である。譲渡人は，この請求権を自己の費用で実行することについての権限を依然として有する」[91]

このような契約上の合意が，取得者に建築施工者の倒産の場合に実際，役に立つものかどうかは，不確実である[92]。その限りで，あらゆる場合に単に譲渡を義務付けることは意味がないようにもみえる[93]。また，譲渡された請求権の実行可能性が疑わしい事例もある。すなわち，建築施工者に対する未解決の債権（Forderung）が，建築関係者に帰属する限りで，建築関係者は，404条[94]に基づき瑕疵請求権及び特に給付拒絶権に対して異議を申し立てることができるからである[95]。

(c) **第三者に対する請求権の譲渡可能性，優先原則**

瑕疵請求権の譲渡は，住居所有権および部分所有権の譲渡の場合に特に問題となる。請求権の譲渡については，この請求権がそもそも譲渡可能であることが要件である。特に，譲渡可能性は，合意によって排除されうる（399条[96]）。

---

(91) Gregor Basty, a.a.O.（前掲注3），S. 470, Rn. 970.
(92) Christian Kesseler, a.a.O.（前掲注71），S. 199f.；Gregor Basty, a.a.O.（前掲注3），S. 470, Rn. 970.
(93) Christian Kesseler, a.a.O.（前掲注71），S. 199；Gregor Basty, a.a.O.（前掲注3），S. 470, Rn. 970.
(94) 404条　債務者の抗弁（Einwendung）
　　債務者は，新たな債権者に対して，旧債権者に対して債権の譲渡の時点で根拠となっていた抗弁をもって対抗することができる。
　　（本条文については，拙訳による。）
(95) Schöner/Stöber, Grundbuchrecht, 13. Aufl., 2004, S. 1393, Rn. 3225；Gregor Basty, a.a.O.（前掲注3），S. 470, Rn. 970.
(96) 399条　内容の変更あるいは合意による譲渡の排除
　　当初の債権者以外の者に対する給付が，当初の［債権の］内容の変更なしには実行され得ないとき，あるいは譲渡が債務者との合意によって排除されているときには，債権は，譲渡することができない。
　　（本条文については，拙訳による。）

このことは，譲渡の譲受人の多数と向き合うことを予想しなければならない場合には，関係者である職人の観点から，特に筋道を外れているようには思われない。なぜなら，その排除の合意によって，譲受人の法的地位は，悪くなるからである。この事例に関して，場合によっては暗黙での譲渡の排除を導くことも可能であるとされる[97]。

　譲渡に関しては，優先原則が妥当する。これにより，請求権はただ一度譲渡されうる。同じ請求権のさらなる譲渡は，無意味になる。第１の譲渡の譲受人のみが，譲渡された請求権の所持者となる。この原則は，住居所有権建物の設備（Eigentumswohnanlage）が問題となっている場合にも，建築関係者に対する建築施工者の請求権に関しても妥当する[98]。第１譲受人は，事情によって融資をしている銀行であり，遅くとも第１取得者である。遅れた取得者は，結果として譲渡された請求権を主張できない可能性がある。譲渡された瑕疵請求権に関する訴訟において，いずれの譲渡が第１であるのかしばしば確定することができない[99]。建築関係者に対する瑕疵請求権の譲渡によって得ようとされた目標は，従って達成できないことになる。すなわち，この条項では，請求権を譲り受けたことを積極的に認めることができないという結果をもたらす訴訟の要因となり得る。それを裏付ける点として，これを放棄することが挙げられる。このことから，住居所有権建物の設備だけでなく，各々の独立した住居部分についても，職人がしばしば単一の注文に基づいて，複数の家についての作業を実行することを考慮することが重要である。

　これに対して，個々の取得者が，自己の住居部分に関係する請求権のみを保持し，各取得者が自己の住居部分に応じた請求権を共同所有権（Gemeinschaftseigentum）に関して取得するという解釈は，説得力をもたないとされる。建築施工者は，職人，設計者などに対して，通常，（例えば，個々の住宅に関連して）分割できない，ただ唯一の一体的な瑕疵請求権を有している。共同所有権に関して，各取得者は，利害関係を有し，その完成した製造物に対する請求権を有

---

(97) Gregor Basty, a.a.O.（前掲注３），S. 470, Rn. 971.
(98) Friedrich Quack, Mehrfachabtretung von Mängelansprüche an Erwerber：Gilt nur die erste Abtretung?, IBR 2005, 210；Gregor Basty, a.a.O.（前掲注３），S. 470, Rn. 972.
(99) Friedrich Quack, a.a.O.（前掲注98），S. 210；Gregor Basty, a.a.O.（前掲注３），S. 470, Rn. 972.

しているため，自己の住居部分に応じた請求権は，目標達成には結びつかず，とりわけ，建築施工者が倒産した場合に，しばしば所有者は個々にばらばらの単位となるのが問題となる[100]。また，譲渡された請求権を考慮すると，全ての取得者からなる連帯債権者団（Gesamtglaübigerschaft）による方法は，説得力をもっては根拠付けられない[101]。これまで建築施工者契約において利用されてきた条項は，いずれにせよ別の方向へ進んでいる[102]。取得者らにとって，その都度の契約形成は不利となるであろうが，連帯債権者団は，取得者らの側にも，職人の側にも，相応した意思を前提とする。特に，建築施工者によって各住居の売買が一時期にではなく，徐々に行われる典型的な売買では，この構成と矛盾する。すなわち，倒産するとなんの担保の保証が他にないので，譲渡が即時に有効でなければならないとき，譲渡の譲受人は決定していなければならないからである[103]。将来の取得者から構成される共同体は，これには適さない。後から登場した取得者が，当初の取得者の関与なしに，譲渡された権利からいかに権利を獲得できるかということも根拠付けることができない[104]。そこで，優先原則と結びついた問題を避ける契約形成が検討されなければならないとされる[105]。

---

(100) Gregor Basty, a.a.O.（前掲注3），S. 471, Rn. 973.
(101) Friedrich Quack, a.a.O.（前掲注98），S. 210；Gregor Basty, a.a.O.（前掲注3），S. 471, Rn. 972.
(102) Gregor Basty, a.a.O.（前掲注3），S. 471, Rn. 973.
(103) Christian Kesseler, a.a.O.（前掲注71），S. 199；Gregor Basty, a.a.O.（前掲注3），S. 471, Rn. 973.
(104) Gregor Basty, a.a.O.（前掲注3），S. 471, Rn. 973.
(105) Gregor Basty, a.a.O.（前掲注3），S. 471f., Rn. 974 では，契約形成の具体的な方法について，検討されている。すなわち，第1に，形成されつつある住居所有者共同体（Wohnungseigentümergemeinschaft）への譲渡が，考えられる。この共同体が，取得の請求権が仮登記によって保証され，占有が移転した場合に，初めて発生する結果，この共同体への譲渡は，非常に後になって，有効になる可能性があるとされる。第2に，取得者の共同体への譲渡も考慮される。問題であるのは，一つには，この共同体は，大規模住宅の場合にはほとんど行為能力をもたないことであり，また一つには，この共同体の状態は，継続的に変化し，個々の取得者が，解消（Aufhebung）あるいは解除（Rücktritt）によって，共同体から除外されることである。第1の取得の時点では，全くなんの共同体も存在していないかもしれない。これと関連する問題は，即時に譲渡されないことによってのみ，避けることができる。譲渡の義務は，とりわけ建築施工者の倒産において，望まれた結果をもたらさないといってよいとされる。第3に，管理人へ

V おわりに

　ドイツでは，建築施工者契約において，建築施工者が個々の建築関係者に対して有する瑕疵請求権を取得者に譲渡することを契約の中であらかじめ定めるのが通常である。ただ，それにより全ての問題が解決するわけではない。特に，マンションのような住居所有権建物については，複数の取得者が建築施工者に対して，この瑕疵請求権の譲渡を受けた場合，いずれの者が瑕疵請求権もつことになるのか，またその際にどのような文言を契約書で定めたらよいのかについては，上述のように議論があり，遅れて登場した取得者が建築関係者に対して権利を確実に行使できるかについては問題がある。

　我が国においても，例えば，消費者が建物を購入する場合に，特にこれから建設するないし建設中の建物を建設会社から購入するときには，売買契約のなかに請負契約の要素が含まれることになる。この場合に，買主（注文者）が，建設会社が建築関係者に対して有する瑕疵請求権を売主（請負人）から譲り受けることは意味があるように思われる。というのは，ドイツと同様に売主である建設会社が倒産した場合に，個々の建築関係者に責任を追及することができるからである。また，不動産会社から一般の消費者が建物を購入する場合でも，売買契約の中で，不動産会社が建設会社との間で締結した請負契約上の債権を，譲り受けることが検討されるべきであろう[106]。さらに，場合によっては，建

の譲渡が，検討される価値がある。問題なのは，譲渡と関連する義務は，住居所有権法によれば管理人の任務の領域に属さないことであるとされる。管理人は，時折，非常に遅い時期に任命される結果（例えば，最初の所有権者の集会において），それまで譲渡を行うことができないのである。管理人の職務は通常，早い時期に任命されたとしてもそれとは無関係に，第１の住居が入居可能になった時に開始し，そしてそれ以前には通常なんの報酬も受け取られないことによって，管理人へ譲渡することの困難さが生じるのである。最後に，検討する価値があるのは，ただ，第１取得者が，譲渡された請求権を信託者として，全ての後に出現する取得者のために保持し，場合によっては，主張するという取り決めに拘束されることによって，第１取得者への譲渡が行われる場合であるように思われる。それに結論が拘束されることを考えると，とりわけ第１取得者はこの結論に対する心構えができていないかもしれない。第１取得者の契約が破棄されあるいは，解除によって無意味になった場合に，この構成では，解決可能な紛糾はほとんど存在しないかもしれないとされる。

(106)　鎌野・前掲注（１）11頁以下では，注文者だけでなくその後の取得者に対しても責任を一定期間負うとする請負契約約款の定立の検討を示唆する。

設会社が建築関係者に対して有する下請負契約上の債権を買主が取得することを考慮する必要があろう。マンションのような区分所有建物については，ドイツと同様の問題が生じると思われるが，この点については，今後の課題としたい。また，本稿では，瑕疵請求権の譲渡に限定して検討したが，建築施工者契約で定めておくべき他の事項，例えば瑕疵担保の免除についての問題も今後，検討する必要があると思われる。

　［後記］　2001年秋から1年間，ハルトヴィーク先生の下で研究滞在する予定でしたが，その渡独直前に先生が亡くなられたため，残念ながらお目にかかることができませんでした。しかし，お手紙を通じて先生のお人柄に触れ，またハルトヴィーク夫人にはドイツ滞在中に，大変お世話になりました。ここに感謝の意を記します。

8　産科医療補償制度について
── アメリカにおける分娩に関連する脳性麻痺に対する無過失補償制度との比較 ──

我　妻　　　学

　　Ⅰ　はじめに　　　　　　　　Ⅲ　分娩に関連する無過失補償制
　　Ⅱ　アメリカにおける分娩に関連　　　度と裁判による救済
　　　する無過失補償制度　　　　　Ⅳ　おわりに

Ⅰ　はじめに

　2009年1月より産科医療補償制度（以下，「本件制度」と略記する）が開始されている。本件制度は，安心して産科医療制度を受けられる環境整備の一環として，分娩に関わる医療事故により脳性麻痺となった児及びその家族の経済的負担を速やかに補償するとともに，事故原因の分析を行い，将来の同種事故の防止に資する情報を提供することなどにより，紛争の防止・早期解決及び産科医療の質の向上を図るものである[1]。

　補償の対象となるのは，2009年1月1日以降に出生した児の内，出生体重が2,000グラム以上かつ在胎週数33週以上で，身体障害者等級が1，2級相当の重症者である[2]。ただし，出生体重，在胎週数の基準を下回る場合であっても，在胎週数が28週以上の場合には，個別審査により補償の対象となりうる。これに対して，先天性要因，新生児期の要因は，本件制度の対象から除外されている。

　分娩に関連して発症した重度脳性麻痺と認定された場合には，準備一時金

（1）　産科医療補償制度のホーム・ページ（http://www.sanka-hp.jcqhc.or.jp/outline/index.html）参照。
（2）　障害程度の認定は，上肢不自由，下肢不自由，体幹不自由及び脳原性運動機能障害（上肢機能・移動機能）の別に認定される。乳幼児に係る障害認定は，障害の程度を判定することが可能となる年齢（概ね満3歳）以降に行われる。1級相当とは，両上肢・下肢の機能を全廃し，体幹の機能障害により座っていることなどができないものである。2級相当とは，両上肢・下肢の機能の著しい障害が認められ，体幹障害により坐位又は起立位を保つことなどが困難なものである（産科医療補償制度に係る診断基準作成に関する検討会『産科医療補償制度に係る診断基準作成に関する検討会報告書』資料参照）。

600万円と補償分割金として，2,400万円が看護・介護費用として毎年定期に給付される（年間120万円を20年間給付される）。

本件制度は，分娩を取り扱う病院，診療所及び助産所（以下，「分娩機関」と略記する）が，本件制度の運営組織である日本医療機能評価機構（以下，「運営組織」と略記する）が損害保険会社との間で締結する産科医療補償責任保険契約への被保険者としての加入を運営組織に申請するものである。妊産婦は，出産を予定している分娩機関が本件制度に加入しているか否か，また，本件制度の補償内容を確認する。その上で分娩機関は，自院で出産を予定している妊産婦の情報を運営組織に登録する。

分娩機関は，運営組織を通じて損害保険会社に保険料を支払う。この費用は，分娩費用の一部として最終的に妊産婦が負担をする。

出生した児が重度脳性麻痺と認定された場合には，産科医療補償制度補償約款の規定に基づき分娩機関が児に対して本件補償金を支払う。この場合，本件補償金には，分娩機関が産科医療責任保険契約に基づいて支払を受ける保険金が充てられる。

2007年2月に財団法人日本医療機能評価機構の中に産科医療補償制度運営組織準備委員会（近藤純五郎委員長，河北博文委員長代理）が組織され，脳性麻痺児の発生率等の詳細調査のほか，補償対象者の範囲，補償額，保険料等の設定，審査制度等，保険制度設計，事故の原因分析などを検討し，2008年1月23日に『産科医療補償制度運営組織準備委員会報告書』が公表されている[3]。本件制度は，国が直接補償するというよりは，私的な保険商品として制度設計をしている点に特色があるといえよう。

本件制度は，分娩に関連する重度脳性麻痺に対する無過失補償制度による救済策として，高く評価されるが，制度の詳細は必ずしも確定されておらず，特に補償の仕組み，補償の対象，補償金と損害賠償請求の関係など，検討すべき課題は残されている。

アメリカでは，1970年代に医療訴訟が増大し，患者が勝訴した場合に，懲罰的損害賠償を含めて高額な損害賠償請求が医師あるいは医療機関に対して認

（3） http://jcqhc.or.jp/html/obstetric.htm. より入手することができる。

められたため，医師の加入している賠償責任保険の保険料が急騰し，医師がリスクをともなう分娩，先端医療などを行うことに躊躇するといった陰のイメージが我が国においても紹介されている。

産婦人科医の賠償責任保険料の高騰を抑制し，保険会社が賠償責任保険を引き受けることによって，産婦人科医離れを回避することを目的として，分娩に関連する脳性麻痺に特化した無過失補償制度を 1980 年代に施行しているのが，アメリカのバージニア州[4]およびフロリダ州[5]である。

本論文では，我が国において新たに導入された産科医療補償制度とアメリカにおける分娩に関連する脳性麻痺に対する無過失補償制度とを比較検討する[6]。本来，比較研究をするには，両国の健康保険制度，不法行為責任と医師の賠償責任保険，患者の医療安全および医療制度改革など複合的な要因を分析する必要がある。しかし，本論文では，無過失補償の対象および問題点を中心に検討する。

　（付記）　本論文は，平成 20 年度科学研究費基盤研究（A）「医療紛争における患者と医療従事者の新たな救済過程の構築」（研究代表者：我妻学）の研究の成果の一部である。

II　アメリカにおける分娩に関連する無過失補償制度

(1)　分娩に関連する無過失補償制度の沿革

アメリカでは，医療訴訟の事件数が増加することにともなって，医師の賠償責任保険料が急騰し，医師が責任賠償保険に加入できないことが問題となっている[7]。このような医療危機は，1970 年代以後に顕在化し，その対応策とし

---

(4) Comments, *Virginia's Birth-Related Neurological Injury Compensation Act: Constitutional and Policy Challenges*, 22 U. Rich. L. Rev. 431 (1987). 2007 年 3 月 25 日にバージニア州の無過失補償制度の代表 George Deebo 氏より聞取調査を行った。

(5) D. Studdert and L. Frits and T. Brennan, *The Jury is still in: Florida's Birth-Related Neurological Injury Compensation Plan after a Decade*, Journal of Health Politics, Policy and Law, Vol25, No. 3, 499 (2000); T. Tedcastle and M. Dewar, *Medical Malpractice ; A New Treatment for an Old Illness*, 16 Fla. St. U. L. Rev535 (1988).

(6) 両制度についてのより詳細な分析は，我妻学「分娩に関連する脳性麻痺に対する無過失補償制度」都法 48 巻 2 号 79 頁（2008 年）など参照。

て，カリフォルニア州の医療被害賠償改革法（Medical Injury Compensation Reform Act）（MICRA）のように，慰謝料の上限額を25万ドルに限定すること，弁護士費用（成功報酬）を制限すること，出訴期間を制限することなどの州法の改正が1975年に行われている。バージニア州においても医療訴訟の損害賠償総額の上限を75万ドルと限定する法律が1977年に施行されている[8]。

このように州法で医療訴訟における損害賠償額を制限することは，陪審員が賠償額を判断する憲法で保障されている権利を害するのではないか，が裁判上争われている[9]。特にBoyd v. Bulala事件（647 F. Supp. 781（W. D. Va. 1986））は，バージニア州法が医療訴訟に関する損害賠償額の上限を制限しているのは連邦憲法で保障している陪審員による賠償額の算定権能を制限するとして違憲であると判断し，懲罰的損害賠償を含めた多額の損害賠償請求を認めている[10]。

産婦人科は，他の診療科と比較して，訴訟事件数が多く，和解の場合を含め

---

(7) R. Kersh, *Medical Malpractice and the New Politics of Health Care in Medical Malpractice and the U.S. Health Care System*（W. Sage and R. Kersh（eds.）at 44-49 (2006).
(8) 1983年の改正で，損害賠償の上限を100万ドルに引き上げられている。
(9) フロリダ州法で，非経済的損害に関する賠償金を45万ドルに上限を制限することは，裁判へのアクセス権を侵害し，違憲であると判断した判例として，Smith v. Department of Insurance 507 So. 2d. 1080 (1987) などがある。これに対して，合憲と判断している判例として，Barlow v. North Okaloosa Medical. Center, 877 So. 2d 655, 658 (Fla. 2004) 参照。
(10) 事案は，以下の通りである。看護師からXの出産が始まったことを自宅にいたY医師は，電話で連絡された。Xの出産予定日より3週間も前であるにも係わらず，Yは病院に行って診察あるいは夜勤の看護師に指示をすることなく自宅で待機していた。胎児の状態が医師によって適切に監視されていなかったため，看護師は，胎児の心拍数が通常よりもはるかに低いことことに気づかず，出産の直前になってもまだ自宅にいたYに胎児の異常をはじめて連絡した。その直後にXは極めて重篤の低酸素症の胎児Aを出産し，Aは脳性麻痺，四肢麻痺などの身体的および精神的に重大な障害を被った。そこで，XとAは医療過誤を理由にYに対して，損害賠償請求を提起した。
　陪審員は，賠償金，医療費の他，懲罰的損害賠償金（XとAに対して各100万ドル），総額830万ドルの支払いをYに命じている。この評決に対して，Yは1977年に施行されているバージニア州法が損害賠償の総額を75万ドルに制限していることを理由に賠償金の減額をトライアル後に裁判所に求めている。Aは，トライアルの6週間後に死亡している。連邦地方裁判所は，連邦裁判所における民事事件とは異なり，州裁判所における民事事件に関して，陪審裁判は当然に保障されているわけではないことを指摘した

て損害賠償額が高騰したため，1980年代において，産婦人科医の賠償責任保険料も急騰している。賠償責任保険料を引き上げても訴訟において産婦人科医が敗訴する事件も多く，特にBoyd v. Bulala事件は，バージニア州法による医療訴訟の損害額の上限を制限することは違憲であると判断したため，バージニア州において，主要な保険会社が産婦人科を対象とする賠償責任保険を引き受けなくなった（第二次医療危機）。

バージニア州は，1987年に労働災害補償および自動車保険といった全国的な無過失補償制度を参考にして，分娩に関連する脳性麻痺に対する補償法（Virginia Birth Related Neurological Injury Compensation Act）を制定し，アメリカにおける分娩に関連する脳性麻痺に特化した無過失補償制度を最初に導入している。その後に，フロリダ州もバージニア州を参考にして，1988年に分娩に関連する脳性麻痺の無過失補償制度（NICA）を導入している。

分娩に関連する脳性麻痺に対する無過失補償制度の目的は，従来の過失責任に基づく裁判による損害賠償による救済から特に重大な脳性麻痺に関して無過失補償制度を新たに設けることによって，医師あるいは病院の過失の有無を問わず，裁判を提起しなくても補償が認められること，不法行為に基づく損害賠償の対象を中・軽度の脳性麻痺に限定することによって，損害賠償額をある程度予測可能にし，結果的に産婦人科医の賠償責任保険額を抑制することによって，バージニア州における病院および医師が分娩を継続して行うことを支援し，患者が産科医療をより享受しうるようにすることにある[11]。なお，バージニア州で無過失補償制度が設立された後に，Boyd v. Bulala事件に関して，連邦控訴裁判所は，違憲とした連邦地方裁判所の判断を覆し，連邦憲法修正第4条に違反しないと判断している[12]。

貧困のため，かかりつけの医師のいない妊婦に対して，産婦人科医が分娩を行った場合に，仮に分娩に関連して重度の脳性麻痺を発症したとしても，民事裁判の対象から除外することによって，貧困者が分娩することを医師および病

　　上で，バージニア州法で，医療過誤訴訟の損害賠償額に関して制限していることは，損害額を算定する陪審員の権能を制限するものであり，違憲であると判断している。
(11)　Comments, supra note 4 at 432；R. Bovberg and F. Sloan, *No-Fault for Medical Injury: Theory and Evidence*, 67 U. Cin. L. Rev. 53, 83 (1998).
(12)　Boyd v. Bulala, 877 F. 2d. 1191 (4th Cir. 1989).

院が拒否しないことも無過失補償制度の導入の目的とされている。ただし，実際には，バージニア州においても，かかりつけ医のいない妊婦に対する出産に関して，後で訴訟になる場合のリスクをおそれて，拒絶する場合が少なくないようである[13]。

特に分娩に限定して無過失補償制度を設けているのは，分娩を取り扱っている産婦人科医に対する患者の勝訴率が高く，勝訴した場合の損害賠償額も他の診療類型よりも高額であること，実際に提訴される件数も多いため，産婦人科医の賠償責任保険額が高騰し，保険会社も産婦人科医の賠償責任保険を引き受けなくなり，産婦人科医は賠償責任保険額が低廉な他の州に移動すること，リスクをともなう分娩を行わなくなることなどによって，特に地方での産婦人科医不足が問題となるといった悪循環に陥っているからである。したがって，労働災害補償は，工場での重大な事故の急増に対して，コモンロー上の労働者の権利が不十分であるのを保護するために立法化されたのに対して，分娩に関連する無過失補償制度は，被害者の迅速な救済よりもむしろ医師および医療機関を医療訴訟から保護する観点が強いこと，対象を重度の脳性麻痺に限定しており，幅広い労働者の職場の安全確保を目的とする労働災害補償と制度趣旨が必ずしも同一とはいえないとの指摘がなされている[14]。

(2) 無過失補償制度の概要
(a) 無過失補償制度に参加している医師および医療機関

バージニア州における分娩に関連する無過失補償制度は，医師および医療機関の参加を強制するものではなく，あくまでも自発的な制度である。これに対して，フロリダ州では，医師の参加は自由であるが，病院は必ず無過失補償に参加しなければならない。

バージニア州の無過失補償制度に参加するには，バージニア州で医師，助産

---

[13] Joint Legislative Audit and Review Commission of the Virginia General Assembly, *Review of the Virginia Birth-Related Neurological Injury Compensation Program*, at 4-7 (2003).

[14] Comments, supra note 4 at 437；S. Martin, *NICA-Florida Birth-Related Neurological Injury Compensation Act: Four Reasons Why This Malpractice Reform Must Be Eliminated*, 16 Nova Law Review 613 (2002).

師の資格を有し，現に産婦人科医，一般医（family practitioner）あるいは助産師として，常勤あるいは非常勤で業務を行っていることが必要である[15]。さらに，無過失補償制度に参加する医師は，貧困者に対する分娩を拒否しないことを健康委員（Commissioner of Health）との間で誓約書を毎年提出する必要がある。病院の場合には，バージニア州で認可され，貧困者にも分娩を行っていることが必要である（バージニア州における分娩に関連する脳性麻痺補償法§38.2-5001）。2008年6月1日現在，37の病院と609名の婦人科医師が参加している（医師の氏名および所在地の郵便番号などが公表されている）。バージニア州全体では，分娩の65％，バージニア州北部では，85％以上の参加率であるとされており，地域的偏差が存在する。

分娩を取り扱う病院（分娩1例につき50ドル。バージニア州法で不法行為に基づく損害賠償請求の上限が定められているので，無過失補償の場合にも拠出金の年間上限は18万ドル（2008年）に制限されている）および産婦人科医（年間5,400ドル（2008年））の他，他の診療科の医師も一定額（年間290ドル（2007年））を拠出している（§38.2-5020)[16]。研修医あるいは医師を廃業した者などは，拠出金を支払う必要はない。

産婦人科医以外の医師も拠出金を支払うことに対して，違憲であるか否かが争われたが，判例は，無過失補償制度によって，医師の賠償責任保険額が抑制しうることから，他の診療科の医師も広く賠償責任を引き受けてもらう恩恵を享受していると評価し，合憲であると判断している[17]。

---

(15) 助産師だけが分娩に立ち会い，担当医師が実際には分娩に立ち会わず，電話で助産師にピトシンの投与を指示している場合に，病院での出産とは認めず，フロリダ州の無過失補償が認めらなかった第1審判断を覆し，助産師であっても担当医の監督の下であれば，医師が実際に立ち会ったのと同じであるとした判例がある（Fluet v. Birth-Related Neurological Injury Comp. Ass'n, 788 So. 2d 1010 (Fla. 2d Dist. Ct. App. 2001)。

(16) Oliver Wyman, *Virginia Birth-Related Neurological Injury Compensation Program, 2008 Annual Report including projections for Program Years 2008-2010*, AppendixA Exhibit2, 4.

(17) King v. Virginia Birth-Related Neur. Inj. Comp. Plan, 410 S. E. 2d 656, 686 (Va. 1991)．フロリダ州においても，合憲であると判断されている（McGibony v. Fla. Birth-Related Neurological Injury Compensation Plan, 564 So. 2d 177 (Fla. 1stDist. Ct. App. 1990). Coy v. Fla. Birth-Related Neurological Comp. PLan, 595 So. 2d 943, 945 (Fla. 1992))。

第2部　民 事 法

　分娩に関連する無過失補償は，バージニア州の出生障害基金（Birth Injury Fund，以下，「基金」と略記する）によって運営されている。具体的には，医師および医療機関からの拠出金を基にして，運営されている。バージニア州は，基金の運営に関与しているが，バージニア州および連邦政府は，財政的な負担をしていない。実際に無過失補償の対象となる件数が極めて限定されているので，純粋に私的な保険では対応できないからである[18]。ただし，バージニア州では，後述するように2000年以降に基金の財政状態が逼迫したため，保険会社も一定額を拠出している点に特色があり，フロリダ州においては財政問題が顕在化していない[19]。

　無過失補償制度が適正に機能するには，全国均一に医師及び医療機関が参加している必要があるが，実際にはバージニア州では地域的偏差がある。これに対して，我が国の産科医療補償制度の加入状況は，2009年6月18日現在，病院・診療所（全体の99.7％），助産所（全体の98.1％）と極めて高い割合を占めている[20]。

(b)　分娩に関連する無過失補償制度の基準

　バージニア州における分娩に関連する無過失補償は，無過失補償制度に参加している医師あるいは病院における分娩時または分娩直後の蘇生活動時に生じた障害を対象としている（§38.2-5001）。したがって，無過失補償制度に参加していない医師による分娩または病院での分娩の場合に新生児に脳性麻痺が生じた場合に訴訟を提起することができるが，無過失補償制度の対象からは除外されている。これに対して，フロリダ州では，無過失補償制度に参加している病院を対象としており，フロリダ州では無過失補償制度に病院の参加が強制されている。したがって，フロリダ州では，分娩を実際に取り扱っている産婦人科医が無過失補償制度に参加しているのに対して，バージニア州では分娩を取り扱っている病院の約半分，産婦人科医の約6割が無過失補償制度に参加して

---

(18)　F. Sloan and L. Chepke, *Medical Malpractice*, 281 (2008).

(19)　フロリダ州も無過失補償制度の財源が悪化した場合に2千万ドルまで保険会社委員会の規制基金（Insurance Commissioner's Regulatory Trust Fund）から支出する余地を認めている。

(20)　加入分娩機関を検索することも可能である（http://www.sanka-hp.jcqhc.or.jp/search/index.php）。

いる[21]。

　バージニア州では，出生時から10年以内に申請しなければならない（§38.2-5013）。これに対して，フロリダ州では，我が国の産科医療補償制度と同じように出生時から出生時から5年以内に申請しなければならない。

　バージニア州で無過失補償が認められるためには，脳性麻痺の原因について，①低酸素ないしは医療機器の故障の場合であること，②分娩もしくは分娩直後の蘇生（resusciation）時に生じていること，③脳性麻痺の程度が恒久的な機能障害ないしは恒久的な障害と認められ，かつ日常生活において常に介護を必要とされなければならない（ADLs）（§38.2-5001）。

　フロリダ州では，脳性麻痺の原因について，①低酸素ないしは医療機器の故障の場合であること，②分娩もしくは分娩直後の蘇生時に生じていること，③生下時体重が少なくとも2,500グラム以上であること，多胎妊娠の場合は，少なくとも2,000グラム以上であること，④肉体的および精神的な障害を実質的（substantially）かつ永続的に被っていることが必要である（§766.302）。フロリダ州は脳性麻痺の危険が高い未熟児を除外するために新生児の体重要件を設けているのに，バージニア州では，生下時体重および在胎週数を基準とすることは，人種によっても体重が異なり，基準として明確ではないとして採用されていない[22]。

　正常な胎児が分娩時に脳性麻痺となった場合でなければならず，遺伝子異常の場合，先天性疾患の場合は対象から除外されており，死産の場合も除外されている。

　我が国の産科医療補償制度では，出生体重2,000グラム以上かつ在胎週数33週以上かつ身体障害者等級1級又は2級相当の重度脳性麻痺が分娩に関連して発症した場合を対象としており，低酸素ないし医療機器の故障の場合であ

---

(21)　G. Siegal, M. Mello and Studdert, *Adjudicating Severe Birth Injury Claims in Florida and Virginia ; The Experience of a Landmark Experiment in Personal Injury Compensation*, 34 American Journal Of Medicine 514 (2008).

(22)　バージニア州で，無過失補償が実際に認められた72名の内，22名が生下時に2,500グラム以下であり，在胎週数が23週から41週であるとされている（Joint Legislative Audit and Review Commission of the Virginia General Assembly, supra note 13 at 75-76）。

る必要はない。在胎週数が28週以上で分娩に際し所定の要件を満たした場合には，個別審査による。

　申請の開始時期は，原則として，脳性麻痺の確実な診断が行われる生後1年以降としているが，極めて重症の場合は，生後6ヶ月で一定の要件，例えば複数の脳性麻痺に関する医学的知識を有する小児科医による診断を満たす場合には，生後6ヶ月以降においても申請可能としている。ただし，正確な診断を行うために生後3年程度まで経過を見なければ診断できない場合もあることが指摘されている[23]。

　医療訴訟の場合には医師の作為または不作為によって障害が生じたことを立証する必要があるが，分娩に関連する無過失補償においては，出生時に障害を被ったことを主張立証するだけではなく，低酸素ないしは医療機器の故障が原因で，障害が発生したことを主張立証しなければならない。したがって，障害の結果を回避し得たかというアプローチではなく，障害の結果が発生し，障害が分娩と関連して生じていることを主張立証する[24]。労働災害のように資格要件を形式的に満たすか否かというよりも，低酸素ないしは医療機器の故障が原因で，障害が発生したかをめぐって，互いに専門家証人が対立する構造に陥りやすいとされている[25]。

　ほとんどの場合，出生時における臍帯血流障害による事例が多いとされ，機器の故障もほとんどなく，鉗子，吸引分娩の場合に装置の誤った使用による事故が一般的のようである[26]。このため，分娩時の過大な牽引力が腕神経叢にかかり，上肢が麻痺しても脳神経の障害とは認定されず，無過失補償の適用外であるため，腕神経叢の損傷の場合も無過失補償の対象とすべきとする意見も多いようである[27]。

　低酸素による脳性麻痺を判断する指針は，一義的ではなく，かつ無過失補償

---

[23] 産科医療補償制度運営組織準備委員会『産科医療補償制度運営組織準備委員会報告書』12頁（2008年）参照。
[24] G. Siegal, M. Mello and Studdert, supra note 21 at 497.
[25] Martin, supra note 14 at 615.
[26] Joint Legislative Audit and Review Commission of the Virginia General Assembly, supra note 13 at 12.
[27] G. Siegal, M. Mello and Studdert, supra note 21 at 507.

を申請する者が証明することは困難である。そこで，バージニア州では，労働補償委員会が脳性麻痺の資格要件を満たすと判断すれば，恒久的な機能障害ないしは恒久的な障害であると推定され（§38.2-5008(A)(1)(a)），障害が分娩に関連していないことあるいは恒久的な障害ではないこと等に関して医師あるいは病院が反証責任を負っている。

　脳性麻痺の原因を判断するには，分娩監視装置のモニターがなければ，判断するのは極めて困難であるにもかかわらず，モニターの記録などの医療情報は，裁判所からの罰則付召還令状（subpoena）がないと病院から積極的に提出されないといった当事者の不満も少なくなかった[28]。そこで，病院が新生児の親権者が無過失補償の申出をしたとの書面での通知を受領した場合には，なるべく早く，分娩監視装置の記録などの分娩に関連する医療記録を親権者に提出しなければならない，と法律を2003年に改正している（§38.2-5004(E), (F)）。病院が医療記録を提出しなければ，分娩に関連する重大な義務違反が生じたことが推定される（§38.2-5008(A)(1)(b)）。

　我が国の産科医療補償制度においても，原因分析を適切に行うためには，分娩に係る診療内容等の記録の正確性が重要であり，かつ資料として提出される必要があることが指摘されている[29]。医師・病院に分娩監視装置などで，胎児の状態を監視するとともに，医療記録を適切に保管することを周知徹底する点で，バージニア州の規定はわが国においても参考になる。

　バージニア州で1988年から2007年までに無過失補償が認められた総件数は，申請総件数192件中134件（70％）であり，却下件数38件（20％），取下件数

---

(28)　Joint Legislative Audit and Review Commission of the Virginia General Assembly, supra note 13 at 87. 臍帯動脈血ガスの分析資料を提出しない場合にもバージニア州裁判所は，分娩に関連する重大な義務違反を推定している（Wolfe v. Va. Birth-related Neurolgic Injury Compensation Program, 580 S. E. 2d 467, 473 (Va. Ct. App. 2003)）。

(29)　産科医療補償制度運営組織準備委員会・前掲注(23) 14頁。原因分析及び再発防止の検討の際に必要となる診療録・助産記録等の記載事項について，整理されている（産科医療補償制度原因分析・再発防止に係る検討会『産科医療補償制度の原因分析・再発防止に係る診療録・助産録等の記載事項に関する報告書』(2008年) 参照）。ただし，分娩監視装置の記録に関しての記載はない。我が国では，診療録（医師法24条1項）および助産録（保助看法42条）が5年間，病院日誌，各科診療日誌，手術記録，エックス線写真などは2年間（医療則20条⑩）と統一されていないので，早期に組織的に保存期間を統一的に規定すべきであると考える。

は12件である(30)。

　無過失補償が認定された地域は，バージニア州北部 (33%)，リッチモンド地域（州都）(14%)，Tidewater 地域 (14%) に集中し，シエラナンドーレ山脈，南部及び南西部地域はほとんど申請がなく，地域的な偏差があるようである(31)。バージニア州の北部，都市部に無過失補償制度に参加している医師が集中していることも要因として考えられるが，詳細は不明である。なお，1988年当時で，障害者は1歳から14歳までおり，既にその内の8人が死亡しているようである。

　フロリダ州で1989年から2008年3月末日までに無過失補償が認められたのは，申請総数636件中226件 (36%) に過ぎず，無過失補償の要件を満たさないとされたのは，277件 (44%) にものぼる。取下件数は96件である。

　無過失補償の受給資格を判断する機関は，バージニア州では労働者補償委員会（Workers' Compensation Commission）であり，フロリダ州の判断機関は労働補償委員会から行政法審判官（Administrative law Judge）に変更されている。いずれの判断機関も医療機関ではない。労働災害は因果関係など認定が比較的容易であるのに対して，分娩に関連する脳性麻痺の認定はより事案が複雑なため，専門的な医療の知識が必要とされるのに，何らの専門教育や指針が示されていないことに対して批判がある(32)。

　無過失補償の受給資格を判断する際には，医療専門家の意見を照会している。これらの専門家の意見には拘束力がないが，実際の受給資格の認定において極めて強い影響力があるとされている(33)。

　低酸素症の影響や将来の介護の必要性の度合いを判断するには産婦人科医だけではなく，小児神経科医が重要であるとされている(34)。フロリダ州では，

---

(30) Siegal, Mello and Studdert, supra note 21 at 537 Table 3.

(31) Joint Legislative Audit and Review Commission of the Virginia General Assembly, supra note 13 at 10.

(32) Siegal, Mello and Studdert, supra note 21 at 521. 産婦人科医3名から構成されているバージニア州の委員会が無過失補償制度の要件を満たすと判断したのに対して，バージニア州労働補償委員会が控訴裁判所に提訴した。控訴裁判所は，小児神経科医の専門家意見を重視し，無過失補償制度の要件を満たさないと結論づけた事例（Commonwealth v. Bakke, 620 S. E. 2d 107, 112 (Va. Ct. App. 2005) がある。

(33) Id. at 521.

ハイリスクの分娩の専門家である産婦人科医1名と小児脳外科1名がそれぞれ個別に意見書を行政法審判官に示す。特定の専門家が分娩に関連する脳性麻痺の判断を継続的に行うことによって，より専門性を修得できるとされている。これに対して，バージニア州では州内の3の医学専門大学の学長が産婦人科医3名をパネルに選任していたが，小児神経科医の役割が重要であることから，2008年に産婦人科医3名の構成から産婦人科，小児科，小児神経科，物療医学などの関連する分野から構成される3名の専門医に改正している(35)。ただし，バージニア州では近年まで無償で意見書を作成しているので，裁判所に対する鑑定書の記載よりも簡略化しているとされる(36)。

フロリダ州では産婦人科医1名および小児神経科医1名が個別に意見書を作成することによって，バージニア州のような委員会構成よりも迅速かつ低廉に行うことでき，特定の専門家に依頼することによって，専門的知見も蓄積できるとされている。これに対して，バージニア州のような委員会構成では，専門家が互いに議論することによって，分娩に関連する脳性麻痺のように複雑な争点に関して有益な判断を行うことができるとされている(37)。ただし，このように複雑で専門性が高いにもかかわらず，いずれの州においても医療の専門家および判断機関の構成員に対する専門教育は公式には行われておらず，特に医療専門家にとっては，法律上規定されている無過失補償の法律用語を理解するのが困難であるとされている(38)。さらに，類似の無過失補償制度であるにもかかわらず，バージニア州とフロリダ州の間で意見交換はほとんどされていないとされている(39)。

我が国の産科補償制度では，脳性麻痺に関する医学的専門知識を有する産科医，小児科医が申請書類に基づき書類審査を行い，この結果を受けて，審査委員会で最終的に補償の可否を決定するという二段階の審査の形式をとることが予定されている(40)。

---

(34) Id. at 521.
(35) Id. at 522.
(36) Id. at 523.
(37) Id. at 524.
(38) Id. at 524.
(39) Id. at 526.

さらに、分娩に関連する脳性麻痺に対する無過失補償に関して、専門的意見書を作成した医師が後で訴訟が提起された場合に鑑定人となりうるか、当該医師と専門的意見書を作成した医師との間にどの位の親密性が存在する場合に利益相反となりうるか、が問題となる。あまり厳格に考えると、専門医があまりいない地方においては、担い手を見いだすことが困難となることが指摘されている[41]。

(c) 分娩に関連する無過失補償制度の補償の対象

バージニア州およびフロリダ州における無過失補償制度は、不法行為に基づく損害賠償請求訴訟で勝訴した場合に認められる一時金ではなく、主として必要経費に依拠した定期金による補償を行う点に違いがある。補償の具体的な対象となるのは、看護費用（専門看護を原則とし、両親、兄弟など家族による看護費用は含まない）、介護費用、治療費、住宅の改造費用、リハビリ費用、移動用の自動車購入、医療機関への交通費、コミュニケーションのために必要とされる医療機器を含めた医薬品の購入費および弁護士費用などに関して合理的であると認められた費用である（§38.2-5009 A1, 3）[42]。

補償するのは、あくまでも必要経費であると認められた範囲に限定されるので、脳性麻痺の程度やニーズに即して、個別案件ごとに決められる。なお、健康保険、傷害保険などに当事者が加入している場合には、無過失補償の対象からは除外される。これに対して、不法行為に基づく損害賠償請求の場合には、公平性の観点から保険などでカバーされていても賠償金に算定には考慮されない点が異なる。

補償金の用途の細目について指針が定められており、個別の事件に応じて補償金が決定される。具体的には看護費用および住宅の改造費用が7割を占め、交通費、医療費などが続く。

新生児が18歳まで生存すると非農業従事者でバージニア州における私企業の週給の半分（2000年において、年間約17,600ドル）が65歳まで逸出利益とし

---

(40) 財団法人日本産科医療補償制度運営組織準備委員会・前掲注(23) 12頁など参照。
(41) Siegal, Mello and Studdert supra note 21 at 523.
(42) フロリダ州では、損害賠償請求をするか否かの事前準備に要する費用、専門家の意見などが支払われない、と批判されている（Bovberg and Sloan, supra note 11 at 97-98）。

て支給される（§38.2-5009 A2)[43]。1987年に無過失補償制度が設立されているが，無過失の補償に関して，申請が最初になされたのは，1990年であり，補償金が最初に支払われたのは，1992年である。したがって，逸出利益の受給資格が18歳からなので，まだ資格要件を満たす対象者は存在していない。

補償金額の上限の制限はないが，慰謝料などの非金銭賠償は補償の対象から除外される。精神的損害については，経済的損害と比較して，算定が困難であるだけではなく，再発の抑制と損害の補償との比較衡量をあわせて行う必要があるが，裁判所は陪審に対して精神的損害の明確な算定基準を示せないので，陪審が法外な賠償金を認定し，医療機関がリスクの高い医療を行わなくなるなど防御的な医療，賠償保険料の高騰につながるおそれがあるとの批判があった。そこで，州法レベルで医療訴訟の損害金の上限を抑制する対象は，主に精神的損害賠償を念頭にしていたからである[44]。

バージニア州では，出生時から180日以内で新生児が死亡した場合には，2003年から通常の補償とは別に10万ドルを限度として裁量で支給することができるように改正されている（§38.2-5009.1）。

バージニア州では，法律上明確な規定は存在しなかったが，住宅および監護費の解釈として，住宅手当を支給している。1993年から障害者用の住宅改造費を提供していたが，基金の財源が増加しているのに，当初は認定件数も少なかったため，予算処理の圧力が高まっていた。そこで，1994年から障害者のために住宅を購入し，障害者が死亡するまで提供することに政策を転換している。住宅購入希望者はほとんどいないと予測していたが，実際には，ほとんどの障害者が希望したため，費用が膨れあがり[45]，基金の債務超過が顕在化した2000年に廃止された。住宅購入の本来の趣旨は，障害者に対して，適切な

---

[43] フロリダ州では，逸出利益は認めておらず，その代わりに最大10万ドルを家族に一時金として，支給する。両親がその後に離婚した場合に，10万ドルを2人で別けることを命じている事例がある（Wojtowicz v. NICA, Fla. Div. of Admin. No. 93-4268N, Final Order (july 22, 1994)；Bovberg and Sloan, supra note 11 at 91）。

[44] C. Sharkey, *Caps and the Construction of Damages in Medical Malpractice Cases*, on W. Sage and R. Kersh (eds.) supra note 7 at 155.

[45] 1988年から2002年6月30日までに，23件に関して家屋を購入するのに，総額720万ドルあまりを支給している（Joint Legislative Audit and Review Commission of the Virginia General Assembly, supra note 13 at 107）。

住宅を提供することであったが，住宅が適切であるかの審査はほとんど行われていなかった。現在では，住宅購入に代わって年間最大総額17万5千ドルの家屋の改造費あるいは賃料の補助が認められている。

支給額は，特に受給者の保険の加入状況などによって異なっているが，2002年までの年間支給額は，8,400ドルから247,000ドルの間であるとされている[46]。

障害者が嚥下をするための特別な治療が適切であったとはいえない[47]など補償金の支出について適切に管理・運営されていない問題点が指摘されている。

我が国の産科医療補償制度では，看護・介護費用の一助という位置づけから考えると，全額一時金で給付するよりも，介護のための住宅・車両改造，福祉機器の介護用品などにあてるためのいわば準備金の他は，毎年定期的に一定額を障害年金に結びつくまで支給し，不幸にして死亡した場合はその時点で給付終了とする年金方式の方がふさわしいと指摘されていた。しかし，損保商品が，原則として単年度で収支を確定させ，事故率等を検証する必要があるため，保険金の支払い方法は一時金支払いが基本とされ，補償の対象となる脳性麻痺児についての生存曲線に関するデータは皆無に近く，年金方式による収支の見込みを立てられないことから補償金の分割金方式が提唱されている[48]。したがって，バージニア州およびフロリダ州における無過失補償のように個別に必要額を補償するというよりも，一律定額に支給する方式を採用し，事務処理作業を簡素化している。

一時金および分割金の使途に関しては，産科医療補償制度標準補償約款上は何ら明記されていないが，重症脳性麻痺児に対する補償額を適正に算定するには，一時金および分割金の使途に関しても統計などを取るべきではないかと考える。医療費，介護費用の目安が蓄積されることは，将来，産科補償制度を見直す際に有益なだけではなく，重症脳性麻痺児の両親にも有益だからである。

---

(46)　Joint Legislative Audit and Review Commission of the Virginia General Assembly, supra note 13 at. 14.
(47)　Carreras v. NICA, Fla. Div. of Admin. Hearings, 665 So. 2d 1082（Fla. App. 3 Dist. 1995）.
(48)　産科医療補償制度運営組織準備委員会・前掲注(23)　9頁。

(3) 無過失補償基金の財政問題

　バージニア州の基金は，2000年以後，債務超過の状態に陥っているとされている。これは，分娩に関連する脳性麻痺の新生児に対する必要な補償額を具体的にいくらにするかに関して，データがなく，脳性麻痺の新生児の余命も当初の予想よりも長かったので，特に看護費用が増加し，実際の補償額が予想よりも増大する要因となったことが挙げられている。

　基金の財政状態も認定された障害者を基準とし，申請はされていないが潜在的な障害者の数も予測して，財源を確保することもしていなかった。さらに，基金の財政状態が健全であることを前提として，役員会は，無過失補償制度への参加年数に応じて，医師および医療機関の拠出金を引き下げ，1993年には産婦人科以外の医師からの拠出金も免除したため，基金の収入は頭打ちであった。

　無過失補償の件数が当初少なく，基金の財政状態も健全であると考えられていたため，1994年以後，住宅を購入し，障害者に支給しており，住宅購入資金が膨れあがり，基金の財政基盤は急速に悪化している。ところが，基金の収支状況に関する精細な検査をしなかったため，財政基盤の悪化していることは表面化しなかった。

　2002年になってから，保険会社から拠出金を徴収すること，産婦人科以外の医師に対する拠出金を再度徴収すること，年数に応じて拠出金を減額することの廃止などによって基金の財政基盤の立て直しを行っているが[49]，迅速な手当がなされたとは言い難い。

　このように分娩に関連する無過失補償に関しては，長期的な基金の運用が不可欠である[50]。我が国の産科医療補償制度においても，損害保険会社や運営

---

(49) 2006年に基金の委員会は，バージニア州知事と議会に対して，基金の財政基盤を健全化案を提出している（Report of the Virginia Birth-related Neurological Injury Compensation Board, A Study to Establish an Economically Balanced Approach for Funding the Birth-Related Neurological Injury Compensation Fund, House Document No. 11 (2006).）。

(50) フロリダ州では，基金が債務超過に陥らないように，再保険に加入し，未処理の事件によって，長期的な損失が生じないように，支払いの概算，障害者の余命年数その他を勘案して，基金の流動資産の8割を超過することになる場合に，新たな申立てを認めていない（766.314(9)(a)(d)）。

組織における長期にわたっての資金管理，給付事務などが必要になるため，その事務処理体制の確保が指摘されている[51]。

特に深刻な問題は，補償責任を負う分娩機関が廃業や破産した場合にはたして，補償金が児・家族への給付が減額されないか，である。このような問題に対応するためには，医療機関が保険に加入するなどして，リスクを分散すべきであるが，現在の保険制度では，産科医療補償制度で議論されたように実現が困難である。

III 分娩に関連する無過失補償制度と裁判手続による救済

(1) 分娩に関連する無過失補償制度の利点

アメリカにおける無過失補償制度は，裁判による損害賠償請求と比較して以下の利点があるとされている。

第一に当事者は，医師あるいは病院の過失を証明しなくても，無過失補償の要件を満たせば補償されるので，結果的に当事者の救済される範囲が拡充されている。第二に民事裁判による場合には，当事者対抗主義がとられ，患者は医師などの医療機関と対峙する関係にあるのに対して，無過失補償制度はむしろ行政上の救済手続であり，裁判での敗訴をおそれて，医療機関が過度に防御活動をする必要はなく，裁判手続よりも低廉で迅速な解決が図ることが出来る。

第三に不法行為に基づく損害賠償請求で勝訴した場合には，一時金で支払われ，被害者が裁判所の認定よりも早期に死亡した場合には，実際に生じた損害よりも多額な賠償を認めることになる。これに対して，無過失補償は，精神的損害は除外され，必要経費を定期金として支給され，被害者が死亡すれば，その時点で終了するため，補償額は実際の損害により即したものとなる。ただし，補償制度の厳格な運用をするには，障害者の身体的，精神的障害の程度を定期的に診断し，障害者のニーズを的確に把握することが必要となる。

不法行為に基づく損害賠償請求には，上限は画されるが精神的損害も含まれているのに対して，無過失補償制度の補償には精神的損害は含まれない。

---

(51) 産科医療補償制度運営組織準備委員会・前掲注(23) 10頁。

バージニア州における分娩に関連する無過失補償制度と裁判手続による救済手続との役割分担を検討する場合には，医療過誤訴訟で認められる賠償金総額の上限が制限されていることが重要といえる。

アメリカでは，弁護士が成功報酬契約を締結するのが一般的であり，患者側が勝訴した場合には，賠償額の少なくとも40％は弁護士費用に充てられている。しかし，無過失補償では合理的な弁護士費用と認められるのは，時間給に基づいて算出されている。したがって，過失の有無をめぐって裁判で争い，弁護士が過大な弁護士報酬を得ることはなく，無過失補償制度では，弁護士が積極的に事件を受任しな、ため，迅速に紛争を解決し，弁護士費用を軽減しうる[52]。ただし，バージニア州においても，弁護士費用が訴訟と比較して低廉であっても，特定の弁護士が無過失補償制度を取り扱い，当事者が無過失補償を得られるように他の州の医療専門家から意見を聴取するなど調査費用をかけ，手続もより当事者対抗的となり，費用と時間がかかっているとされている[53]。

医療過誤訴訟が提起された医師が賠償金を支払っている場合には，判決で終結した場合だけではなく，和解で終結した場合にも全国医師データバンク（National Practitioner Data Bank（NPDP）．以下，「データバンク」と略記する）[54]に登録される。

1990年からは責任賠償保険会社も賠償金を訴訟で支払った場合の情報をデータバンクに提供する義務を負っている。したがって，データバンクを利用して，州の医師免許管理部門では，医師免許を認めるか否か，病院では医師の専門性の認定（credentialing）の判断材料にしている。これに対して，無過失

---

[52] Bovberg and Sloan, supra note 11 at 108, Sloan and Chepke,supra note 18 at 278. バージニア州では，裁判所が認めた損害賠償額がフロリダ州のように公表されていないため，損害賠償請求と無過失補償を比較することは不可能である（Sloan and Chepke, supra note 18 at 389 note 23）．

[53] 2007年3月25日にバージニア州における無過失補償制度基金の代表Deebo氏よる聞取調査に基づく。Siegal, Mello and Studdert, supra note 21 at 529.

[54] 1986年医療の品質の改善に関する法律によって設立されている。このような制度が設けられたのは，同僚による審査を促進し，医師に関する全国規模のデータベースを構築することによって，能力のない医師が他の州に移動し，医療行為を行うことを妨げることにある（詳細に関しては，我妻学「アメリカにおける医療安全と医療事故情報」都法49巻1号135頁（2008年）など参照）．

補償制度で処理された場合には，医師の責任は追及されないので，分娩に関連する脳性麻痺の事例に関して医師は，データバンクに登録されない[55]。

　無過失補償の申立てがなされた場合に，必要な診療・治療行為が行われたか，などの原因究明について，バージニア州の健康保健省（Virginia Department of Health）は，独自に調査しなければならない（§38.2-5004 B, C）。無過失補償の場合には，訴訟が提起された場合のようにデータバンクに医師の情報は記録されないため，はたして医師が適切な治療行為を行ったか，過失の有無などについては，バージニア州の保険省の調査が極めて重要となる[56]。しかし，具体的な調査は，患者あるいは医療機関による申出によって，はじめて開始され，専ら診療記録などの書面に基づく調査のため，医師が行政処分となった事例はほとんどない。無過失補償制度が医師の賠償責任保険額の高騰を抑制する目的で，制度設計されているので，原因究明を徹底するのは限られた予算では困難であると指摘されている[57]。

　分娩に関連する脳性麻痺の制度は，もともと医療の質を向上するために行われているものではないため，分娩に関連する脳性麻痺の事案が医療の現場にフィードバックされることがほとんどない。無過失補償制度では，医療記録が重要であるにもかかわらず，分娩を行った産婦人科医が必要事項をどのように記載すべきかに関して周知徹底されていない[58]。

　たしかに，患者を不適切な診療・医療行為から保護する必要性は極めて高いが，医療事故に関して，訴訟などによってサンクションを課される可能性があると医師・医療機関は自発的に報告しない危険があるとされている。医療機関の医療従事者に秘匿特権を認めていても実際に分娩に関連する医療行為が適切であったかを裁判などで明らかするとは限らない。

　むしろ，無過失補償制度によって，医師・医療機関が自発的に医療事故を報

---

[55]　Joint Legislative Audit and Review Commission of the Virginia General Assembly, supra note 13 at 33-34.

[56]　Id. at 92-93.

[57]　Sloan and Chepke, supra note 18 at 281 ; Siegal, Mello and Studdert, supra note 21 at 519.

[58]　Bovberg and Sloan, supra note 11 at 103, 109 ; Siegal, Mello and Studdert, supra note 21 at 526.

告しやすい環境を生み出し，結果的に医療安全に資することの方が重要であり，行政機関による調査によってどの程度の実効性があるかは疑問であると考えられる[59]。さらに，不法行為訴訟による救済よりも，組織的な認定を行うことによって，より公平で予見可能性のある救済を与えうる[60]。

我が国の産科医療補償制度においては，原因分析，再発防止に関して独立の第三者機関ではなく，運営組織内の各委員会で行われる予定である。しかし，補償の認定と原因分析，再発防止は相互に利益が相反する危険がある以上，同一組織とすることは極めて問題があり，中立・公正な第三者機関を構築すべきであると考える[61]。

(2) 無過失補償制度の問題点

アメリカにおける無過失補償制度は，訴訟手続による救済と比較すると，以下の問題点がある。

第一に無過失補償の場合には，不法行為に基づく損害賠償のように，精神的損害に対する補償は認められず，逸失利益も制限されており，具体的に救済される範囲が訴訟手続による救済よりも限定されている。当事者が保険に加入している場合には，無過失補償制度では，かえって現実に支給される補償額が減

---

[59] D. Studdert and T. Brennen, *Toward a Workable Model of "No Fault" Compensation for Medical Injury in the United States*, 27 Am. J. L & Med, 225, 227-228 (2001).

[60] Bovberg and Sloan, supra note 11 at 111；Studdert and Brennen, supra note 59 at 228；Sloan and Chepke, supra note 18 at 279.

[61] 公表されている産科医療補償制度運営組織準備委員会の議事録上，原因分析・再発防止を別組織で行うことが飯田修平委員より指摘されている（第8回「産科医療補償制度運営組織準備委員会」会議録20頁〔飯田発言〕）が，利益相反の観点から議論がなされなかったのは極めて残念である。なお，自動車事故における後遺症認定は，第三者機関である損害保険料率算出機構・自賠責損害調査事務所が行っている。医療の安全を向上させるために，医療事故による死亡が発生した際に，解剖や診療経過の評価を通じて事故の原因を究明し，再発防止に役立てていく仕組みについて，2007年4月に診療行為に関連した死亡に係る原因究明等の在り方に関する検討会（座長：前田雅英首都大学東京法科大学院教授）で検討され，さらに，2008年4月には，「医療の安全の確保に向けた医療事故による死亡の原因究明・再発防止等の在り方に関する試案—第三次試案」が公表され，2008年6月に医療安全調査委員会設置法案（仮称）大綱案が公表されている。このような動向と産科医療補償制度の中立・公正さを担保することとは別次元の問題と考える。

少する危険がある，と指摘されている。裁判による損害賠償請求では，勝訴した患者側が，保険金が支給されていても，公平の観点から賠償金を減額する必要はないとされているが，補償制度ではあくまでも必要経費しか支給されないからである。

第二に分娩に関連する無過失補償制度の対象は極めて重症の場合に限定しているので，無過失補償が認められるためには，出生時に障害を被ったことだけを主張立証するだけではなく，低酸素ないしは医療機器の故障が原因で，障害が発生したことを主張立証しなければならない。したがって，労働災害のように就業時に傷害を負ったかといった資格要件を形式的に満たすか否かというよりも，低酸素ないしは医療機器の故障が原因で，障害が発生したかをめぐって，互いに専門家証人が対立する構造に陥りやすく，弁護士の関与が奨励されている。

さらに低酸素による脳性麻痺を判断する指針が一義的ではなく，脳性麻痺の原因を特定し，その証明を厳格に求めると，大部分の事件では，無過失補償制度の資格要件を満たさなくなる危険がある。受給資格を充たさなければ，無過失補償制度の本来の目的である損害賠償請求を抑制することが困難となる。

そこで，分娩時に低酸素状態であったこと，脳性麻痺が発症したことを患者側が立証すれば，医師あるいは病院が争う場合には，分娩に関連して発症しているのではなく，恒久的な障害が生じていないなど無過失補償が認められないことに関して患者ではなく，医師あるいは病院に反証責任を負わせている[62]。さらに，バージニア州では，2003年に医師および病院に分娩監視装置の記録などの分娩に関連する医療記録を障害者の親権者に早期に提出する義務を課し，医療記録を提出しなければ，分娩に関連して重大な障害が生じたことを推定している。当事者間の公平，障害者を救済する観点から，わが国でも参考となる。

第三に過失の有無を問わず，補償されるので，真に必要な診療・治療行為が行われたか，過失の有無などを後から判断することが困難である。無過失補償では，事故の原因究明というよりは，当事者の保護と医師・医療機関の賠償保険の受け皿を確保する点が重視されているからである。

---

(62) Siegal, Mello and Studdert, supra note 21 at 507.

第四に無過失補償制度による救済を選択し，補償が認められると分娩に関連して，障害者および障害者の両親固有の損害賠償請求ももはや認められない。したがって，分娩時に母体に障害が生じ，別個に損害賠償請求訴訟が提起しうる場合であっても，無過失補償制度による救済が認められると，障害者だけではなく，母親も分娩に関連して，不法行為に基づく損害賠償請求を裁判所に提起することはできない（§38.2-5002(B)，(C)）[63]。したがって，無過失補償制度と裁判による損害賠償請求は制度として併存しているのではなく，いずれか一方しか認められないため，実体法上の権利が修正されている。

無過失補償制度による補償が認められれば，もはや不法行為に基づく損害賠償請求を失うので，障害者の手続保障の観点から無過失補償制度に関して事前に説明がなされる必要があり，無過失補償制度は強制的な制度ではない以上，無過失補償制度は当事者の同意がある場合に認められる[64]。

バージニア州では，妊娠した患者に対して，医師，病院および助産師は，無過失補償制度に参加しているかを事前に書面で告知し，無過失補償制度に関する資料を配布して，説明することが義務づけられている（§38.2-5004.1）。しかし，医師は将来紛争の火種になることを恐れるのか，資料を積極的に説明することはほとんどなく，患者は，弁護士と医療過誤訴訟に関して相談する中で，無過失補償制度を知る場合が多いようである[65]。ただし，出産を間近に控えた母親も可能性が低いにもかかわらず，脳性麻痺に関して積極的に尋ねようとしない背景があることにも留意する必要がある[66]。

本来無過失補償制度が適用される事案に関して，不法行為に基づく損害賠償請求を提起した障害者の親に対して，医師あるいは病院が無過失補償制度の適

---

(63) 帝王切開中に膀胱が傷つけられたため，6週間カテーテルが装着された母親は，膀胱と背中の神経が傷つけられたが，新生児に無過失補償が認められている以上，母親はもはや医療過誤を理由に損害賠償請求をすることはできない。別個にヒアリングを行い，医療費を支払うことは可能であるとされている（Joint Legislative Audit and Review Commission of the Virginia General Assembly, supra note 13 at 30）。
(64) Studdert and Brennen, supra note 59 at 240 ; Bovberg and Sloan, supra note 11 at 84.
(65) Joint Legislative Audit and Review Commission of the Virginia General Assembly, supra note 13 at 99-101.
(66) Sloan and Chepke, supra note 18 at 389.

用を主張し，訴え却下の申立てが認められるか，が判例上問題となっている。医師などの医療従事者が事前に無過失補償制度を患者に適切に説明していない以上，損害賠償請求は排斥されない，として，障害者の親が無過失補償を利用しないで，医師あるいは病院に対して，損害賠償請求を裁判所に提起した場合に，裁判所は医療従事者の主張を退けて，訴訟提起を認めている[67][68]。ただし，無過失補償制度に参加している医師から患者への説明に関して，親の同意書のサインがあれば，適切に説明されたことへの推定がフロリダ州法上働く[69]。

　フロリダ州においては，分娩を行っている病院および医師全員が実際上は無過失補償制度に参加しており，患者に対する無過失補償制度に関する説明義務が重要である。これに対して，バージニア州においてはフロリダ州とは異なり，病院の参加は任意であるため，およそ半分の病院しか参加しておらず，産婦人科医の6割しか無過失補償制度に参加しておらず，患者に対する無過失補償制度の説明よりも無過失補償制度に参加している医師，病院を選択するか否か重要となる。しかし，実際には，むしろ無過失補償制度に参加している病院で出産した妊婦の大部分，特に貧困で教育水準の低い者は自分が承諾した具体的な無過失補償制度の内容をほとんど理解していないとされている[70]。

　我が国の産科医療補償制度では，安定期を迎える妊娠5ヶ月頃の妊産婦に登録書の記入を依頼する際に，産科医療補償制度に関する一定の説明をすることが想定されているが，フロリダ州におけるようにほとんどの医療機関が産科補償制度に参加している以上，説明内容をめぐって紛争が生じないように医師および医療機関に周知徹底することが重要であろう。

---

(67) Braniff v. Galen of Fla., Inc., 669 So. 2d 1051, 1053 (Fla. 1st Dist. Ct. App. 1995); Galen of Fla. Inc., v. Braniff, 696 So. 2d 308, 309 (Fla. 1997); Bradford v. Florida Birth-related Neurolgic Injury Compensation Ass'n., 667 So. 2d 401 (Fla. 4th Dist. Ct. App. 1995).

(68) 患者の不法行為に基づく損害賠償請求に対して，病院が無過失補償制度の適用を主張した場合に，いずれの制度を利用するかに関して行政法審判官が最終的に判断することに関して，判例の立場は肯定説と否定説に分かれていたが，フロリダ州最高裁判所は2007年に肯定説を支持している（Fla. Birth-Related Neurological Injury Compensation Ass'n v. Florida Div. of Admin. Hearings, 948 So. 2d 705, 707（Fla. 2007））。

(69) フロリダ州法 766.316.

(70) Siegal, Melloand Studdert, supra note 21 at 514.

(3) 分娩に関連する無過失補償制度の評価

アメリカにおける無過失補償制度を適切に評価するには，被害者のニーズに即して適切に補償しているか，賠償責任の保険料を合理的な範囲に抑制しているか，障害の発生を抑制しているか，運営が適切に行われているか，等を総合的に判断する必要がある[71]。

バージニア州の無過失補償制度は，重篤な脳性麻痺となった新生児だけを対象としており，症状の軽い脳性麻痺に対しては，補償していない。無過失補償制度がもともと分娩に関連する重度の脳性麻痺に関して，訴訟で医師，医療機関が敗訴すれば，弁護士費用を含めて賠償金が増大し，結果として産婦人科医の賠償責任保険料が高騰するのを抑制するために導入されたからである。このため，無過失補償制度において原因究明を徹底的に行うことも予算上困難であると指摘されている。

さらに，アメリカにおける無過失補償制度の対象としている分娩時における酸素不足，器具の不具合による脳性麻痺の症例は極めて限定され，無過失補償の対象外となる未熟児，子宮内の発育不全，子宮内の感染症などの妊娠中および出産前の原因によって脳性麻痺となる症例が大部分を占めている。脳性麻痺の原因を究明するのは，個別事案ごとに行われている。産婦人科医の賠償責任の保険料を抑制するような効果があったか，が問題となる。

1980年代において，産婦人科は，他の診療科と比較して，訴訟件事件数が多く，和解の場合を含めて，医師および病院が支払う損害賠償額が高騰したため，産婦人科医の賠償責任保険料も急騰している。さらに，賠償責任保険料を引き上げても，産婦人科医が敗訴する事件数も多いため，保険会社が賠償責任を引き受けなくなり，産婦人科医が賠償責任保険に加入できなくなり，訴訟リスクを恐れて産婦人科医を廃業するという悪循環が生じていた[72]。

1987年に分娩に関連する無過失補償が導入された後，1989年から1992年までは，バージニア州における産婦人科医の賠償責任保険額は他の州の平均と比較しても比較的低廉な水準を維持している[73]。バージニア州において賠償責

---

(71) Sloan and Chepke, supra note 18 at 281.
(72) Joint Legislative Audit and Review Commission of the Virginia General Assembly, supra note 13 at 2-3.

任保険から撤退していた保険会社が再度，保険を引き受けることにより，産婦人科医および病院は，恩恵を享受しているといえる。

バージニア州での出産のほとんどは，無過失補償制度に参加している医師及び医療機関によって行われているので，分娩に関連して，脳性麻痺が生じても潜在的に無過失補償制度でカバーされる。したがって，重度の脳性麻痺の件数自体は極めて少ない（バージニア州では，年間7件と予測している）が，和解の場合を含めて，医師および病院が支払う損害賠償額は他の類型よりも一般に極めて高額になる可能性が高いので，過失の有無を問わず，補償し，訴訟が回避される意義は高いと考えられている[74]。

これに対して，産婦人科医の診療に関して，無過失補償制度によって，どのような影響を受けているかに関しては，バージニア州の産婦人科医の分布状況，婦人科だけの診療を行い，分娩をしていない医師がどの位なのか，など詳細な統計が存在しないため，長期的な効果は必ずしも明確ではないとされている。特に，産婦人科の専門医は都市部に集中し，地方では一般医が分娩を担当している場合も多いので，明確ではない。さらに，無過失補償制度が導入された後にも，バージニア州では医療訴訟，賠償責任保険料の高騰を理由に産婦人科医を廃業する医師もおり，分娩に関連する無過失補償制度によって，はたして産婦人科医の診療に関して，どの程度の効果をもたらしているのか評価することは困難であるとされている[75]。

1990年代以後，再び賠償責任保険料は上昇傾向に転じており（第3次医療危機），無過失補償制度および医療訴訟における損害賠償請求額の上限を制限することによって，損害賠償額および責任賠償保険料を抑制する長期的な効果を積極的にもたらしているとはいえない[76]。ただし，もともと無過失補償制度の対象が極めて限定されているので，賠償責任保険額の抑制の効果も限定されていると指摘されている[77]。

---

(73) Id. at 39 ; Bovberg and Sloan, supra note 11 at 100.
(74) Joint Legislative Audit and Review Commission of the Virginia General Assembly, supra note 13 at 33-34.
(75) Id. at 40.
(76) Bovberg and Sloan, supra note 11 at 110-111 ; Martin, supra note 4 at 643-644.
(77) Sloan and Chepke, supra note 18 at 287.

無過失補償制度の利用件数が増加しないのは，分娩で適切な措置が行われなかったことに起因して，脳性麻痺が発症する割合が以前考えられていたよりも少ないことも否定できないが，フロリダ州におけるほとんどの脳性麻痺の家族が無過失補償ではなく，訴訟を選択したとされている。無過失補償制度の対象が極めて限定されているのに対して2003年まで，フロリダ州における医療訴訟において賠償額の上限が画されていなかったため，潜在的に賠償額が高額化し，勝訴の見込みがあると考えて受任する弁護士にとっても弁護士報酬に関して，無過失補償制度ではなく，むしろ損害賠償請求を選択する誘因が認められるからである。これに対して，バージニア州においては，1992年において，賠償総額の上限が画されており，損害賠償訴訟の立証が困難なため，フロリダ州ほど無過失補償制度ではなく，訴訟を選択する誘因は存在しないとされている[78]。このため，フロリダ州では，弁護士は無過失補償の要件を満たすことではなく，むしろ無過失補償制度に関して事前に適切な通知がなされていないことを理由として損害賠償請求を裁判所に提訴しようとする[79]。無過失補償制度の対象が極めて限定されており，受任する弁護士にとっても弁護士報酬に関して，無過失補償ではなく，むしろ損害賠償請求を選択する誘因が認められるからである。

　無過失補償制度が適切に機能するためには，無過失補償制度に医師の積極的な関与が不可欠であるにもかかわらず，バージニア州およびフロリダ州においては患者に無過失補償制度を積極的に告知していないことが問題となっている。これに対して，スウェーデンでは，患者に損害が生じた場合に医師は患者に報告する義務が課されているのとは対照的である[80]。さらに，スウェーデンでは，医師は無過失の賠償責任保険に加入する義務があり，かりに医師が無過失の賠償責任保険に加入していない場合であっても，患者は救済される制度設計がなされている[81]。

---

(78)　Siegal, Mello and Studdert, supra note 21 at 499.
(79)　Id. at 530.
(80)　スウェーデンの無過失補償制度に関しては，千葉華月「医療事故における被害者の救済」『損害賠償法の軌跡と展望（山田卓生先生古稀記念論文集）』227頁（2008年），伊集守直＝藤澤由和「医療事故の予防と患者補償制度」経営と情報21巻1号1頁（2008年）など参照。

第2部 民事法

　無過失補償制度の制度設計において，対象を広範に認められれば，高額な制度となり，財源を確保することが困難となり，実現性の低いものになるおそれがある。これに対して，分娩に関連する無過失補償のように対象を限定している場合には，医師および病院の賠償責任保険を抑制しうるように，個別に補償額を精査し，無過失補償制度の支出を制御しうるとの指摘がなされている[82]。したがって，アメリカにおける無過失補償による救済の範囲を拡充しようとすれば，従来のように医師および医療機関に依存するだけでは足らず，税金などの公費を投入する必要が生ずる。その際には，もともとの医師および病院の利益とどのように調和しうるかも問題となってくる[83]。

Ⅳ　おわりに

　1980年代にバージニア州およびフロリダ州で導入された分娩に関連する無過失補償制度は，要件が極めて厳格であるため，年間の件数は10件から20件で推移しており，それほど多いわけではない。したがって，無過失補償制度がアメリカ合衆国において広く普及しているわけではない。分娩に関連する無過失補償制度が他の州に普及しないのは，政治的な要因も否定できないが，やはり過失に基づく損害賠償責任が広く定着しているからといえよう[84]。しかし，このことによって，無過失補償制度が機能していないと結論づけるのは誤りといえよう。不法行為責任，医師賠償責任保険，医療保険などの複合的な要因に左右され，不法行為に基づく損害賠償請求と無過失補償のいずれが優れているかに関して一義的に実証することは極めて困難だからである。
　無過失補償の申立てが必ずしも多くないことは，当事者の弁護士の意識にも左右されているのではないかと考える。弁護士は，もともと裁判による解決を目指しており，裁判に勝訴すれば，無過失補償制度で得られる一定の弁護士費用よりも高額な成功報酬を得ることが出来るので，提訴することの経済的要因

---

(81)　Sloan and Chepke, supra 18 note at 299.
(82)　Id. at 284.
(83)　Id. at 287.
(84)　Id. at 304.

が高いと考えられるからである。

　訴訟の場合に障害者が勝訴をすれば，慰謝料のほか，新生児が既に死亡していても逸出利益が認められる可能性がある。我が国では，アメリカのように不法行為に基づく損害賠償請求の場合に，損害額の上限を画されているわけではない。分娩に関連する無過失補償が認められている場合にも，アメリカのように不法行為に基づく損害賠償請求をもはや提起することができなくなるのは，憲法上保障されている裁判を受ける権利との関係で，我が国では認められない。

　したがって，我が国における新たな産科医療補償制度が施行された後に，補償制度による救済と民事裁判による救済とがどのように推移するのかは今後注意深く見守る必要がある。

　我が国の産科医療補償制度においては，補償と損害賠償金が二重給付されることを防止するために，分娩機関に損害賠償責任が認められる場合には，補償金と損害賠償金の調整を行うことが提唱されている[85]。たしかに，分娩機関に過失が100％認められる場合には，分娩機関にのみ賠償責任を負わせることに異論はないであろう。しかし，分娩機関にも一定の寄与過失が認められる事例においては，その負担額をめぐって，分娩機関と紛争が生じうる。一定の寄与過失が認められた場合には，一切産科医療補償制度による補償を認めない立場を採らない限り，このような場合に，分娩機関と児・家族との示談，裁判外による紛争解決または裁判所による和解・判決等に，求償権者が当事者として参加する途を開けるように分娩機関，家族に告知を義務づけるべきであろう。求償義務者が運営組織であるのか，あるいは保険会社であるのかも不明確である[86]。

　医学的観点から原因分析を行った結果，分娩機関に重大な過失が明らかであると思慮されるケースについては，法律的観点から検討し，その結論を得て，当該分娩機関との間で負担の調整を行うとされているが，このような場合にも，児・家族が不利益を得ないように意見を聴取する仕組みが必要であると考える。

---

[85]　産科医療補償制度運営組織準備委員会・前掲注(23) 13頁。
[86]　第1回「産科医療補償制度運営委員会」会議録38頁〔鈴木利廣発言〕。

⑨ 企業ポイントの概念整理及びポイントプログラム内容の不利益変更の有効性について

蒲　俊郎

Ⅰ　はじめに
Ⅱ　ポイント普及の背景
Ⅲ　ポイント概念の整理
Ⅳ　ポイントの具体的権利性を認めた上での権利内容の変更について
Ⅴ　最後に

Ⅰ　はじめに

(1) ポイント元年

　近年の Edy, Suica, PASMO, nanaco, WAON 等の普及に伴い，2007年は「電子マネー元年」などと呼ばれ，電子マネーの社会インフラ化が飛躍的に進展した。それに伴い，電子マネーとの境界線が不明瞭になるほど汎用性が進んできた「企業ポイント」（以下,「ポイント」とする）についての関心も急速に高まっている。

　野村総合研究所によれば[1]，国内9業界の売上上位企業（ポイント・マイレージを提供している企業に限る）が2006年度に発行したポイントやマイレージなどの発行価値の総額は少なくとも6,600億円程度に達し，今後もその規模は拡大し，2012年度には7,800億円超まで達する見込みである。

　ポイントは，従来，ポイントプログラム提供企業毎に，その提供するサービスや関連する物品等で利用者に還元されてきたわけであるが，近時，自社ポイントの交換先として他社ポイントを利用するポイントプログラム間の提携が拡大しており，とくにJALとANAの大手航空会社2社を頂点としたポイント交換体系が構築されたことにより飛躍的に普及が進み，また，元々ポイントプログラムと親和性の高いネットビジネスにおいて，インターネット上のWEB

（1）　2008年3月13日「野村総合研究所ニュースリリース」。

サイト（以下，「サイト」とする）の認知の必要性から積極的にポイントプログラムの導入が図られたことが，ポイント普及に拍車をかけている。

　これらのポイントは，電子マネーとは異なり，事前にチャージする必要がない（利用者自ら金銭を出捐する必要がない）1つのマーケティングツール・販促ツールであり，従来，その性格は，企業が消費者に与える単なる「恩典」（おまけ）や「値引き」に過ぎないとして，政策論議や法的論議の対象にほとんどなってこなかった。しかし，上記のようなポイントプログラムの拡大により，後述のように，今やポイントが「企業通貨」と呼ばれるまでに存在感を高めている状況に伴い，主に電子マネーとの対比の観点から，近時様々な議論が活発になされている。いわば，電子マネーと同様に「ポイント元年」とも言える状況を呈しているわけである。

(2)　ポイントを巡る政策論議

　ポイントの存在感の高まりに呼応した官公庁の最初の動きとして注目されるのが，平成19年7月に発表された，経済産業省商務流通グループの企業ポイント研究会による「企業ポイントのさらなる発展と活用に向けて」（以下，「経済産業省レポート」とする）である。ここでは，「企業ポイントは発展途上にあり，今後もさらに多くの業種，業態の企業において，新たなアイディアのもと活用されていくべきものである。各社の活発な企業努力によって革新的な取組がより多く生まれることは，より便利で豊かな消費生活の実現に大きく寄与するものである。……こうした可能性を秘めた企業ポイントについては，流通・サービス業の付加価値向上，生産性向上のため，本研究会で提示された新たな活用方法を含め，今後も引き続きその健全な発展を促進していくことが重要である。」と，ポイントについて積極的評価を与えた上で「各社の運営する企業ポイントの態様・性質が多様であること，各社が現存する法令，ルールに従って運営に努めていることを前提にすれば，現時点では，現存する法令等に上乗せして，行政が一律の規制やルールを設けるまでの強い必要性は確認されなかった。」と結論づけ，ポイントについては，健全な促進の重要性を指摘し，現状以上の法規制を不要であるとした。

　他面，平成19年12月18日に発表された，金融庁の決済に関する研究会に

よる「決済に関する論点の中間的な整理について（座長メモ）」（以下，「金融庁中間整理」とする）には次のように記載されており，「経済産業省レポート」とは異なり，ポイントの決済手段としての性格を重視し，法規制が必要であるとの論調となっている。つまり，金融庁中間整理では，「ポイントが電子的に発行・管理されることで，景品交換等に利用されるに止まらず，決済に利用される機会が増えていることから，決済との関係について検討を行う必要があると考えられる。利用者がポイントを受け取る際に対価を支払っているかどうかに着目し，対価が支払われているとすれば，ポイントを資金前払サービスとして考え，利用者保護等について検討を行う必要性が高いと考えられる。対価が支払われておらず，利用者が景品・おまけとして受け取っているとすれば，利用者保護等について検討を行う必要性は高くないと考えられる。しかし，景品・おまけであるとしても財・サービスの購入等にあたってポイントの獲得が考慮されているとすれば，資金前払サービスと同じ程度ではないとしても，利用者保護等について検討を行う必要性があるとも考えられる。……次に，ポイントが決済手段としての機能を有するかどうかに着目し，他のポイントへの交換が広く認められるなど流通性・汎用性を有する場合に，決済手段としての保護について考えることができる。……ポイントが，いつでも何にでも交換可能となるような汎用性を持てばそれ自体が通貨となりうる。通貨に至らないまでも決済手段としての性格が強まるとすれば，それに応じた利用者保護，ルールの整備等の必要性が増すとも考えられる。特に，換金性が高い場合には，ポイントの送付によって実質的な送金を行うことが可能であることから，このようなサービスについては，資金移動サービスと同様の検討が必要と考えられる。」と，ポイントを，基本的には規制対象として論じている[2]。

（2） この「金融庁中間整理」を受けて，金融審議会金融分科会第二部会決済に関するワーキング・グループにおいてさらに議論が進められた結果，平成21年1月14日，金融庁は，「資金決済に関する制度整備について──イノベーションの促進と利用者保護──」を公表した。この報告書では，いわゆるサーバ型の前払式支払手段についての法規制の導入，送金業務の銀行以外の事業者への開放等が結論づけられたが，ポイントサービスについては，「財・サービスの利用に充てられる点で，ポイントは前払式支払手段と同様の機能を有するが，ポイントは，前払式支払手段とは異なり，消費者から対価を得ず，基本的に，景品・おまけとして無償で発行されているとともに，財・サービスの利用範囲が限定されており，法規制を設ける必要はなく，消費者保護に向けた事業

(3) 政策論議に対する私見

　上記,「経済産業省レポート」と「金融庁中間整理」との論調の差違が, まさに現在のポイントの置かれている状況を端的に示している。つまり, ポイントにおける検証や評価がまだ十分になされておらず, ある者はその有効性を強調し積極的な普及促進を主張し, ある者はその負の側面を強調し規制対象とするべきとの主張を行う状況にある。

　元々, ポイントは, 企業のマーケティングツール・販促ツールとして, 企業の自主的な取り組みの中から誕生し発展してきたものであり, だからこそ, 後述するようにポイントを定義付けするのが困難なほどに多様なポイントプログラムが現在存在し, 今も新たなプログラムが続々と誕生している。「経済産業省レポート」にもあるように, ポイントプログラムは現在もなお発展途上にあり, 今後も様々な業種, 業態の企業において, 新たなアイディアのもとに活用されていくべきものであり, 各社の企業努力によって革新的な取組がより多く生まれることは, ビジネス上のメリットのみならず, その利用者にとって豊かな消費生活の実現に大いに寄与するものと期待されている。私は, 日本においてはまだ完成型と言えるポイントプログラムは現れていないと認識しているが, 現在, 業界でも注目を集めている英国ネクター (Nectar) のような巨大ポイントプログラムが日本において定着すれば, 利用者にとっての利便性は計り知れない[3]。

　もちろん,「経済産業省レポート」も指摘するように, ポイントの進化に伴う副次的作用も当然存在するが, そのような点にだけ目を奪われて, 大きな可能性を秘めたこの仕組みを規制で縛りその発展を阻害する事には否定的意見を持たざるを得ない。

　　者の自主的な取組みで対応することで問題はないとの考え方がある。」,「ポイントはマーケッティングの手段として顧客囲い込みや提供する商品・サービスの拡大等の目的のために発行されるものであり, 事業者が資金を負担していることから, 事業者がポイントに過度の流通性・汎用性を与えることは考えにくく, 支払手段としての機能は限定的であり, 現時点で制度整備の必要はないとの考え方がある。」等の規制反対論を併記して, その結論を見送っている。
(3)　各国におけるポイントプログラムの現状については「グローバル視点を取り込んだ『企業通貨マーケティング』の導入」知的資産創造2008年6月号に詳しい。

(4) 本論稿について

本論稿では、「企業通貨」などと呼ばれるまでに存在感を高め、それに対応して急速に規制論が浮上してきているポイントについて、ポイント普及の契機となったネット上を流通するポイントにも焦点をあてながら、以下、ポイントの飛躍的普及の背景を考察しつつ、実務的な観点から、その定義を確定したうえで、ポイント規制の問題において、1つの注目点となっている、ポイントプログラムの一方的内容変更の効力を利用者に及ぼすための要件について議論してみたい。

なお、私の検討の前提としては、前記のように、ポイントが潜在的に有する可能性に着目し、「経済産業省レポート」が示す方向性、つまりポイントについては各企業の創意工夫に基本的に委ねた上で、その健全な発展を促すための最低限の規制のみ実施すべきであり、過度の規制によってその発展を阻害することの無いようにすべきであるとの理解があることを確認しておきたい。

II ポイント普及の背景

(1) ポイントの普及

野村総合研究所が相次いで発刊した「2010年の企業通貨」[4]「企業通貨マーケティング」[5]の2冊の書籍において、同研究所は、ポイントを活用した新潮流を「企業通貨」と位置づけ、企業通貨を活用したマーケティングの構築の有無が、優良顧客を囲い込む勝ち組ビジネスモデルと、薄利多売を目指す負け組ビジネスモデルに別れる契機になると警鐘を鳴らしている。たしかに、近時のポイントの流通量及び消費者の関心の増大は、上記のような指摘があながちポジショントーク的なものと看過できない状況にあると言える。

たとえば、現在、家電量販店では、店頭で大々的にポイント還元キャンペーンが繰り広げられて、消費者の購入意欲を煽り続けており、クレジットカード

---

(4) 野村総合研究所情報・通信コンサルティング一部企業通貨プロジェクトチーム著『2010年の企業通貨——グーグルゾン時代のポイントエコノミー』(2006年、東洋経済新聞社)。

(5) 野村総合研究所企業通貨プロジェクトチーム著『企業通貨マーケティング——次世代「ポイント・電子マネー」活用のすすめ』(2008年、東洋経済新聞社)。

会社，航空会社，スーパーマーケット，通販会社等でも，ポイントプログラムを展開して顧客の囲い込みをはかっている。他方，航空会社のマイレージポイントを貯めることを至上の喜びとするマイラーなる若者が，旅行を目的とするのではなくマイルを効率よく貯めることを競って観光もせずに飛行機に乗るだけの行為（彼らはこの行為を「修業」と呼んでいる）を繰り返すなど，ポイントの実利的な側面を超えた現象まで発生している。そして，これらの状況を受けて，ポイントは我々の生活の場に浸透し，企業もポイントのマーケティングツール・販促ツールとしての効用を無視できない状況にある。

(2) ポイントの効用

　一般的に，ポイントは，①値引きと違って直接売上減少に結びつかない，②景品と違って管理・発送等に伴う経費がかからない，③値引きがその場限りであるのに対して次回の購買につながる可能性が高い（顧客の囲い込み），④ポイントの持つ実際の価値をイメージしにくく抽象的な数字の増減が生じるだけであることから，顧客が具体的な経済価値以上の魅力を感じるという現象を生じる（貯めることによる満足感），⑤一度に景品を提供するより実質的に魅力的な景品を提供できる（分割された景品），⑥個人情報収集に対して利用者の理解を得られやすい（個人情報提供への心理的抵抗の軽減）等の特徴があり，業種や業態に関係なく顧客囲い込みに効果を発揮し，マーケティングツール・販促ツールとして有効であると評価されている。

　そして，さらに注目すべきは，家電量販店等の実店舗をもったリアルビジネス以上に，特定のサイトを運営して会員サービスを行うネットビジネスにとって，ポイントサービスの導入は有効であるとされ，近時，サイトにおけるポイント導入が飛躍的に増加し，その動きがポイント普及に拍車をかけているという点である。

　ネットビジネスは，①通常，現実の店舗や流通センター等のインフラを持たずサイトの中だけで完結する存在であるが故に，前記ポイントの特徴を活かし易いばかりでなく，②既に保有しているサーバー上の会員データベースを流用することで比較的容易にポイント提供・管理のシステムを構築することが可能であり，また，③サイト間の価格比較が容易で来店の手間などに差異がなく，

差別化し難いネットビジネスにおいては，ポイント導入によって，一度取引のあった顧客に次回の利用や来店（サイトへの誘導）を促す効果が見込まれる。さらに，④バーチャルな店舗ゆえ，その存在を告知することがネットの世界では難しいが，既に認知されている他社のポイントを提供する等の方法で，その会員をサイトに誘導することができる。こういった理由から，近時，リアルビジネス以上に，ネットビジネスにおいて，ポイントは重要なマーケティングツール・販促ツールとしての地位を占めるに至っているわけである。

なお，一部のサイトにおいてポイントを少額決済に利用する動きもあるが，上記ポイント普及の背景に照らせば明らかなように，それはポイントの利便性向上の一環として付随的に生じてきたものにすぎず，決してポイントの本質的な部分ではないのであって，決済機能を本質とする電子マネーとの後述する差違等を考え合わせれば，この点のみに着目してポイント全体の規制を論じることが適切でないことは言うまでもない。

(3) ポイント流通の拡大

リアルビジネスにおけるポイントは，具体的な取引行為に付随するものが大部分を占めるが，ネットビジネスにおいては，受けとった広告メイルやバナー広告をクリックしたり，ネットを通じて資料請求をするといった，取引行為を伴わない，いわば無償のポイント付与が一般的であることが大きな特徴となっている。

その結果，飛行機に頻繁に搭乗するビジネスマンや，家電量販店等で物品購入を繰り返す顧客といった，実際の取引に裏打ちされた特定の層（従来のポイント保有層）ばかりではなく，ネットを頻繁に閲覧する時間を持ち，手間はかけるが費用はかけずにポイントを蓄積する人々（新たなポイント保有層）を急速に生み出してきている。

このように，ネットビジネスにおけるポイントプログラムの導入が，ポイント流通量の増加に拍車をかけ，現在のポイントブームを基礎づけているわけである。

第 2 部　民　事　法

Ⅲ　ポイント概念の整理

(1)　ポイント概念の多様性

これほど広く認知されたポイントであるが，これが果たして何であるのかについては，従来余り議論の対象にならなかった。

当初のポイントは，各企業の運営する店舗（ネット企業で言えばサイト）が独自に発行して，その店舗やサイト内において景品に交換できたり，商品購入にあたって一定額を減額したりする仕組みを提供することが一般的であり（クローズドポイント），ここでのポイントは，利用者に提供される，ある種の「恩典」（おまけ）なり，「値引き」であると考えられていた。

これに対して，近時は，加盟している各企業の店舗やサイトで共通に利用できるポイントの仕組み（オープンポイント）を導入する企業が増え，さらには，各社のポイントをインターネットのサイト上において一定のレートで相互交換できる仕組みを提供する企業（住友商事系の G ポイント http://www.gpoint.co.jp/，三井物産系のネットマイル http://www.netmile.co.jp/ 等）まで出現しており，その加盟企業，交換先企業には，ポイントを現金に交換するネット銀行が存在していることが多く，この場合のポイントは，単なる「恩典」（おまけ）や「値引き」というだけにとどまらず，「通貨」に近い存在としての機能までも保有しつつあると言われている[6][7][8]。

---

(6)　「ポイントは通貨と同じではないか？」との疑問は，以前からビジネスの現場において話題とされていたが，2005 年 1 月に，みずほ銀行が，会員制の新型口座を対象に，住宅ローンや預金など取引度合に応じてポイントを発行し，そのポイントを ANA のマイレージと交換できるサービスを発表したことで，俄に活発に議論されるようになった。当時，新聞紙上には，上記仕組みについて，「ポイントが物価統計などに大きな影響を及ぼすとまでは見ていない」として特段の対応措置を取らずに静観する旨の日本銀行関係者のコメントが掲載されるなどしたが，その後も，ポイントの疑似通貨化は進んでおり，この現象が，金融庁中間整理が一定の規制の方向を打ち出す契機となっている。

(7)　ここで「通貨」と称しても，いかなる形態のポイントであっても，民法 402 条 1 項にいう「通貨」とは異なる概念であることは言うまでもないし，「通貨の単位および貨幣の発行等に関する法律」（いわゆる「通貨法」）や「紙幣類似証券取締法」との関係は，電子マネーの法適合性の問題でかつてはよく取り上げられたが，これら議論は既に収束しており，この点を本論稿において考慮する意味はない。

(8)　蒲俊郎「疑似マネー化する「ポイント」——ネットビジネスにおける効用と課題」（2006 年 4 月 10 日電通報），蒲俊郎ほか『新・第三世代ネットビジネス』（2005 年，文

(2) ポイントの定義（その1）

このように多様な性格を帯びてきているポイントの定義は，どのように考えればよいのであろうか。

中央大学の杉浦宣彦教授は，「ポイントについては，発行する企業によってその位置づけ，効果，付与機会，有効期限，発行原資等に差異があり確定的な定義を設けることはできない。」とした上で，「その法的性質を考えてみると，通常，対価を払って発行されるものではないため，電子マネーのような前払式証票には該当しないと考えられるが，物品との交換が可能であるという点において，財産権であると概念することは可能であろう。」とし，「ポイントをあえて，定義しようとすると『有償契約にもとづいて記録される電磁的な数量情報であり，契約に基づいて指定された商品・役務の中から給付を請求できる債権』というのが妥当であろう」と結論づけている[9]。

このポイントの定義は，電子マネーの定義を「金額に応ずる対価を得て電磁的に記録された金額情報であって，その記録者との契約関係にもとづき，それを移転することによって，契約にもとづく一定の範囲の金銭債務の弁済としての効力を有するもの」とした上で，この定義との対比の中で，ポイントにおける「恩典」（おまけ）という側面までを広く包括しようとした結果であって，まさに同教授が「あえて定義しようとすると」と前置きするように，非常に広範囲までカバーしたものであり，ポイントプログラム提供企業に対する具体的な債権であることを明示している点に特徴がある。ちなみに，同教授は，「ポイントは物に引き換えうる権利を伴うことから，その法的本質は財産権というべきである」とも明言しており[10]，また，東京大学の岩原紳作教授は，「ポイントはなんらかの金銭的価値を表象するものであり，電子マネーと同様のものとして法制を設ける必要があるのではないかということが，立法論的には問題となりうる」とまで指摘している[11]。

芸社）282頁。
（9）＜シンポジウム＞「決済法制の再検討——リテール資金決済」金融法務事情1842号，「電子マネーと法」ジュリスト1361号。
（10）「拡大するポイントプログラムの法的問題点」金融法務事情2561号。
（11）＜シンポジウム＞「決済法制の再検討——総論」金融法務事情1842号。

第2部　民事法

(3) ポイントの定義（その2——ヤフー規約の提示する概念）

　この点、ヤフーが提示するポイント概念は、これとは対照的な内容となっているのが興味深い。つまり、「Yahoo! ポイントプログラム（利用約款）」(http://points.yahoo.co.jp/terms.html) の第1条は、「Yahoo! ポイントとは、Yahoo! JAPANがこの「Yahoo! ポイントプログラム」（以下「ポイントプログラム」といいます）にしたがい一定の特典を提供するプログラムです。Yahoo! ポイントに入会するための入会金や年会費等の費用は一切発生しません。参加者に付与されるポイント（以下「ポイント」といいます）は、一定の条件を満たせばYahoo! JAPANが定める特典を将来受けることができるという可能性を表象しているものですが、ポイント付与によってYahoo! JAPANと参加者の間に具体的な権利義務が発生することはありません。Yahoo! ポイントをご利用される場合には本ポイントプログラムに同意したものとみなします。」と規定している。

　ややわかりにくい表現であるが、この点、平成20年5月30日に開催された、金融審議会金融分科会第二部会の決済に関するワーキング・グループ（第2回）において、ヤフー株式会社の法務部長である別所氏は、次のように解説している[12]。

　「そもそもポイント・サービスを始めるときに、ポイントって何なんだろうかということを少なくともお客様に、できるだけわかりやすく説明したいということで、利用約款でここに書かれているような説明をさせていただいております。一定の条件を満たせば、ヤフーが定める特典を将来受けることができるという可能性を表象したものだというのが、私どもとしてのポイントに対する考え方でございます。一応、期待値ということでご説明させていただいて、私どもとしてもそのようなたてつけで、ポイントそのものを考えているというところでございます。私ども、実はほかの会社さんのポイントの約款とかも見せていただいたんですけれども、ポイントって何なんだろうということを書かれている約款がなかなか見つからないというのが実態なんですけれども、私どもとしては、サービスとしてお客様に提示する以上は、基本性格ははっきりして

---

(12)　金融審議会金融分科会第二部会の決済に関するワーキング・グループ第2回議事録。

おきたいということで，このような表示をさせていただいているというところでございます。」

ここで出てくる「期待値」という概念であるが，同ワーキング・グループの席上で，別所氏はさらに「私どもとしては期待値といいますか，期待権はあると思っていますけれども，それを具体的な権利義務にできるところまでは高まっていない，利用の意思表示をされた瞬間に利用行為に関しては具体的に発生することはあると思っていますけれども，そこは今，私どもとしてはそういう整理をしているところです。」とし，いわば，ポイントを一種の「期待権」としてとらえることを明確にしている。

これは，ポイントビジネスの現場において存在する，ポイントを確定的・具体的な権利とすることへの抵抗が端的に現れたものである。

つまり，仮に具体的な権利義務が発生すると考えると，例えば，その権利発生時点において，当該ポイントを利用して，あるサービスの提供を受けたり，特定の景品と交換できたりする場合，企業としては，将来，そのサービスや景品提供を中止する行為に制約を受ける可能性が出てくる，つまり，利用者に不利益なサービス変更全般について，利用者の個別の承諾が必要であるとされる可能性に対する危惧がそこにはある。

この点，三菱UFJリサーチ＆コンサルティング産業研究室金融グループ主任研究員である田渕文美氏は，「『少額代金支払いサービス』の現状と課題」[13]との論稿において，「利用者に不利なサービス内容の変更について利用者すべての承諾が必要だとすると，重要なポイント交換先の減少を含めたポイントサービスの内容変更が実質上不可能となってしまい，マーケティングツールとして機能しなくなる」とのポイントプログラム提供企業の声を紹介している。

(4) ポイントの定義（その3——ヤフー規約の問題点）

「期待権」という概念について，ヤフーでは，単なる期待にすぎず権利性が無いという趣旨でとらえているようであり，この点は問題があると言わざるを得ない。

---

(13) 月刊消費者信用 2008年8月号。

「期待権」については，医療現場における医師の専門家責任を説明する際にしばしば用いられてきたものであるが，近時はより広範に使用されている。東京地方裁判所平成19年12月19日決定は，全部取得条項付株式の取得価格について判断した際に，「譲渡制限の付されていない株式を所有する株主は，当該株式を即時売却するか，それとも継続保有するかの選択肢を有し，即時売却により実現される株式の客観的な時価を把握しているほか，継続保有により実現する可能性のある株価上昇に対する期待権を有している。このため，全部取得条項に基づき会社による株式の強制的取得が行われると，これによって，株主は上記株価上昇に対する期待権をも喪失する結果となる。そうであれば，裁判所が，全部取得条項付種類株式の取得の公正な価格を定めるに当たっては，取得日における当該株式の客観的な時価に加えて，強制的取得により失われる今後の株価上昇に対する期待権を評価した価額をも考慮することが相当であるということになる。」と判示し[14]，また，京都地方裁判所平成20年2月7日判決においても，死因贈与について民法994条1項は準用されないとする判断において，「死因贈与は贈与者と受贈者との間の契約である以上，贈与者の意思で一方的に撤回することはできない（但し，書面によらない死因贈与は，履行の終わった部分を除き，撤回することができる〔民法550条〕。）うえ，契約成立の時点において，受贈者には贈与者の死亡によって当該死因贈与の目的物を取得できるという期待権が生じているといえる。」とする[15]。

かように，その有する期待が合理的であれば，「期待権」という「具体的権利」として保護されるとするのが近時の判例の傾向であり，このような動向を考え合わせると，「期待権だから，特典を将来受けることができる可能性を表象しているにすぎず，ポイント付与によってYahoo! JAPANと参加者の間に具体的な権利義務が発生しない」との理論は必ずしも適切ではないと評価せざるを得ない。

そもそも，前述のように，企業側の都合をそのまま表現したのがヤフーの規約であるが，かつてのようにポイントが，企業の提供するオリジナルの景品等

---

(14) 判例タイムズ1268号272頁，金融・商事判例1283号22頁，判例時報2001号109頁。

(15) 判例タイムズ1271号181頁。

に交換できるだけの時代ならいざ知らず，今やネット銀行において現金に交換できるまでに進歩を遂げたポイントを，ただの利用者の「期待」にすぎないと位置付け，企業側が何らの制約もなく，一方的に権利を奪うことができる可能性を見いだそうとする結論そのものに疑問がある。

ヤフーにおいては，「利用の意思表示をされた瞬間に利用行為に関しては具体的に発生する」，「行為の瞬間にはそれの現実化というのが必要になりますので，そこから先は，期待権が現実化するんだというふうに位置づけている」とのことであるが[16]，ポイントを行使する意思表示を行えば具体的権利になり，その前は単なる期待で如何ようにも取り扱うことができるというように，ポイント行使の意思表示の前後で極端な差違をもうける合理的根拠があるとは到底言い難いし，このような取り扱いにつき，利用者の理解を得られるものでもないことは明らかである。

やはり，実務上の必要性から，ポイント発行時点において，ポイントプログラム提供企業に対する具体的な債権が発生するという結論そのものを修正しようとする試みには無理があると言わざるを得ない。

(5) ポイントの定義（その４——私見）

他面，前記杉浦教授による定義は，電子マネーとの比較において，決済という概念を中心に考えられており，電子マネーとポイントとの区別が定義に明確には盛り込まれていない印象を受ける[17]。

この点，電子マネーとポイントとの相違については，「発行原資」と「決済原資」が何であるかが決定的なものであると考えられるのであって，むしろ，この点を定義において明確に盛り込むべきであると考える。

「経済産業省レポート」では，電子マネーとポイントは，①ビジネス上の位置付け，②発行原資，③決済原資，④消費者の期待といった点に性質上の相違を見いだすが，同レポートが挙げる，ビジネス上の位置付けの違いや消費者の期待といった差違は，現在のポイントの多様性の進展及びそれに伴う消費者のポイントに対する意識の変化を考えると必ずしも当を得ていないし，ポイント

---

(16) 金融審議会金融分科会第二部会の決済に関するワーキング・グループ第２回議事録。
(17) 前掲注(9)。

ビジネスの現場の感覚とも乖離がある。

両者の決定的な差違は，電子マネーの「発行原資」は消費者が出捐したものであり，「決済原資」は当該出捐，つまり発行者の前受金となるのに対して，ポイントの「発行原資」は発行者が出捐したものであり，「決済原資」は発行者の販売促進費となることから生じると考えられ，前記のヤフーのポイント概念設定の根源もここにあると考えられる。

つまり，ポイントは，企業が自分の資金で利用者にサービス提供したものであり利用者は何らの支払も行っていないのだから，サービス内容の変更に伴いポイント内容が変更されたり，究極的にはサービス提供を停止する，つまりポイントを消滅させることも，利用者に決定的な不利益を与えるものではなく基本的に自由である，という考え方が根底にある。前記田渕文美氏の論稿[18]においても，これほどポイント概念の多様化が進んでいるにもかかわらず，「現状では，消費者が現金で購入できるポイントはほとんど存在していない」とされている。

つまり，各企業は，顧客サービス向上の観点から，ポイントの流通拡大をはかるために，自社ポイントの入口及び出口の拡大を積極的にはかっているが（JALとANAを頂点としたポイント交換体系がその典型的な現れである），ポイントをネット銀行で現金に交換するといった，ポイントの出口を最大限拡大するスキームは多くのポイントプログラムで実施されているにもかかわらず，ポイントの入口において，ポイントの現金による販売という，誰もが容易に思いつくスキームを実施していないわけである。

この点，ポイントプログラム提供企業が，ポイントの有償発行のスキームをとらない理由として，それを認めると，「前払式証票の規制等に関する法律（前払式証票法）」の適用を受け一定の供託義務を負う可能性があるという資金負担面のデメリットがよく取り上げられるが，こういった表面的な理由だけではなく，ポイントの有償発行を認めてしまうと，マーケティングツール・販促ツールとしての存在を本質とするポイントプログラムが変質し，それらツールとしての役割を果たし得なくなる可能性があることが重要である。

---

(18) 前掲注(13)。

9 企業ポイントの概念整理及びポイントプログラム内容の不利益変更の有効性について（蒲　俊郎）

　ポイントに本質的に求められているのが，マーケティングツール・販促ツールとしての役割である以上，必然的に，ポイントプログラムにおいては，様々なキャンペーン等，顧客獲得・誘因のための方策が日々繰り広げられており，その典型例の１つが，自分の保持するポイントを使って，クイズやイベントの予想に応募することで，その何十倍もの景品やポイントとなって戻ってくるような事例である。この場合，仮にポイントの販売を行っており，ポイントのネット銀行での現金化も行っていると仮定すると，言うまでもなく，ただのキャンペーンが賭博性を帯びてくることになる（刑法第185条）。この点は，ポイントプログラムを提供する業界において以前から指摘されていた問題である。

　実際に，平成17年１月に，ホームページ上で，ポイントプログラムを提供し，具体的には，１ポイントを20円で発行し，プロ野球や米大リーグなどの勝敗と点数を予想させ，当たった場合にはその倍率毎のポイントが交付され，そのポイントに応じて時計やデジタルカメラなどと交換できるという事業を行っていた業者が，インターネットの野球賭博をめぐる全国初の強制捜査を受けた旨が新聞報道されている。

　このように，スポーツ等のイベント結果を利用者に予想させるようなタイプのキャンペーンは，多くのポイントプログラム（特にサイト上）で実施されているが，刑事上の摘発を受けるか否かの分水嶺は，ポイントを有償発行しているかどうかにかかっている。有償発行していない限り，取引付随性があるキャンペーンであれば「不当景品類及び不当表示防止法」（景品表示法）の制約を遵守すれば足り，取引付随性がないキャンペーンであれば，基本的には何らの制約も無いのが原則である（かつては，「広告においてくじの方法等による経済上の利益の提供を申し出る場合の不公正な取引方法」通称オープン懸賞告示によって上限規制があったが，2006年４月に規制は廃止された）。

　もちろん，ポイントに財産権としての性格を認める以上，当該財産権を投じ，偶然の勝敗によって，投じた財産権以上の景品や現金に交換可能なポイントを得るわけであるから，それ自体として，賭博性があるとの論理的な余地が全くないわけではないが，その可能性はきわめて低いと思われ，キャンペーンと賭博との分水嶺として業界内で意識されているのが，「ポイントを購入できない」という点なのである。

そして，この賭博罪と，ポイントを利用したキャンペーンとの関係が明確にならない限り，企業は，マーケティングツール・販促ツールとしてのポイントプログラムにおいて重要な役割を有する前記のような懸賞キャンペーン等の実施に障害となるポイント有償発行を実施することは考えられないのであって，その観点からみれば，実質的には，前記「発行原資」「決済原資」の点が，マーケティングツール・販促ツールであることを本質とするポイントを決定的に特徴づけるものになると考えられるわけである。なお，「発行原資」と「決済原資」は同じ事実について視点を変えて指摘しているだけであり，「発行原資」という概念だけに統一することが可能である。

(6) 結論として

以上のように検討してくると，前記杉浦教授によるポイントの定義に概ね賛成するところであるが，さらに，本来的にマーケティングツール・販促ツールであるポイントを本質的に基礎づける「ポイントの発行原資は発行者であるポイントプログラム提供企業が出捐したものである」（視点を変えると「ポイントの決済原資は企業の販売促進費である」ということになる）という事実を加味するべきなのであり，「ポイント」とは，「契約にもとづいて記録され，ポイントプログラム提供企業が原資を負担する，電磁的な数量情報であり，契約に基づいて指定された商品・役務の中から給付を請求できる債権」と定義づけるのが適切と考えられ，ヤフーが指摘する期待権としての定義付けに見られるような，一部ポイントプログラム提供企業が提唱する，具体的権利性を否定する方向でのポイント概念の把握は無理があると考えるものである。

Ⅳ ポイントの具体的権利性を認めた上での権利内容の変更について

(1) 問題の視点

前述のように，私は，ヤフーの唱える期待権という理屈には賛成しかねるものであるが，ヤフーらポイントプログラム提供企業が抱える懸念について十分に理解はしており，その点をどのように理論的に解消するかは必要であると認

識している。

　つまり，前記のように，ポイントビジネスの現場では，ポイントを確定的・具体的な債権であると考えると，例えば，ポイント発生時点において，当該ポイントを利用して，あるサービスの提供を受けたり，特定の景品と交換できたりする場合，ポイントプログラム提供企業が，将来，そのサービスや景品提供を中止する行為に対して，何らかの制約を受けるのではないかとの危惧を有しており，田渕文美氏の前記論稿にもその旨の指摘が為されていることは既に指摘したとおりである。

　しかし，私は，ポイントを確定的・具体的な債権であると捉えても，利用者の承諾を得ることなく，利用者に不利な方向でのポイントサービスの内容変更は可能であると解することによって，本問題は解消されると考えている。

　この点の理論構成であるが，前記のように，ポイントは，契約にもとづいて記録され，ポイントプログラム提供企業が原資を負担する，電磁的な数量情報であり，契約に基づいて指定された商品・役務の中から給付を請求できる債権であり，ポイントに具体的権利性を与えるのは，前提にある契約，つまり，具体的には，各ポイントプログラム提供企業が規定する約款（利用規約等）となるわけであって，本問題は，約款の不利益変更の問題として構成し直すことが可能である。

(2) 約款の拘束力

　ほとんどのポイントは，「利用規約」等の約款によってその内容を規定されている。一部に利用規約上に何ら明記しないままで，ポイントサービスを行っている企業もあるが，この場合も，当然のことながら，ポイントの取得方法や景品等への交換方法の説明はどこかで為されているわけであり（これがなければ利用者はポイントを使用することが出来なくなってしまうので当然のことである），それら断片的な記載の全体が約款としての効力を持つという点では同じ事である。

　そして，約款（「利用規約」「利用条件」，「利用規則」，「ご同意事項」，「ご利用にあたって」「ガイドライン」など表題の相違や有無は効力に何ら影響しない）の拘束力については異論のないところである（普通保険約款に関する函館地方裁判所平

成12年3月30日判決[19]、ゴルフクラブの会則に関する東京高等裁判所平成3年12月16日判決[20]、経済産業省「電子商取引及び情報財取引等に関する準則」[21]、サイトにおける利用規約の有効性につき同意のためのクリックを不要とした米国判決 Register. com, Inc. v. Verio, Inc. 126FSupp. 2nd 238（2000）など多数）。

なお、ヤフーにおいて、約款としての意味を持つ「ガイドライン」について、名古屋地方裁判所平成20年3月28日判決は「本件ガイドラインは、本件利用契約においていわゆる約款と位置付けられるところ、上記認定によれば、本件サービスの利用者は、本件サービスの利用につき、約款である本件ガイドラインによることに同意しており、これが利用者と被告の間で本件利用契約の内容として成立しているというべきである」と判示し、ガイドラインの約款としての拘束力を明確に肯定している[22]。

(3) 約款の不利益変更

この約款の不利益変更については、東京地方裁判所判決平成11年7月28日判決が、ゴルフ場の会則について、次のように判示する[23]。

「本件会則は、会員に対して団体法的な拘束力を生ずる社団の定款には該当せず、いわば一種の約款としてこれを承認して入会した会員と被告との間の契約上の権利義務の内容を構成するものということができる。そして、会員は、本件会則に基づき、被告に対し、ゴルフ場を優先的に利用する権利を有し、年会費等の納入義務を負い、据置期間満了時には入会時に預託した預託金を返還請求することができることとされているのであって、預託金の据置期間を延長することは、会員と被告との間の契約上の基本的な権利に重大な変更を加えるものにほかならない。したがって、右据置期間の延長を内容とする取締役会又は理事会の延長決議は、原則として、会員の個別的な承諾を得ることが必要で

---

(19) 判例タイムズ1083号164頁、判例時報1720号33頁、ジュリスト臨時増刊1202号97頁、ジュリスト1215号179頁、判例評論506号42頁、法律時報別冊私法判例リマークス26号106頁。
(20) 金融・商事判例896号27頁、判例時報1411号69頁、判例評論406号16頁。
(21) http://www.meti.go.jp/press/20070330011/denshishoutori3.pdf
(22) 藤原宏高「インターネットオークションに関する法的考察」NBL883号。
(23) 判例タイムズ1026号205頁。

あり，個別的な承諾を得ていない会員に対しては，その効力を主張し得ないものと解すべきである。もっとも，本件会則6条但書は，「本クラブ運営上やむを得ない事情がある場合には本クラブ理事会又は会社取締役会の決議により，据置期間を更に10年間以内の相当期間延長することができる」旨定めており，被告取締役会及び本クラブ運営委員会（旧理事会）は本件延長決議をしているから，本件において「本クラブ運営上やむを得ない事情がある」と認められる場合には，例外的に会員の個別的な承諾を得ることは必要がないことになる。そして「本クラブ運営上やむを得ない事情がある場合」とは，据置期間を延長しなければならない合理的な必要性が肯定される事由があり，かつ延長決議の内容が右事由との関連において相当な期間であって会員の権利に著しい変更を生じないような場合と解すべきであり，したがって，当該延長決議はかかる意での合理性，必要性及び相当性を有する限度において有効であると解すべきである。」

また，名古屋簡易裁判所平成18年12月13日判決は，退職年金規定につき，退職当時の退職年金規定に規定の改廃権が留保されており，それに基づく改廃の内容が合理的なものであるときは，退職年金を受給している退職者にも改廃の効果が及び，有期年金を打ち切って一括支給したことを適法であると判示している[24]。

つまり，約款が制定されており，その約款に変更のための手続規定が整備されており，その変更内容等において，合理性等の一定の要件が認められれば，個別の承諾を得ることなく，約款を変更することは可能とするのが一般的な結論なのである。

(4) 約款変更規定

ヤフーは，この約款の変更について次のような規定を置いているが，他社が提供するポイントプログラムにおいても，概ね同内容の約款が存在していることが一般的であり，約款に変更のための手続き規定が存在するという要件は，ほとんどのポイントプログラム提供企業において充足されている。

---

(24) 判例タイムズ1247号205頁，労働判例936号61頁。

第18条（プログラム内容の変更，停止，終了等）「Yahoo! JAPAN が必要であると判断した場合には，参加者に事前に通知することなく，いつでもポイントプログラムを変更することができ，および Yahoo! ポイントの停止もしくは中止，中断，または付与条件の変更，付与済みのポイント数の変更，特典提供の停止もしくは中止あるいは条件の変更を行うことができるものとします。本条に基づいて Yahoo! JAPAN が Yahoo! ポイントの停止等を行った場合にも，参加者に対しては一切責任を負わないものとします。なお，本条に基づく Yahoo! ポイントの停止等はすでに行われている特典の利用には影響しないものとします。」

このヤフーのような約款を，字句通りに捉え，ポイントプログラム提供企業が，事前周知方法をとること無しに，いつでも，どのような内容にでもプログラムの内容を変更できると解釈するとすれば問題であろうが，前記判例のように，変更を是認できる一定の要件を充たしている場合に限り変更の効果を利用者に及ぼすことができると解釈することは十分に可能である。

(5) 約款の不利益変更に関する法律上の限界

では，どのような内容の変更であれば，個別の承諾を得ることなく，約款を変更することが可能なのであろうか。

この点，前記のように，ポイントについて「発行原資」の点が本質的な要素であると考える限りにおいて，利用者はポイント取得の原資を何ら負担しておらず，その内容を修正変更されても不利益を受ける程度が，有償取得した権利に比較して明らかに小さいことになる。つまり，利用者が受ける不利益が相対的に小さいわけであり，その結果，約款変更を実施することができないことによって企業側が被る不利益がそれほど重大でない場合であっても，約款の一方的変更が認められることになる（利用者利益と企業利益の均衡の問題）。

利用者が当該権利取得に対価を支払っている前記ゴルフ場の会則や退職年金規定の場合より，利用者が対価を支払っていないポイントプログラムの規約の場合には，個別の利用者の同意なく約款変更が認められる範囲が当然に広くなるわけであり，ポイントプログラムにおける規約変更は，前記判例の判示した一般的な合理性の基準よりさらに広範に認められることになる。その結果とし

て，ポイントプログラム提供企業には，そのプログラムの内容変更に関する広い裁量権が認められることになると考えられる。

そして，本件と同様の利害構造を前提とする消費者契約法第10条の規定において，消費者の利益を一方的に害するとして無効とされる対象が，民法商法その他の法律の任意規定の適用による場合に比べて消費者の権利を制限しまたは消費者の義務を加重する特約とだけせずに，「民法第1条第2項に規定する基本原則に反して消費者の利益を一方的に害するもの」と一般条項の規定を持ち出し，対象を制限していることも加味すると，前記のように変更の裁量権が広く認められるべきポイントプログラムに関する約款の変更については，信義則に関する一般的な理解に従い，「当該事案における一切の個別事情を考慮した上で契約内容が一方当事者に不当なほどに不利であるといった特段の事情」がない限り，是認されると解するのが妥当である。

なお，この消費者契約法第10条で無効とされる契約条項については，現行民法のもとにおいても民法1条2項によって無効とされるものであるという見解（確認説）と，現行民法では必ずしも無効とされないものであるという見解（創造説）とがあるが，いずれの立場に立つかによって，約款の不利益変更の許容範囲に多少の相違が生じるであろうが，その点について，紙数の関係もありここでは深入りはしない。

なお，上記のように，ポイントプログラム提供企業に，変更内容についての広範な裁量権を認めるとしても，あくまでも規約の拘束力を利用者に及ぼすという観点から，企業が既存の利用者に対し変更後の利用規約を適用するためには，利用者に対して利用規約の変更箇所を認識してもらうための適正な周知手段を取ることによって，約款における同意擬制の前提となる，利用者側の規約変更に関する認識可能性が存在することが不可欠であることは言うまでもない。

以上の通り，ポイントを確定的・具体的な債権であると考えたとしても，その債権の具体的内容を規定する規約の変更が，規約に明記された適正な修正条項に従って適切に行われれば，多くの場面において，利用者に対しても有効に効力を及ぼすことができると考えられるのであって，ポイントプログラム提供企業が危惧するような問題点は事実上解消されることになる。

(6) 事実上の限界について（コンプライアンス論）

ここまでポイントプログラムに関する約款の不利益変更に関する法律上の限界を検討してきたが，法理論上，約款の変更の効力を利用者にどこまで及ぼすことができるかという問題と，そのような変更が社会通念上容認できるかという問題は別次元の問題である。法理論上，ポイントの内容につき，ポイントプログラム提供企業の広い裁量的判断によって，利用者に不利益に変更できるとしても，企業側の都合で自由に規約を変更することでポイントプログラムの内容を大幅に減殺することが，利用者の立場から見た場合に適切であるはずもない。

私は，この問題については，規約の不利益変更の限界の問題ではなく，企業のコンプライアンスの問題として，別次元で捉えられるべきであると考えている。

現在，コンプライアンスは，単なる法令遵守にとどまらず，社会良識，社会ルール，社内の規則・規程等の遵守も含まれる広い概念として捉えられている。この場合，業界の自主ルールが遵守の対象に含まれることは言うまでもないが，インターネット上でポイントの発行・交換サービスを提供する企業で構成される日本インターネットポイント協議会は，2008年10月9日，ガイドラインを変更し，「インターネットポイント・サービス提供企業はインターネットポイント・サービス参加消費者に対して，ポイントの利用及び価値に関する内容（ポイント交換及びポイント特典提供サービス）の変更及び中止を行なう場合には，最低1ヵ月前の事前告知するように努力するものとする。」「ポイントの利用及び価値に関する内容の大幅な変更する場合には，最大1年間の事前告知をするように努力する。」といった消費者保護のための指針を打ち出しており[25]，ポイントプログラム提供企業がこれらに違反する場合に，コンプライアンス違反となることは当然である。そして，これらガイドラインは，今後も社会の要請に応じて適宜修正されていくであろう。

さらに，近時のコンプライアンス論では，企業の存在には，利潤の追求だけでなく，社会からの潜在的な要請があり，単に法令のみの遵守に終始すること

---

[25] http://www.jipc.jp/

なく，端的に「社会からの要請」に応えることこそがコンプライアンスの本旨であるとされており[26]，こういった観点からすれば，このような明確なガイドライン等が存在しない部分に関しても当然一定の制約が課されることになる。

近時，一部のネット企業がポイント引当金の計上不足を解消する目的で行っているポイント有効期間の短縮等は，前記のように約款変更の有効性の要件自体は充足することができ，法的に有効であると考えられるとしても，コンプライアンスの観点から見れば，問題となる可能性が高いと言わざるを得ない。

この点，金融審議会金融分科会第二部会の決済に関するワーキング・グループ（第2回）において，ヤフー株式会社とともに意見を求められた株式会社NTTドコモのマルチメディアサービス部担当部長守屋学氏は，規約変更について「基本的な考えは，あくまでいい方向への変更はできると思いますが，改悪というような，悪い方向はなかなかできないと思っておりまして，もしやるのであれば，相当の期間をもって周知をしないといけないと思いますが，今のところ実績はないということでございます。」と述べており[27]，コンプライアンスも念頭において，ポイントプログラム提供企業として1つの見識を示している。

V 最後に

以上述べてきたように，ポイントは，利用者がポイントを利用する意思表示をして権利内容が確定した段階で初めて具体的債権となるものではなく，ポイント発行時点において，約款に基づいて指定された商品・役務の中から給付を請求できる具体的債権として発生すると捉えるべきである。このように解したとしても，ポイントの権利内容を基礎づける利用規約等の約款中に変更のための適切な手続規定が整備されており，当該事案における一切の個別事情を考慮した上で，約款の修正内容が利用者に不当なほどに不利であるといった特段の事情がない限りは，利用者の個別の承諾を得ることなく，約款を変更すること

---

(26) 郷原信郎「『社会的要請への適応』としてのコンプライアンス」時の法令1790号。
(27) 金融審議会金融分科会第二部会の決済に関するワーキング・グループ第2回議事録。

は可能と解釈することができ，これによって，ポイントプログラム提供企業が漠然と抱いている危惧（将来，そのサービスや景品提供を中止する行為に対して，何らかの制約を受けるのではないかとの危惧）を概ね解消することができると考える。

なお，これは利用規約等の約款の拘束力を前提とするのであり，ポイントプログラム提供企業が既存の利用者に対し変更後の約款を適用するためには，利用者に対して約款の変更箇所を認識してもらうための適正な周知手段を取ることによって，約款における同意擬制の前提となる，利用者側の変更された約款内容に関する認識可能性が存在することが不可欠であることは言うまでもない。

このように解釈することで，ポイントプログラム提供企業が抱く危惧を除去し，現在なお発展途上にあるポイントプログラムの進展を妨げることなく，各企業の努力によって革新的な取組が今後もより多く生まれることを期待することができると思われる。

そして，このような広範囲な規約変更を容認することによって，ポイントプログラムの変更により利用者が不利益を被る虞については，不利益変更の法的可否の問題としてではなく，コンプライアンス上の問題として捉え，当該企業が，業界ガイドラインをはじめとする，ポイントプログラム提供企業に課せられた「社会的要請」に応えていないと評価されることにより，社会的糾弾を受け企業価値が毀損する可能性の存在が，企業にとっての抑止力として作用することで，当面は十分であると思われるのである。

10 ≪資料≫ドイツの投資奨励保護協定

櫻 井 雅 夫

I 解　説
II ［資料1］投資の奨励及び相互保護に関するドイツ連邦共和国と_____との間の協定
III ［資料2］投資の奨励及び相互保護に関する中華人民共和国とドイツ連邦共和国との間の協定

I 解　説

いわゆる二国間投資協定（Bilateral Investment Treaties, BITs）は，外国投資の促進と保護のためのものである[1]。

表　国際投資の法的枠組み

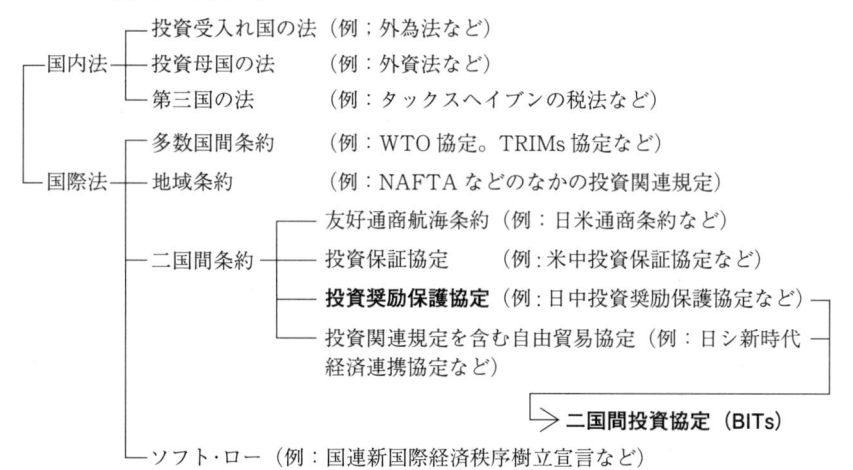

```
          ┌ 投資受入れ国の法（例：外為法など）
   ┌ 国内法 ┼ 投資母国の法　　（例：外資法など）
   │      └ 第三国の法　　　（例：タックスヘイブンの税法など）
   │      ┌ 多数国間条約　　（例：WTO協定。TRIMs協定など）
   └ 国際法 ┼ 地域条約　　　　（例：NAFTAなどのなかの投資関連規定）
          │      ┌ 友好通商航海条約（例：日米通商条約など）
          ├ 二国間条約 ┼ 投資保証協定　（例：米中投資保証協定など）
          │      ├ **投資奨励保護協定**（例：日中投資奨励保護協定など）
          │      └ 投資関連規定を含む自由貿易協定（例：日シ新時代
          │        経済連携協定など）
          │                              ⇒ 二国間投資協定（BITs）
          └ ソフト・ロー（例：国連新国際経済秩序樹立宣言など）
```

（1）　その意義については，次の文献を参照。櫻井雅夫『国際経済法』新版（東京：成文堂，1997年），211—219頁；同『新版国際投資法』（東京：有信堂，2000年），132—138頁；同「EU諸国の対LDC投資に関わる奨励保護協定」石川明編『EU法の現状と

241

第2部　民事法

　外国投資の法的枠組みにおけるBITsの位置づけは，表のとおりである。BITsの数は1990年代に劇的に増加した。1980年代末には385から1990年代末には173カ国の間で1,857の協定が締結された。世界中で締結されているBITsは2007年現在で2500を超え，このうちドイツ型のBITsは2300を超えている[2]。

　1959年にドイツとパキスタンの間で初のBITが結ばれたことを皮切りとして，その後1960年代から徐々に欧州の各国は，BITsを締結してきた。2000年1月現在では，英国が92，フランスが92，ドイツが124のBITsを締結していた。EUの単位では1960年代から投資を含む枠組み協定を69締結してきている。現在，ヨーロッパではEUレベルと各国レベルの二つの層で多数の投資協定が存在する状況である。

　2006年に各国が新たに締結されたBITsは73であり，同年末の時点でBITsの総数は2573となった。このうち，ドイツは，2006年現在で総数134，2007年現在で138のBITを締結し，世界最大の締約国になっている。このうち115は発効済み，23は署名済み未発効である。ドイツはさらに9カ国と締結交渉中である[3]。

　ドイツのBITsに関しては批判の論調もみられるが[4]，ここではひとまずドイツ政府作成の「投資奨励保護協定のモデル協定」を紹介し，参考としてこのモデル協定に基づいて締結された1983年の「中華人民共和国和徳意志連邦共和国関于促進和相互保護投資的協定」を添付することとした[5]。

　　発展：ゲオルク・レス教授65歳記念論文集』（東京：信山社，2001年），109—134頁。；同「国際投資の新たな法的枠組み：EU・中国間の場合」櫻井雅夫・入稲福智編『石川明教授古稀記念論文集』（東京：信山社，2002年）。印刷中。
（2）　Luke Eric Peterson, *Bilateral Investment Treaties ; Implications for Sustainable Development and Options for Regulation*. FES Conference Report February 2007. p. 4.
（3）　UNCTAD, Recent Developments in International Investment Agreements, 2006-June 2007. IIA Monitor, No. 3（2007）UNCTAD/WEB/ITE/IIA/2007/6. New York and Geneva, 2007.
（4）　例えば，Mahnaz Malik, *Time for a Change : Germany's Bilateral Investment Treaty Programme and Development Policy*. Paper presented at a meeting organized by FES in Berlin in December 2006.
（5）　ドイツとパキスタンとの間の協定については，次の邦訳がある。
　　「ドイツ連邦共和国とパキスタンとの間の投資の促進と保護に関する条約」皆川洸ほか訳『海外投資の法的諸問題』（東京：ぺりかん社，1967年），326—331頁。

Ⅱ ［資料１］投資の奨励及び相互保護に関する
ドイツ連邦共和国と＿＿＿＿＿との間の協定

　ドイツ連邦共和国と＿＿＿＿＿は，
　両国間の経済協力を強化することを希求し，
　それぞれの国の　国民及び会社による他方の国の領域への投資に対して良好な条件を創出することを意図図し，
　かかる投資の奨励及び契約的保護が民間事業のイニシアティブを鼓舞しかつ両国民の繁栄を増強する可能性を有することを確認し，
　次のとおり協定した。

第１条　この協定の目的上，
１　「投資」という用語は，すべての種類の資産，とくに次のものを含む。
　(a)　動産及び不動産並びに譲渡抵当権，先取特権及び質権のようなその他権利；
　(b)　会社の株式その他会社におけるその他種類の権益；
　(c)　経済価値を創出するために使用された金銭に対する債権又は経済価値を有するなんらかの履行に対する債権；
　(d)　知的財産権とくに著作権，特許，実用新案特許，登録済意匠，商標，商号，取引上及び事業上の秘密，技術工程，ノウハウ及びのれん；
　(e)　天然資源を探査し，採掘し及び開発するためのコンセッションを含む公法上の事業コンセッション；
　　資産投資の形態のいかなる変更も，投資としての分類に何らの影響を及ぼさない。
２　「収益」という用語は，利益，配当，ロイヤルティないし使用料のような一定期間に投資によって稼得した金額を意味する。
３　「国民」という用語は，次のことを意味する。
　(a)　ドイツ連邦共和国に関しては：
　　ドイツ連邦共和国基本法の意味の範囲でのドイツ人，
　(b)　＿＿＿＿＿に関しては：
　　＿＿＿＿＿。
４　「会社」という用語は，次のことを意味する。
　(a)　ドイツ連邦共和国に関しては：

第 2 部　民 事 法

　　　活動が利益を指向するものであるか否かを問わず，ドイツ連邦共和国の領域内に主たる事務所を有する法人及び法人格を有するか又は有しない何らかの商業上その他の会社又は社団，

(b) 　＿＿＿＿＿に関しては：

　　　＿＿＿＿＿＿＿＿＿。

第 2 条　(1)　各締約国は，その領域において，できる限り他の締約国の国民又は会社による投資を促進し，及び自国の立法に従ってかかる投資を受け入れるものとする。各締約国は，いかなる場合にもかかる投資に対して公正かつ衡平な待遇を与えるものとする。

(2)　いずれの締約国も，いかなる方法でも恣意的又は差別的な措置によって他の締約国の国民又は会社による自国向け投資の管理，維持又は享受を損なわないものとする。

第 3 条　(1)　いずれの締約国も，他の締約国の国民又は会社によって所有しまたは支配されている自国向け投資を，自国の国民若しくは会社の投資に対して又はすべての第三国の国民又は会社に対して与える待遇よりも不利な待遇に従わせないものとする。

(2)　いずれの締約国も，他の締約国の国民又は会社を，自国向け投資に関わる投資に関して，自国の国民若しくは会社又はすべての第三国の国民若しくは会社に対して与える待遇よりも不利な待遇に従わせないものとする。

(3)　かかる待遇は，いずれの締約国が関税同盟，経済連合，共同市場又は自由貿易地域の加盟又は連携の第三国の国民又は会社に対して与える優遇措置にも関わるものではないものとする。

(4)　この条で与えられる待遇は，いずれの締約国が課税問題に関する二重課税条約又はその他協定によって第三国の国民又は会社に対して与える恩典にも関わるものではないものとする。

第 4 条　(1)　いずれの締約国の国民又は会社による投資も，他の締約国の領域において十分な保護及び保障を享受するものとする。

(2)　いずれの締約国の国民又は会社による投資も，公共の利益を除くほか又は補償を支払うことなしには，他の締約国の領域において収用され，国有化され又は収用若しくは国有化に相応の効果を有するその他すべての措置に従わされないものとする。かかる補償は，実際の又は脅される収用，国有化又は相当の措置が衆知のものになった日の直前における収用対象投資の価額に相当するものとする。補

償は遅滞なく支払われかつ支払時までの通常の銀行金利を伴うものとし，それは実効的に換価可能かつ自由に送金可能であるものとする。かかる補償の決定及び支払のために，収用，国有化又は相応の措置の時点又はその前に適当な方法により対策が講じられるものとする。かかる収用，国有化又は相応の措置及び補償の額はすべて法の正当な手続に従うものとする。

(3) 戦争若しくはその他武力衝突，革命，国家緊急事態又は叛乱により他の締約国の領域において損失を被る投資を行ういずれの締約国の国民又は会社も，原状回復，賠償，補償又はその他有価約因に関して当該他の締約国が自国の国民又は会社に与える待遇よりも不利でない待遇を与えられるものとする。かかる支払は，自由に送金可能であるものとする。

(4) いずれの締約国の国民又は会社も，この条に定められた事項に関して他の締約国の領域において最恵国待遇を享受するものとする。

第5条 いずれの締約国も，他の締約国の国民又は会社に対して投資に関連する支払とくに次の支払の自由な送金を保証するものとする。
 (a) 投資を維持し又は増加させるための元本及び追加額，
 (b) 収益，
 (c) 貸付金の返済，
 (d) 投資の全部又は一部の清算又は売却から生じる利益，
 (e) 第4条に定める補償

第6条 いずれかの締約国が他の締約国の領域での投資に関して引き受けた保証に基づいて自国のいずれかの国民又は会社に支払を行うときは，後者締約国は，第10条の基づく前者締約国の権利を損なうことなく，法に基づくものであると法的取扱いに従うものであるとを問わず，前者締約国のかかる国民又は会社の権利又は請求権の譲渡を認めるものとする。後者締約国はまた，前者締約国が権利上の先任者と同一の範囲まで主張する資格を有するかかる権利又は請求権（譲渡請求権）に対する当該締約国の代位権を認めるものとする。かかる譲渡請求権によって行われた支払の送金に関しては，第(2)及び(3)に第5条が必要な変更を加えて適用されるものとする。

第7条 (1) 第4条(2)若しくは(3)又は第5条又は第6条に基づく送金は，適用可能の為替レートで遅滞なく行われるものとする。
(2) この為替レートは，当該通貨の特別引出し権への転換のために支払日に国際通貨基金によって適用されるレートから得られるクロス・レートに相当するものと

第2部 民事法

する。

第8条 (1) いずれかの締約国の立法又は現在存在しかつこの協定のほかに締約国間で確定された国際法上の義務に，他の締約国の国民又は会社による投資に対してこの協定に定められている待遇よりも有利な待遇を与える規律を含むときは，かかる規律は一層有利となる範囲までこの協定全体に適用されるものとする。

(2) 各締約国は，自国の領域への他の締約国の国民又は会社による投資に関して負ったいかなる義務をも遵守するものとする。

第9条 この協定はまた，その発効に先立っていずれかの締約国の国民又は会社により他の締約国の立法に従って行われた当該国の領域への投資に対して適用されるものとする。

第10条 (1) この協定の解釈又は適用に関する締約国間の不一致は，できる限り両締約国の政府によって解決されるべきものとする。

(2) 不一致がこのような方法で解決され得ないときは，いずれかの締約国の要請により仲裁裁判所に付託されるものとする。

(3) かかる仲裁裁判所はアドホックで次のように構成されるものとする。すなわち，各締約国は1人のメンバーを任命し，これらの2人のメンバーが第三国の国民を両当事国の政府が任命する首席仲裁人として任命することに合意するものとする。かかるメンバーはいずれかの締約国が他の締約国に対して当該紛争を仲裁裁判所に付託する意図がある旨を通報した日から起算して2月以内にまたかかる首席仲裁人は3月以内に任命されるものとする。

(4) 前第3項に特定された期間が遵守されなかった場合に他に何らの取り決めもないときは，いずれか締約国も必要な任命を行うために国際司法裁判所の長官を招聘することができる。長官がいずれかの締約国の国民であるとき又は当該職務を果たすことを妨げられるときは，副長官が必要な任命を行うべきものとする。副長官がいずれかの締約国の国民であるとき又は彼もまた当該職務を果たすことを妨げられているときは，いずれの締約国の国民でもない当該裁判所の次位のメンバーが必要な任命を行うべきものとする。

(5) 仲裁裁判所は，投票の過半数によって決定を下すものとする。かかる決定は拘束力を有するものとする。各締約国は，自国が任命したメンバー及び仲裁手続における自国の代表の経費を負担するものとする。議長の経費及び残りの経費は締約国によって均等部分について負担されるものとする。仲裁裁判所は，経費に関して別の規定を設けることができる。その他すべての点に関しては，仲裁裁判所

がその独自の手続を決定するものとする。
(6) 両当事国が国家と他の国家の国民との間の投資紛争の解決に関する1965年3月18日付の条約の締約国であるときは，上に定めた仲裁裁判所には当該条約第27条(1)の規定を参酌して，当該条約25条に基づいて一方の締約国の国民又は会社と他の締約国との間で合意に達した限りは訴えることができない。このことは，当該条約によって設置された仲裁裁判所の決定が応諾されなかった場合又はこの協定第6条に定める法に基づいて若しくは法的取扱いに従った権利譲渡の場合にかかる仲裁裁判所に訴える可能性に影響を与えないものとする。

第11条（モデル1） (1) 投資に関する締約国と他の締約国の国民又は会社との間の不一致はできる限り紛争当事者間で友好的に解決されるべきものとする。
(2) 不一致が紛争当事者の一方によって不一致が提起された日から6月以内に解決され得ないときは，それは，他の締約国の国民又は会社の要請により，仲裁に付託されるものとする。紛争当事者が別段の合意をしない限り，不一致は国家と他の国家の国民との間の投資紛争の解決に関する1965年3月18日付の条約に基づく仲裁に付託されるものとする。
(3) 判断は拘束力を有するものとし，かつ当該条約に定められた訴え又は救済以外のいかなるものには従わないものとする。判断は国内法に従って執行されるものとする。
(4) 仲裁手続中又は判断の執行中は，紛争に関わる締約国は，他の締約国の国民又は会社が損害の全部又は一部に関して保険契約のもとで補償金を受け取った旨の異議を申し立てないものとする。

第11条（モデル2） (1) 投資に関する締約国と他の締約国の国民又は会社との間の不一致は，できる限り紛争当事者間で友好的に解決されるものとする。
(2) 不一致が紛争当事者の一方によって提起された日から六月以内に解決され得ないとは，それは，他の締約国の国民又は会社の要請により，仲裁に付託されるものとする。各締約国は，ここにおいてかかる仲裁手続を受諾する旨宣言するものとする。紛争当事者が別段合意をしない限り，第10条(3)ないし(5)の規定は，第10条(2)に従った仲裁裁判所のメンバーの任命が紛争の当事者によって行われ，かつ第10条(3)に特定された期間が遵守されない限りいずれかの当事者は，その他取決めが欠如しているときに必要な任命を行うよう在パリ国際商業会議所国際仲裁裁判所の所長を招聘することを条件に，必要な変更を加えて適用されるものとする。判断は国内法に従って執行されるものとする。

第2部 民事法

(3) 仲裁手続中又は判断の執行中は，紛争に関わる締約国は，他の締約国の国民又は会社が損害の全部又は一部に関して保険契約のもとで補償金を受け取った旨の異議を申し立てないものとする。

(4) 両締約国が国家と他の国家の国民との間の投資紛争の解決に関する1965年3月18日付の条約の締約国になっている場合には，この条のもとでの当事者間の不一致は，当事者が別段の合意をしない限り，前記の条約のもとで仲裁に付託されるものとする。各締約国は，ここにおいてかかる手続を承諾する旨を宣言する。

第12条 この協定は，外交関係又は領事関係が締約国間に存在するか否かに関わりなく効力を生じるものとする。

第13条 (1) この協定は批准されるものとする。批准書はできる限り＿＿＿＿＿において交換されるものとする。

(2) この協定は，批准書の交換日後1月で効力を生じるものとする。10年間効力を維持しかつその後はいずれかの締約国が満了12月前に書面をもって通告しない限り無制限に延長されるものとする。20年の期間満了後は，この協定はいずれかの締約国が12月通告を与えることによって何時でも廃棄を通告され得る。

(1) この協定の終了日に先立って行われた投資に関しては，第1条乃至第12条の規定 は，この協定の終了日からさらに20年間にわたり引き続き効力を有するものとする。

＿＿＿＿＿に＿＿＿＿＿でひとしく正文であるドイツ語及び英語の謄本2通を作成した。

ドイツ連邦共和国のために
　　（署　名）
＿＿＿＿＿のために
　　（署　名）

議 定 書

投資の奨励及び相互保護に関するドイツ連邦共和国と＿＿＿＿＿との間の協定の署名に関して，下名の全権委員は，さらに，当該協定の統合部分とみなされる次の規定に合意した。

(1) 第1条に関し

248

(a) 投資からの収益及び再投資の場合にそこからの収益は投資と同等の保護を享受するものとする。
(b) 国籍を決定する他のいずれの方法も損なうことなく，とくに当該締約国の主管当局が発行する内国旅券を所有する者は，その締約国の国民であるとみなされるものとする。

(2) 第2条に関し
(a) いずれかの締約国の立法に従って当該締約国の法の適用地域内において他の締約国の国民又は会社によって行われた投資は，この協定の十分な保護を享受するものとする。
(b) この協定はまた，国際法が当該締約国に対して排他的経済水域及び大陸棚の領域に対する主権的権利又は管轄権を行使することを認容する限りはこれら領域に対して適用されるものとする。

(3) 第3条に関し
(a) 次の事項は，排他的ではないものの，とくに第3条(2)の意味での「活動」とみなされるものとする。すなわち，投資の管理，維持及び利用及び享受。次の事項は，とくに第3条の意味での「不利な待遇」とみなされるものとする。すなわち，原材料若しくは付属品，エネルギー若しくは燃料又はあらゆる種類の生産若しくは操業の手段の購入に関する制限，国内外での産品のマーケティングを阻害する場合の不平等な待遇並びに類似の効果を有するその他すべての措置。公共の安全保障及び秩序，公衆衛生又は道徳を理由として講じられなければならない措置は，第3条の意味での「不利な待遇」とはみなされないものとする。
(b) 第3条の規定は，締約国が他の締約国の領域に居所を有する自然人又は会社に対して税制上の恩典，免税及び減税を広げる義務を負わせるものではない。
(c) 締約国は，投資に関連して他の締約国の領域に入ることを希望するいずれかの締約国の人の入国及び滞在の申請に対しては，国内立法の枠組みの範囲で好意的な配慮を与えるものとする。

(4) 第4条に関し
補償の請求はまた，投資が行われる会社への国家介入の結果としてその経済的資産が著しく損なわれる場合に存在するものとする。

(5) 第7条に関し
送金は，送金手続の完了のために通常必要とされる期間内に行われたときは，

第2部 民事法

第7条(1)の意味の範囲で「遅滞なく」行われたものとみなされる。かかる期間は，関連の要請が提出された日に開始しかつ決して2月を超えることができない。
(6) 投資に関わりを有する財又は人が輸送されるときはいつでも，各締約国は他の締約国の輸送企業を排除もしないし妨害もしないものとし，かかる輸送を実施するために必要な許可書を発給するものとする。このなかには，
 (a) この協定の意味の範囲において投資を直接意図し又はこの協定の意味の範囲での資産が投下される企業によって又は当該企業に代わっていずれかの締約国若しくはいずれかの第三国の領域で入手された財，
 (b) 投資に関わって旅行する人，
の輸送を含むものとする。

＿＿＿＿に＿＿＿＿でひとしく正文であるドイツ語及び英語の謄本2通を作成した。

ドイツ連邦共和国のために
　　（署　　名）
＿＿＿＿のために
　　（署　　名）

III ［資料2］投資の奨励及び相互保護に関する中華人民共和国とドイツ連邦共和国との間の協定[6]

署　　名　1983年10月7日（北京）
効力発生日　1985年3月18日

中華人民共和国とドイツ連邦共和国は，
　両国間の経済協力を発展させることを希求し，
　一方の締約国の投資家による他の締約国の領域への投資のために良好な条件を活発に創出することを企図し，
　両国政府代表の間の交渉を通じて，次のとおり協定した。

（6）本稿末の追記を参照。

第1条　この協定の目的上,
1　「投資」という用語は,いずれの締約国も自国の法令に従って認めるとくに次のものを含むすべての種類の資産を意味する。
　(a)　動産及び不動産及び抵当権,質権のようなその他物権；
　(b)　会社の持分及びかかる会社のその他形態の権益；
　(c)　経済価値を創出する金銭債権又は経済価値を有する何らかの履行に対する債権；
　(d)　著作権,工業所有権,技術工程,ノウハウ,商標及び商号,並びに
　(e)　探査,開発及び採掘のためのコンセッションを含むコンセッション。
　資産投資のいかなる変更も,投資としての分類に何らの影響を与えるものではない。
2　「収益」という用語は,利益,配当,利子その他一定期間に投資によって稼得した正当な所得を意味する。
3　「投資家」という用語は,次のことを意味する。
　中華人民共和国に関しては,
　(a)　中華人民共和国の国籍を有する自然人；
　(b)　中国政府によって承認され登記されかつ外国との経済協力に従事する資格を付与された会社,企業その他経済構成体；
　ドイツ連邦共和国に関しては,
　(a)　この協定が実効的に適用されるいずれかの地域に住所を有するドイツ人；
　(b)　法人の資格を具備するか否かを問わず,又はその株主若しくは構成員が有限責任であるか否かを問わず,又は営利を目的とするか否かを問わず,この協定が実効的に適用されるいずれかの地域で法に従って設立されかつ住所を有する法人及び商業上その他の会社又は社団。

第2条
　いずれの一方の締約国もその領域内で他方の締約国の投資家による投資を促進し,その法令に従ってかかる投資を許可し,かかる投資に対していかなる状況でも衡平か合理的な待遇を与えるものとする。

第3条　1　いずれか一方の締約国は,その領域内で他方の締約国の投資家による投資に対して,いずれか一方の締約国が同様の協定を締結した第三国の投資家の投資に対して与える待遇よりも不利な待遇を与えないものとする。
2　いずれか一方の締約国は,その領域内で他方の締約国の投資家の投資に関係を

有する活動に対して一方の締約国が同様の協定を締結した第三国の投資家の投資に関係を有する活動に対して与える待遇よりも不利な待遇を与えないものとする。
3 この条第1項及び第2項にいう待遇は，次の事項には適用しないものとする。
 (a) 既存の関税同盟，自由貿易地域又は経済同盟に基盤を有する一方の締約国によって第三国の投資家に対して与えられる何らかの恩恵；
 (b) 二重課税防止条約又は課税に関係を有する協定に基づいて一方の締約国によって第三国の投資家に対して与えられる何らかの恩恵；
 (c) 辺境貿易を円滑化することを基盤に第三国の投資家に対して与えられる何らかの恩恵。
4 いずれの締約国も，外国の出資参加を有する合弁事業及び全額外国所有の企業に関わる立法を損なうことなく他方の締約国の投資家による合弁事業及び全額所有の企業に対して差別的な措置を講じないことを保証するものとする。

第4条 1 一方の締約国の投資家による投資は，他方の締約国の領域において保護及び保障を享受するものとする。一方の締約国によるその領域における他方の締約国の投資家の投資の収用は，かかる行為が公共の利益のために法的手続に従って補償を伴って実施される場合にのみ行うことができる。補償は，自由に送金可能な通貨交換性を有する。
通貨で行われかつ不当な遅滞なく支払われるものとする。
2 一方の締約国の投資家が他方の締約国の領域で参加してきた合弁事業に関して戦争若しくはその他武力衝突又は国の緊急事態その他類似の事件によって損害を蒙ったときは，他方の締約国は差別的措置を講じてはならないものとする。
3 いずれの締約国の投資家も他の締約国の領域においてこの条に定める事項に関して最恵国待遇を享受するものとする。

第5条 各締約国は，他の締約国の投資家に対してかれらの投資に関わる次の金額の自由な送金を保証するものとする。
 (a) 資本又は投資自体の操業を維持し若しくは増大するために必要とされる追加的資金；
 (b) 収益；
 (c) 貸付金の返済；
 (d) この協定第1条第1項(d)に定める権利から生じるロイヤルティその他費用；
 (e) 投資の全部又は一部の譲渡から生じる清算額。

第6条 一方の締約国が他方の締約国の領域への投資に関して与えられた保証に基

づいて自国の投資家に対して支払を行ったときは，当該他方の投資家は第10条に基づく締約国の権利を損なうことなく当該一方の締約国に対する投資家の権利又は請求権に関する法令に基づく又は法的行為に従った譲渡及びそれに関して譲渡されたかかる権利又は請権に対する当該一方の締約国の債権代位を認めるものとする。ただし，当該一方の締約国によって代位された権利又は請求権は，かかる投資家の原有の権利又は請求権を超えないものとする。当該他方の締約国は，当該一方の締約国によって代位された権利又は請求権に対して反対求償を行うことができる。かかる請求譲渡によって当該一方の締約国に対して行われる支払分の送金に関しては，第4条及び第5条の規定がそれぞれ適用されるものとする。

第7条 1 締約国の主管当局が当該両締約国間で投資に対して他の取決めを認めるという承認を与えていないときは，この協定の第4条，第5条又は第6条にいう送金は，当該両締約国によって合意された通貨で送金日に使用されている実効為替レートでかつ不当な遅滞なく行われるものとする。

2 前項にいう為替レートは，支払日に国際通貨基金が当該通貨を特別引出権に転換するために適用するレートから得られるクロス・レートに相当するものとする。

第8条 1 いずれかの締約国の立法又はこの協定以外に現存し又はその後に締約国間で定立される国際法に基づいて負う義務が一般的であると特定的であるとを問わず他の締約国の投資家による投資がこの協定に定められている待遇よりも有利な待遇を与えられる旨の規定を含むときは，かかる規定が優先するものとする。

2 各締約国は，自国の領域への投資に関して他の締約国の投資家と締結するその他義務を遵守するものとする。ただし，いずれの締約国が自国の法令を改正する権利も損なわれないものとする。

第9条 この協定は，いずれかの締約国の投資家が1979年7月1日以降の法令に従って他の締約国の領域に行った投資に対しても適用されるものとする。

第10条 1 この協定の解釈又は適用に関する締約国間の紛争は，できる限り締約国間の交渉を通じて解決されるべきものとする。

2 かかる紛争が六月以内に解決され得ないときは，紛争はいずれかの締約国の要請に基づいて仲裁裁判所に付託されるものとする。

3 かかる仲裁裁判所は，アドホックに次のように構成されるものとする。すなわち，各締約国が1人のメンバーを任命し，これらの2人は両締約国の政府が第三国の国民を首席仲裁人として任命することに合意するものとする。かかるメンバーはいずれかの締約国が他の締約国に対して当該紛争を仲裁裁判所に付託する

第 2 部　民　事　法

意図がある旨を通報した日から 2 月以内にまたかかる首席仲裁人は 3 月以内に任命されるものとする。

4　前第 3 項に特定された期間内に任命が行われなかった場合に他に何らの取決めもないときは，いずれの締約国も必要な任命を行うために国際連合事務総長を招聘することができる。事務総長がいずれかの締約国の国民であるとき又は当該職務を果たすことを妨げられるときは，いずれの締約国の国民でもない最上位の事務次長が必要な任命を行うよう招聘されるものとする。

5　仲裁裁判所は，この協定，締約国間で締結されたその他協定及び国際法の一般原則に基づいて決定を行うものとする。かかる決定は，投票の過半数によって行われ，最終かつ拘束力を有するものとする。

6　各締約国は，仲裁裁判所の自国が任命したメンバー及び仲裁手続における自国の代表の経費を負担するものとする。首席仲裁人の経費及び残りの経費は締約国によって均等部分について負担されるものとする。

7　仲裁裁判所は，その独自の手続を決定する機関であるものとする。

第 11 条　この協定は，締約国間に生じる衝突の場合にも，国際法の一般原則のもとで認められるような暫定的措置を講じる権利を損なうことなく，なお効力を有するものとする。かかる措置は，外交関係が存在する否かに関わりなく衝突の実際の終了日より遅くない時に廃止されるものとする。

第 12 条　この協定は，現在の状況に基づいてベルリン（西）に対しても適用されるものとする。

第 13 条　1　この協定は，両締約国がその施行のために求められる必要な手続がそれぞれの国においてとられる旨を互いに書面をもって通告された日から 1 月で効力を生じるものとする。10 年間効力を維持しかつその後はいずれかの締約国が満了前 12 月に書面をもって通告しない限り無制限に延長されるものとする。10 年の期間満了後は，この協定はいずれかの締約国が 1 年通告を与えることによって何時でも廃棄され得る。

2　この協定の終了日に先立って行われた投資に関しては，第 1 条乃至第 12 条の規定は，この協定の終了日からさらに 15 年間にわたり引き続き効力を有するものとする。

1983 年 10 月 7 日に北京で等しく正文である中国語及びドイツ語の謄本 2 通を作成した。

中華人民共和国のために
　　陳慕華
ドイツ連邦共和国のために
　　ギュンター・シェーデル
　　オットー・グラフ・ランスドルフ

議定書

　投資の奨励及び相互保護に関する中華人民共和国とドイツ連邦共和国との間の協定の署名に関して，両締約国の下名の全権委員は，当該協定の統合部分とみなされる次の規定に合意した。
(1)　第1条に関し
　(a)　投資からの収益及び再投資は投資と同一の保護を享受するものとする。
　(b)　いずれかの締約国の主管当局が発行する旅券を保有する者は，その締約国の国民であるとみなされる。
(2)　第2条に関し
　いずれか一方の締約国の投資家によって他方の締約国の法令に従って当該他方の締約国の法の適用地域内において行われた投資は，この協定の十分な保護を享受するものとする。
　いずれか一方の締約国の投資家によって他方の締約国の立法に従って当該他方の締約国が主権又は裁判管轄権を行使する地域内において行われた投資もまた，この協定の十分な保護を享受するものとする。
(3)　第3条に関し
　(a)　この協定の第3条第2項にいう「活動」という用語は，投資の管理，維持，利用及び享受を意味する。
　(b)　この協定の第3条第2項及び第4項のそれぞれでいう「よりも不利な待遇」及び「差別的な措置」は，主として原材料若しくは付属品，エネルギー若しくは燃料又はあらゆる種類の生産若しくは操業の手段の購入の制限，及びいずれかの締約国が一定期間にその国民経済の編成上の優先性を理由として講じるその他措置であるが特別に他方の締約国の投資家又は他方の締約国の投資家が参加する合弁事業に向けられてはいなくて「差別的な措置」とは認められるべきではないものを意味するようになっている。
　(c)　公共の安全保障及び秩序，公衆衛生又は道徳を理由として講じられなければ

ならない措置は「差別的な措置」とは認められないものとする。
(d) いずれの締約国も，投資の実施及び運営に関連して一方の締約国の領域に入ることを希望する他方の締約国の人の入国及び滞在の申請に対しては，国内立法の枠組みの範囲で好意的な配慮を与えるものとする。同様の配慮は，他方の締約国の領域に入国しそこに投資と関連を有する活動のために滞在することを希望する一方の締約国の被用者に対して適用されるものとする。就労許可の申請にも，好意的な配慮が与えられるものとする。
(e) いずれの締約国も，自国の税法に従って自国の領域に住所を有し又は基地を有する自然人又は会社に対して適用されるのみの減税又は免税のような税制上の恩典を，他方の締約国の領域に住所を有し又は基地を有する自然人又は会社に対して与える義務を負わない。

(4) 第4条に関し
(a) この協定の第4条第1項にいう「収用」には，国有化並びに収用及び国有化と
同等の効果を有するその他措置を含むものとする。
(b) この協定の第4条第1項にいう収用が投資家によって収用的措置を行う締約国の立法に従っていないものと認められたときは，かかる収用の合法性は，投資家の要請があれば，かかる収用措置を行う締約国における管轄権を有する司法機関による審査に従うものとする。
(c) この協定の第4条第1項にいう「補償」は，収用が宣告される直前の収用対象投資の価額に等しいものとする。補償額は投資家と他方の締約国との間の協議を通じて確定されるものとする。
　両当事者が協議から6月以内に金額について合意できないときは，当該金額は，投資家の要請があれば，収用を行う締約国の主管の裁判所又は国際的な仲裁廷に審査のために付託されるものとする。
(d) (c)にいう国際的な仲裁廷は，アドホックに次のように構成されるものとする。すなわち，当該当事者がそれぞれ1人の仲裁人を任命し，2人の仲裁人が両締約国と外交関係を有する第三国の国民の中から首席仲裁人を任命するものとする。当該一方の当事者が他方の当事者に紛争を仲裁に付託することを通告した日から，仲裁人は2月以内に及び首席仲裁人は3月以内に任命されるものとする。
　必要な任命が上に特定した期間内に行われなかったときは，別段の取決めが

なければ、いずれの当事者もストックホルム商業会議所国際仲裁協会に必要な任命を行うことを要請することができる。

仲裁廷は、1965年3月18日の国家と他の国家の国民との間の投資紛争の解決に関する条約に照らして独自の仲裁手続を決定するものとする。裁決は多数決行われるものとする。裁決は最終でありかつ拘束力を有し、国内法に従って執行されるものとする。

仲裁廷は、当該いずれかの当事者の要請があれば、その裁決及び理由の基本について陳述するものとする。

各当事者は、仲裁手続中の自己の仲裁人及びその代理人の費用を負担するものとする。首席仲裁人がその任務を履行するための費用及びその他費用は両当事者によって均等に負担されるものとする。

(a) 投資と関係を有する活動は、第4条第2項に定められた状況のもとでできる限り継続されるもとする。

(5) 第5条に関し

(a) 第5条(a)号にいう金額は、当該当事者間で締結した契約の規定に従って行われる投資を維持し又は増加するための資本金及び追加資金から回収される額を意味する。

(b) 第5条(c)号にいう「貸付」は、投資家によって提供されかつ株式に類似する貸付を意味する。

(c) 「各締約国は、他方の締約国の投資家に対して」第5条にいう投資に関わる金額の「自由な送金を保証するものとする」とは、中華人民共和国に関しては、次のことを意味する。すなわち、第5条にいう金額は、この協定が署名される時に効力を有する中華人民共和国の外国為替管理規則に従って合弁企業又は外資企業の外国為替預金口座から送金されるものとする。

(d) 上記(c)にいう合弁企業又は外資企業の外国為替預金口座が送金のために不十分である場合には、中国政府は次の条件のもとで、送金に必要な外国為替を準備するものとする。すなわち、

a) この協定の第5条(a)号、(d)号及び(e)号にいう額の支払、

b) この協定の第5条(c)号にいう額の支払であって、中国銀行によって保証されていたもの、

c) この協定の第5条(b)号にいう額の支払であって、主管の国家当局が合弁企業又は外資企業が自社の産品を兌換不能の通貨で販売することを承認してい

第2部　民事法

　　　たもの。
(6)　第7条に関し
　　　第7条第1項にいう「不当な遅滞なく」という用語は，送金が送金手続の完成に通常必要とされる期間内に行われるものとするということを意味する。かかる期間は，関係の申請書が提出された日に開始されるものとし，かつ第5条にいう送金については3月，第4条及び第6条にいう送金については6月を超えないものとする。
(7)　各締約国は，他方の締約国の運送企業が投資に関係を有する貨物又は人員を運送することを排除もせず妨げもしないものとする。投資家は，自己の意思で運送企業を選択する権利を有するものとする。
　(a)　上にいう貨物は，この協定の脈絡の範囲で直接に企業によって投資のために向けられるか又はかかる企業によって若しくは其れに代わっていずれかの締約国若しくは第三国の領域内でこの協定の脈絡の範囲で投資のために購入した資産を意味するようになる。
　(b)　上にいう人員は，当該投資に関連して旅行する人員を意味する。

1983年10月7日に北京で等しく正文である中国語及びドイツ語の謄本2通を作成した。

中華人民共和国のために
　　　陳慕華
ドイツ連邦共和国のために
　　　ギュンター・シェーデル
　　　オットー・グラフ・ランスドルフ

交換公文1

閣下：
　私は，以下の内容の1983年10月7日付貴信を受領したことをご通知申し上げる光栄を有します。
　「投資の奨励及び相互保護に関する中華人民共和国とドイツ連邦共和国との間の協定に関する交渉の終結にあたり，私は以下の如く閣下にご通知申し上げる光栄を有します。すなわち，

締約国は，双方の締約国が 1965 年 3 月 18 日にワシントンで署名のために開放された「国家と他の国家の国民との間の投資紛争の解決に関する条約」の加盟国になるときは，双方の締約国は補完協定に関する交渉を行うべきである旨合意致しました。その場合には補完協定は一方の締約国と他方の締約国の投資家との間の紛争の種類及び当該条約に従って投資紛争解決国際センターに調停又は仲裁を求めて付託する際の形態に関する当該協定の組成部分となります。
　私は，閣下が以上の内容に関して確認されるのであれば，感謝に耐えません。」
　私は，中華人民共和国を代表して貴信の上記内容を確認する光栄を有します。
　当方の最高の敬意をお受け取りくださるように，

中華人民共和国国務委員兼
対外経済貿易部部長
陳　慕　華

1983 年 10 月 7 日，北京で

在中華人民共和国ドイツ連邦共和国特命全権大使
　　ギュンター・シェーデル閣下

交換公文 2

閣下：
　私は，以下の内容の 1983 年 10 月 7 日付貴信を受領したことをご通知申し上げる光栄を有します。
　「投資の奨励及び相互保護に関する中華人民共和国とドイツ連邦共和国との間の協定に関する交渉の終結にあたり，私は以下の如く閣下にご通知申し上げる光栄を有します。すなわち，
　双方の締約国の代表は，1983 年 7 月にボンで投資保護に関する協定に関して第 4 回の会談を開催し，さらに残余の問題に関して外交チャンネルを通じて北京で会談を再開し，すべての規定に関して満場一致の合意に達しました。双方の締約国は，以下の了解を共有致しました。すなわち，
　収用の合法性は，収用的措置を講じる締約国であって管轄権を有する締約国の司法裁判所によって審査されるものと致します。しかしながら，それは締約国がこの

第2部　民事法

協定の解釈又は適用から生じる紛争を有している場合には第10条の適用手続を排除するものではありません。」

　私は，中華人民共和国を代表して貴信の上記内容を確認する光栄を有します。

　当方の最高の敬意をお受け取りくださるように，

中華人民共和国国務委員兼
対外経済貿易部部長
陳　慕　華

1983年10月7日，北京で

在中華人民共和国ドイツ連邦共和国特命全権大使
　　ギュンター・シェーデル閣下

（追記）　モデル協定を基にした83年協定は，2003年の協定によって失効した。03年協定は，次の16カ条で構成されている。第1条（定義），第2条（投資の促進及び保護），第3条（投資に対する待遇），第4条（収用及び補償），第5条（損害及び損失に対する補償），第6条（投資及び収益の海外送金），第7条（債権代位），第8条（締約国間の紛争の解決），第9条（投資家と一方の締約国との間の紛争の解決），第10条（その他の義務），第11条（適用），第12条（締約国間の関係），第13条（協議），第14条（議定書），第15条（効力の発生，期間及び終了），第16条（移行規定）。

11 知的財産法による情報成果物の保護の限界と不法行為法による救済の可能性について

赤 松 耕 治

Ⅰ　はじめに——問題の所在
Ⅱ　不法行為法による救済の可能性
Ⅲ　不法行為法による救済の要件
Ⅳ　不正競争防止法における一般条項の導入の是非と差止請求
Ⅴ　結びに代えて——今後の課題

Ⅰ　はじめに——問題の所在

「情報保護法」ともいわれる[1]知的財産法[2]は，情報のうち財産的価値のある特定の情報を，一定の要件の下で，保護するものである。知的財産の保護の方法には，法技術的に以下の2つがあるとされている。1つは，特許権等のいわゆる産業財産権や著作権のように，所有権に類似した物権的構成をとり，法律上「排他的独占権」を付与することにより保護されるものである。もう1つは，法技術的に一般不法行為法の延長線上に位置づけられる不正競争防止法において，一定の要件を充たす行為を規整[3]することによって，表示や営業秘密等を保護するものである[4]。これらの知的財産権は，損害賠償請求権に加

（1）　中山信弘『マルチメディアと著作権』（岩波書店，1996年）7頁。
　　なお，一般に情報というと，営業秘密の定義規定（不正競争防止法2条6項）にみられるような技術上又は営業上の情報等に限定して考えられようが，ここでは，広く著作物や営業上の標識を含む，知的財産法における保護の客体およびその外延にある情報を含むものとして捉えられている。
（2）　中山信弘『工業所有権法（上）第2版増補版』（弘文堂，2000年）5頁は，知的財産法の共通点として，「他人の情報の不当な利用を排除し，情報の財産的価値を守る」ことを挙げる。知的財産および知的財産権の定義については，知的財産基本法2条1項，2項参照。当該定義においては知的財産法における法的保護に値する利益も「知的財産権」に含めていることからすれば，ここでいう「権利」にあたるか否かは表記上の差異にすぎない。
（3）　中山・前掲注（1）10頁。「規整」と「規制」の用語法につき，同7頁参照。
（4）　相澤英孝・西村あさひ法律事務所編著『知的財産法概説 第3版』（弘文堂，2008

え，一般に不法行為法においては認められていない，差止請求権による保護が明文の規定で設けられていることにより，強力な権利ないし法的保護に値する利益とされているといえる。また，知的財産法は，概して「権利の保護」と「利用の促進」を適切にバランスする観点から制度設計が図られているといえる(5)。

本来，情報の利用は自由であることからすれば，知的財産法は，不正な利用等から保護されるべき財産的価値のある情報ないし行為の範囲を画することによって，権利者の保護と利用者の適法行為の予見可能性のバランスを図っているといえる。知的財産法のうち，相対的な権利の保護法としての著作権法および競争秩序に反する行為の規整法である不正競争防止法においては，適法行為と違法行為との境界線を画することが困難な場合が，権利の設定を前提とする産業財産権に比べ，多く想定されると考えられる(6)。訴訟上も，著作権侵害請求と不正競争防止法に基づく請求と不法行為法に基づく請求を予備的又は選択的に行うことが散見される(7)。不正競争防止法が不法行為法の特別法であり，不法行為に該当する行為のうち，一定の類型のものを取り出して，一般不法行為法における保護とは別に，特に差止請求権を伴う特別な保護を図ったというべきことからすれば，ある行為が不正競争に該当しない場合であっても，

年）14頁［太田洋］参照。もっとも，産業財産権法や著作権法には，損害賠償の規定はなく，民法の規定が適用される。

（5）そのため，産業政策的な観点から知的財産政策が実施されている。知的財産基本法に基づいて設置された知的財産戦略本部は毎年知的財産推進計画を公表し，各分野における法制度の整備等による知的財産の創造，保護，活用の促進を図っている。また，知的財産法における法制度の改正は頻繁に行われており，実体法的な側面だけでなく手続法的な側面でも，たとえば，平成10年及び11年の損害額及び侵害行為の立証の容易化にかかる特許法の改正が行われた。

（6）その中でも，著作権法においては，保護客体としての著作物について創作性が要件とされていることから，その限りで，不正競争防止法のほうが適法行為と違法行為の境界線を確定することが困難な事例が多いといえるかもしれない。また，著作権侵害請求をした場合であっても，著作物性がないとして救済を否定された場合において，不正競争防止法の考え方を援用しつつ，不法行為請求が認められるケースも想定される。以下，本稿においては主として不正競争防止法と不法行為法における関係について論じる。

（7）たとえば，ビジネスソフトウェアの画面表示の著作権侵害を請求した事件において，原告は，不正競争防止法2条1項1号の周知表示の誤認惹起行為，及び民法709条の不法行為による請求を行っている（東京地裁平成14年9月5日判例時報1811号127頁）。

一般不法行為法による規整を受ける場合があると解するのが相当であると考えられる。これに対し，適法行為の予見可能性の確保を重視する立場からは，不正競争防止法によって規整されない行為については適法であると考えられよう。本稿においては，こうした不正競争防止法の不正競争行為をはじめとする知的財産権侵害行為に該当しない行為であっても，不法行為に該当する場合があるかという点について，学説や裁判例を概観し（第Ⅱ章），不正競争防止法の個別行為類型に該当しない行為について，不法行為に該当する要件を検討する（第Ⅲ章）。そのうえで，当該構成要件について，諸外国にみられるような，不正競争防止法において一般条項ないし補充条項を導入することの妥当性について検討する（第Ⅳ章）。かかる検討を踏まえたうえで，具体的な事例に前記の要件をあてはめることによって，今後の課題について展望することとする（第Ⅴ章）。

Ⅱ 不法行為法による救済の可能性

(1) 序

裁判例においては，一般論として，不正競争防止法の適用上，不正競争行為の該当性を否定される場合であっても，不法行為法による救済の余地があることが，認められていると考えるが，実際に認定された事例は多くない[8]。

学説および裁判例の考え方の違いは相対的なものであるが，あえて，不正競争防止法に該当しない行為について，不法行為の成立する余地を緩やかに解する立場と厳格に解するに立場にわけるならば，以下のようになると思われる[9]。

(2) 学説・裁判例の概観
(a) 比較的緩やかに解する立場

---

(8) 宮坂昌利『商品形態の模倣等の不法行為』商標・意匠・不正競争判例百選（別冊ジュリスト188号，2007年）225頁。

(9) なお，椙山敬士「周辺領域のライセンス―生成中の「権利」などの位置づけ」（椙山＝高林＝小川＝平嶋編『ライセンス契約』（日本評論社，2007年）275頁以下）は，知的財産の周辺部分の法的位置づけについての安定化の観点からさまざまな考え方を示しており示唆に富む。

第 2 部　民　事　法

　まず，知的財産法によって与えられている保護のあり方と不法行為法のみによるそれとは，差止請求権の有無，保護範囲の明確性，保護期間等の点において相違があることから，知的財産法による保護から漏れた情報の利用について，たとえ不法行為による保護を与えたとしても，ただちに知的財産の趣旨を潜脱ことにはならず，相対的に柔軟な判断のもとに損害賠償のみによる救済という中間的な解決を提供する，固有の意義を過小評価すべきではないとする考え方[10]がある。

　つぎに，「各種知的財産法により保護されない情報であっても，場合によっては不法行為になりえるが，……法的安定性の観点からも，単に当該情報を使用したというだけでは不法行為の成立を認めるべきではないであろう。不法行為の成立は，単に複製等をしたか否かというだけではなく，当該情報の入手方法，使用の態様，不当な競業態様等を総合して勘案し，違法性の強い場合に始めて認めるべきである」とする考え方[11]もある。

　さらに，「著作権法や不正競争防止法によっては違法視されえない行為が民法709条に該当することが全くないわけではないが，著作権法や不正競争防止法の趣旨が潜脱されることのないようにするためには，問題のフリーライドのなかに，これらの制度によっては汲みつくされていない要素が存在することが必要になろう」[12]としたうえで，「不正競争防止法が，パリ条約10条の2第2項が「工業上または商業上の公正な慣習に反するすべての競争行為は，不正競争行為を構成する」と規定する点にかんがみ，「民法709条の解釈に，どれほどパリ条約の趣旨を読み込むことができるか」が重要である」との見解[13]もある。

　裁判例においては，原告が不法行為法による救済を与えられるには，一定の要件を充たすことが求められている。不法行為による救済を与えた代表的な事例であり，その後の不正競争防止法2条1項3号の導入のきっかけとなった，いわゆる木目化粧紙事件では，原告の営業活動上の利益が，自由競争市場にお

---

(10)　上野達弘「翼システム事件」（判批）判例批評529号188頁。
(11)　中山信弘『著作権法』（有斐閣，2007年）208頁。
(12)　田村善之『ソフトウェアの表示画面について著作権侵害を否定した事例』ジュリスト1266号（有斐閣，2004年）195頁。
(13)　田村善之『不正競争法概説（第2版）』（有斐閣，2003年）493頁。

いて著しく不公正な手段によって侵害された場合には不法行為を構成する，すなわち①創作的要素によって価値を高めた商品について営業活動を行っている場合において，②かかる物品と同一又は実質的に同一の模様を付したものを，③原告と競合する地域において廉価で販売したとして，原告の損害賠償請求を認めている[14]。

(b) 比較的厳しく解する立場

これに対して，裁判例の多くは，不法行為法による救済に慎重であるといえよう。たとえば，「一般に，市場における競争は本来自由であることに照らせば，著作権侵害や不正競争行為に該当しないような行為については，当該行為が市場において利益を追求するという観点を離れて，殊更に相手方に損害を与えることのみを目的としてなされたような特段の事情が存在しない限り，民法上の一般不法行為を構成することもないというべきである」としているものが挙げられる[15]。ここで，「特段の事情」が認められるためには，原告と被告との間の従前の関係からして信頼を裏切るような場合とか，あるいは，原告が非常に嫌がらせ的な意図をもっていた場合といったプラスアルファ的な要素が必要だとされている[16]。

また，商品形態の模倣について，現行法が「競争秩序に違反して違法とされる場合と，違法とされない場合を，適用除外を含めて，書き切っているものと理解される」ことを理由として，不正競争防止法によって準則が形成されている行為類型については，一般不法行為法による保護を与える余地はないとする見解もある[17]。

(3) 若干の検討

不正競争防止法は，不正競争行為類型を限定的に列挙しているが，そのうち，構成要件が網羅的に書かれた類型とそうでない類型があって，「前者については，不法行為の保護が与えられる余地がないように思われる」[18]と考えられよ

---

[14] 東京高判平成 3 年 12 月 17 日判例時報 1418 号 121 頁。
[15] 前掲注(7)。営業形態の模倣について，東京地判平成 13 年 9 月 6 日。
[16] 牧野利秋＝飯村敏明『座談会　不正競争防止法をめぐる実務的課題と理論』（青林書院，2005 年）89 頁［三村発言］。
[17] 宮坂・前掲注(8) 225 頁。

う。確かに，構成要件が詳細に定められた場合においては，適法行為の予見可能性は十分に確保されており，不法行為の成立の余地が限定されるべき場合が多いと考えられる。しかし，不正競争防止法は，時代の推移とともに，随時改正され，不正競争行為類型を追加しているのである[19]。これはいわば不正競争防止法のもつ内在的な制約であり，換言すれば，現行法における構成要件の詳細さの程度によらず，不正な競争行為は潜在的に存在するといえよう。そこで，(A)法的に保護されるべき客体の範囲，(B)行為の目的，(C)行為の態様，の如何によっては，故意・過失といった主観的要件，損害や行為と損害の因果関係といった他の不法行為の要件を充たす場合には，不法行為とされるべき事例は存在すると考えることが合理的であるといえよう。前述のような既存の構成要件の書き方によって不法行為の成立を限定しようとする見解については，いわば相対的な問題にすぎず，不正競争防止法における構成要件に該当しない場合であっても，不正競争防止法の趣旨からして，不法行為として，規整する余地のある行為は依然として存在するのではないかと考える。したがって，知的財産法のもつ適法行為の予見可能性の担保機能を確保しつつ，法の間隙を縫う不正行為については，規整する必要があり，その基準をあらかじめ明確にすることには意義があろう。本稿はまさにその点を趣旨とするものである。そこで，次章においては，従前の裁判例において不法行為の成否が争われた事例をもとに，不正競争防止法による保護の枠組みを超えて不法行為が成立する場合の要件を検討する[20]。

---

(18) 宮坂・前掲注(8) 225頁。
(19) たとえば，不正競争防止法においては，いわゆる木目化粧紙事件を契機とした3号類型の追加，また，混同要件の立証の困難性にかんがみ，商品等表示の汚染に着目して著名な商品等表示について混同の要件をなくして保護を図ることとした2号類型の追加等の改正を経験している。不正競争防止法の沿革につき端的にまとめたものとして，経済産業省知的財産政策室編著『逐条解説不正競争防止法』(平成18年度版) 3頁以下参照。
(20) 本稿は，後述のように，不法行為法上の権利保護の客体として「営業利益」といった観念を持ち出すのではなく，知的財産法によって保護されない情報について，知的財産法の保護の枠組みを超えた保護されるための要件の定立することを視野におくものである。

Ⅲ　不法行為法による救済の要件

(1)　序

　前章までの検討により，不正競争防止法上の個別行為類型に規定されていない行為であっても不正競争防止法の趣旨から潜在的に規整されるべき行為が想定されるといえることから，行為者の適法行為の予見可能性を高めるために，従来の裁判例から，不法行為に該当する要件が争われた事例をもとに，著作権法ないし不正競争防止法による保護が与えられない場合において，不法行為として救済されるべき場合の要件について検討を試みる。以下，情報として，(a)「商品の形態」の模倣が争われた事例，(b)データベース[21]の不正利用が争われた事例，(c)新聞の記事見出しの不正利用が争われた事例に即して，要件の抽出を試みるものとする。

(2)　検　　討

(a)　商品の形態の模倣が争われた事例〔ミーリングチャック事件（大阪地判平成16年11月9日判例時報1897号103頁）〕

　本件は，ミーリングチャックと呼ばれる工作機械の回転主軸に固定される切削刃を把持する取付具の製造業者（原告X）が，X製品に酷似した同種製品を扱う被告Yに対して，不正競争防止法2条1条1項1号（周知表示）に該当するとして，差止請求と損害賠償請求をするとともに，Yの営業行為が全体として民法709条の一般不法行為に該当するとして，損害賠償を求めた事案である。

　裁判所は，①X製品には，必ずXの商標が付されていること，②X製品の個々の構成は同種の製品より際立った形態的な特徴があるとはいい難いこと，③XがX製品の形態の特徴を宣伝広告の対象としてきた事実が窺われないこと，④ミーリングチャックについて，その形態を見て取引する実情はないこと，を理由として，商品形態が周知性を獲得していないと判断して，不正競争防止法上の請求を棄却した。その上で，民法709条に基づく請求について，不正競争

---

[21]　データベースの著作物は著作権法12条の2で保護されている。著作物性のないデータベースのように，現行法においては法的保護に値する知的財産と明記されていない情報の集合体を本稿において情報成果物と呼ぶ。

防止法の規定する不正競争行為に該当しなくても，業者の行う一連の営業活動行為の態様が，全体として，公正な競争秩序を破壊する著しく不公正な方法で行われ，行為者に害意が存在するような場合には，かかる営業活動行為が全体として違法と評価され，民法上の不法行為を構成する場合もあり得る」との一般論を示したうえで，本件において，Yの行為については，①形態の類似ないし酷似した製品の製造，②製品のコード番号の混同使用，③X製品であるかのごときカタログの作成及び使用，④X製品とY製品の受発注時の混交等の事実，⑤Y製品の品質が粗悪で，通常許容される程度を超えていたこと，等の間接事実に基づき，X製品の評価を低下させるものであって，公正な競業秩序を破壊する著しく不公正な行為であると認め，一般不法行為に基づく請求を一部認容したものである。

　本件については，「形態模倣という要素を有しつつも，それにとどまらない非定型的な事案の特殊性が反映した類型である」[22]との評価も可能ではあろう。また，他人の営業権という独立の法的保護利益を観念したうえで，それを侵害する行為を不法行為と構成する手法を否定するものではない[23]。しかしながら，不正競争防止法の既存の行為類型ではカバーされない不正な行為として，不法行為法による保護を認める場合の要件を検討することが本稿の射程範囲である。不正競争防止法の行為類型には文言上該当しない行為であっても不正競争防止法の趣旨からして，不法行為に該当するとして規整する場合の要件を定立しておくことは，競争事業者の適法行為の予見可能性を高めるうえで有益であり，それが，本稿の趣旨に適うものと考える。

　まず，「保護客体」については，商品形態が商品等表示として保護される場合があることは，裁判例において顕著である[24]としつつ，当該商品形態が周知性を欠いているとされている。しかしながら，Xとしては自らの営業活動において「有償で流通においている財産的な価値を有する情報成果物」であって，周知性がないことのみをもって，競争秩序を破壊する行為の客体たりえないと

---

(22)　宮坂・前掲注（8）225頁。
(23)　潮見佳男「新聞記事見出しの著作物性と記事見出しの無断利用による不法行為」（判批）コピライト2006年2号54頁以下。
(24)　最近のものとして，東京地決平成11年9月20日判例時報1696号76頁。学説として，田村・前掲注(12) 121頁。

するのは，Ｘの保護に悖る可能性を否定しえないと考える。確かに，不正競争防止法２条１項１号は，周知な商品等表示を媒介に出所の混同を惹起する行為についての規整を志向するものであり，著名表示ないし商品形態の模倣にかかる２号ないし３号類型に該当しない限り，市場における自由競争にゆだねられるべきであるとの考え方も成り立ちうると考える。しかし，公正な競争を破壊する行為の対象は，必ずしもそれらの客体に限定されるべきではなかろう。

つぎに，「行為の目的」については，本件においては，Ｙは，従来Ｘ製品の販売を行ってきたところ，Ｘが別に海外販路を開いたことから，Ｙが，韓国メーカに，Ｘ製品とほぼ同一の形態を有するＹ製品を販売するにいたったことからすれば，両当事者は競争関係に立つことは明らかである。なお，競争秩序の破壊行為について，不正競争防止法の枠組みを超えて，限定した行為について，不法行為に該当する場合の要件を検討する以上，「先行者が築いた成果にもっぱらフリーライドすることによって競争市場において有利な地位を占める目的」があることが要件とされるべきであろう。換言すれば，もっぱら，相手方に損害を加える目的で行う場合には，必ずしも，競争秩序を破壊する行為とは認定しがたいのではないだろうか。

第三に，「行為の態様」については，本件において，Ｘ製品の個々の構成については，技術的機能の観点から選択されたものであり，顕著な特徴とはいえないとしたが，Ｘ製品の構成の組み合わせ全体については，機能や効果との必然的な結びつきはないとして，「商品等表示」とされる余地があるとした。本件のような他に採りうる選択肢がありながら，殊更原告製品と同一または実質的に同一の情報成果物を製造，販売等する行為は，先行者の成果にフリーライドするものであって，競争秩序を脅かす行為であると考えられる[25]。

なお，本件においては，上記の②ないし⑤の事実は，被告Ｙの行為の悪質性

---

[25] これらの３つの要件については，以下の２つの事例においても共通するものであり，商品形態の模倣を規整する不正競争防止法２条１項３号の行為類型の構成要件と類似するが，客体について，商品の「形態」に限らず，「情報成果物」として拡大している点，投資を要件としない点，目的について，日本における販売開始後３年の経過によっても適用除外とならない点（不正競争防止法19条１項５号イ参照）において保護の可能性が広がる。ただ，目的要件において，「不正競争の目的」を要件とする点で制限的であるといえる。

が顕著であることを推認する要素であると考えられるが，不法行為の要件に該当するかどうかの判断を左右する要素というよりは，それを補強する要素にすぎず，実質的には損害額の立証等における考慮事由にすぎないのではないかと考える。

(b) **データベースの不正利用が争われた事例**〔車両データベース事件（東京地判平成13年5月25日（中間判決）判例時報1793号133頁）〕

本件は，日本国内において実在する四輪自動車に関する一定の情報を集録したデータベースを構成している自動車整備業用システムを販売している原告が，同様に，実在の自動車整備業用データベースを製造販売している被告に対して，被告が，本件データベースを複製して，被告データベースを作成，販売したとして，著作権侵害又は不法行為を理由に，被告製品の製造販売の差止めと損害賠償を求めた事案である。

裁判所は，情報の選択および体系的構成について著作権法上の要件をいずれも充たさないとしたうえで，「人が費用や労力をかけて情報を収集，整理することで，データベースを作成し，そのデータベースを製造販売することで，営業活動を行っている場合において，そのデータベースのデータを複製して作成したデータベースを，その者の販売地域と競合する地域において販売する行為は，公正かつ自由な競争原理によって成り立つ取引社会において，著しく不公正な手段を用いて他人の法的保護に値する営業活動上の利益を侵害するものとして，不法行為を構成する場合があるというべきである」として原告の請求を認めた[26]。

本件においては，まず，「保護客体」としては，本件判決の考え方によれば「原告が費用と労力をかけて収集，整理，作成した情報の集合体」ということになろう。ここでは，投下した資本の回収ということが，直接的に保護法益たりうるかが問題となる。この点については，不正競争防止法2条1項3号の行為類型においては，一般に投下資本の回収が保護法益だと考えられている[27]が疑問である。確かに，先行者の成果利益に投じた資本や労力の回収の機会が与えられないまま，後行者がその成果にフリーライドする行為は，競争秩序を

---

(26) 終局判決において，民事訴訟法248条の適用により損害賠償が認められている。
(27) 経済産業省知的財産政策室編著・前掲注(19) 55頁以下。

破壊することになろう。しかし，不正競争行為に該当するかは，投資の存否や多寡によって左右されるものではあるまい。むしろ，競争市場において，優位な立場を占めている原動力としての財産的価値ある情報成果物について，容易にフリーライドを許すことにより，先行者の更なる開発行為へのインセンティブを削ぐことになっては，市場全体としての公正さが損なわれてしまうという，バランス論にその根拠を有すると考えるべきであろう[28]。そうだとすれば，投資の如何によらず，財産的価値ある情報成果物として流通におかれている本件データベースは，保護客体たりうると考えられる。なお，米国においても，1991年のいわゆる Feist 事件判決に見られるように，いわゆる「額の汗」は保護法益とはなりえないとされている[29]。

　第二に，「行為の目的」については，被告が，原告の販売地域と競合している地域において，販売したことから，「先行者が築いた成果に，もっぱらフリーライドすることによって，競争市場において有利に地位を占める目的」をもっていると考えられる。

　第三に，「行為の態様」については，原告のデータ12万件のうち，10万件について，そのままコピーして販売していることからして，財産的価値のあるものとして取引されている情報成果物の質的，量的に相当部分についてそのままデッドコピーしたことから，「他に手段がありながら原告の情報成果物の実質的部分をデッドコピーして作成した商品を販売している」といえる。

　なお，本件判決は，不法行為の成立要件について「①原告が費用と労力をかけて情報を収集，整理することでデータベースを作成したこと，②原告がそのデータベースを製造販売することで営業活動を行っていること，③被告がそのデータベースのデータを複製して別のデータベースを作成したこと，④被告が

---

[28] 中山・前掲注（2）8頁及び田村善之『機能的知的財産法の理論』（財団法人知的財産研究所研究叢書1）（信山社，1996年）14頁は，「一般に模倣は自由であるがフリーライドを禁止してまで，将来の創作のインセンティブを確保すべきという要請がある場合に新たな法制度設計や法解釈をすべきである」との趣旨と解される。

[29] 各国におけるデータベース保護の現状については，蘆立順美『データベース保護制度論』（財団法人知的財産研究所研究叢書6）（信山社，2004年）に詳しい。なお，EUにおいては，1996年のデータベース保護に関する指令により sui generis 権によるデータベース保護についての各国法制が義務づけられた。本指令の趣旨は投資の保護であるとされている。

原告の販売地域と競合する地域において自己の制作したデータベースを販売していること，と分析した上で，これらが一定の基準となるとしても，その適用は極めて厳格にされるべきであるとする見解がある[30]。ここで，当該見解と本稿の見解を比較すると，①について，投資を要件としないことで異なるものの，②において財産的価値のある情報を対象とすること，③において被告の行為が原告の情報成果物の相当部分の実質的なデッドコピーであると捉えていること，④において不正競争の目的があり，被告が不正の利益を得，原告に対して損害を与えていることを推認するものと考えられる限りにおいて，両者は整合するものであるといえよう。

(c) **新聞記事の見出しの保護が争われた事例**〔ヨミウリオンライン事件（知財高裁平成17年10月6日判決＝判例集未登載）〕

本件は，大手日刊新聞社である原告Xが，その運営するウェブサイトでXのニュース記事およびその記事見出しを掲出していたところ，デジタルコンテンツの企画，制作を業とする被告Yがインターネット上でライントピックスサービスと称するサービスを提供していた。Yは，その運営するホームページ上でXの記事見出しを表示していた。Yのサービスの利用者は，Yのホームページの表示された記事見出しをクリックすると，訴外Zの開設するサイト上のニュース記事のウェブサイトに掲載されたXの記事本文にリンクする機能（XとZとの間では，ZのサイトにおけるXの記事の表示等について使用許諾契約が締結されている）が付けられていた。Xは，Yに対して，主位的に，記事見出しについて著作権（複製権および公衆送信権）侵害を理由として，予備的に，上記行為が不法行為を構成することを理由にして，本件記事見出しの複製等の差止めと損害賠償を求めたものである。原判決（東京地判平成16年3月24日判時1857号108頁）は，本件記事見出しの著作物性を否定したうえで，不法行為の成否についても，本件記事見出しは，X自身がインターネット上で無償で公開した情報であり，著作権法等によってXに排他的な権利が認められない以上，第三者がこれらを利用することは本来自由であるといえ，「不正に自らの利益を図る目的により利用した場合あるいはXに損害を加える目的により利用した

---

[30] 東海林保「データベースの著作物性」牧野利秋＝飯村敏明編『新・裁判実務体系4 著作権関係訴訟法』（青林書院，2004年）194頁。

11 知的財産法による情報成果物の保護の限界と不法行為法による救済の可能性について（赤松耕治）

場合など特段の事情のない限り，インターネット上に公開された情報を利用することが違法になることはない」として，Xの不法行為に基づく主張も退けた。これに対して控訴審では，Xが，不正競争防止法2条1項3号の不正競争行為を理由とする差止請求および損害賠償請求を追加するなどしているが，裁判所は，本件記事見出しについて，著作物性および不正競争防止法2条1号3号の商品形態の該当性を否定したうえで，「控訴人の多大の労力と費用をかけた報道機関としての一連の活動が結実したもの（であって）……著作権法による保護の下にあるものであるとまでは認められないものの……（本件記事）見出しのみでも，有料での取引対象とされるなど独立した価値を有するものとして扱われている実情があることなどに照らせば，本件記事見出しは，法的保護に値する利益となりうるというべきである。……被控訴人は，控訴人に無断で，営利目的をもって，かつ，反復継続して，しかも本件記事見出しが作成されて間もないいわば情報の鮮度が高い時期に，本件記事見出しおよび本件記事に依拠して，特段の労力を要することもなく，これらをデッドコピーないし実質的にデッドコピーしてLTリンクを作成し，……実質的にLTリンク見出しとして配信しているのであって，このようなライントピックスサービスがXの記事見出しに関する業務と競合する面があることを否定できないものである。……Yの一連の行為は，社会的に許容される限度を越えたものであって，Xの法的保護に値する利益を違法に侵害したものとして不法行為を構成するものというべきである」とした。

本件は，まさに，著作物性および商品形態性を否定したうえで，不法行為の成否を論じた判決であり，原審と控訴審で異なった判断がなされている興味深い事件である。以下控訴審判決に沿って考察する。

第一に，「保護客体」については，「多大な労力と費用をかけ……相応の苦労・工夫により作成され，有料で取引対象とされ（てい）る」ことを理由に，独立した価値を有するものとして，法的保護に値する利益であるとしている。この点については，投資はそれ自体では保護法益たりえないとする本稿の立場からすれば，有償で独立の取引対象とされていることをもって，法的保護に値する利益たりうると理解する。事実に基づくものであり，かつ文字数の制約のある記事見出しのバリエーションの余地は狭いとしても，簡潔な表現による読

者の注意を引くものであって，そうした記事見出しが相当数集まって，第三者との取引において有償で使用許諾されている財産的価値のある情報成果物であると認められるべきであろう。確かに，インターネットその他で広く発信された情報について，その共有を押しとどめる術はない(31)。しかし，事実たる情報の部分と財産的価値のある情報であって，他人による競業秩序の侵害行為の対象となる部分（客体）は自ずと分けられると考えるべきであろう。なお，本件については，Xの原審における主張にあるように「Yの上記行為が，著しく不公正な手段を用いて，Xの正当な営業活動上の利益を侵害するものとして不法行為を構成する」との構成が妥当であって，「営業権侵害の観点から立論していくのが適切な事案ではなかったか」との指摘もある(32)。そして，不法行為法学の観点からは両当事者の営業利益等の衡量問題として捉えられるべきであり，「インターネット上で無償で公開した情報も，不正に自らの利益を図る目的により利用した場合あるいは公開した者に損害を加える目的に利用した場合には不法行為となる……（といった論理構成は，不法行為法における）権利・法益性に関する判断過程を捨象するに等しい」といった批判がなされている(33)。確かに，不法行為法学の立場からは，法的保護に値する利益としての営業利益とは何かということから立論すべきであろう。しかし本稿では，知的財産法の枠を超えた一定の行為についての不法行為法による規整の是非という視点で検討している以上，客体の要保護性の問題から，知的財産法制の枠組みとアナロジーで規整すべきかとの立論も十分に可能であって，要保護利益の立証に慎重な検討がなされる限り，かかる批判は妥当しないものと考える。

　また，本件控訴審判決においては，「情報の鮮度が高い時期に」という点を要件としている。これは行為の態様ないし悪質性を補強するものとして捉えられているように読める。しかし，新聞記事においては速報性が重要であることからすれば，財産的価値のある情報として要保護利益か否かの判断において，鮮度が高いということは重要であろう。取引対象とされていても陳腐な情報で

---

(31) 奥邨弘司「ウェブサイト上の記事の見出しの著作物性」（本件判批）著作権研究31号（2004年）81頁。
(32) 潮見・前掲注(23)（本件判批）54頁。
(33) 潮見・前掲注(23)（本件判批）54頁。

あれば，要保護性を否定される場合もあると考える(34)。

　第二に，「行為の目的」については，XもYも新聞の記事見出しについてホームページを運営し，一般読者からのアクセスを得ることにおいて，競業関係にあり，あえて，Yは，「先行者が築いた成果に，もっぱらフリーライドすることによって，競争市場において有利な地位を占める目的」をもっていたものといえる。

　第三に，「行為の態様」については，Yは本件記事見出しをデッドコピーまたは実質的にデッドコピーしている。新聞記事の見出しについての公開については，独自に考案した見出しを利用したり，新聞社との契約によりリンクを張ったりすることにより，利用者の便宜な情報提供サービスをすることができたにもかかわらず，これを怠り，もっぱらXの財産的な価値のある情報に依存し営業活動を行った点で，「他に手段がありながら，他人の情報成果物の実質的な部分をデッドコピーしている」といえよう。

(3) 小　括

　以上，不正競争防止法ないし著作権法の保護客体とはならない情報成果物の利用行為について，一般不法行為法による規整の可能性について，従前の裁判例において共通項を抽出すべく検討を試みた。特に，不正競争防止法の個別類型に該当しない行為であってもその趣旨にかんがみ，一定の要件を充足する行為は，不正競争行為として，不法行為法による規整に服するということを前提としている。ここでは，それらをまとめておく。

①　保護客体＝第三者との取引において有償で販売ないし使用許諾等されている財産的価値のある情報成果物であること

　情報の利用が本来的に自由であるにもかかわらず，取引社会において何らかの対価を得て利用を許諾しているような状況があるとするならば，その客体は法的保護の利益に値するとの評価が与えられよう。資本と労力を投下した情報

---

(34) 米国におけるデータベース保護法案には，裁判所がその業界におけるデータベースの時間的な価値（time sensitivity）を考慮すべきであることが定められたものがあった（2003年 H. R. 3261）。蘆立・前掲注(29) 229頁以下参照。

であることは必要条件ではなく，原告が被告の不法行為によってこうむる損害の程度を認定する際に考慮されるにとどまると考える。

② 行為の目的＝情報成果物の利用者が，先行者が築いた成果に，もっぱらフリーライドすることによって競争市場において有利に地位を占める目的を有していること

　不正競争防止法の個別行為類型に該当しないものの，不正競争行為として規整すべき行為である以上，単に，一般的な主観的要件としての故意，過失のほかに，自らの不正な利益をあげることが，原告に損害を加える目的ではなく，当事者が市場において競争関係にあり（販売地域を同じくしている等），公正な競争を阻害するとの主観的要件を備えている場合に限定すべきである。つまり，規整行為の範囲は直接的に競争関係を阻害する行為に限定すべきであって，主観的要件についても「不正の競争の目的」といった限定を付すべきだと考える。

③ 行為の態様＝他に手段がありながら，他人の情報成果物の実質的な部分をデッドコピーまたは実質的にデッドコピーするものであること

　情報が元来自由利用可能な公共財であることからずれば，情報成果物であっても利用は自由であるものとすべきであるが，公正な競争を害する行為としては，他に情報成果物の作成や収集が可能であったにもかかわらず，あえてその主要な部分をデッドコピーまたはそれに近い状態でコピーした場合が該当しよう。ここで「実質的な部分」とはどの程度かが問題となる[35]が，①の要件との関係からずれば，その部分自体で独立の取引客体たりうるものがこれに該当すると考えられよう。

　なお，不法行為の要件を考慮するにあたって，該当を否定する要素としてはたらくもの（以下，「消極的要件」という）についても触れておく。
　まず，保護客体との関係においては，取引の客体となっていたとしても，不

---

(35) 蘆立・前掲注(29) 208 頁以下参照。

正利用と目される行為時点における，情報の財産的価値の有無は個別に検討しなければならない。ヨミウリオンライン事件でみたように，新聞記事見出しにおいては情報の鮮度といったものが勘案され，陳腐なもの等，独立の財産的価値がないと考えられるものについては，保護客体たりえないと考えられる場合もあろう。

　また，原告が，市場において，法的保護を受けるための手段を容易にとることが可能であるにもかかわらず，市場における模倣行為を看過せざるをえないような状況に自らをおいたという事情があるのであれば，原告は保護に値するとはいえない場合が考えられよう。この点については，たとえば，原告が，自らのデータベースを市場においた際に，データベース自体に複製を防止する技術的な措置をとるとか，販売先との契約において，第三者に複製，譲渡したような場合においては，当該販売先も責任を負担するといった契約をしておくことにより，無断複製等を防止しえたのではないかと思われる[36]。これらの事実は不法行為の成立を妨げる事由として機能する場合もあると考える。利用者の側からずれば，かかる手段をとらないでいることが，自由な利用を黙示的せよ認めていることの証左であると受け取られてもやむをえない場合については，原告の不法行為による請求が否定される場合もあると思われる。

Ⅳ　不正競争防止法における一般条項の導入の是非と差止請求

(1)　序

　前章においては，著作権法および不正競争防止法の要件は充たさないものの，一般不法行為に該当する行為の要件について検討した。その要件は，既存の不正競争防止法上の行為類型の具体的要件に比べて，一般的，抽象的であることから，不正競争防止法の中に，いわゆる一般条項ないし補充条項[37]を導入す

---

[36]　なお，(社)電子情報技術産業協会法務・知的財産権総合委員会「データベース保護法制について」(財団法人知的財産研究所『知的財産の適切な保護に関する調査研究報告書』(2007.3) 351頁)は，データベース事業者の自主的な努力によって実効的な保護を確保することができることを主張している。すなわち，著作物性の確保による保護，データベースの第三者への提供を禁止する旨の契約の締結，コピーや送信を禁止する技術的手段の実施，等を挙げている。

第2部 民事法

ることにより対応すべきではないかとも考えられる。以下，わが国における従来の議論の動向を踏まえて検討をしたうえで，一般条項等の導入に消極的な結論を導き，そのうえで，不法行為における差止請求の是非について若干の検討を試みることとする。

(2) わが国における議論[38]

不正競争防止法における一般条項の導入については，かねてより議論がされている。1992年の産業構造審議会知的財産政策部会では，不正競争防止法に一般条項を導入することによって金銭賠償を原則とする不法行為法とは異なり，差止めという効果を与えるものであることから，事業活動に与える影響が重大であること，また，個別条項を設けた趣旨に反するのではないかとの指摘等を勘案して，さらに導入の必要性及び導入した場合の問題点等について検討を行っていくべき課題であるとし，導入が見送られた経緯がある[39]。その後においても導入の是非についての議論が行われたことがあるが，導入に至っていない。一般条項の導入に積極的な見解は，わが国不正競争防止法は僅かな不正

---

(37) 一般条項とは，法律上の要件を抽象的，一般的に定めた規定をいう。これに対して，補充条項とは，具体的な行為類型の列挙によって生じる漏れを防ぐために，相当程度の詳細な規定に留めるものことをさす場合が多いようである。いずれにしても，何らかの抽象的要件を定めた規定を指すのであって，その程度や具体的な規定の仕方の差こそあれ，その趣旨において，特段の差異はないと思われるため，以下においては，両者を合わせて「一般条項」と称することにする。

(38) ドイツ不正競争防止法においては，2004年の不正競争防止法改正以前から一般条項が規定されている。すなわち現行不正競争防止法においては，その3条において「消費者及びその他の市場参加者の不利益のために，競争を瑣末はなく歪曲するおそれのある不正な競業行為は禁止される」とし，4条ないし7条の規定において，この一般条項を補完する法形式を採用している。たとえば，4条9項においては，日本法における出所混同惹起行為に相当する規定に加えて，「模倣した商品又は役務のもつグッドウィルや名声を不当に利用又は毀損する行為」についてこれに該当するとしているが，あくまでもグッドウイル（顧客吸引力）や名声へのフリーライドが要件とされており，本稿にいう「財産的価値のある情報成果物」よりも保護対象の範囲としては狭いといえる。なお，ドイツにおいては不法行為においても差止めが認められている。なお，各国不正競争防止法における一般条項等の概要について，財団法人知的財産研究所・前掲注(36) 52頁以下参照。

(39) 産業構造審議会知的財産政策部会「不正競争防止法の見直しの方向」（平成4年12月14日）（通商産業省知的財産政策室監修『逐条解説不正競争防止法』（有斐閣，1994年）123頁所収）。

競争行為を限定列挙したため，様々な不正競争行為に不正競争行為に有効，的確に対応できていないとする(40)。すなわち，「不正競争行為は多種多様であるから，これを適切に類型化し，その構成要件を過不足なく規定することは容易では」く，仮にこれに成功したとしても，将来経済社会の変化に応じて新しい不正競争行為が発生することは，確実に予想でき」，「いま，一般条項を有するなら，裁判を通じ，具体的事案に即した差止・損害賠償等柔軟で弾力的な法の実現をなし，将来にわたり不正競争行為を迅速に規制することが可能となる」とする(41)。これに対して，消極説は，一般条項が抽象的であるため，判断基準が不明確であり，当事者特に事業者にとって判断基準が経済活動に付き予測可能性を害することを懸念する。とりわけ，具体的な構成要件が規定されていない条項が追加された場合，その違反が差止めという強力な効果をもたらすことから，企業内コンプライアンス活動の一環として対応するにあたって，困難を伴い，ビジネス活動への萎縮効果を生じるのではないかといった指摘がされている(42)。

　確かに，積極説が指摘するように，裁判官による従前の一般条項における法の弾力的適用の実績により，不正競争防止法においても裁判官に対する不安には，合理的な根拠がなく，また，多様な不正競争行為の判例を不正競争防止法の一般条項の中に集結させかつ，悪性の程度に応じ，差止による救済を認めて国民に公表するなら，事業者の予測は可能となり，また裁判所の判断は国民の批判にさらされ法理論の発展も促される(43)といえよう。理想的には積極説の指摘のとおりであろうが，競争市場においては，適法行為と違法行為の限界は法文上，明確に規定しておかれるべきである。特に，差止めという強力な救済方法が明確に規定されている不正競争防止法においては，一般条項の創設によって，事業活動への萎縮効果が大きくなることは払拭し得ない。また，差止めによる保護を与えるべきであるにもかかわらず，現行法の個別行為類型では対処しえない事象が多数生じているとの立法事実があるのであれば，一般条項

---

(40) 松尾和子「不正競争防止法における一般条項」ジュリスト1005号17頁（1992年）。
(41) 松尾・前掲注(40) 19頁。
(42) 知財研・前掲注(36) 65頁。
(43) 松尾・前掲注(40) 20頁。

の導入について積極的に検討すべきだと考えるが，そのような状況にあるとは理解できない。もとより，筆者は，以下に述べるように，不法行為請求による差止めを否定するものではないが，それは民法理論において議論されるべき領域であって，不正競争防止法において一般条項を導入することの是非とは議論のレベルを異にする[44]。たとえば，不正競争防止法において，具体的行為類型ではなく一般条項が適用される場合には，差止請求は認めない旨の規定を置くことも法技術的には可能であろうが，不正競争防止法において，不正競争行為の迅速な排除のために規定されている差止請求について，不正競争防止法に規定されている行為でありながら，差止請求を認めないというのは自己矛盾であろう。このような観点からは，個別行為類型に追加すべき新たな不正行為が生じるたびに法改正を行うコスト[45]の軽減よりも，不正競争防止法において一般条項を置くことによる法的不安定性に伴う産業界における萎縮効果の軽減を優先し，前記の要件は，不法行為法の適用における指針にとどめておくべきだと考える。もっとも，このような指針につき，事業者にどのように周知していくかは課題である。なお，いうまでもなく，新たに不正競争行為類型として不正競争防止法に追加すべき行為が生じた場合には，すみやかに不正競争防止法の改正を行い，差止請求を認めるべきである。

(3) 不法行為による規整の場合における差止請求の是非

上記のように本稿は，不正競争防止法における一般条項の導入には否定的な立場をとるものである。しかしながら，不正競争防止法の個別具体的行為類型ではカバーされない行為について不法行為法の適用範囲を予め設定しようとする本稿の立場からすれば，不法行為法の適用において，差止請求が認められる範囲についても検討しておくことは意義があろう[46]。周知のように通説・判

---

(44) 田村・前掲注(13) 493頁は，一般条項の導入と民法自体の解釈ないし立法論として処理する対応のいずれも可能とする。
(45) 知財研・前掲注(36) 64頁。
(46) 前述のように，不正競争防止法における一般条項の適用を排除することにより差止という強力な規制に伴う萎縮効果を除く一方で，不法行為法の領域で規制される不正競争行為について差止請求の範囲を検討することに矛盾はないと考える。潮見前掲は「不法行為に基づき差止めを認めないのであれば不正競争行為の差止めを認める一般条項を置くのが理想的ではある」とするが，本稿はそれと逆のアプローチである。

例は，不法行為を理由とする差止めは認められないとする。すなわち，不法行為の一般的効果として，差止請求権を肯定する学説は少ないといわれている[47]。そもそも知的財産権については，その物権的性格という排他的権利性から差止請求権を内在しており，それが確認的に規定されているものと考えられる[48]。そうであれば，明文の規定を待つまでもなく，不正競争行為でありながら不正競争防止法でカバーされない行為として不法行為法によって規整される行為については，差止請求権が肯定されることになると考えるのが合理的であろう。この点，被侵害利益が「特別法にもとづく差止請求権の趣旨を拡張して保護されるべき場合には，その解釈問題として処理されるべき」という見解はまさにこの趣旨であろうと考える[49]。確かに，不正競争防止法をはじめとする既存の知的財産法における差止請求権についても，事案に応じて差止請求が認められる場合とそうではない事例とがあり，不法行為に基づく請求においても，知的財産法における趣旨にかんがみ，それとパラレルに考えることができると考えられる。ただ，不法行為における請求においては，不正競争防止法に基づく請求の場合に比べ，より慎重な検討が必要であろう。そこでは，現在の損害の発生が将来における損害発生の高度の蓋然性の基礎となるべき場合や過去の損害の発生について行為者に故意のある場合に必然的に差止めを認めるべきとは考えられず，むしろ主観的要件の如何を問わず「差止を命じなければ回復できないような性質の被侵害利益であること」が強く求められる点で，不法行為における差止請求の認められる余地は一般に狭いと考えられる[50]。

---

(47) 平井宜雄『債権各論II』（弘文堂，1992年）106頁。
(48) たとえば，特許法100条に関して，中山・前掲注（2）331頁はこの趣旨と思われる。なお，不正競争防止法に関して，田村・前掲注(12) 136頁参照。
(49) 平井・前掲注(47) 107頁。
(50) 特に故意の内容については，この場合，一般に「結果の発生を認識しながらそれを容認する心理状態」（内田貴『民法II』（東京大学出版会，1999年）330頁）と定義されているが，明文の法律で権利とされていない，まして知的財産法においては法的保護に値する利益とされていないものについてそれを不法行為法において保護しようとするものである以上，法的保護に値する利益を侵害するという意味での「結果の発生」を認識しているとは，当然には言うことはできないであろう。たとえば，ヨミウリオンライン事件においては被告（被控訴人）としては，原告のデータは法的保護に値する利益を具現化したものであると認識しておらず，公正な競争の範囲内の行為であると認識していたと考えられ，ここでいう「結果の発生の認識」はなかったというべきではなかろうか。

第2部 民事法

V 結びに代えて——今後の課題

　本稿では，不正競争防止法の個別行為類型ではカバーされない行為であって不法行為法による救済が期待される行為の要件として，不法行為法における一般的な構成要件に加えて，先の3つの要件を設定したうえで，これを不法行為法の指針にとどめつつ，差止請求の可能性について検討した。最後に，近時，裁判上の争われた事例や社会的に問題となった事例をもとに，以下の仮想事例を設定し，上記の要件がどのように適用されるかをシミュレーションし，更なる課題を抽出してみることで本稿の結びに代えることとしたい。

> （1）　Xが作成，販売しているソフトウェアの表示画面について被告Yがこれと類似したソフトウェアを作成，販売した場合において，両者の表示画面自体および表示画面の選択や組み合わせには，著作物性がないものの，その主要な表示画面が類似している場合において，被告Yの行為が不法行為に該当する可能性があるか。

　この事例では，著作物性のない表示画面の著作物性を否定したうえで，不正競争防止法による保護の余地があるかが問題となろう。この点，本件のモデルとなった事例において，裁判所は，不正競争防止法2条1項1号の該当性に関して「表示画面……が，他に例を見ない独特の構成であり，そのような表示画面の構成が特定の商品（ソフトウェア）に特有のものとして，需要者の間に広く認識している場合には，当該表示画面等が，同号にいう商品等表示に該当することも，可能性としては否定することができない」としつつ，ソフトウェアの表示画面は，通常は需要者が当該商品を購入して使用する段階になって初めてこれを目にするものであることや，ソフトウェアの機能に伴う必然的な画面の構成は商品等表示とはなりえないと考えられるなどとして，表示画面が周知な商品等表示として不正競争防止法上の保護を受けることはないとしてい

　　その意味では，平井教授の見解にしたがうとしても「差止を命じなければ回復できないような性質の被侵害利益であること」が，知的財産法の枠組みを超えた不法行為法による保護の場合における唯一の要件であると考えられよう。この点，ヨミウリオンライン事件における「Yの将来にわたる行為を差し止めなければ，損害賠償では回復しえないような深刻な事態を招来するものとは認められ（ない）」との判断は妥当であろう。

11 知的財産法による情報成果物の保護の限界と不法行為法による救済の可能性について（赤松耕治）

る(51)。

　以下，前記の３つの要件の該当性について検討する。まず，「保護客体」の要件の該当性については，ソフトウェアの表示画面自体が，取引の対象としての情報成果物といえるかが，問題となろう。確かに，ＸもＹもソフトウェアを対象として取引しているのであって，表示画面自体が取引対象ではない。しかしながら，表示画面はさまざまな項目や構成が可能であり，それ自体が取引の要素となるものである。ソフトウェアは，それ自体は可視的なものではないことからすれば，ソフトウェアの使用者においては，表示画面が商品の取引における主要な構成要素として認識される場合が多いと考えられ，表示画面をもって，財産的価値のある情報成果物たりうると考えることは可能であろう。

　つぎに「行為の目的」の要件については，ＸとＹが，競合市場において，同種のソフトウェアを販売している事実があるならば，肯定的に考えられる場合が多いだろう。

　さらに「行為の態様」の要件については，類似性の程度をどこまで求めるかが問題となろう。この点，画面表示や画面遷移について，共通性が認められたとしても創作性（著作物性）がなく，著作権侵害とはいえないことを前提とした場合，共通性ないし類似性の程度は相当高くなければ本要件の充足は難しいと思われる。ビジネスソフトウェアの表示画面等については，表現の選択肢が限られていることから，類似性の程度も厳しく判断される傾向にあることは，著作物性のない表示部分の類似性を含めて類似性の有無を判断する場合にも妥当するといえよう。したがって，他に選択肢がありながら，あえて，Ｘの表示画面や画面遷移と類似させたと認定される可能性は低いと思われる。言い換えれば選択の幅が少ないことから，類似の程度が極めて高い場合にのみ認定されると思われる。なお，この場合においては，本件事案において，実際に原告が主張しているように，利用者からの両ソフトを混同したと見られるメールが多数送信されたことなどの事実があれば，Ｙが，Ｘから表示画面及び表示画面相互の牽連性につき使用許諾を受けて製造，販売されているのではないかとの誤

---

(51)　前掲注(7)参照。判例評釈として，田村・前掲注(12)参照。

認混同等があったとの主張は,類似性を推認する要素として積極的に評価される可能性はあろう。

なお,「消極的要件」については,著作物性を備えることが容易であったにもかかわらず,それを怠ったという事実があれば,Yに不利に働くことも考えられよう。ただ,逆に,前述のようにビジネスソフトウェアの特性上,著作物性が認められる余地は低いという事情はYに有利に働くことも考えられる。

以上のように,本件のような事例においては,不法行為の成立が認められる余地があると考えられる。

> (2) 甲が,乙を従業員として雇用している間において,乙が甲からアクセスすることが許された甲の秘密情報が含まれているデータを甲のサーバから,甲から支給されているパソコンにダウンロードしたうえ,当該パソコンを自宅に持ち帰った。乙は,その後何度か乙と競合する国内外の企業と接触したという事実がある。乙は,甲から当該パソコンの返却を求められたため,データが入ったままの形で,パソコンの返却に応じた。乙の行為が不法行為に該当する可能性があるか[52]。

この事例において,「保護客体」の要件については,当該データが甲の秘密情報であることからすれば,財産的価値のある情報成果物であるといえよう。不正競争防止法の営業秘密として保護されるためには,秘密管理性,有用性および非公知性の3つの要件を充たしていることが必要とされている(不正競争防止法2条6項)が,企業活動において,利用されあるいは他社との間で秘密保持契約等を締結したうえで,開示,提供する情報は,財産的価値のある情報といえ,この要件を充たす可能性が高いと考えられる。次に,「行為の態様」の要件については,情報成果物であるデータのダウンロードしていることから,

---

(52) 営業秘密については,不正競争防止法における民事的救済規定の導入(平成5年改正)及び刑事罰規定の導入(平成15年改正)により,一定の保護が図られているが,営業秘密の保有者である企業から適法に示された者については,自己の媒体にコピーしただけで,使用・開示行為をしていない場合については,いずれの規整対象ともなっておらず(不正競争防止法2条1項7号,同21条1項3号,4号参照),必ずしも実効的な制度になっていないのではないかとの指摘がある。経済産業省「技術情報等の適正な管理の在り方に関する研究会」報告書(平成20年7月)26頁参照。

この要件を充たす可能性が高いと考える。しかし,「行為の目的」の要件については,国内外の企業と接触したという事実だけでは,他人の成果物にフリーライドすることにより競争上有利に進める意思があったかどうかは事実認定の問題に属することから即断できない。詳細の事実認定の如何によって,不法行為を構成する可能性があるにすぎない事例ではないかと考えられる。

> (3) Aは,ある地方競馬における競走馬の管理団体であり,当該団体に所属する競走馬の名称についての管理に関して,馬主らから一括して委託を受けていたところ,ゲームソフトメーカのBが,Aに無断で馬名を使用したゲームソフトを製作,販売した。Aの行為が不法行為に該当する可能性があるか。

著名人の名称や肖像についての経済的価値については,学説及び裁判例においてパブリシティの権利が認められているが,競走馬等の物の名称については,確定的な判断がなされていなかったところ,最高裁において,これを否定する判断がされている[53]。ここで「物のパブリシティ権」とは,「物の名称や形状などについても著名人の氏名や肖像と同様の顧客吸引力をもつものであることから,率直に,その経済的利益ないし価値を排他的に支配する財産的権利としてこれを承認する考え方」[54]とされている。最高裁は,排他的な権利を認めるためには実定法の根拠が必要であること,また,知的財産権制度を設けた現行法全体の制度趣旨に照らし,知的財産権法の保護が及ばない範囲については,排他的権利の存在を認めることはできないこと等と理由としたものである。この判断をもって,競走馬の名称等の物のパブリシティ権を根拠に法的主張をすることができなくなったことから,本事例においても,Aは,既存の知的財産権法や一般不法行為法の適用を主張して,請求をしなければならないことになる。そこで,前述の要件をあてはめてみることとする。

まず,「保護客体」の要件,すなわち競走馬の馬名のリストが経済的価値のある情報成果物に該当するかということについては,ゲームソフトで使用され

---

[53] 最高裁平成16年2月13日判決民集58巻2号311頁。判例時報1863号25頁。
[54] 伊藤眞「物のパブリシティ」(本件判批)商標・意匠・不正競争判例百選(別冊ジュリスト188号)(有斐閣,2007年)227頁。

ており当該商品の顧客吸引力を発生させているものとして，財産的価値を肯定してよいと考える。この点，前記最高裁判決は，「競走馬の名称等の使用料の支払を内容とする契約の締結がされた実例があるとしても，それらの契約締結は，紛争をあらかじめ回避して円滑な事業を遂行するなど、さまざまな目的で行われることがありうるのであり，……競走馬の所有者が競走馬の名称等が有する経済的価値を独占的に利用することができることを承認する社会的慣習又は慣習法が存在するとまでいうことはできない」としている。この点については，有償の対価を得て取引されている事実があれば一般には，財産的価値があるといえるのではないか。紛争の回避というのであれば無償でもかまわないと考えられる。使用料が一定の対価性をもつものであれば，対等の当事者間の通常の取引において有償で使用許諾されているということは財産的価値のある情報であることの証左であろう。使用料が極めて低額であるとか，二社間における特有の事情に基づいて契約に至ったというような特段の事情がない限り，取引社会において一定の財産的価値のある情報成果物とするのが合理的ではないかと思われる。

　つぎに，「行為の態様」の要件については，馬名をそのまま使用していることから，あえて情報成果物にフリーライドしていると考えられるが，「行為の目的」の要件については，Aがゲームソフトを販売していた等の事情がない限り，通常，Bとは競合関係に立たないと考えられることから，これを充たすことはないと考えられる。本件については，不正競争防止法の枠組みを超えた領域での不法行為による救済は困難だと言わざるを得ない(55)。

　以上，本稿においては，不正競争防止法の個別行為類型でカバーされない行為について不法行為法による救済のための要件について検討を試みた。情報化社会の発展に伴い，さまざまな行為が発生することが想定されるが，情報成果物に関する「権利ないし利益保護」と「利用」のバランス，また，「適法行為の予見可能性の確保」と「不当なフリーライドからの救済による競争秩序の維

---

　(55)　井上由里子「競走馬の名称と「パブリシティの権利」」（本件判批）ジュリスト1291号273頁は，「競馬の状況設定をもとにゲームソフトという新しい価値を生み出していることにかんがみると……民法709条による救済も困難な事例だったといえよう」とする。

持」とのバランスといった観点から，適切に規整されるための基準が設定され運用されることを希望するものである[56]。

---

[56] 本稿において見解にわたる部分については，筆者の個人的見解であり，筆者の所属する企業，団体の見解ではないことをお断りしておく。

12 商標制度利用者に求められる公益意識

矢 野 公 子

Ⅰ　は じ め に　　　　Ⅲ　お わ り に
Ⅱ　考　　察

Ⅰ　は じ め に

　商標制度は商標條例として明治17(1884)年に制定された当初から経済法的性格が濃く，その改正の歴史には日本経済の発展の経緯が投影されている。最近の改正では，平成18(2006)年に地域の産業振興という政策的見地から地域団体商標制度（地域ブランド）が導入され，また，平成19(2007)年に小売業者の利便性を高め国際的な制度調和を図るために小売等役務商標制度（小売サービス）が開始された。これ以前にも，平成8(1996)年に立体商標制度が導入されたことにより従来文字・図形など二次元のみだった商標の概念が三次元に広がったのは大きな一歩であった。この方向性はさらに進みつつあり，平成20年10月現在，音やにおい，ホログラムや動きなど新しいタイプの商標保護のための検討作業が行われている[1]。

　商標が適切に使用され法の直接の保護対象である業務上の信用が蓄積され続ける限り，いかに時代が変わり制度が改正されても，商標法第1条の法目的に謳われるように，取引秩序を維持して産業の発達に寄与し，あわせて需要者の利益を保護する理想的な循環が期待できる。しかし周知のごとく，現実にはこれと逆行する動きが増えている。各種メディアが連日取り上げているように，食品はじめ様々な分野で偽装事件が続発しているが，これらが世の中全般に与える影響の大きさをみると，改めて商標制度が一般需要者の利益と深く関わっ

（1）　産業構造審議会知的財産政策部会商標制度小委員会の第2回新しいタイプの商標に関する検討ワーキンググループ議事録（平成20年9月29日開催）が特許庁HPで公開されている。http://www.jpo.go.jp/shiryou/toushin/shingikai/new-wg02_shiryou.htm

ていると感じざるを得ない。偽装問題はなぜ連綿と起こるのか，抑制する手立てはないものかを商標制度の見地から考えていくと，制度利用者自身の公益意識という点に結びつく。

　ところで，IT 化や経済のグローバル化のもとで，企業が新たな存在意義を模索し始めたことに伴って，販売促進や顧客勧誘活動の一環として商標や社標を一新する，あるいはコーポレートスローガンを採択するなどの動きが頻繁にみられるようになった。スローガン自体は標語であって標識ではないため原則として商標として登録されないとされているが[2]，広告宣伝手法が多様化した今，スローガンに独自の理念をこめて内外に発信しようとする企業も多い。この種のイメージ戦略は今後ますます活発化すると思われるが，商標制度上何らかの保護を受けることはできないだろうか。

　以下，昨今の事情をみながら商標制度利用者に求められる公益意識について考えたことを述べる。なお，いわゆる虚偽表示に関する行為については，不正競争防止法第 2 条 13 号の原産地等誤認惹起行為による制裁規定が設けられているが，ここでは権利を創設する商標制度利用者にとっての公益意識を取り上げたい。ちなみに商標法には，公序良俗に反する商標の登録を阻む第 4 条 1 項 7 号をはじめ 4 条 1 項 1 号から 6 号，9 号，16 号，19 号など公益保護のための規定が設けられているほか，登録後に公益的理由により権利を制限する規定（26 条）などが存在する。しかし，本論では商標の登録要件や登録後の調整としての公益性ではなく，より根源的な問題として，法が潜在的に利用者に求める倫理としての公益的要素を問題としたい。

II 考　察

(1) 商標制度の保護対象と三大機能

　商標法の直接の保護対象は業務上の信用である。業務上の信用は goodwill

---

(2) 工藤莞司「商標審査基準の解説　第 5 版」100 頁。商標法 3 条 1 項 6 号は，3 条 1 項 1 号から 5 号の総括規定として『需要者が何人かの業務に係る商品又は役務であることを認識することができない商標』は登録されないとしており，標語は地模様などとともに本号に該当するとされる。

や顧客吸引力などとも言い換えられるが，それ自体無形の財産的価値である。業務上の信用が発生し蓄積されるには，商標のいわゆる三大機能，すなわち出所表示・品質保証・広告宣伝の各機能が一体となって発揮されることが前提となる。

　出所表示機能は，その商品役務がいかなる出所より流出したのかを表示する機能であり，特定の出所をたどることまでは求められない。現代の複雑な流通過程のもとでは，商品役務の品質が期待したものと同一であれば，需要者からみて製造販売の営業者が何人かを意識しないのが通例となっている。このため，商標の機能の重要性は相対的に出所表示から品質保証に推移したといわれて久しい。しかし，標識である商標が識別力を備えていることは前提であり，出所表示は識別力と表裏一体の関係にあるといえるため，出所表示機能は依然として三大機能の根幹を占めるものと考えられる。

　品質保証機能は，一定の商標を付した商品役務は常に一定の品質を有していることを表示する機能で，特定水準の品質の満足まで求められるものではない。法上，商品の品質，役務の質の誤認を生じるおそれがある商標は登録を拒絶されるほか，公益保護のため無効審判請求にあたっても除斥期間が設けられていない[3]。いわゆる地域ブランドでは「神戸ビーフ」「草津温泉」など800件ほどが出願されているが[4]，これらは各地域の物産サービスとの結びつきが強く，団体の構成員により使用されるものである。需要者はあらかじめこれらの商品役務が一定の品質を備えていることを知悉し，期待している。また小売等サービス制度は品ぞろえや陳列包装などの「顧客に対する便益の提供」を小売・卸売サービスから分離して商標法の役務として取り扱うものだが，需要者は購入場所や方法を選んだ上で商品を購入し役務の提供を求める。これら地域

（3）　商標法4条1項16号，47条。
（4）　「神戸ビーフ」（登録第5068214号）は兵庫県食肉事業協同組合連合会，「草津温泉」（登録第5083102号）は草津温泉旅館協同組合による地域団体商標である。特許庁の統計によれば平成20年9月末までの地域団体商標の出願件数は844件，登録査定を受けた件数は平成20年10月7日現在406件にのぼる。
（5）　工藤莞司「商標法の構造と出所表示機能の保護（上）——実務的視点を中心として——」法学会雑誌第49巻第1号（工藤莞司教授退職記念論文集）抜刷35頁（2008年7月）首都大学東京。

ブランド及び小売サービス制度では，それぞれの特徴から通常の商標に比べて出所表示より品質保証機能が強く作用するといえる[5]。企業の食品偽装など一連の不祥事は，この品質保証機能が不全に陥っていることの表れである。

広告宣伝機能は，商標により商品役務のよいイメージを需要者に与え，購買意欲をそそるという機能である。商標が周知著名になれば広告宣伝機能は増幅され，さらなる業務上の信用が獲得される。米国式のマーケティング的な考え方が日本にも浸透し，またIT化で広告の媒体や方法が多様化したことで，企業が自社のブランド価値を高めるために手間費用をかけて広告宣伝機能発揮に努めるようになったが，これも世の中の流れに沿った動きといえる。

これら三大機能は時代の流れとともに軽重のバランスを推移させながらも，一体となって作用して商標使用者の業務上の信用を蓄積強化し産業の発達に寄与し，同時に需要者の利益保護の実現を目指すのである。

(2) 商標制度からみた最近の問題点

本来，商標制度の主たる利用者である企業が商標の三大機能を高める努力を普通に続けていれば，商標が指定商品役務について反復継続して使用され，三大機能が有機的に発揮された結果，業務上の信用が発生蓄積され，取引秩序が維持され産業の発達に寄与するとともに，需要者の利益保護も実現されるという望ましい循環が続くはずである。しかしこれは理想論に過ぎず，周知のごとく昨今は本来とは逆向きの事例が多数発生している。原材料や産地，製造時期を偽った製菓・食品会社や料亭，リコール隠しをした自動車会社，実際にない効能をうたう表示を付した日用品メーカーなど，ざっと思い起こしただけでも種々の事件がある。これらはいずれも，担い手である企業自らが，商標の三大機能発揮を阻害した例といえる。これ以外に，企業自身が制御したくても制御しにくい状況下で問題が発生した例もある。経済のグローバル化で競争が激化したことにより，廉価な原材料を海外で調達するなど複雑な流通経路をたどった結果，種々の完成品に汚染米が混入した事件などがそうである。

商標制度は三大機能が順調に発揮されることを前提としており，阻害するこ

---

(6) 田村善之『商標法概説［第2版］』4頁。

とはもとより想定していない(6)。上述したような事件が発生すると，三大機能中，まず商品に接し役務の提供を受ける需要者に直接の影響を与える品質保証機能が害される。すなわち，需要者がその商品役務に本来備わっていると信じて購入し対価を払うものの一定の品質が期待できなくなってしまうのである。

事件が発覚すると，関係当局により当該商品役務の具体的出所がたどられ取引の実際が明らかにされる。かかる不祥事は各種メディアやインターネットを介して烈火の如く一般に知れ渡る。そうなると最早，出所表示や広告宣伝機能はマイナスにしか作用せず，当事者である企業が長年蓄積してきた業務上の信用はたった一事をもって一気に打ち砕かれてしまう。業務上の信用は無形の価値であるから，多くの実例からも明らかなように，一度毀損されると再構築するのは至難の業である。

一連の偽装事件が発覚した背景には，不祥事を起こした当事者自身の倫理感覚の欠如や劣化のみならず，各業界の構造的な問題があるのだろうが，こと商標制度の見地からすると，品質保証機能の不全を契機として需要者の利益が直接害されたことから商品役務の提供者である企業の管理体制が問われ，業務上の信用が毀損され不信感があふれた結果，取引秩序が乱され産業の発達に影響を与える深刻な事態を招いているといえる。

日本でも企業が不祥事の発生を未然に防止する自浄策としてコンプライアンス規定を設けるところが増えているが，本論でこの点に深入りするつもりはない。商標制度の見地に立つならば，制度利用者である企業は商標法が本来的にもつ公益的要素を認識し，法目的達成に必要な業務上の信用が蓄積されるように商標の三大機能の適正循環を促すべく誠実に努力しなければならない。もし利用者自身の努力を妨げる気がかりな要素があるならば，それを是正してから本来あるべき方向を目指す必要があろう。

知的財産の中でも，特許法等が人間の知的創作活動の成果たる発明考案等を保護することにより，利用と奨励を図り産業の発達に寄与しようとするのに比べ，商標法では選択物たる商標に化体された業務上の信用が有する無形の価値を保護することにより取引秩序を維持し，公益を守るという点で趣を異にする。商標法はその経済法的な性格のもとで，そもそも主な利用者たる企業という組織の内的規範，さらには企業を形成する各個人の倫理観が整っているという一

種の性善説に基づいて成立していると考える。そして前述したように，商標法の直接の保護対象である業務上の信用を獲得するには，商標の三大機能の発揮が前提となる。まったく当然のことながら，商標を使用するに際し企業自らが三大機能を阻害するようなことがあってはならないのである。

(3) 商標制度利用者をめぐる変化とスローガンの保護可能性

　企業は本来，利潤を追求する組織として私的経済活動のみに専念していればよいはずだった。高度成長時代には，企業のもの作りは，それぞれが帰属する業種の範囲内でより高い技術を目指すことで完結していた。その後ものが日本国内に万遍なく行き渡り収益の向上が期待できなくなると，世の中全体は単なるもの作りから，ものにどのような付加価値を持たせるかというソフトの方向にシフトしていった。特にここ10年来ITが発達して経済のグローバル化が進むにつれアジア諸国の技術力が向上し，企業間の競争は激化した。最早個々の企業は従来の枠組みの中だけでは存在意義を発揮できなくなり，同業者・異業種間，さらには産学連携など横のつながりに新たな可能性を求めるようになった。それと同時に，少子高齢化，地球規模の環境悪化，世界経済の行き詰まりなどの複合的な問題への対処も求められるようになった。かかる厳しい状況下で，大型合併により再編成を余儀なくされる業界も少なくない。

　一方，需要者自身も変化した。かつては受け身一辺倒だった需要者は，IT化により企業情報や商品役務の情報を容易に入手できるようになって企業の動きに敏感になり，また需要者同士の情報交換も盛んに行われるようになって，企業に対してクレームをつける機会も増えてきた。こうなると，需要者に対する企業の働きかけも従来と変わらざるを得なくなる。企業としても，単にものを作りサービスを提供するだけにとどまらず，自社の経営理念やこだわりをアピールし，環境への配慮，文化的活動の紹介，社会貢献の度合いなどを直接需要者に伝えようと試みることになる。かかる場合，いわゆるイメージ戦略が使われることが多いが，商標制度は企業にとって使い勝手の良い制度であるので，ほとんどの場合イメージ戦略の一部に取り入れられている。企業にとっても，自社の基幹となる商標や社標を使えば相乗効果が期待できるだろう。商標や社標以外に，イメージ向上用のコーポレートスローガンを新たに採択する企業も

多い。

　ところで，企業が自社の存在意義アピールのために採択するコーポレートスローガンは，そもそも商標法上保護されるものかといえば，そうではなく，各国の審査基準により異なっている。米国やEU加盟国では保護されるのに対し，日本ではスローガンやキャッチフレーズは自他商品役務の標識ではなく単なる販促用の標語ととらえられており，原則として識別力欠如を理由に拒絶されることが多い（商標法第3条1項6号）[7]。もっとも特許庁の審決例などをみると，スローガンといえるものが単独で登録されている場合も見受けられ，登録可否のボーダーラインとなる客観的基準が存するといえるかどうか疑問がある[8]。この点に関し，イギリス知的財産庁が2006年に公表した審査基準では『スローガンは，標識や商品役務を直接示す表記から構成されていなくても，何人かの商品役務の識別力があるならば登録を受けることができる』と解説しており，掲載の具体例をみる限り日本におけるよりも予測可能性が高いといえるかもしれないが，ある程度の主観が介在することは避けられないと考える[9]。

　スローガンの中には言葉のみならず，独自の音や動きを伴うものが存在する。冒頭に述べたように，日本でも現在新しいタイプの商標保護の検討作業が行われているので，スローガン単独では識別力がない場合でも，独自の音や動きと結合された結果全体としてみて識別力が認められれば，新しいタイプの結合商標として登録を受ける可能性が出てくる余地があろう。

（7）「自他商品（役務）識別標識としての機能を果たしえない」「何人かの業務に係るものであるか認識しえない」などの理由により，スローガンの登録を拒絶した審決例は数多い。

（8）たとえば「好きなものは好きだからしょうがない！」は登録され（「販売促進用のキャッチフレーズの一類型を把握理解させ，商品の品質特徴等を端的に表すキャッチフレーズであると理解されるとは言い難く，全体として一種の造語として理解認識される。」審判2004-13809号），「うまいもんはうまい」は拒絶されている（「味がよいものは味がよいものだ，ほどの意味合いを看取させる標語的な語と認識され，需要者が何人かの業務に係る役務であることを認識することができない商標といえる。」審判2000-19661号）。

（9）英国知的財産庁が2006年1月5日に公表した審査基準（UKIPO, Practice Amendment Notice PAN 1/06, issued 5 January 2006）を抜粋すると，登録を認めたスローガンとして『普通ではない結合』（食品清涼飲料についてOpen Pour Enjoy Life Once More），『創造的である』（電気調理器についてIt's your turn to play），『予測不可能な表現』（塗料についてTime has quality）などの例があがっている。

第2部　民事法

　ちなみに，スローガンは企業のイメージアップという使用目的が決まっているので，業種を問わず万人向けの表現が選ばれるようである。日本と米国である調査を行ったときに，「未来」「無限」「可能性」「希望」「ともに歩む」など，積極的・前向き・建設的で肯定的といった意味合いの言葉やフレーズが好まれて選択される傾向が認められた。似たような語が組み合わされた結果，複数の企業間でほとんど同一のスローガンが採択された例もあった[10]。

　スローガン自体の登録可否は国・地域別の個別の検討を待たねばならないが，スローガンが企業の社標やロゴマークとともに使用されれば，需要者にその企業と関連づけて受け止められる可能性がある。複数のメディアで一定期間反復継続して使用されれば，多くの需要者の知るところとなり，その関連づけは強いものとなる。そうなると，発信元の企業の業務上の信用とも関連をもって受け止められるだろうから，スローガン自体にも何らかの無形の価値が発生する余地があるのではないか。かかる場合，スローガン自体はその目的にちなみ，もっぱら広告宣伝機能を発揮することになるが，商標や社標などのほか音や動きなど含めた他の要素と結合されれば出所表示，品質保証の機能も同時一体に発揮されるだろうから，結果として業務上の信用が蓄積されて法目的の実現につながりうる。スローガン自体を抽出して新規出願した結果，商標として識別力を欠くと判断されたためそれ自体の権利化を断念することになった場合でも，企業の統一スローガンとして登録を受けずに実際に使用されるケースも多いだろう[11]。スローガン自体は通常の商標に比べて品質保証機能との結びつきが弱いかもしれないが，実際に使用されることにより何らかの無形の価値が蓄積される可能性がある以上，企業としてはイメージアップ実現を期待するのみならず，法が潜在的に求める需要者の利益保護をも勘案した上で法目的実現に資するようなスローガンを採択する必要があるだろう。業務上の信用の貢献先が国との関係でみた場合に産業の発達につながるのだとしたら，個々の需要者との関係でみた場合には信頼に結びつくものだからである。企業がこのような姿

---

(10)　㈱ブリヂストンの「PASSION for EXCELLENCE」，Cargo Partners AG（オーストリア）の「THE PASSION FOR EXCELLENCE」，Callaway Golf Company（米国）の「A Passion for Excellence」などは共通したスローガンの実例である。

(11)　江崎グリコ㈱の「1つぶで2度おいしい」は3条1項6号により拒絶され，3条2項の使用による識別力獲得を主張したが認められなかった（審判59-10627号）。

勢で臨むならば，イメージ戦略用に商標制度を利用する場合でも，法が根源的に求める公益性を損なうことはないのではないか。

Ⅲ　おわりに

　世の中は激しく変わったが，商標制度の枠組み自体に大きな変動はみられない。すなわち登録主義に基づいて特許庁という行政官庁が権利を付与すること，付与された権利は強力な絶対権で日本全国に効力が及ぶこと，更新を重ねれば権利の永続性を維持できることなどの商標制度独自の特徴は変わっていない。

　今更ではあるが，商標制度の主な利用者である企業は，商標制度が強力な権利を約束するものであることと，商標制度の保護対象が業務上の信用というデリケートで毀損されやすい無形の価値であることを再確認すべきである。業務上の信用は，三大機能が有機的に発揮されて初めて発生蓄積でき，商標が周知著名になるにつれてさらに強大になっていくが，品質保証機能が不全の場合は即需要者の利益が害され，その他の機能も作用しなくなり，業務上の信用そのものが失われてしまうという危うさ，怖さを十分認識すべきである。

　このため，商標制度利用者である企業は，通常の出願をする場合のみならず，自社のイメージ戦略の一環として制度利用する場合も同様に，自社の業務上の信用の蓄積強化だけでなく，選択する商標が使用を通して需要者の利益という公益につながっていくことを初期の段階から意識して臨まねばならない。需要者の利益保護という公益的側面からみた場合，業務上の信用は企業に対する需要者の信頼と言い換えられるかもしれない。

　企業は，いかに周辺環境が厳しくなったとしても，当然のことながら法の直接の保護対象たる業務上の信用を発生蓄積させる出所表示・品質保証・広告宣伝の三大機能のいずれも偽ってはならぬこと，ことに，品質保証機能が阻害されれば無形の価値である業務上の信用は一気に消失してしまい再構築は容易ならざることをよく理解して，制度利用にあたるべきである。

第3部
EU法

- *13* ヨーロッパ法文化の鳥瞰図
- *14* EC法上の基本的自由と国際私法
- *15* EUにおける公共サービス事業の意義の変容

13 ヨーロッパ法文化の鳥瞰図
Short Perspective Of European Law Culture

籾 山 錚 吾

Ⅰ　はじめに
Ⅱ　ヨーロッパ法の系譜
Ⅲ　ローマ法と教会法のゴブラン
Ⅳ　団体主義，個人主義，集団主義の素描
Ⅴ　伝統的なるもの

Ⅰ　はじめに

　EU（ヨーロッパ連合）の核心たる EC（ヨーロッパ共同体）の最も基本事項たる人・物・資本・サーヴィスの自由な移動の原則の進展の向こうには，ヨーロッパ共通の私法（ヨーロッパ契約法）の形成が見えていた。このこと自体は，相当以前から分かっていたことであるから，ことさら新規な問題であるともいえない。また EU に関しては，特に EU 憲法の制定問題が賑々しく議論されている。EC/EU の領域におけるこの法創造の動向は，注視に値することであろう。

　しかし，われわれ観察者が頭の中でそのことを抽象的に理解していても，われわれが法創造の営為を細部にまで理解しつくすのは，困難である。しかし，ヨーロッパ統合への法創造運動を観察している者がいだくであろう印象を吐露するなら，この運動は，ヨーロッパをヨーロッパたらしめてきた古くからの法文化の大河に沿ったものではなかろうか。このことが，細かな議論とは別に，この地域，特に中西欧の法文化を成り立たせてきた，現に成り立たせている思考方法なり哲学なりを大局的に把握する必要性をわれわれに教えているようである。筆者は，この草稿をそのような観点から，ヨーロッパの法文化を鳥瞰図としたい。

　シヴィル・ローとコモン・ローとでは，その構成的な背景に大いなる相違があろう。大摑みないい方をすれば，グレコ・ローマン的な伝統はシヴィル・ローの中に流れこんでいるであろう。法の形成過程，特に市民や民族にとって

基本的かつ一般的な法の形成過程は，その背後に存在した様々な事情（経済的，宗教的，倫理的，哲学的，政治的な事情）を抜きにしては語ることができないであろう。また，その形成過程にいかなる人間像が措定されているのかという悩ましい問題も，存在していたであろう。

ヨーロッパの市民といっても，ライン河，アパラチア山脈，アルプス山脈，エルベ河，ドーバー海峡などのそれぞれの両側で，印象の異なる人々が存在している。フランス人を市民だとすると，ドイツ人は市民なのか，民族なのか。bonne foi の市民なのか，Treu und Glauben の市民または民族なのか。フランス人とドイツ人に bonne foi と Treu und Glauben について討論してもらい，そこにコモン・ローのイングランド人に割り込んでもらうならば，容易に想像できることであるが，収拾がつかなくなってしまうであろう。シヴィル・ローの内部に対立があり，シヴィル・ローとコモン・ローの対立がある[1]。

ヨーロッパの法文化は，このような対立を包含しつつも，人格主義（personalism），レガリスムス（Legalisumus），主知主義（intellectualism）の太い糸によって撚り上げられている。人格主義，レガリスムスと主知主義は，ヨーロッパをヨーロッパたらしめたものである。ヨーロッパ法の統合運動といえども，ヨーロッパの法文化を特色あらしめているこれらの主義から離脱することはないであろう。ここで扱う論点は，ヨーロッパ法文化がどのように形成され，これら3つの主義が際立たされるにいたったかである。以下において，記述することとしたい。

II　ヨーロッパ法の系譜

われわれがヨーロッパ法といっているものの中には，5つまたは6つの系譜があるようである。ここでは，その系譜を概観しておこう[2]。

（1）　*H. J. Sonnenberger*, Treu und Glauben – ein supranationaler Grundsatz?, Berlin 1996；*Jack Beaton*, Has the Common Law a Future?, Cambridge 1996.
（2）　*R. Zimmermann*（ed.）, Good Faith In European Contract Law, Cambridge 2008. が記述している法系を参照した。

(1) フランス（ロマンス）法系

多分最も重要なものは，フランス（ロマンス）法系であろう。歴史上の大事件，フランス革命の理念とナポレオン法典 CC (code civile) にまで遡ることができる法系である。それは，市民の自由と平等のみならず，ナポレオンが家族法に付加した弱者への配慮をも理念化したものであった。その意味では，それは，政治的ヒューマニズムの表現であったといえよう。その適用範囲は，単にフランスのみならず，ベネルックス諸国，スペインおよびポルトガルにも及んでいた。イタリアとギリシャへの影響も認められる。

(2) ゲルマン（中欧）法系

ゲルマン人は，現在のドイツに接する諸国にも存在するため，民族の居住地とドイツとが一致しないというヨーロッパにおける唯一の特別な立場を保持し続けている。ゲルマン法系は，ローマ法の継受と 19 世紀の歴史法学者ギールケを中心とするパンデクテン（民法典編纂）運動とにより，成り立ったドイツ民法典 BGB を核としている。アルトゥジウス（Johannes Althusius）が残したローマ法の詳細な記録は，ギールケ（Otto von Gierke）らパンデクテン派の仕事の手助けとなった。また，パンデクテン派は，ゲルマン的伝統たる古き良き法から，自由なゲルマン人の人間関係を特色あらしめているという信義と誠実とを抜粋し，それを将来の私法関係をも指導し，契約当事者を相互に倫理的にも拘束するであろう最も優先的なゲルマン法の一般原則とする BGB を編纂したのだった。

オーストリアがこの影響下にあるのは当然として，ギリシャもその傘下にあるといってよい。1940 年に制定され，1946 年に発効した民法は，BGB をモデルとしたからである。

(3) イタリア法系

イタリア人は，1942 年の Codice Civile と民事訴訟法の改正によって，それまではロマンス法系に属していたが，そこから独立して，中欧法系の下に立った。その特色は，スイスの Civil Code に近接的なところにある。

(4) ギリシャ法系

第二次世界大戦以前のギリシャにおいては，ギリシャ語に翻訳されたローマ法が行われていたので，ローマ法系に属していた。しかし，その後は，ドイツのBGBのみならず，スイスのCivil Codeそれにフランスのcode civileをも参考にしたハイブリッドな法系である。

(5) スカンディナヴィア（北欧）法系

北欧諸国の属する法系である。この法系は，モンテスキュー的な啓蒙運動やパンデクテン運動という重要な歴史的な経験により，西欧または中欧の混合的なスタイルを示すところに，その特色がある。

(6) アングロ・サクソン（イングランド）法系

アングロ・サクソン法系は，(1)ないし(5)までの大陸法系に属さないイングランドの法系である。コモンローの世界である。イングランドのアングロ・サクソン法系は，大陸の法系が備えている次の特徴を具備していない。
・ローマ法をその母胎としており，聖アウグスツゥスを父としている。
・立法を基本的かつ公式的に国の立法機関に委ねている。
・理性の法とローマン的な法の科学の追及の果実としての高度の精緻さと抽象性を備えている。

イングランドの法は個性的な法系に属するといってよい。イングランド人の発想では，コモンローは具体的な紛争から裁判官がそれにより解決に持ち込むべきものとして自ら発見した法である。西洋とは啓蒙運動が歴史的画期として存在した領域であるとの見解に従えば，イングランドは西欧に属するものの，慣習と経験に基づいた法の発見たる裁判が行われているという意味では，その他の西欧諸国とは区別されなければならない。他方，かつての古代ローマの法務官が行っていた営為とコモンロー裁判官が行っている営為の類似性は，イングランドと大陸とが法文化的にはなお繋がっているかすかな証拠だともいえそうである。

しかし，13世紀に，ほとんど忘れ去られていたローマ法がヨーロッパ大陸に再生され，拡大されたそのときに，イングランドの立法的裁判制度は，最強

の集権的裁判システムとして，法務官がその任務を司法機能に自己制限したローマ法システムをイングランドにそぐわないものとして拒否したのだった。かくして，イングランドは，独特のコモンローシステムを大陸とは全く異なる姿にまで発展させることとなった[3]。

　スコットランド法とアイルランド法がイングランド法系に属するかどうかについては，なお検討されねばばらない。フランスとの長期間の友好関係，カルヴァン主義，ローマ法とローマ的法科学の影響の下に，理論好き概念好きなスコットランド人は非イングランド的な法文化を形成している。アイルランドの法は，イギリスからの独立以降，国王は悪をなさずの伝統からさっさと離脱した。成文憲法と高等法院HCJによる積極的な国家の行為の統制が，それである。

　スコットランドとアイルランドが脱イングランド化の道を歩んでいるばかりでなく，イングランドもまた，イギリスがECのメンバーたることによる否応のない大陸法への接近に直面している。

Ⅲ　ローマ法と教会法のゴブラン

　5世紀末（476年）の西ローマ帝国の崩壊の後の政治的課題は，当然ではあったが，秩序の回復であった。ここで，人々は，どのような英知に導かれたのであろうか。

(1)　ローマ法文化の放棄とビザンチン的圧迫

　西ローマ帝国の崩壊の後に，ビザンチン帝国（東ローマ帝国）の人種的に混交した人々が直面しなければならなかった難題は，国と政府の生き残りと再建とであった。ローマの後継者，すなわち帝国に入ってきたスラヴ人，イベリア人，ケルト人，イタリア人それにドイツ人は，ローマ法の高度の古典的文化を放棄し，またそのビザンチン東部での再生をも放棄した。しかし，ユスティニアヌス帝（Justinian 527-565）が，法学者トリボニアヌス（Toribonianusu

---

(3) *Radcliff & Cross*, English Legal System, London 1964, p. 163.

500-542) らに命じたローマ法のテキストの保存，実務の文書化，法適用の技術の保存は，後世のヨーロッパの法文化に決定的な影響を与えることとなった。また，帝国の公用語ギリシャ語によるローマ法の官職制度の適用には，この帝国は，熱心であった。このローマ法保存文書は，「ユスティニアヌス法典」といわれたが，16世紀以降は「ローマ法大全」と呼称されるようになった[4]。

　神の代理人たる皇帝の帝位は，西ローマ帝国のそれよりも一層強化された。西ローマ帝国の崩壊を見た初期ビザンチン皇帝の神権的権威とそれを支え皇帝の手足となった官僚制度は，人々の自由には関心がなかったばかりでなく，それを破壊したのだった。個人が相互に協力しあう組織（社会）の形成にも関心がなかった。官僚達が官職の維持と皇帝への忠誠に腐心する帝国における法とは，一方的な命令なのであった。そして，それが，帝国内の生活の伝統の一部となっていった。法は，人工的な団体の権限に置き換えられた。都市生活者の以前の自由またはローマ市民（civis romanus）の自由は，団体の自由に置き換えられた。上の皇帝の官僚団から下の諸団体（軍事的なものとしては，対イスラム防衛のためのテマがあった）にいたるまで，管轄と権限の確認と行使に腐心する中央集権システムが張りめぐらされた[5]。

　宮廷は，すべての中心，文化の中心でもあった。皇帝により哲学者達の長に任命された11世紀最大の知識人とされたミカエル・プセルロス（Michael Psellos 1018-1081）の哲学大学は，古文書，古写本を内外から収集し，整理し，保存した。権威主義の最たるものは，730年の聖画像崇拝禁止法であった。聖画像破壊論争（Iconoclasm）は，立体神像のみ禁止することで落着した。ローマのラテン教会は，この禁止法の初期キリスト教への回帰を願ったレオン3世（Leon Ⅲ 717-741）と激しく対立した。この長期の論争は，ローマとコンスタ

---

(4) ユスティニアヌス帝（Justinian 527-565）は，法学者トリビニアヌスを委員長とする勅法収集委員会にハドリアヌス帝（Hadrian 117-138）以来の勅法を収集整理するよう命じた。その結果，「勅法彙纂」，「学説彙纂」，「法学提要」，「新勅法彙纂」が編まれた。これが，後に「ローマ法大全」といわれた。「新勅法彙纂」はギリシャ語であっが，他はラテン語で書かれた。偉大な業績が長い間忘却されてしまった理由は，ここにあった。W. Kunkel, Gesetzesrecht und Gewohnheitsrecht in der Verfassung der Römischen Republik, in: Wolfgang Kunkel, Kleine Schriften, 1974, SS. 367 ff.

(5) W. Kunkel, aaO. 根津由喜夫『ビザンツの国家と社会』（山川出版，2008年）が簡潔に説明している。

ンティノープルの間に長い距離を作り，ビザンチンのオリエント化を促進した。レオン３世による741年の法典エクローガ（Ecloga　エクロゲーともいう）の制定も，シリア朝（最近までイサウルス朝と表記されていた）にとって重要な出来事であった。エクローガは，ローマ法大全（ユスティニアヌス法典）を公用語たるギリシャ語に翻訳しつつ，使いやすくダイジェスト化したもので，実用本位の法典であった[6][7]。

　ビザンチンの司法制度は，帝国の中央集権システムの下では，特に小アジアで有効に機能したといわれている対イスラムの地方防衛組織テマ（Theme）かつ行政組織の長官たるテマ判事の手中にあった。テマ判事は民生部門の最高官僚であって，訓練された職業的裁判官ではなかった。賄賂の授受は公然化しており，司法システムは死亡していた。この経験は，人々をローマのリガシーへの回帰へと向かわせた。ローマの人々と移民達の関係は，この経験の後に初めて反目から協調へと変化した。これらの人々を結合させ，帝政ローマに代わって統治の後継組織となり，法のそれをも含む文化の再生組織ともなるものは，ラテン教会をおいて他にはなかった。

　ビザンチン皇帝への反乱は，11世紀に各地で多発した。テマの地方政府化の動きは止めようもなかった。帝都コンスタンチノープルへの富の集中を画策する皇帝への反乱は，起こるべくして起こった。1040年のブルガリアの反乱と５年後の法科大学の設立は，皇帝がその意見を尊重せざるをえない学長のヨハネス・クシフィリノス（Johanes Kusiphilinos 1010-1075）を皇帝の身近に置いておくという意味で，関連のあることであった。若者達の皇帝の官僚団入りの近道は，法科大学での法学の履修だった。立身出世を望む若者達が，コンスタンチノープルを目指し，各地からやってきた。クルド人やエチオピア人も，学生の中に含まれていたという[8]。

（6）　イコノクラスム論争（717-867）は，ユダヤ教とイスラム教の偶像崇拝禁止との関わりにおいて，聖書は偶像崇拝（idolatry）を説いていないから，崇拝すべきでないとする論に与するかどうかという問題だった。
（7）　井上浩一＝栗生沢猛夫『ビザンツとスラブ』（中央公論，1998年）65頁などを参照されたい。
（8）　井上＝栗生沢・前掲注（7）126頁。

(2) ローマの遺産と教会法

　ゲルマンおよびスラブの諸部族にとって，法は生活秩序として受け入れてきたものであった。ゲルマン人は，イタリアにあってアパルトヘイト思考で自らを城砦で取り囲むように暮らしていた。彼らの文化遺産とおぼしきものは，サガの叙事詩やファイダの法典くらいであった。彼らがラテン語を習得することによりローマから受け取った遺産があった。それは，法は生活に根ざした伝統であるばかりでなく，権力や人間の意思から発するものでもあるということであった。権限や制定法を超える法に対するより進化した新たな視点が，キリスト教とその教会の普遍的な思考に助けられて，西洋文化の意識に織り込まれた。そうして，生きている伝統と地域的な支配者の権限と命令を超えたところに，教会法（canon law）が存在するという信念が形成された。この世俗性から跳躍して一挙に世界を鳥瞰することを可能としたアイディアは，ヨーロッパに共通法（ius commune），すなわち教会と聖職者達ならびに教会に属する信徒にかかわる法を教会司法組織と専門的な教会司法職を備える具体的なものとすることにより実現された。

　この教会法の全ヨーロッパ的な展開は，それ以前の教会法の蓄積があってはじめて可能となった。オルビステルラルム（orbisterrarum）と神学のスコラ派の形而上学との結合とが，神に由来する法（jus divium）に合理性を与えた。ローマのラテン教会は，アウグスチヌスの二分法〔すなわち神の国（civitas dei）と地上の国（civitas terrena）の二分的な思考〕以来，ローマ法などの世俗の法と精神的な神の法とを対比しつつ，超自然的な教会法を形而上学的に自然法的な教会法へと作り変えるという営為を続けてきたのであった[9]。

　この経験の世俗法へのインパクトは，現在からは想像することができない程に強烈であったに違いない。世俗的な支配，権限，法には正当性を要するとの信念や抵抗感は，教会法からの賜物であった。とはいえ，この経験は，ヨーロッパ人にクリスチャンとは異なるヨーロッパ人たる一体感を生み出すものではなかった。教皇ザカリウス（Zacharius 741-752）が短軀王ピピン（Pipin der Jüngere 751-768）に支配の正当性を授与したときには，既に教皇の叙任権は不

（9）　ビザンティン的特徴の一つは，教皇と皇帝との一致であった。ここでは，支配の正当性への懐疑は，反乱を意味した。

動の事実，権威となっていた。メロビング家もカロリング家も，自分たちの血液には支配するため神から委託された権威に満ち満ちていると信じていた。

　カロリング朝の教会高権（Kirchenhoheitsrecht）政策は，教会の権威を神聖ローマ帝国の支配権に奉仕させようとし，その代償として，皇帝主教座や修道院に経済的特権（土地の寄進，課税権，市場開設権，貨幣鋳造権），政治的特権（司法権，伯権，訴追免除）を与えた。ピピンによる756年のラヴェンナ太守領の教皇ステファヌス3世（Stephanus 752-757）への寄進は，教会とフランク王国の（結託による）権威鼎立の試みであった。それは，カロリング朝を特色づけるものとなった。

　このような状況の中でラテン教会，特にクリュニー修道院が行ったことは，11世紀末の古典的ローマ法の再生であった。ラテン教会のスコラ派哲学（と新ローマイデオロギー）を興した知的エリート達は，ローマ法を復活させることにより，ヨーロッパの一体性を語った。シュタオフェン家の皇位獲得も，法文化の視点では，新ローマイデオロギーの成果だった。ボローニャ大学での世俗法の研究（studium civile）は，ユスティニアヌスのローマ法大全の研究に費やされたが，この法的ルネッサンスの中から，大陸ヨーロッパの法システムを形成する法学が成立したのだった[10][11]。

　ボローニャの法学の父達は，かくして，新たな知的領域を発見した。特にわれわれの興味を引きつけるのは，ローマ法大全に保存されていた古典法を新たな認識，主張，概念でもって再構成しようとしたことである。ここでのスコラ派形而上学の任務は，それまでの無理強いや権力構造から離れ，聖書の精神的な権威（教会の教父や神学）に加えて，個人間の紛争，団体と公の機関との紛争を解決するための組織を樹立することであった。その実現により，職業化された法システムが，ヨーロッパの法文化の一部となった[12]。

　職業人としての法律家の育成は，後退できない時代の要請となり，サマランカからウプサラまでの諸大学法学部は，学生の専門分野毎の実務的な教育を実

---

(10)　朝倉文七『修道院にみるヨーロッパの心』（山川出版，1996年）29頁以下。
　　R. Bartlett, *The Making of Europe*, London 1994, pp. 256-7.
(11)　ピーター　スタイン『ローマ法とヨーロッパ』（屋敷＝関＝藤本訳）（ミネルヴァ，1996年），68頁以下。
(12)　ピーター　スタイン・前掲注(11) 68頁以下。

施した。学生達は,教育によって獲得した独占的な知的な法技術者として,それぞれの出身国へと帰国していった。かれらは,外交官,行政官,財務官,裁判官,法律起草官として,教会,帝国,国民国家,地域,自由市の公務に従事し,裁判から経済の発展を妨げるおそれのある不合理性を取り除くことにより,商取引,生産活動それに文化の将来的な発展の礎を築いたのだった。1088年のボローニャの創設から300年間は,空前の大学創設時代であった[13]。

　1789年のアンシャン・レジームの終焉(フランス革命の発生)までの間に,数学や物理学の発展が顕著に見られた。その発展に寄与した方法論,認識論,技術論は,法学にインパクトを与えずにはおかなかった。理性の法の追及は,合理的推論を旨とする法解釈,法の分野ごとのシステム化,概念の形成とその精密化の推進力となった。しかし,同時に,ローマのラテン教会と帝国という2つの普遍的権力の凋落も,明らかであった。コルプス・リスティアヌスの分裂,国民国家や領邦国家の発生と興隆,(残酷きわまりない)植民地獲得運動は,憲法,国際法のみならず,私法に対する正当性に対する疑念とその払拭という難題を突きつけたのだった。

　アルツゥジウス(Johannes Althusius 1557-1638)[14]やグロティウス(Hugo Grotius 1583-1645)[15]は,人文主義的プラトニズムに立脚する自然法(理性の法)の中にいた。人文主義的プラトニズムは,中世の法に栄養を贈り続けたも

---

(13)　ボローニャ(1088年),オックスフォード(1167年),パリ(1170年),バレンシア(1209年),ケンブリッジ(1233年),サマランカ(1243年),ソルボンヌ(1253年),セビリア(1256年),リスボン(1290),ローマ(1303年),コインブラ(1307年),ペルジア(1320年),グルノーブル(1339年),パリャドリード(1346年),プラーグ(1348),パヴィア(1361年),クラカウ(1364年),ウィーン(1365年),ハイデルベルク(1385年)。

(14)　アルツゥジウスの功績は,ヨーロッパの法文化に連邦思想を持ち込んだことである。旧約・新約聖書への拘りの中から,彼は,キリスト教は連邦思想により貫かれているとした。J. Althusius, Politics, trans. F. Carney, Boston 1964. を参照されたい。彼のもう1つの功績は,ローマ法的契約を法律行為(negotium)概念によって再構成したことであった。彼は,ヴィントシャイト(Bernhard Windscheid 1817-1892)への橋渡しの役割を演じた。

(15)　植民地主義によるヨーロッパ列強による非ヨーロッパ世界での土地収奪の法的正当性をローマ法の無主物(res nullius)先占法理で説明したとき,グロティウスは,オランダの神童から植民国家の教皇的な権威となり,被植民地の者達にとって悪魔の使徒となった。大沼保昭『戦争と平和の法』(東信堂,1995年)を見よ。

のである。その意味において，彼らは，中世的諸関係から自由になっていたとはいい難い。これに対して，ホッブス（Thomas Hobbes 1588-1679）[16]やヴォルフ（Christian Wolf 1679-1754）[17]の方法論は，中世の権威主義からは離脱した合理的推論（rational reasoning）と経験的観察（empirical observation）であった。ガリレオ（Galileo Galilei 1564-1642）やデカルト（René Descartes 1596-1650）[18]の合理主義的批判主義は，自然法則の理解の深化に貢献したが，この貢献は法学にも及び，その一般的な前提ともなった。

Ⅳ　団体主義，個人主義，集団主義の素描

(1)　2つの国家モデル

知の麒麟児達が切り開いた光明は，運命的な団体主義から生まれながらの自由な個人への大転換であった。観念的ではあったが，啓蒙思想家達の頭に雷のごとくに閃いた社会契約のアイディアは，政治的にも法学的にもリアリティーを有するものとして受け止められた。啓蒙思想の洗礼を受けた所が西欧であるといわれているころからすれば，それは地理学的にも重要な基準であった。

ホッブスやプーフェンドルフ（Samuel Pufendorf 1632-1694）[19]によって引き起こされた知の革命は，ひとの思考をいかにして理性的かつ合理的に自然に依拠させるのかという問題を真摯に扱うことであった。この革命の影響は，はるか現代にまでおよんでおり，現代を照射する力を有している。ヨーロッパを覆う宗教の単一性が宗教革命により崩壊したときに，ひとが直面させられた課題は，どのようにして，超宗門的（supradenominational）な政治的・法的な一般

---

[16]　ホッブスの画期性は，永遠なる神は何も生み出さないから，学問の埒外にあるとしたことである。彼にとって重要なのは，経験的で生産的な知であった。*Richard Tuck, Hobbes, Oxford 1989.* を参照されたい。

[17]　ヴォルフによれば，全て君主たる者は，人々を理想的な生活へと導くため，義務の教師となり自らも義務を実践すべきである。

[18]　*Tom Sorell, Descartes, Oxford 1996.* を参照されたい。

[19]　プーフェンドルフは，人を個人から家族，社会，国家にまでいたる諸種の生活の中に義務があるとし，その義務を福音書によりつつ精緻に仕上げた人物である。その人の生活の様々な分類は，1794年に施行されたプロイセン一般ラント法（das preusishe allgemeine Landesrecht）の編纂に役立てられた。

理論（基礎）を提供すべきかであった。ヨーロッパの地図を頻繁に書き換え，着色し直すこととなった旧帝国内の新興国，地域的な新興国，市民の共和国（市）のための2つの国家モデルが提示された。

そのモデルに触れる前に，国家の成立を阻んできたローマ教会の陰謀に触れておくべきであろう。偽物であることがハッキリしているが，4世紀にローマ帝国の皇帝コンスタンチヌス（Constantinus 307-337）が帝国の西半分を教会領とするため寄進したという内容の文書により，教会は西ヨーロッパの所有権者であると信じられていたのである。国家が固有の領土を持つという考え方は，教会の土地所有権の前に頓挫するしかない。さもなければ，現実の土地所有関係を肯定したうえで，教会には上級所有権を承認するという論理操作をすることにより，維持されるしかない。ロレンツォ・ヴァラ（Lorenzo Valla 1407-1457）[20]は，1440年に，この寄進状を8世紀に捏造されたものだと証明した。それにより，現実の土地の支配関係のリアリティーが，前面に押し出されるようになった。

16世紀の宗教改革は，人間の脳にそれまでとは異なる思考経路を提供した。信ずるという思考経路とは別個の疑うという思考経路が，用意された。疑問は神に対する罪であるという神学的教義は，疑う人間の知的欲求と衝突せざるをえなかった。デカルトは，「コギト エルゴ スム（cogito, ergo sum）」という自己認識，すなわち知を自ら欲する人間を提示し，ラテン教会からの自己開放を宣言し，現代科学への扉をも開いた。デカルトのディスクルスは，ルネッサンスと宗教改革の到達点でもあった。それは，また，形而上学が自然科学の方法と知見（ガリレオの望遠鏡による天体観察と発見はその好例）をどのように摂取すべきかという難題への切り込みでもあった[21]。

第1のモデルは，絶対主義国家である。16世紀中頃のハプスブルク家領は神聖ローマ帝国領よりも広く，特に，カール5世（Karl V 1530-1556）の広大な所領（西ヨーロッパ，中央ヨーロッパ）とそこの居住者とに国王（国家）主権を行使した。ハプスブルク家の絶対主義国家は，階級的特権を抑制し，理性の

---

(20) 反教会，反教皇のヴァッラについては，モンタネッリ／ジェルヴァーゾ（藤沢訳）『ルネサンスの歴史 上』（中公文庫，1985年）を見よ。

(21) *Tom Sorell, aaO, pp. 10-14.*

法による中央集権システムの正当性を主張するとともに，啓蒙思想の受容にも理解を示した。プロイセンのフリートリッヒ2世（Friedlich Ⅱ 1740-1786）らの啓蒙的専制君主は，啓蒙思想家を顧問としたり，彼らに教えを乞うなどしている[22]。

　第2のモデルは，寡頭的共和制（oligarchische Republik）で，1688年の名誉革命後のイングランドやドイツの沿岸市（ハンブルク，ブレーメン，リューベック）などで行われた[23]。ここで，理性の法は，主権を国王（国家）ばかりでなく，もっとポピュラーな主体すなわち個人に結合させ，現代的主権論へのきっかけを提供したといえよう。共和的思考は，1789年7月14日のフランス革命による人民主権論にまで行き着くこととなる。ここでは，一般的意思（volenté générale）論による国家と個人の集団の一体化による個人の権利や市民の自由を凌駕する国家権力の構築が企画されたが，結果的には第3階級たるブルジョアと国家の一体化へと落ちついた。ここに革命は，自由な立憲国家へと変態をとげることとなった。その意味は，国家は，経済と私法秩序をブルジョアの企業社会に委ねたが，その反面，第4階級の社会的連帯には法的意義を付与しなかったということだった[24]。

　ブルジョアの企業社会は，企業家達の合理的な計算と行動に資するための私法秩序と紛争を企業家ならばそうするであろうような合理的解決へと導く訴訟手続とを必要とした。法に正当性を提供してきた理性の法のアイディアは，ルソー（Jean Jacques Rousseau 1712-1778）の一般意思[25]とカント（Immanuel

---

[22] プロイセンのフリートリッヒ大王（Friedrich der Große 1740-1786）が，ヴォルテール（François Voltaire 1694-1778）の書斎を訪問している有名な絵画がある。彼は，1750年から1753年にかけて，プロイセン滞在している。

[23] 上の同君連合から下の市参事会にいたるまで，清教徒革命と名誉革命とを経た統治システムは，寡頭的システムの中にあった。統治者による社会契約の破棄は，思考する価値もない戯れ言だった。越智武臣『近代国家の起源』（ミネルヴァ書房，1995年），440頁以下を見よ。

[24] 大下＝西川＝服部＝望田『西洋の歴史〔近現代編〕』（ミネルヴァ書房，1998年）82頁以下。

[25] ルソーの社会契約論は，ホッブスやロックのものとは違い，治者と被治者との同質性を強調する。支配し治める者は，自己の意思によってでなく，支配され治められる者の意思に基づいていなければならない。一般意思とは，このようなことをいう。人民主権論は，ルソーにとって，当然の帰結であった。ルソー（中山訳）「社会契約論／ジュ

Kant 1724-1804)の認識論(Erkenntnislehre)[26]によって息の根をとめられた。その結果,法的形式論が前面に押し出されたのだった。法的形式論は,一方では,企業家的計算に奉仕したが,他方では,その後の産業革命の急速な進展と労働者階級の抵抗という新たな現象には無力であることをさらけ出した。法は,産業化社会という新たな環境において,その存在と適用とを正当化する根拠を必要とし,新たな社会的価値と法的価値とを具備するよう要求されることとなった。

(2) 産業社会への順応

この問題への応答は,多彩な形姿をわれわれに見せている。ベンサム(Jeremy Bentham 1748-1832)の功利主義(utilitarianism)[27],イェーリンク(Rudolf von Jhering 1818-1892)の法目的論(Rechtszweck),利益法学(Interessenjurisprudenz)[28],リスト(Franz von Liszt 1851-1919)の目的的特別防衛(zweckgerichtete Spezialprävention)[29],サヴィニー(Cahl von Savigny 1779-1861)の実

ネーヴ草稿」(光文社古典新訳文庫)。R. Grimley, *The Philosophy of Rousseau*, Oxford 1973, pp. 89-119.

(26) 形而上学のコペルニクス的転回(kopernikanische Wende)によって,カントは,「認識が対象に従うのではなく,対象が認識に従う(Die Erkenntnis richtet sich nicht nach den Gegenständen, sondern die Gegenstände nach der Erkenntnis.)」とした。伝統的な形而上学では,理性が対象を認識するから,それは,多分に経験的認識論である。しかし,素粒子を経験的に認識できないのと同様に,人間はその他の外的事実を認識できない。形而上学的な理性の法は不可知論の領域に属しており,科学的認識(必然と普遍)の領域には属さない。カント(天野訳)『純粋理性批判』(講談社学術文庫)を参照。

(27) 功利主義は,ホッブスやヒューム(David Hume 1711-1776)の中にあった。ベンサムは,これを具体化し,ミル(John Stuart Mill 1806-1873)とシジウィック(Henry Sidgwick 1838-1900)により精緻化された。ベンサム・ミル(関編)『世界の名著49』(中央公論社)を見よ。

(28) イェーリンクは,法は個々人の利益と社会の利益に紛争の調整と最少化とによって奉仕すべきであるとした。また,彼は,法の目的を平和であるとし,それを達成する手段を闘争であるとしている。イェーリンク(村上訳)「権利のための闘争」(岩波文庫)参照。

(29) リストは,イェーリンクの法の目的を刑法に導入し,カントやヘーゲルの刑罰論(報復または応報)を批判し,刑罰の目的を犯罪者の犯罪行為の原因を探求しつつ行う目的的な社会的予防にあるとした。F. v. Liszt, *Der Zweckgedanke im Strafrecht*, Berlin 1982/1983.

定法主義の特殊な形態と思われる歴史法学(30)，ギールケ（Otto von Gierke 1841-1921）の団体法論（Genossenschaftslehre）および義務を伴う所有権論（verpflichtetes Eigenntum）(31)などのお馴染みの諸論は，近現代のヨーロッパの論客の上記の問題への回答であった。

啓蒙的法思想としての自然法は，神の法の亜流たる一面を有し，理性に由来する理性の法たるものであるから，新たな問題に対応することはできない。したがって，これらの論客は，自然法論に厳しく対峙したのだった。フランス人達がブルジョア企業家の利益の擁護に向かって，プラクティカルな論に走ったときに，法理論的な営為はドイツ人に委ねられたのだった。そして，あのマルクス（Karl Heinrich Marx 1818-1883）は，法を資本家が賃金労働者を搾取する経済関係を隠蔽する役割を演ずるものと規定した。マルクスの功績は，人間を集団規模の活動主体として観察したことだった。

(3) 法実証主義

実証主義（positivisme）は，産業革命やフランス革命の経験，昨日の価値と今日の価値の間の架橋できない亀裂が人を信頼に値する科学的に実証することができる知のシステムへの欲求へと突き動かしたときに，この世に登場してきた。社会を神学，形而上学，実証主義の順をおって進化するものとした三段階法則の提唱者コント（Auguste Comte 1797-1857）は，サン・シモン（Claude Henri Saint-Simon 1760-1825）にその萌芽を見る実証主義を19世紀の代表的思想にまで上昇させた(32)。

---

(30) サヴィニーは，18世紀の自然法論と19世紀後半の法実証主義の間に現れてゲルマン民族の歴史法学を唱導した。法は，歴史の中に民族または民衆の間の慣習法として発見される。サヴィニーは，それを自然法ともいうが，普遍的存在としての自然法を拒否している。サヴィニー（服部訳）『法学方法論』（日本評論社，1958年）を参照。

(31) ギールケによれば，ドイツ人は古来団体に属して生活してきた。その団体には，水平的な社会関係たる仲間的（協同的）団体と国家等の支配的団体とがある。団体的な生活の帰結として，「所有権は義務を伴う」という法命題がある。この命題は，ローマ法と対置されるゲルマン法なる構成である。O. v. Gierke, *Das deutsche Genossenschaftsrecht,* Berlin 1868.

(32) サン・シモンは，産業体制の確立に伴って生ずる階級対立を和らげる方策を実務的に追求したため，実証主義はその政策と不可分の関係にあった。コントは，実証主義を哲学として主張した。その法学への適用は，法学を一新した。

実証主義を法学に適用すると、現実の法、すなわち人間の意思や意欲により規範力または強制力のあるものとして現に行われている法のみを認識の対象とし、かつそれを分析する学問が、成立することになる。これを、法実証主義（Rechtspositivismus）という。法実証主義の特色としては、自然法の拒否、自然法の先験的な価値（善悪判断）による実定法に対する評価の拒否、価値の上下関係の拒否（価値相対主義）の3点を指摘することができよう。法実証主義のこの特色の故に、この主義に立つ者達は、新たな時代の新たな価値は何かという問題に冷淡な態度をとり、また現実の司法における実践的な諸問題には向き合おうとしなかった。ケルゼン（Hans Kelsen 1881-1973）にしても、またラートブルフ（Gustav Radbruch 1878-1949）にしても、その意味においては、同列であった[33]。

世界遺産たる自然法の拒絶は、法実証主義そのものが価値放棄している以上、ニヒリズム（Nihilismus）への入口を用意していた。ラートブルフは、ナチスの非人道的行為の事後法による処罰の問題に係わって再び自然法を復活させた。彼にとっての自然法とは、民主主義と人間の尊厳という政治的価値と社会的価値とをエヴィッヒな価値、または正義の中身として、実定法の無効を帰結すべきものであった。かくして、この操作により合法であった過去の行為から合法性を剝奪し、当該行為に当為論を照射することが可能となったという。この立場にせよ、またケルゼンのイデオロギー批判にせよ、死者達にとっては、遅すぎた告白であった。しかし、この深刻な経験により、法実証主義は、自然法または正義と折衷した形姿を示しつつ、今日に及んでいる[34]。

アングロ・サクソンの法実証主義は、ヒューム（David Hume 1711-1776）の経験主義（empiricism）[35]、ベンサムの功利主義（utilitarianism）からオース

---

(33) ラートブルフは、新カント主義に立脚していた。彼には、それ故に、法実証主義者なのかどうか、彼の価値相対主義がナチズムとの内心的妥協ではなかったかなどの疑問が付きまとっている。これに対して、ケルゼンは、疑問の余地のない法実証主義者である。Radbruch, *Die Rechtsphilosophie*, 1932. 尾高＝野田＝阿南＝村上＝小林訳『ラートブルフ著作集4』（東京大学出版会、1961年）、ケルゼン（黒田＝長尾訳）『自然法論と法実証主義』、（木鐸社、1973年）。

(34) ラートブルフが直面した問題は、現代的な問題でもある。西ベルリンへの越境者の射殺がドイツの再統一後に刑事事件になるに及んで、ドイツ人は、否応なく、実定法と正法の区別の問題を思い出させられることになった。

ティン（John Austin 1790-1859）[36]の分析法学を経由してハート（Harbert Hart 1907-1992）[37]にいたる系譜を提示するだろう。事実と価値とが未分離な状態の慣習（custom）を法とするコモン・ローと経験的な検証の対象たりえない自然法は，社会から法規範が生まれ，コモン・ローに優先することとなるプロセスに目を塞ぐこととなる。経済主体の活動の野蛮性は，古くはシェークスピアの関心の的だったが（ヴェニスの商人），債務（obligation）と責任（liability）の分別を示唆するものであった。貪欲に法を見てはならないというこの教訓は，ハートの銀行強盗の例に通ずるものがある[38]。事実と規範は，ここでも厳密に区別されているのである。法実証主義は，アングロ・サクソンの領域においては，依然として大河である。

(4) 連帯に寄せて

新たな価値といえば，連帯（Solidalität）に言及すべきであろう。グダニスクの事件は，連帯が政治的にも法的にもリアリティーのある実体たることを示した。当時のソ連による反革命の刻印は，造船所の実体の前に，膝を屈したのだった。前衛を構成し，主権を委託されるインテリゲンツィアとノーメンクラツーラは，連帯に依拠した異議申立を受容する柔軟性に欠けていた。しかし，連帯は，造船労働者の発明ではない。特に社会的連帯性は，ロシア革命や東西対立の影響の下，社会権や社会国家原則なる形式において憲法に書き込まれたのであって，人間の連帯性が，人間の自由や権利のみならず，国家の在り方をも規定する規範の源泉であった。この新現象は，ワイマール憲法やドイツ基本法に新機軸をもたらした。社会保障のネットワークが，社会的連帯性に支えられてきたし，また現に支えられている。

人々が何かを求め，何かに抗議して連帯している状態そのものは，事実そのものである。しかし，財産権に対する義務拘束と同様に，連帯した人間集合体

---

(35) A. J. Ayer, *Hume*, Oxford 1980.
(36) Austin, *The Province of Jurisprudence Determined*, 1832（1952 ed.）.
(37) H. L. A. Hart, *The Concept Of Law*, Oxford 1961；ハート（矢崎監訳）『法の概念』（みすず書房，2003年）。
(38) ハート，前掲注(37) 21頁以下。ただし，ハートは言語の厳密な使用に関連して，この例を示している。

第3部　EU法

自体の社会的強力は，その圧力の前に翻弄されるやも知れない弱者への対社会的強力でもあった。連帯に義務拘束ありとして緊急勤務（Notdienst）論を自らに課した1970年代のドイツ労働組合総同盟の姿勢は，財産権の義務拘束を彷彿とさせる権利と義務，要求と責任の座りのよいバランス論でもあった。この論の現代的意義は，労働組合が対市民との関係において社会契約を申し出たところにあった。この新たな社会契約論は，ハーバーマス（Jurgen Habermas）流にいえば，社会の法創造能力の向上または社会の国家化（Verstaatlichung der Gesellschaft）と国家の社会化（Vergesellshaftung des Staates）という現象の産物であった[39]。

社会的連帯それ自体が有する社会的，政治的圧力のゆえに，この理屈は，契約関係または財産関係に関するイデオロギー的な論争，生産手段またはその他の経済的財産の処分に関する議論にまさる優先性を獲得したのである。社会的連帯またはそれに寄せられる希望がその存在そのものを主張する仕方は，公然であれ，沈黙であれ，所定の手続を通じてであれ，または爆発的なパワーの噴出であれ，正義からかけ離れた現実への抗議と正義の実現への希求である。社会的連帯事象は，それ自体が警告なのである。しかも，この警告は，地方，国，地域，言語，肌の色などを越えて存在するようになっている。オクシデンタル対オリエント，ウェスト対イースト，クリスチャニティー対イスラームは，現代のイデオローグが発する警告の動機とも中身ともなっている。サイードゥ（Edward S. Said 1935-2006）の立脚点は，この文脈の中にある[40]。

V　伝統的なるもの

(1) 人格主義

ヨーロッパ法文化の以上のパースペクティヴに特有で不変的なものを見いだすことができるであろうか。マルティン・ブーバー（Mrtin Buber

---

(39) Wolfgang Däubler, *Der Streik im öffentlichen Dienst*, Tübingen 1971, S. 230ff.; Jürgen Habermas, *Strukturwandel der Öffentlichkeit*, Berlin 1968, S. 157ff.
(40) E. W. Said, *Culture and Resistance*, London 2003; *Orientalism*, London 2003; *Representations of the Intellectual*. Ashcroft/Ahluwalia, *Edward Said*, London 2002.

1878-1965)[41]を想起するまでもなく，我と汝の関係は，人間が取り結ぶ諸関係の端緒である。ヨーロッパにユダヤ教やキリスト教の唯一の人格神という考え方がもたらされたことは，この意味では，途方もなく大きな出来事であった。人をどのようにイメージしたら良いのか，イメージすべきであるのか。これは，哲学や法学にとって最もやっかいな難題である。

　人のイメージをどのように言語的に表現したらよいのか。人格主義（personalism）は，古代ポリスの市民国家，古代後期ならびに中世後期の移民達が作った社会に胚胎し，現在にまで生き長らえてきた生命力のある遺産といってよい。個人を人格において捉えるという着想は，個人神格の経験を通じて獲得され，かつ強化され，進化させられた。一神教の唯一絶対神と個人の関係は，ユダヤ教やキリスト教の世界においては，命令し，与える神（汝）と自分（我）の関係である。モーゼは，選ばれ祝福されたユダヤ集団を前提しつつ，その内部を集団的ではなく，エホバ神と個人の関係として構成した。この宗教的な構成が，超個人的な全体を伴う個人をこの世に登場せしめた。この宗教的な空間から，超越的優越的な存在は唯一神のみであり，個々人の関係においてはホライズンな関係しか存在しえないという思想が発生し，熟成したのだった[42]。

　この思想の法関係へのインパクトは，全く非宗教的な，唯物論者であっても，個々人の法的関係を自由な意思決定と自己責任として捉えていることからも了知されるであろうが，まことに強烈であった。個人は，個々の個性において観察されているわけではない。個人を人格という抽象化した存在として観察する方法は，中国の道教の祖老子の人間観察に比べれば，その違いは，一目瞭然であろう[43]。人格化された個人と個人の関係は，sollen/nicht sollen, können/nicht können, dürfen/nicht dürfen の関係として，命令服従関係とその違反責任，契約関係と契約違反責任ばかりでなく，不法行為とその責任，犯罪とその責任をも律する法関係へと発展させられた。

　19世紀の理性の法（と唯心論哲学）により強調された個人の意思の発露としての権利は，個人が自己の生存にとって不可欠なものを権利という形式におい

---

(41) Martin Buber, *The Way of Man,* London 1948.
(42) Juria Neuberger, Introduction p. x., in ; M. buber, *aaO.*
(43) 老子の「三宝の徳」や「無知無欲のすすめ」を想起されたい。

て主張することができるということであった。しかし，エゴイスティックな自己主張に対しては，自己決定に対する責任をもって対置した。かくして，自己決定と責任は，補完関係に立つこととなった。個人主義的な自由の理論は，他人の権利や自由と緊張関係に立たざるをえないが，ヨーロッパの法理論の根本をなしている。自由と責任の問題は，引き続き，ヨーロッパの基礎法学，法哲学，政治哲学の根本問題であり続けている。

森の巨木の根回りまたは枝回りのように，個人主義的な自由理論は，広大な拡がりを有している。巨木の下に立てば，誰であれ，古代から現代まで生きてきた樹木の歴史に思いを馳せるであろう。虐げられたマス（階級）から生じた覚醒的な信教の自由の要求から個人の抽象的な人格への跳躍は，同時に，宗教的信念から世俗的な経済的利益への目覚めへの移行をも意味していた。宗教改革と産業革命の意義は，世俗的利益の追求が，ウェーバー（Max Weber 1864-1920）[44]が指摘したように，いっそうの資本蓄積を可能ならしめたことにもあった。ここでは，経済主体の経済的利益の追求の自由と政治活動の自由とが，同調しつつ共鳴した。そして，現代の社会国家は，個人の自由ばかりではなく，マッセンデモクラティーやマッセンフライハイトを追求すると同時に，国家を社会的義務の主体へと祭り上げている。そして，西ヨーロッパと中央ヨーロッパの憲法自体が，国家を社会的義務の主体と規定している。ここでは，個人の自由もまた社会的義務を伴うものとされる。ここにおいて，個人と国家とが，社会的義務を核として収斂するのである。

だが，現代は社会と国家とが簡単には認識できないような複雑なシステムを構築しており，個人もまたその関わりにおいて自分たちが築きあげたそのシステムに複雑に対応し，行為することとなっている。ここでは，行為の自由は以前よりは限定され，縮減された自由へと変態し，その分，個人の責任が希薄化し，システムに吸収されて行くこととなる（Niklas Luhmann 1927-1998）[45]。検討を要する問題である。

---

[44] ウェーバー（大塚訳）『プロテスタンティズムの倫理と資本主義の精神』（岩波文庫）。

[45] ルーマン（大庭＝正村訳）「信頼 社会的な複雑性と縮減のメカニズム」（勁草書房，1990年）。

(2) レガリスムス

　法を創造し，適用し，執行する独占企業体としての個人または国家なる観念が遍く行き渡ったことが，かって一度でもあったであろうか。歴史家や法史家が比喩的にそのように論じたことがあったにせよ，また一再ならず再三再四も国家の終焉を熱心に宣言した者がいたにせよ，そのようなことはなかった。数々の愚行，蛮行にもかかわらず，そうではなかった。アレキサンダー大王（Alexdudoros 前336-前323）は，征服の満足ばかりを追い求め，主従関係以外の法に何の関心も持たなかったために，大帝国に法典を制定することもなかった[46]。アッシジの聖人フランチェスコ（Francesco d'Assisi 1118-1226）の一団が陣営に入り込んだことに驚いたイスラム軍は，彼らを狂人と勘違いしたとはいえ，無謀にもイスラム軍をキリスト教徒に改宗させようとした丸腰の一団を保護して，護衛をつけて十字軍の陣営へ送還する義務の履行を当然とするレガリスムス（Legalisumus）に従った[47]。

　レガリスムスは，ヨーロッパの法文化の特色をなすものである。それは，ただ単に法律の制定改廃を立法府の独占の下におくというアイディアのみを意味するものではない。実質的意義の法の制定改廃は，しかし立法府のみの独占に帰するものでもない。それ以上に，レガリスムスの本質は，社会的法関係の形成や紛争の解決を一般的な法規と手続に従わせる必要性にある。これを肯定することにより，法の一般的妥当性が確保され，法以外の政治的，社会的，道徳的，宗教的な諸規範によるよりも安定的な諸関係を維持することが可能となる。レガリスムスは，法的な諸関係から法規範以外の諸規範を追い出すという目的を追求してきたのであり，そうすることに合理性を見いだす考え方なのである。その歴史的な起こりは，古代ローマの神官の機能にまで行き着く。レガリスムスは，支配者の詭弁（法規範によらない自己弁護）を論破してしまうため，抑圧の対象ともなった。

　カントやトマジウス（Christian Thomasius 1655-1728）[48]の業績は，レガリス

---

(46) アッリアノス（大牟田訳）『アレクサンドロス大王東征記（上）（下）』（岩波文庫）にはそのような記述がない。
(47) 山本＝藤縄＝早川＝野口＝鈴木編『西洋の歴史（古代・中世編）』（ミネルヴァ書房，1997年）273頁以下。

ムスを歴史の表舞台に引き出し，立たせたことにある。カントは，汝の意思の格率が，何時であれ，同時に一般的立法として行われるように行為すべし，という(49)。そして，道徳を義務的倫理として構成した。法と道徳の峻別は，法規範の研究への傾斜を一気に強め，19世紀の法形式主義と20世紀の法実証主義への道を開くこととなった。レガリスムスは，法関係の客観化へと導き，感情移入，憐憫，恣意性，慈悲を特定の場合に考慮することがあるにせよ，原則としてそれらを法関係から放逐した。多分，レガリスムスのこの排除機能は，社会あるところに法ありとする曖昧かつ不徹底な言説とは一線を画することとなる。

　レガリスムスは，ヨーロッパの法文化を他の法文化から区別する重要な指標でもある。老子は，三宝（慈悲深くあれ，倹約家であれ，，慎ましくあれ）の実践を説き，老子の生きざまそのものを法（道徳）とし，他人にも自己の生きざまに従うのを良しとしている。老子の三宝の実践の勧めや宗教的なドキュメントから法を引き出したユダヤ教とイスラム教の試みも，レガリスムスとは関係がない。レガリスムスの法規範に対する精確さと厳密さは，民事法，刑事法，行政法における手続的正義または手続的正当性，民事手続における挙証責任の合理的な配分，刑事手続における厳格挙証責任として現れた。また，それは，国その他の公の主体に対する個人の自由の領域の安定的な確保にも役立ったのである。レガリスムスは，権利と義務の範囲の限定と明確性を通じて，個人を不合理な関係から救出し，個人の人格の確立に役立った。その意味において，人格主義とレガリスムスは，切り離せない関係にある。

　レガリスムスは，国家の存在理由に関し，詳細な説明を要求した。国家は，それ自体として存在または存続する自明な存在ではない。かっての万人の万人に対する闘争の抑圧論，経済的自由放任を支える最低限を行う国家論，自然状態論を前提した社会契約による国家，最大多数の最大幸福を志向する国家から現代の社会福祉国家論までの存在理由が，用意されてきた。これらの応答の中

---

(48) トマジウスは，自然法を君主に指示された道徳と考えたので，君主の任務を道徳に強制の要素を加えて法を定めることにあると考えた。

(49) カント「実践理性批判」を見よ。Handle so, daß die Maxime deines Willens jederzeit zugleich als Prinzip einer allgemeinen Gesetzgebung gelten können.

から，自由権利保護請求権，人身保護請求権，財産権または所有権の保障，移動の自由の保障，政治的自由の保障，革命の権利または選挙による政府選択の自由，表現の自由，教育の権利，社会権の保障などの成果が達成されてきたし，自己実現の自由とその形態としての団結権の保障などが，順次，憲法に書き込まれてきたのである。レガリスムスのお蔭で，ヨーロッパは権利と自由の先進地域たる地位を確保しているのである。

(3) 主知主義

　主知主義（intellectualism）は，意思に対する知性の優位を主張する立場である。逆の立場を主意主義（voluntarism）という。ヨーロッパの法文化の骨格をなしているのは，思考方法に係わることである。すなわち，主知主義は，物事を一般化し抽象化する認識方法であるといってよい。この立場を貫いたのは，神学大全の著者でドミニコ会派に属していたアクィナス（Thomas Aquinas 1225-1274）だった。ただ単に一般化し抽象化するだけでは，主知主義とはいえない。イデア実現のために認識対象を一般化し，抽象化する知的操作が，主知主義である。偉大な神学者のこの方法は，ヨーロッパ人の法的思考を，概念的思弁へと方向づけた[50]。法的素材を共通の概念による思弁へと委ねることにより，職業的法律家達の安定した仕事が達成されることができた。法的安定性は，このような装置の上にはじめて成り立つ実践的な概念であった。

　主知主義は，ヨーロッパの法に対するギリシャ哲学の貢献が現代にまで及んでいる印象的な例を提供している。エレア派（Eleatics）哲学とプラトンのイデア論（エレア派はプラトンのイデア論の祖か）の結合から，人間の思考力が様々な現象または存在の背景に隠されている不変の真実，本質を知覚するとの学問的な信念が生み出されたのだった。この主知主義の法的思考へのインパクトは，実際には，現代初期の法理論家達によって受け止められたが，現今の人間が想像できないほどに大きかった。人々が引き起こすあれやこれやの騒々しい口論や紛争をプラクティカルに処理し，国家と社会とに安定をもたらす必要に迫られた専門的職業人は，国家にレーゾン・デートルを付与し，国家と社会

---

[50]　稲垣良典『トマス・アクィナス』（講談社学術文庫，2007 年）426 頁以下を参照。

の関係を整理し，紛争処理の公平性，中立性，的確性を追求することにより，信頼を獲得しなければならなかった。信頼を獲得するため法理論家達が行った主知主義的な営為は，上に述べたこととはまた別個の法的思考の精緻な体系化であった。

　主知主義の成果たる数学，幾何学，物理学，生物学，天文学などと同様に，神学，形而上学，法学も説得力ある説明ができないか。アクィナスも，そう考えたに違いない。ラッセル（Bertrand Russell）は，社会的な事象の数学的説明の可能性を否定しなかったが，主知主義的な性癖は，ヨーロッパ人の特性なのかも知れない[51]。この数学的説明を数学的に洗練されたシステマティックな説明と読み替えれば，法学もまた，それを追求してきたといってよい。事物の本質（Natur der Sache）は，探究されるべきものであるが，同時に探究の終点でもある。これに対し，正義（Gerechtigkeit）は，実現されなければならないものであるから，単に探究によって終わるものではない。

---

(51)　ラッセル（高村訳）『哲学入門』（ちくま学芸文庫），石本新「ルッセルと認識論」（ラッセル協会会報 14 号，1970 年）3 頁以下。

14 EC法上の基本的自由と国際私法

入稲福智

Ⅰ　はじめに　　　Ⅲ　各　論
Ⅱ　総　論　　　　Ⅳ　おわりに

Ⅰ　はじめに

　1950年代，3つの共同体(EC)を設立することで幕開けしたヨーロッパの経済統合は，1993年発効のマーストリヒト条約によってEU体制に発展し，外交・安全保障政策や内政問題をも取り扱うようになった。もっとも，このような管轄分野の拡大にもかかわらず，市場統合ないし域内市場の設立・機能強化が最も重要な政策課題の1つであることは，共同体設立から半世紀以上が経過した今日でも変わりない。域内市場とは，商品，人，サービスおよび資本が自由に移動しうる空間を指す（EC条約第14条第2項参照）。それゆえ，例えば，ある加盟国で適法に流通過程に置かれる商品は，他の加盟国へ制限なく輸出されるようでなければならない。また，ある加盟国内に設けられた法人は他の加盟国に本拠地を移転したり，営業所や子会社を自由に設立することが保障されなければならない[1]。

　商品，人，サービスおよび資本の移動の自由は，EU（厳密にはECであるため，以下ではECとする）の4つの基本的自由と呼ばれ[2]，EC法上，厚く保障されているが[3]，前掲の例からも分かるように，この法益は複数の加盟国に

---

(1) Case 81/87 *Daily Mail* [1988] ECR 5483, para. 14 ; Case C-208/00 *Überseering* [2002] ECR I-9919, para. 62.
(2) 商品，人，サービス，資本に，（金銭的対価の）送金を加え（EC条約第56条第2項参照），5つの基本的自由と説明することもある。See Streinz, Europarecht, 8th edition, 2008, para. 781.
(3) EC条約第23条～第24条および第39条～第60条参照。なお，EU基本権憲章の中でも4つの基本的自由の保障が謳われている（前文および第15条第2項参照）。基本

関わる渉外的法律関係を生じさせる。なお，法人の設立や形態（また，国外移転によって法人格を喪失するか），行為能力や訴訟能力，最低資本金額や法令違反に関する社員の責任について国内法は統一されているわけではない[4]。そのため，準拠法の決定が重要になる（場合がある[5]）が，この点に関し，EC条約は明文の規定を置いていない[6]。また，前掲の法人に関する問題について，ECレベルで抵触法は制定されていない。それゆえ，準拠法の決定は加盟国の国際私法に委ねられていると捉えることもできるが，準拠法の指定・適用に際しては，基本的自由が害されないよう留意しなければならない[7]。なぜなら，例えば，オランダ法に準拠し，同国内に設立された法人がドイツに移転するケースにおいて，ドイツ国際私法が指定する準拠法（これをドイツ法とする）によれば，法人として認められないとすれば，人の移動の自由が形骸化するためである[8]。基本的自由の保障を含むEC法は加盟国法に優先するため，

的自由の保障について，筆者のホームページ（http://eu-info.jp/r/4free.html〔2009年2月1日現在〕）を参照されたい。

(4) Case C-167/01 *Inspire Art* [2003] ECR I-10155.

(5) EC条約は準拠法を決定・適用せず，他の加盟国法に基づき成立した渉外的法律関係をそのまま承認するとの立場に立っていると考えることもできる点について，本文中の後述（I(2)(a)）を参照されたい。

(6) ただし，第2次法（EC条約等に基づき，ECの諸機関によって制定される法令）の中には抵触規定を含むものがある。特に，消費者保護に関する一連の指令（directives）は準拠法について定めているが，これはEC条約第153条（消費者保護）に基づき発せられている。その他の例について，Wendehorst, §8 Internationales Privatrecht, in Langenbucher ed., Europarechtliche Bezüge des Privatrechts, 2008, pp.376-419, paras. 36-40を参照されたい。なお，一般的な抵触法の制定権限は1999年5月に発効したアムステルダム条約に基づき初めてECに与えられている（EC条約第61条参照）。この新しい権限に基づき，EC（厳密には，その立法機関である欧州議会とEU理事会）は，2007年7月に契約外の義務（不法行為責任）の準拠法について，また，2008年6月には契約債務の準拠法について，それぞれ規則を制定している（Regulation No 864/2007, OJ 2007 L 199, 40 — Rome II ; Regulation No 593/2008, OJ 2008 L 177, 6 — Rome I）。また，すでに2000年5月には，破産手続に関する規則も採択されているが（Regulation No 1346/2000, OJ 2000, L 160, 1），その中にも多くの抵触規則が盛り込まれている。これらの点について，Wendehorst, supra note, paras.10-12, 14-40 and 50-78を参照されたい。

(7) Kreuzer, Zu Stand und Perspektiven des Europäischen Internationalen Privatrechts: Wie europäisch soll das Europäische Internationale Privatrecht sein?, 70 RabelsZ (2006), pp.1-88.

(8) Case C-208/00 *Überseering* [2002] ECR I-9919.

国内抵触規定にも影響を及ぼすと考えられるが[9]，本稿では，基本的自由の保障に関わる国際私法上の問題について考察する。なお，Hartwieg教授追悼論文集への寄稿という点を踏まえ，EU加盟国の抵触法としてはドイツ法（EGBGB）を参照する。

II 総　　論

(1) 基本的自由の保障に関する抵触法上の問題点

冒頭で述べたように，EC条約は域内における商品，人，サービスおよび資本の移動の自由を保障している。その内の1つである人の移動の自由が法人を対象にしていることは，すでに触れたが，自然人もその恩恵に与る。つまり，ある加盟国の国民は他の加盟国へ移動ないし移住し，そこで働くことができる。なお，自然人は自営業者と非自営業者に分けられ，前者と法人の移動の自由は開業の自由と呼ばれる（EC条約第43条～第48条参照）。また，ここでの自然人とは，第1義的に，労働者を指しているが[10]，経済活動を行わない者の移動の自由も，EU市民の基本権として（基本的自由としてではない）保障されている（第18条）[11]。根拠条文や保障範囲は異なるが，準拠法の決定・適用に関しては，この人の移動の自由が侵害ないし制限されないよう留意する必要がある点では同一である[12]。

商品やサービスも同様に域内における自由な移動が保障されるため，ある加

---

(9) なお，基本的自由の保障は準拠法の内容には影響を及ぼすが，国際私法には及ぼさないとする見解もあるが，支持されていない。See Wendehorst, supra note, paras. 41-42. もっとも，以下複数のEU加盟国の国籍を持つ者の本国法の決定に際し，自国籍を優先させるため，他の本国法上の権利が認められなくなり，基本的自由が制約されるとすればEC法に反する。このような状況を治癒する方策としては，抵触規定の改正も考えられるが，指定された準拠法が例外的取扱いを認めていれば問題は解決する。つまり，準拠法の決定に欠陥があっても，準拠法レベルで解決できればよい。See Case C-148/02 *Garcia Avello* [2003] ECR I-11613, paras. 28 and 44.

(10) これは，EC（当初のEEC）が経済統合を主たる目的としていたことによる。

(11) この点について，筆者のホームページ（http://eu-info.jp/r/4-pers.html）〔2009年2月1日現在〕）を参照されたい。

(12) Stern, Das Staatsangehörigkeitsprinzip in Europa, 2008, p.228. See also Case C-148/02 *Garcia Avello* [2003] ECR I-11613.

第3部　EU法

盟国で適法に流通しうる商品やサービスは，他の加盟国へ制限されることなく輸出されなければならない。さらに，資本の自由な移動も保障されるため，加盟国は他の加盟国への投資（および送金）に制限を設けてはならない。

なお，これらの基本的自由は，主として，他の加盟国の商品や国民（他の加盟国に設置された法人を含む）に対する差別を撤廃することで実現されるが[13]，国籍に基づく差別の禁止は，EC条約第12条でも謳われている[14]。

すでに挙げた例からも分かるように，基本的自由（また，EU市民の基本権としての移動の自由）の保障は複数の加盟国に関わるケース，つまり，欧州統合を想定しているが，その点に関する全ての国内法規が統一されているわけではない。そのため，国際私法に従い，準拠法を決定することが必要になる（場合がある）。例えば，人の移動ないし開業の自由を援用し，ある会社が他の加盟国内に本拠を移した後，移転国において，その法人格，行為能力や訴訟能力の有無・範囲，また，社員の責任等が争われる場合には（これらの事項について，国内法は統一されていない），準拠法の決定が重要になろう。なお，この国際私法上の問題についてEC条約は触れていない[15]。また，1999年5月に発効したアムステルダム条約に基づき，ECには抵触法を設ける権限が初めて明瞭に与えられるようになったが[16]，前掲の法人に関する問題について，第2次法は制定されていない[17]。それゆえ，①準拠法の決定は加盟国法に委ねられていると考えることもできる一方で，②そもそも，EC法は国際私法に基づく準拠法の決定を求めていないと捉えることもできる。つまり，他の加盟国で成立

---

(13) 特に，人の移動の自由について，EC条約第39条第2項および第43条第2項を参照されたい。なお，EC裁判所は，国籍に基づく差別だけではなく，基本的自由を制限することを禁止している。つまり，自国民に対してであるか，他の加盟国の国民に対してであるかを問わず，加盟国がこの法益に制約を加えることを禁じている。それゆえ，加盟国は法人の国外移転を制限してはならない。ただし，設立国（設立準拠法国）の法人としての地位を維持したまま，本拠地を他の加盟国に移す権利まで認めるものではない。See Case 81/87 *Daily Mail* [1988] ECR 5483, paras. 16 and 25. See also Streinz, supra note, paras. 805-806.

(14) なお，商品と同様，資本の移動の自由では国籍は問われない。

(15) この点について，前掲注(9)を参照されたい。

(16) なお，それ以前にも，ECに権限が与えられていたかについては争いがある。See Wendehorst, supra note, para. 11.

(17) この点について，前掲注(6)を参照されたい。

した渉外的法律関係は準拠法を決定し，それに照らし判断するのではなく，そのまま承認すべきとみることもできる（この点について後述(2)参照）。特に，自然人の移動の自由に関しては，職業資格の相互承認制度が発展している[18]。

なお，①のように，加盟国に裁量権が与えられているとみる場合には，準拠法は基本的自由の保障というECの基本理念に合致するように決定されなければならない。なぜなら，基本的自由は，準拠法に指定された国内法に照らし保障されるかどうか判断されるのではなく，EC法に基づき保障されることが予め決まっているためである。この要請が満たされないような場合（例えば，国内抵触法が指定する準拠法によれば法人格が否認される場合）には，EC法は加盟国法に優先するという大原則に則り[19]，国内抵触規定の適用または指定された準拠法の適用は排除されることになろう。

(2) EC法の要請に合致した準拠法の指定・適用
(a) 連結点

加盟国の国際私法がEC法上の要請に合致しているかどうかは，基本的自由の保障が広範囲に及ぶため，全ての国際私法規定について検討する必要があるが[20]，特に，国籍を連結点とすること（ドイツ国際私法〔EGBGB〕第10条），重国籍者に関し自国籍を優先すること（第5条第1項第2文），家族法の分野において当事者による準拠法の選択を認めないこと（第7条〜第15条），また，製造者の本拠地や製造地以外の法を製造物責任の準拠法として認めることによって（第40条第1項），商品や人の自由な移動が阻害されたり，EU加盟国の国民の間で差別的取扱いがなされないか留意しなければならない（この点について，後述Ⅱを参照されたい）。

また，常居所地，法人の本拠地，契約の履行地または目的物の所在地などが

---

[18] この点について，筆者のホームページ（http://eu-info.jp/r/4qualifications.html〔2009年2月1日現在〕）を参照されたい。

[19] なお，ドイツ国際私法（EGBGB）第3条第2項第2文は，国内において直接的に適用されるEC法は，ドイツ国際私法第3条以下に優先すると定める。Looschelders, Internationales Privatrecht, 2004, Art. 3, para. 19.

[20] *Sonnenberger*, in Münchner Kommentar zum BGB, vol. 10, 4rd edition, 2006, Einleitung IPR, paras. 171-197.

連結点とされる場合、これらが他の加盟国へ移れば準拠法も変更されることになるが、これによって基本的自由が制約されることになってはならない（この点について、後述Ⅱ(1)および(2)を参照されたい）。

(b) 設立準拠法主義ないし原産国法主義

ところで、ある加盟国法に準拠し設立された会社の形態・組織が他の加盟国法によれば認められないため、法人格が否認されるとすれば、開業の自由は意味をなさない。また、移転後に法人の権利能力ないし行為能力が制限されるとすれば、この法益は形骸化する[21]。これらの点を考慮すると、開業の自由に関する問題は設立準拠法によることを前提にしていると言える[22]。また、原産国の法令に合致した商品やサービスは他の加盟国へも自由に輸出されなければならないため、EC条約は、明示的にではないにせよ、原産国法を準拠法に指定していると捉えることもできる[23]。

このような考えに基づき、基本的自由に関するEC条約規定[24]は超抵触規定（Superkollisionsrecht[25]）ないし隠れた抵触規定（versteckte Verweisungsnorm[26]）にあたるとする学説がある[27]。その妥当性は国際私法の定義にかかっているが、抵触規定とは、連結点を媒介とし、渉外的法律関係を規律する

---

[21] Case C-208/00 *Überseering* [2002] ECR I-9919, para. 71.

[22] 欧州委員会の同旨の見解として、Case 81/87 *Daily Mail* [1988] ECR 5483, para. 14. なお、EC裁判所は、設立準拠法がどの国の法であるかを基準にし、内国法人と外国法人を区別している。また、例えば、イギリス法に準拠し設立された後、オランダに本拠を移す法人はイギリス法人であり、オランダ法人となるわけではない。See Case C-167/01 *Inspire Art* [2003] ECR I-10155, paras. 64 and 135.

[23] また、EC裁判所は設立準拠法に照らし、内国企業であるか、外国企業であるかを判断している。See Case C-167/01 *Inspire Art* [2003] ECR I-10155, para. 64.

[24] その他にも、EC条約第12条（国籍に基づく差別禁止）および第81条が該当する。

[25] Grundmann, Das Internationale Privatrecht der E-Commerce-Richtlinie — was ist kategorial anders im Kollisionsrecht des Binnenmarkts und warum?, RabelsZ 67 (2003), pp. 246-297, 255 et seq.; Furrer, Zivilrecht im gemeinschaftsrechtlichen kontext, 2002, p. 203.

[26] Basedow, Der kollisionsrechtliche Gehalt der Produktfreiheiten im europäischen Binnenmarkt: Favor Offerentis, RabelsZ 59 (1995), pp. 1-55, 12.「隠れた反致」について定める抵触規定も隠れた抵触規定にあたるが、指定される準拠法は、EC条約上の隠れた抵触規定の場合と異なる。つまり、隠れた反致は法廷地法を準拠法とするが、EC法上の隠れた抵触規定は設立準拠法や原産国法を準拠法に指定する。

[27] Stern, supra note, pp. 223-224.

準拠法を明確に(28)指定する法規範であると捉えるならば(29)，EC条約は，そのような性質を有していないと解される。つまり，条約規定は準拠法の指定を目的としているわけではなく，むしろ，基本的自由を保障する結果として，準拠法が特定されるに過ぎないとみるべきである。また，準拠法が必ずしも明確に指定されない場合もあるだけではなく(30)（反致(31)の許容性や国内抵触法との関係(32)についても定めていない），準拠法の指定・適用がEC法体系に合致した唯一の方法であるわけでもない。つまり，ある加盟国法に基づき成立した渉外的法律関係をそのまま承認するというアプローチも用いられている。さらに，EC条約は加盟国法の調整（ないしは，部分的な統一(33)）を重要な政策課題の1つとして挙げているが，これは国際私法の必要性を弱める。このように，基本的自由の保障は国際私法の適用を必ずしも前提にしているわけではない。また，EC法は開業の自由を保障する一方で，加盟国法上の重大な理由に基づく制約を認めているが(34)，その際，法人格は設立準拠法により，また，制約は加盟

---

(28) ドイツの学説は，抵触規定は，裁判官に判断の余地を残さないほど，明瞭に準拠法を指定しなければならないことを指摘するが，EC条約規定より準拠法が必ずしも明確に導かれるとは限らない。Wendehorst, supra note, para. 44.

(29) Wendehorst, supra note, paras. 47-48；Stern, supra note, pp. 225-226.

(30) Wendehorst, supra note, para. 44 は，EC裁判所の判例（Case C-362/88 *GB-Inno* [1990] ECR I-667）を指摘しながら，商品の移動の自由に関し，EC条約第23条は製造者の利益のみを重視しているわけではなく，原産国法が準拠法に指定されなければならないわけではないとする。

(31) ここでは，例えば，原則として，法人の設立準拠法によるとされるものの，その国の抵触法が本拠地法を準拠法に指定する場合は，それによるとすることである。

(32) なお，基本的自由の保障に限らず，その他の分野においても，EC条約は加盟国法との関係（例えば，EC法と加盟国法が矛盾する場合には，どちらが優先するか）について明文で定めているわけではない（原則）。この点について，筆者のホームページ（http://eu-info.jp/r/6-0.html〔2009年2月1日現在〕）を参照されたい。

(33) 域内市場を完成させ，基本的自由を保障する上で加盟国法の統一ないし調整が必要になるが，その方策として，ECは，主に，指令（directive）を制定している。本来，この法令は，ある案件を画一的に規律せず，加盟国に裁量権を与えるものである。例えば，EEC指令第89/666号は，他の加盟国に設置される子会社の開示について，加盟国が導入してもよい開示事項を掲げる共に（第2条第2項），開示義務違反に対する制裁の必要性について定めているが，どのような制裁を設けるかは加盟国に委ねている（第16条）。他方，第2条第1項は，加盟国法に盛り込まなければならない開示事項を列記している。この点において，指令は国内法の調整ではなく，統一する役割を果たしている。

国法によるといったアプローチが用いられているわけではない。つまり，確かに，EC条約より準拠法が導かれることもあるが，抵触法上の理論に基づいているわけではない。なお，アムステルダム条約に基づき，現在では独自の抵触規定を設ける権限がECに与えられているが，これが1999年5月のことであることを考慮すると，国際私法の制定は，伝統的に加盟国に委ねられていると考えるべきである。また，今日においても，ECが権限を行使しない限り，抵触法の整備は加盟国に託されている。EC条約規定は，むしろ，その際に遵守しなければならない重要事項ないし枠組みについて定めているに過ぎないと捉えるべきである（ドイツの多数説）[35]。

ところで，設立準拠法主義や原産国法主義には問題がないわけではない。なぜなら，設立準拠法によるならば，自国法の規制を免れるために規制の緩やかな外国法に基づき実体のない会社（ペーパーカンパニー）を設立し，その後，自国内に本拠を移し，業務を行うことも認められるからである。なお，EC裁判所は，設立準拠法説によりつつ，他の加盟国（法人が移転してきた国）が債権者保護や開業の自由の濫用を防止するため，自国法を適用することを認めている[36]。

また，製品の安全基準について原産国（輸出国）法の方が厳しく定めているような場合，それによるならば，輸入国において，輸入品は国内産より不利に扱われるといった問題が生じる。確かに，これが原産国の法令を適用した結果である限り，EC法に反しないと解されるが，このようなケースにおいて，輸入国はより厳格な原産国法を適用すべきではなく，有利な法によるべきとする見解が有力に主張されている[37]。原産国法主義の趣旨，つまり，他の加盟国の商品やサービスの輸入に制限を設けないことを考慮すれば，このように処理すべきであろう。逆に，輸入国法の方が厳格な場合，原産国法主義によると自

---

(34) 例えば，商品の移動の自由について，筆者のホームページ（http://eu-info.jp/r/4-goods.html〔2009年2月1日現在〕）を参照されたい。

(35) Wendehorst, supra note, para. 49 ; Stern, supra note, p. 227.

(36) Case C-167/01 *Inspire Art* [2003] ECR I-10155, paras. 133-136. EC条約第46条でも，開業の自由の制約について定めているが，この点について，筆者のホームページ（http://eu-info.jp/r/4pers2.html〔2009年2月1日現在〕）を参照されたい。

(37) Basedow, supra note, pp. 16-17.

国産が不利に扱われるといった問題が生じうるが，自国産を不利に扱うことはEC法上の差別禁止の原則に反するわけではない[38]。

なお，他の加盟国に移転した法人の存続や権利能力ないし行為能力（訴訟能力）など，法人格の承認や法人の設立に密接に関わる問題はさておき（それらを否定するとすれば，開業の自由は形骸化する），法令違反に対する制裁，債権者保護や会社の債務に関する社員の責任などは設立準拠法によらしめる理由は見出せないため，受入国の国際私法（例えば，ドイツ国際私法第27条）に従い，準拠法を決定することも可能である[39]。この点に関しては，法人の移動の自由は，自国法上の規制がより厳格であり，その適用を免れるために援用される場合があることも考慮すべきであるが[40]，EC裁判所も，債権者保護や不正防止の観点から，移転国ないし支社設立地国が適切な措置を講じることを認めている（つまり，これらの国の法令の適用を認めている）[41]。

また，商品の移動の自由に関しても，原産国法ではなく，輸入国法を準拠法とすべき分野があると解される。特に，消費者保護に関し，輸入国法の方が消費者により有利に規定している場合には，それによるべきであろう。消費者保護もEC条約上の要請であり，基本的自由の制約を正当化しうる[42]。なお，自国の重大な公益保護の観点から基本的自由に制限を設けることも認められている[43]。

(c) 自然人の属人法

ところで，自然人の移動に関しては，移動したEU加盟国で身分や能力，また，氏の準拠法が問題になることがあるが，前述した法人や商品の移動のケースと同様に考えるならば，本国から他の加盟国へ移動するケースでは，本国法

---

(38) Wendehorst, supra note, para. 86.
(39) Ibidem, para. 103. なお，ドイツの通説は，このように準拠法を個別に決定することを認めない。この点について，本文Ⅱ(1)を参照されたい。
(40) 例えば，最低資源や利益の配当について，国内法よりも，他の加盟国法が緩やかに定めている場合には，それに基づき法人を設立し，その後，自国内に移転ないし支社を設立することが問題になる。
(41) Case C-212/97 *Centros* [1999] ECR I-1459, paras. 38-39.
(42) Case 120/78 Cassis de Dijon [1979] ECR 649.
(43) この点について，筆者のホームページ（http://eu-info.jp/r/4-goods.html〔2009年2月1日現在〕）を参照されたい。

が準拠法となる。もっとも，移住した加盟国の法の方が有利な場合もあろう。また，本国法によるならば，移住地の国民との間で異なる取り扱いがなされることも生じうるが，EC条約は国籍に基づく差別を禁止している（第12条）。従って，このような準拠法の決定はEC法に合致しない[44]。確かに，移住地法によるならば，このような問題は解消されるが，他方，本国法上の身分・能力または氏が認められなくなるという欠点も発生しうる。それゆえ，本国法主義ないし常居所地法主義のどちらかによると画一的に定めるのではなく，人の移動の自由が制約されないよう，当事者に有利な法によるとすべきである[45]。また，準拠法選択の余地を残しておくことも重要である[46]。これは，自然人の属人法に限らず，その他の準拠法の決定に際しても該当することであるが，その選択を当事者に委ねる場合には，一方の当事者（例えば，消費者）が強要されたり，第3者（例えば，債権者）が予測しえない法が選択され，基本的自由が制約される結果につながらないよう留意しなければならない[47]。

(d) 準拠法の決定・適用を経ない，渉外的法律関係の承認

基本的自由の保障を重視する観点より，EC法体系下において，渉外的法律関係はそのまま承認すべきとする理論も提唱されている。この立場によれば，他の加盟国法に準拠し，私人間で適法に成立したか，または行政機関によって認証された渉外的法律関係は，準拠法を決定し，それに基づき判断されることなく，承認されることになる[48]。準拠法の決定について特に定めていないEC条約は，この立場に近いと考えることができよう（前述(b)参照）。また，同様に抵触規定には触れず，他の加盟国法が認める法人格を，いわば当然の理として承認するEC裁判所の判例にも合致していよう[49]。なお，この理論によるならば，すでに指摘した設立準拠法主義や原産国法主義による問題が生じる。

---

(44) Case C-148/02 *Avello* [2003] ECR I-11613, para. 28.
(45) Stern, supra note, pp. 229-235.
(46) Ibidem, p. 236.
(47) Wendehorst, supra note, para. 84.
(48) Coester-Waltjen, Das Anerkennungsprinzip im Dornröschenschlaf?, in Mansel ed., Festschrift Jayme, vol. 1, 2004, pp. 121-131, 122.
(49) 1988年9月に下されたDaily Mail判決では，法人の従属法の決定法について見解を示していない。Case 81/87 *Daily Mail* [1988] ECR 5483, para. 21.

ところで，承認の方法については異なるアプローチが提唱されている。まず，「第1の国」(Erststaat) が適用する実質法によれば，ある法律関係が適法に成立する場合には，これを承認するという立場が主張されている（抵触法的アプローチ）[50]。この場合，どの国が「第1の国」に該当するか決定しなければならないが，本質的に，法律関係の成立や発生に関わった国がそれにあたると考えることができよう。加盟国間で判断が異なることを防止するため，基準を統一する必要がある[51]。

また，法律関係がある加盟国の行政機関の関与の下，成立しているときは，実体問題について審査することなく，承認すべきとする立場もある（手続的アプローチ）[52]。この見解による場合，前掲のアプローチとは異なり，他国の法令に照らした審査はなされない。この点において，外国判決の承認に類似しているが，他の加盟国の行政機関の決定に既判力ないし形成効を与えるものではない点で異なる[53]。

さらに，折衷説として，「第1の国」が適用すると解される法令に照らし判断するという点では，前掲の抵触法的アプローチに通ずるが，ある法律関係の成立について行政機関が決定を下すか，何らかの形で関与している国のみを「第1の国」とするという見解も主張されている[54]。

ある法律関係の成立に加盟国の行政機関が関与していないケースでは，これらの理論に違いは生じないと解されるがこのようなケースでは，第1説によりつつ，「第1国」を決定すべきであろう。その他の場合については，基本的自由の保障を厚くする観点から，第2説が妥当である。なお，いずれの立場にせよ，基本的自由の保障というEC法上の要請に基づき，国内抵触法には特例が設けられる。

---

(50) Wendehorst, supra note, para. 89.
(51) Ibidem.
(52) Coester-Waltjen, Anerkennung im Internationalen Personen-, Familien- und Erbrecht und das Europäische Kollisionsrecht, IPRax 2006, pp. 392-400, 393.
(53) Wendehorst, supra note, para. 91.
(54) Mansel, Anerkennung als Grundprinzip des Europäischen Rechtsraums, RabelsZ 70 (2006), pp. 651-731, 716.

(e) ECの公序

ところで，準拠法の決定方法を改めるのではなく，指定された外国法を適用した結果，基本的自由が制約されるときは，抵触法上の公序条項（EGBGB第6条参照）に基づき，その適用を排除すべきとする理論も提唱されている。つまり，EC法は加盟国の法体系に組み込まれており，その保障に反する外国法の適用は国内の公序にも反するとされる。

なお，EC裁判所は，第3国（米国）との関係においても，基本的自由を厚く保障している(55)。この判例法によれば，基本的自由の保障は，純粋なEC域内における事例に限定されず，第3国の法令も排除の対象となる。これに対し，国際私法上の公序に基づき，自国法の適用が否認されることはないため，自国法の適用が基本的自由を制約するような場合の解決策にはならない。この欠陥を補うため，抵触法上の公序条項は自国法の適用をも排除するというように改めることも検討に値しよう。

Ⅲ 各 論

(1) 会 社 法

基本的自由の保障に関する抵触法上の問題は，特に，会社法の分野において活発に論じられているが，法人の従属法について明文の規定はまだ設けられていない。また，学説も完全に統一されているわけではない(56)。なお，ドイツ国際私法も，法人の準拠法について定めておらず，異なる理論が主張されている(57)。本来，基本的自由の保障というEC法に関連する問題は，この議論の延長線上にあるが，EC法の影響をますます強く受けるようになっている(58)。

まず，法人の従属法について，設立者の利益を重んじるだけではなく，準拠法の決定を容易にする観点から，設立準拠法がそれにあたるとする見解も主張

---

(55) Case C-381/98 Ingmar GB [2000] ECR I-9305.
(56) Wendehorst, supra note, paras. 96-108; Looschelders, supra note, Anhang zu Art. 10.
(57) Looschelders, supra note, Anhang zu Art. 10.
(58) Kindler, in Münchner Kommentar zum BGB, vol. 11, 4rd edition, 2006, IntGesR, paras. 7-14.

されているが，ドイツの通説・判例は，第三者（債権者や従業員など）の利益保護の方を重視し，また，本拠地国による監督・規制を実効的にするため，本拠地法によるとする[59]。もっとも，EC 法上，本拠地法説には全く問題がないわけではない。なぜなら，この立場によるならば，本拠地の移転に伴い準拠法が変更されることになるが，新しい準拠法上，法人の設立が認められなくなるような場合は，基本的自由（開業の自由）を制約する結果となるからである。後述する EC 裁判所の判例法を踏まえるならば，限定的ではあるにせよ，本拠地法説から設立準拠法説への移行は避けられないということでドイツの学説は一致している[60]。

また，準拠法の適用範囲についても見解が分かれているが，ドイツの通説は，法人に密接に関連する問題（設立，法人格，商号，組織，業務執行，意思決定，対外的代表，責任，株式・持分の譲渡，組織の変更または消滅など）は単一の準拠法によるとする。これに対し，対内的代表に関する準拠法と対外的代表に関する準拠法は異なるというように，準拠法を個別に指定する見解も主張されているが，設立準拠法と本拠地法の適用範囲を分けることが困難なケースもあり，法的安定性に欠けるといった欠点や，準拠法の選択・適用が複雑になることに鑑み，広く支持されているわけではない[61]。なお，通説による場合であれ，単一の準拠法はどのようにして決定されるかという点については見解が分かれるが，前述したように，ドイツの通説・判例は法人の本拠地の法によるとする。

EC 法体系下において，最も権威的な司法判断は EC 裁判所によって下される。したがって，開業の自由の保障に関する限り，上掲のドイツ国際私法上の議論は，同裁判所の判例法に大きく依拠することになるが，法人の従属法に関し，すでに幾つかの重要判決が下されている。例えば，1999 年 3 月に下された Centros 判決において，EC 裁判所は，加盟国が国内法（自国法）を理由に，

---

(59) BGHZ 53, 181, 183 = NJW 1970, 998 ; BGHZ 78, 318, 334 = NJW 1981, 522, 525 ; BGHZ 151, 204, 206 = NJW 2002, 3539.

(60) Wendehorst, supra note, para. 101. なお，European Company（SE）の設立に関する EU 理事会規則（Council Regulation (EC) No. 2157/2001, OJ 2001 L 294, 1）第 3 条第 1 項，第 9 条および第 10 条のように，EC レベルの立法例でも本拠地法説によるものがある。

(61) Wendehorst, supra note, para. 96.

(62) Case C-212/97 *Centros* [1999] ECR I-1459, para. 30.

法人登記を拒むのは開業の自由の保障に合致しないと判示している[62]。この
ケースでは，オランダ法に比べ，イギリス法は自己資本に関する要件が緩やか
であるため，イギリス法に準拠し，同国内に会社を設立した後，オランダに支
社を設けることが問題になったが，実質的には本拠地の移転であった。なお，
債権者保護は，その他の（より緩やかな）方法によっても達成できるため，自
己資本額に関する国内法上の要件が満たされないことを理由に，支社の設立を
拒むことは許されないと EC 裁判所は述べている[63]。

また，オランダ法に準拠し，同国内に設立された法人がドイツに本拠地を移
したところ，ドイツ法上，そのような法人の形態は認められていないことを理
由に，行為能力や訴訟能力が否認されたケースにおいて，移転国（ドイツ）が
これらを認めないのは，開業の自由を侵害すると判断されている（Überseering
判決[64]）。

さらに，他の加盟国における支社の設立（実質的には本拠の移転）が問題に
なった事件において，EC 裁判所は，ある加盟国法に準拠し設立された法人が
他の加盟国に支社を設ける際の開示事項については，EEC 指令第 89/666 号で
完全に定められているので，支社設立国（オランダ）が，より多くの開示を義
務付けるのは開業の自由に反すると判断している（Inspire Art 判決）[65]。また，
EC 法が整備されておらず，国内法で規律される事項（最低資金額や法令違反に
関する取締役の責任）について，国内法の遵守を支社設立の要件とすることも
開業の自由に合致しないと述べている[66]。

これらの点を総括すると，EU 加盟国は，自国法の要件が満たされないこと
を理由に，他の加盟国法に基づき設けられた会社の法人格の承認や子会社等の
設立を拒んではならないことになる。なお，開業の自由が濫用されるケースで
は例外的取扱いが認められるが，国内会社法上の制約を免れるために他の加盟

---

(63) Ibidem, paras. 32-39. See also Case C-167/01 *Inspire Art* [2003] ECR I-10155, para. 135.

(64) Case C-208/00 *Überseering* [2002] ECR I-9919, para. 82.

(65) Case C-167/01 *Inspire Art* [2003] ECR I-10155, paras. 69-72. 同判断の背景には，指令が定める以外の開示義務を加盟国が他の加盟国の法人に課すとすれば，開業の自由（ここでは，他の加盟国内に自由に支社を設置すること）が害されるとの判断がある。

(66) Ibidem, paras. 100-105.

国で設立し，その後，本拠地を自国内に移転することは，同法益の濫用にあたらないと EC 裁判所は判断している[67]。

　これらの一連の判決を踏まえ，本拠地法説から設立準拠法説への移行は避けられないということで（ドイツの）学説は実質的に一致している[68]。もっとも，どの範囲でこれを認めるべきかという点については争いがある。その背景には，前掲の Überseering 判決は行為能力ないし訴訟能力についてのみ触れており，その他の法律問題も設立準拠法によることまで導かれるものではないとの解釈がある[69]。まず，設立準拠法の適用範囲は，法人格，設立方法，権利能力や行為能力（ないし訴訟能力），また，法人の存続に直接的に関わるその他の案件（定款変更，改組または解散）などの最小限度に止めるべきとする見解が主張されている[70]。本拠地国による監督の必要性や債権者保護の要請だけではなく，EU 加盟 27 ヶ国の法令を正しく適用することは容易ではないことを考慮すると，このような制限も適切である。なお，設立準拠法国が保護措置（例えば，イギリス法上の国による監督や登録義務）を設けていても，他の加盟国ではこのような制度が存在しなければ適用されないといった問題点も指摘されている[71]。

　これに対し，多数説は，すべての問題について，設立準拠法が適用されるべきとする[72]。これは，法人に密接に関係する問題は単一の準拠法によるとする通説的理論に立脚している（前述参照）。確かに，設立準拠法と本拠地法の適用範囲を分けることが困難なケースもあり，法的安定性に欠けるといった欠点や，準拠法の選択・適用が複雑になるといった欠点がこの見解によれば改善されるが，特に，債権者保護といった観点から，設立準拠法主義に例外を認める必要性も否定できない（前述 I (2)(b)参照）。また，EC 法が適用されないケー

---

(67) Case 79/85 Segers [1986] ECR 2375, para. 16 ; Case C-212/97 *Centros* [1999] ECR I-1459, para. 18 ; Case C-167/01 *Inspire Art* [2003] ECR I-10155, para. 96.
(68) Wendehorst, supra note, para. 101.
(69) Looschelder, supra note, para. 15.
(70) Altmeppen, Schutz vor europäischen Kapitalgesellschaften, NJW 2004, pp. 97-104, 99-100.
(71) Wendehorst, para. 102.
(72) Ibidem, para. 104.

スでは，本拠地法を法人の従属法とする通説・判例の趣旨（債権者の保護や本拠地国による監督・規制）を完全に否定すべきではないと解される。

（2）物権法

動産に関する物権の準拠法は動産の所在地法によるとする理論は広く支持されているが，この原則によるならば，動産の移動に伴い準拠法が変更される。それによって，ある加盟国法上の物権がもはや認められないことも生じうる。特に，動産を目的物とする担保物権が認められないことになれば，債権の実現を確保する上で問題が生じるだけではなく，EC法上の商品移動の自由を制約する要因にもなりかねない[73]。それゆえ，前述した会社法の場合と同様に，移動前の所在地法によるべきとする見解が有力に主張されている。その上で，他の加盟国法上の物権は国内法上の類似する物権と同様に扱うべきとする見解や，公序違背や実務上の問題が生じない限り，他の加盟国法上の物権をそのまま承認すべきとする見解が主張されているが[74]，移動前の所在地法によるとするならば，後説を支持すべきである。なお，物権の準拠法に関し，ECレベルでの立法作業は進んでいない。

（3）債権法

これに対し，債権法の分野では国際的取り組みが発展しており，ドイツ国際私法にも大きな影響を及ぼしている[75]。

ドイツ国際私法（EGBGB）第40条第1項によれば，不法行為によって生ずる債権は不法行為地法によるが，製造物責任の事例において[76]，消費者（被害者）は，結果発生地法が自らに有利な場合には，それを選択しうるように

---

(73) なお，EC法上，商品に該当しない私物は，商品の移動の自由の対象にならない。この点について，筆者のホームページ（http://eu-info.jp/r/4-goods.html〔2009年2月1日現在〕）を参照されたい。

(74) Wendehorst, supra note, para. 115.

(75) Schaub, Die Neuregelung des Internatioanlen Deliktsrechs in Deutschland und das europäische Gemeinschaftsreht, RablesZ 66（2002), 18 ff.

(76) ドイツ法上，製造物責任は不法行為の準拠法（ドイツ国際私法第40条）による。See BGH, NJW 1981, 1606.

なった(被害者に有利な準拠法の選択に関し,かつては裁判所がこれを見出さなければならなかったが,現行法は当事者の責任とし,裁判所の負担を緩和している)[77]。なお,行為地の解釈には争いがあり,通説は製造者の所在地を指すとしているが[78],代替的に,製造地とみる立場[79]もある。いずれにせよ,これらの地の法が製造物責任について,より厳格に定めているときは,間接的な差別が生じることが指摘されている[80]。つまり,製造者がドイツ国内の業者であれば,ドイツ法が適用されるのに対し(これは純粋な国内事件である),製造者が他の加盟国の業者である場合には,所在地法または製造地法に従い,より厳しく責任を追及することが可能になるためである。確かに,ドイツの業者が他の国へ商品を輸出するときは,その地の法によって,より厳格な責任を追及されることもありうるが,その地の国際私法が結果発生地法を準拠法に指定しているとは限らない[81]。このような業者間の間接的差別を無くすため,商品を流通過程に置いた地を行為地とすべきとする見解も主張されているが[82],その地の法が製造地法より製造者に重い責任を課している場合には,商品の移動の自由が阻害されかねない。もっとも,このような取扱いも消費者保護の観点から正当化されよう。また,他の加盟国へ輸出する業者は準拠法の変更がありうることを念頭におくべきと解される。

(4) 家 族 法

基本的自由や,EU市民の基本権としての人の移動の自由に関する家族法上の問題としては,特に,氏名権が重要である[83]。現行EC法上,この分野に

---

(77) Looschelders, supra note, Art. 40. paras. 24-25.
(78) v. Hoffmann, in *Staudinger* ed., Kommentar zum Bürgerlichen Gesetzbuch, 2001, Art. 40, para. 93 ; BGH, NJW 1981, 1606.
(79) Hohloch, in *Erman*, Handkommentar zum Bürgerlichen Gesetzbuch, Bd. II, 10. Auflage, 2000, Art. 40, para. 52 ; OLG Düsseldorf, NJW-RR 2000, 833.
(80) Roth, Der Einfluß des Europäischen Gemeinschaftsrechts auf das Internationale Privatrecht, RabelsZ 55 (1991), pp. 623-673, 645.
(81) Wendehorst, supra note, para. 113.
(82) *Basedow*, supra note, pp. 37 et seq.
(83) ドイツ国際私法(EGBGB)第10条参照。また,その他の家族法に関する抵触法に関し,Wendehorst, paras. 33-35.

おける立法は加盟国に委ねられているが，その行使に際しては，基本的自由や，EU 市民の基本権としての人の移動の自由が害されないよう留意する必要がある[84]。例えば，ある者の本国法は結合姓（父親の姓と母親の姓を組み合わせた姓）を認める一方，居住地の法令が認めないため，居住地国がその使用を禁止するとすれば，本国への移動が実質的に阻害されるといった問題が生じる。実際に，スペイン人の父とベルギー人の母を持つ子（スペインとベルギーの国籍を共に有し，出生地かつ居住地はベルギー）の氏の決定に関し，居住地であるベルギーの国際私法は自国籍を優先しているため，準拠法はベルギー法となるが[85]，同法は父姓を子の氏とするとし，スペインで一般的な結合姓の使用を認めないため[86]，人の移動の自由（EC 条約第18条），つまり，もう１つの本国であるスペインへの（将来の）移住が制約され，EC 法に違反するかが問題になったケースで，EC 裁判所は，同違反を認定している。また，ベルギー国籍のみを持つ者と，同国籍とスペイン国籍の双方を持つ者が同様に扱われるのは，EC 条約第12条が定める差別禁止の原則に反するとしている[87]。なお，このケースにおいて，同裁判所は，自国籍を優先するベルギー国際私法と EC 法の整合性については触れず，ベルギー実質法が例外（ベルギー人の姓はベルギー法によるとする原則に対する例外）を設けていることに着眼し，それを適用すべきとしている（準拠法レベルでの解決）[88]。

ところで，ドイツ国際私法（EGBGB）第10条第3項は，嫡出子の姓は，一

---

(84) Case C-148/02 *Garcia Avello* [2003] ECR I-11613, para. 25.
(85) ベルギー民法第3条は，ベルギー人の地位や能力は，同人が国外に居住する場合であれ，ベルギー法によると定める。これに照らし，同国では，人の地位や能力は本国法によると解されている。また，ベルギー人が他の国の国籍をも有するときは，国際慣習法に倣い，ベルギー国籍が優先されるとする。Ibidem, paras. 6-8.
(86) このケースでは，スペインの慣習に従い，父親（スペイン人）の姓 Garcia Avello と母親（ベルギー人）の姓 Weber を結合した Garcia Weber の使用を求めたが，ベルギー当局は，ベルギー国際私法が指定する準拠法（ベルギー法）によれば，子供の姓は父親の姓によるとの判断に基づき，Garcia とした。Ibidem, paras. 13-18.
(87) Ibidem, para. 45. なお，このケースでは，ベルギー国籍のみを持つ者と，同国籍と他の加盟国の国籍を持つ者との間で差別が行われているわけではないが，EC 条約第12条（差別禁止の原則）は，①同様の状況を差別的に取り扱うことだけではなく，②異なる状況を同一に取り扱うことを禁止している。Ibidem, para. 31.
(88) Ibidem, para. 44.

方の親の本国法か，一方の親がドイツ国内に常居所を持つ場合はドイツ法であってもよいとしているため，上掲のケースでは問題は生じない。ただし，両親がデンマークに居住するドイツ人であり，デンマーク法上，子供の結合姓が認められるような場合は別である[89]。つまり，この結合姓が本国ドイツでも使用できるかという問題の準拠法はドイツ法となるが（両親がドイツ人であるため），ドイツ民法はこれを認めていない。EC 法に合致させるためには，実質法に例外規定を設けるか，または，準拠法選択の可能性を広げる必要がある。なお，準拠法を指定・適用することなく，他の加盟国法で認められた法律関係をそのまま承認するといった解決策も考えられる（前述 I (2)(c)参照）[90]。

IV おわりに

加盟国法の違いは，域内市場を完成させ，基本的自由を保障する上で，大きな障害となる。そのため，EC は国内法の調整に尽力しているが，その発展は国内抵触法の意義を弱める。まだそのような段階には達していないため，準拠法の決定が求められるが，EC 条約は，このような抵触法的アプローチを前提にしておらず，ある加盟国法に基づき成立した渉外的法律関係は他の加盟国でも承認されるという理論に基づいていると考えることも可能である。このよう

---

[89] ドイツ人男性 Grunkin とドイツ人女性 Paul からなる夫婦がデンマーク在住中に子供（ドイツ国籍）をもうけ，その姓を，デンマーク法に基づき Grunkin-Paul としたが，ドイツの行政機関および最終審である高等裁判所によって，そのような名前の登録は許可されず，その後，両親が子供の姓を決定しなかったため，家庭裁判所が決めることになったケースについて（ドイツ民法第1617条第2項および第3項参照），EC 裁判所の判決（Case C-96/04 *Grunkin-Paul* [2006] ECJ I-3561）を参照されたい。この事例において，ドイツの家庭裁判所は，オランダ法上，適法な Grunkin-Paul という姓の使用がドイツで許可されないことは，EC 条約第12条（国籍に基づく差別禁止）や第18条（人の移動の自由）に反しないかという点に関する先行判断を EC 裁判所に求めているが，同裁判所は，自らの管轄権を否認し，上掲の問題に関し，見解を示していない。つまり，同裁判所は，先行判断を求めた家庭裁判所は，法的争いについて司法判断を下す役割を負っておらず，いわば行政機関にあたること，また，前述したように，すでにドイツの最終審は Grunkin-Paul という姓はドイツ法上，認められないと判断しているため，国内手続において，法律上の争いは存在しないとの理由に基づき，本件において先行判断を下す権限はない結論付けている。

[90] Wendehorst, supra note, para. 109.

な立場によらず，準拠法の決定が求められると捉える場合であれ，基本的自由は，指定された国内法に基づき保障されるのではなく，EC法によって保障されていることを明確にしておく必要がある。国内法とEC法が抵触する場合，後者が優先することは，EC裁判所の判例法を通し，確立されてきた。基本的自由の保障はEC法上の大原則にあたるため，この法益を制約する国内法は適用されない。このことは加盟国の国際私法にも及ぶと解される。つまり，準拠法は基本的自由の保障の要請に合致するように決定されなければならない。

前掲のEC裁判所判例に照らすならば，EC法の要請を満たすため，準拠法は，原則として，設立準拠法ないし原産国法とされなければならないと解される。特に，法人の移動の自由とは，EU加盟27ヶ国の法令から自らに有利な法を選択し，開業することを保障するものである。つまり，設立が容易な加盟国（発起人の本国以外とする）法に準拠し法人を設けた後，本国に本拠を移転したり，支社を設置することが保障される点に留意しなければならない。他方，自然人の属人法に関し，本国法主義は国籍に基づく差別につながり，また，常居所地法主義は本国法上の法律関係を否認することもありうる。ここでも，準拠法は基本的自由が保障されるように決定されなければならないという要請が働くため，本国法か常居所地法のいずれかによると画一的に定めるのではなく，準拠法の選択を認めることが重要となろう。

なお，国内抵触法がEC法に合致しない場合には，前者が完全に改廃されなければならないわけではなく（EC法が適用されないケースでは，国内法は変わりなく適用される），特例を設けたり，公序条項に基づき，指定された準拠法の適用を排斥すれば足りる。また，準拠法レベルでの対応が可能であればよいことが本稿で考察したEC裁判所の判例より導かれる。なお，準拠法に指定された自国法が基本的自由の保障に反することもありうるため，外国法だけではなく，自国法の適用をも排除しうるように公序条項を改めることも検討に値する。つまり，基本的自由の保障というEC法の大原則をベースにすると，外国法だけではなく，自国法も外部の法となる。なお，前述したように，ドイツでは，法人の従属法の決定に関し，例外を認めるのではなく，準拠法決定にかかる原則が変更されている。これによって，本拠所在地国による規制や債権者の保護といった要請が軽視されることになるが（EC法もこの点に配慮していないわけで

はない），この問題の解決には加盟国法の調整が求められる。もっとも，これによって国際私法の重要性は弱まる。前述した，渉外的法律関係の承認に関する理論も同様の効果をもたらすが，これは国際私法だけではなく，国内法の調整に代替する意義を併せ持っている[91]。

---

(91) Stern, supra note, p. 223.

15 EUにおける公共サービス事業の意義の変容
──競争法の限界への影響の視点から──

青 柳 由 香

はじめに
Ⅰ 一般的経済利益のサービスと
　EC競争法の限界
Ⅱ 欧州社会モデルにおける一般
　的経済利益のサービス
Ⅲ 条約規定の変化
Ⅳ 一般的経済利益のサービスの
　規範的位置付けと競争法の限界
結語── 一般的経済利益のサー
　ビスの変容と競争法の
　限界への影響

はじめに

　本稿は，1990年代半ば以降，ECにおける政策および規範の上で公共サービス事業の意義がどのように変容したか，そしてそれが競争法に対してどのような影響をもたらすかを検討するものである。

　EC競争法は経済活動に従事する公共サービス事業等に対しても適用される。しかし，公共サービス事業等は一定の場合には競争法の適用を免れることができる（EC条約86条2項）。いかなる場合に競争法の適用を免れることができるかについての判断基準は，1970-80年代には厳格で適用除外は認められにくい傾向にあったが，1993年Corbeau事件先決裁定を機に基準が大幅に緩和され適用除外が認められやすくなったと評されている。この判断基準の変化は競争法の適用が緩和されたことを意味するものであるが，また，同時に86条2項に基づく競争法からの逸脱の是非の判断において，競争的価値のみならず公共サービス事業がもたらす公益等の非経済的価値が重視されるようになったという，判断要素の変化をも内包するものである[1]。

　このような変化の背景には，ECにおける公共サービス事業の意義について

（1）　拙稿「一般的経済利益のサービスの「阻害」に関する判例法理の展開と86条2項の機能──公共サービス事業におけるEC競争法の適用範囲：競争か公益か」日本国際経済法学会年報16号（2007年）205頁。

の理解の変化があるように思われる。すなわち，1980年代までみられた域内市場の統合への強い動機が公共サービス事業の自由化を推進した一方で，1992年の域内市場の完成を機に，一部の加盟国・EC諸機関が，公共サービス事業が適用する非経済的価値である公益の重要性をも考慮認識すべきとの立場を採るようになったという，公共サービス事業の位置付けの変化が影響して，86条2項に基づく競争法からの逸脱に関する司法裁判所の判断基準の変化をもたらしたという理解が妥当するようである[(2)]。

　ところで，1990年代半ば以降，ECにおける公共サービス事業に関する条約ルール・政策は大きな変化をみせている。まずルールの上では，あたかも公共サービスの価値が引き上げられたかのような規定の導入があった。アムステルダム条約による16条の挿入と，EU基本権憲章の採択，および憲法条約からリスボン条約による条文改正によってもたらされた変化は，公共サービスをより重視しているように読める。しかし他方で，政策面ではそれとは逆の動きもみられる。すなわち，EUの社会経済政策形成において頻出する概念である「欧州社会モデル」においては，公共サービス事業がもたらす公益を尊重しつつもその自由化を推進せよとの動きがみられるのである。

　本稿は1990年代半ば以降にみられた上述の条約ルール・政策上の変化を検討することにより，現在のECにおける公共サービス事業がおかれる文脈が変容したことを明らかにすることを目的とする。1993年のCorbeau事件先決裁定は，競争法からの適用除外をいかに考えるかという文脈において，競争を通じた経済効率性だけでなく，公益のような非経済的価値をもより重視することを内容とする新たな判断基準を示した。これに対して本稿は，1995年以降の条約ルールの変化が，これらのふたつの価値に加えて，結束という新たな価値をも公共サービス事業に見出しており，現在のEU法において公共サービス事業はこれら3つの価値が交錯する文脈において捉えられているということを明らかにしようというのである。このような検討を行うのは，公共サービス事業の価値，ないしその意義の変化が，86条2項に基づく競争法からの適用除外の射程にさらに影響を与える可能性があると考えるからである。

（2）　拙稿・前掲注(1)。

以上の目的をもって，本稿は，まず公共サービス事業について競争法からの適用除外が認められた判例にみられる判断基準の変遷の概略を説明する。次に，異なる価値観を有する加盟国からなる EU が，市場経済における競争と社会政策を通じて実現される非経済的価値のバランスのとり方において常に政策的困難を有してきたこと，特に公共サービス事業は両政策の交錯点にあるのでその影響を受けることを示す。そして，条約ルールの変化によって，公共サービス事業に見出される価値ないし意義の内容が，明示的に変化したことを明らかにする。最後に，このような条約ルール上の変化が，公共サービス事業の位置付けに具体的にはいかなる変化をもたらすかを検討する。そこでは，学説を参照しつつ，「欧州社会モデル」における公共サービス事業の位置付けと条約上のルールの変化をあわせ読み，現時点での EU 法上，とりわけ競争法に対する影響を検討する。

I 一般的経済利益のサービスと EC 競争法の限界[3]

ここまで公共サービス（public services）と言及してきた事業分野は，EC 法では「一般的利益のサービス」（services of general interest）と呼ばれる。そのうち，経済活動に関わる「一般的経済利益のサービス」（services of general economic interest）のみが EC 条約の規定にみられる。E 当初の EEC 条約（1957 年）のうち同サービスに言及した規定は 86 条 2 項（旧 90 条）のみであった（後にアムステルダム条約がこれに言及する 16 条を挿入することは後述）。

86 条 2 項は「一般的経済利益のサービスの運営を委託された事業者又は歳入源を独占する性格を有する事業者は，それらのルールの適用がこれらの企業に与えられている特定の任務の法律上または事実上の遂行を妨げない限り，本条約のルール，特に競争に関するルールにしたがわなければならない。共同体の利益に反する程度にまで，通商の発展が影響されてはならない。」と規定する。

86 条 2 項の下で競争法からの逸脱が認められるための要件は，①一般的経

---

(3) ECJ が示した判断基準や域内市場の状況との対応関係を含め，本項の詳細につき拙稿・前掲注(1)。

済利益のサービスに該当すること，②条約ルールの適用が当該事業者に委ねられた特定の任務の遂行の阻害となること（「任務遂行の阻害要件」という），③共同体の利益に反する程度に通商の発展に影響しないことである。このうち，③共同体利益に関する要件はこれまでほとんど問題とされておらず，①・②の2つが実質的な要件となっている(4)。

筆者は過去にこれらの用件のうち，②「任務遂行の阻害要件」に関して欧州司法裁判所が示した判断基準の変遷に着目して，その背景には域内市場の発展・成熟の過程があるとの議論を行った。検討の結果，ECレベルの政策が「任務遂行の阻害要件」に関するECJの判断基準に影響を与えたようであることが明らかになった。

まず，1970-80年代にみられたより競争制限的でない手段をもって公共サービスの目的を達成せよとの，いわゆるLRAを内容とする厳格な判断基準（非両立性テスト，不可欠性テスト）の背景には，域内市場の統合を希求し，また国際競争力を強化するという目的のために推進された公共サービス事業の自由化があった。このような政策の下では，加盟国や国内公共サービス事業者による競争制限的な行為は，国境に沿って市場を分断したり，自由化を阻害したりする効果を有しており，これに対処するため厳格なテストが用いられたと理解される。

他方，1990年代以降，行き過ぎた自由化を忌避し，公共サービス事業がもたらす公益という非経済的価値を再度見直すべきだとの見解が，手厚い公共サービス事業の伝統を有する大陸諸加盟国から示され，また一部のEC諸機関も同様の立場をとった。この立場の影響を受けたとみられる競争法の適用除外要件の緩和はまず，コミッション決定(5)でみられた。続いてECJも1993年Corbeau事件先決裁定(6)において，必要性テストと呼ばれる判断基準を示した。必要性テストでは，LRAは求められず，必要な範囲での内部補助とその

---

(4) ALISON JONES & BRENDA SUFRIN, EC COMPETITION LAW, 3RD ED. (2008), at 667.

(5) Commission Decision EEC 90/16 concerning the provision in the Netherlands of Express delivery services [1990] OJ L10/51 ; Commission Decision EEC 90/456 concerning the provision in Spain of international courier services [1990] OJ L233/22-23.

(6) Case C-320/91 Corbeau [1993] ERC I-2533, [1995] 4 CMLR 621, at paras 15-18.

ための競争制限が認められることが明らかにされた。この判断基準は従前の厳格なテストに比べて，公共サービス事業に関する加盟国の裁量の余地を拡大したと評される。一部の例外を除き，その後の判例のほとんどが必要性テストを採っており，Corbeau 事件は現在においてもリーディングケースであるといえる。

以上のような理解に基づくと，86条2項における「任務の阻害性要件」の判断基準の変容は，域内市場の状況とその時々における公共サービス事業の位置付けの影響を受けているといえそうである。すなわち，1970年代および80年代においては，EC の経済活動のプラットフォーム（そして国境に沿って市場を分断する存在）として，1990年代以降はそれに加えて公益という非経済的価値をもたらす社会的基盤としての役割をも見出されるようになったように思われる。そのような公共サービス事業に関する理解の影響を受けつつ，競争法との関係で経済的な側面のみを判断するという基準から，非経済的価値をも考慮に入れる基準へと ECJ が判断基準を変化させたことは，判例法の発展として評価されよう。

このように政治レベルでの進展は判例にも少なからず影響を与えているようである。したがって，域内市場における一般的経済利益のサービスの位置付けの動向を探ることは競争法の公共サービス事業に対する適用との関係において一定の重要性をもつのである。

ところで，90年代半ばにも，さらに政治的およびルール上の公共サービス事業の位置付けの変化がみられている。これは競争法の適用に対して影響をもたらしうるものである。以下では，その歴史的背景を把握するために，まず欧州社会モデルと一般的経済利益のサービスとの関係を明らかにし，その後，EC 条約の改正による一般的経済利益のサービスの位置付けの変化の有無を検討する。

II　欧州社会モデルにおける一般的経済利益のサービス[7]

EC の拡大・深化にしたがい，EC レベルでも経済政策だけではなく必要な範囲で社会政策分野にもより積極的に関与すべきとの主張がみられるように

なった。しかし，EU レベルの施策において市場経済に基づく経済政策と，労働・社会保障といった社会政策とが，いかなるバランスでとられるべきかは極めて重大な争点となっている。その原因は，経済・社会・文化的に異なる歴史的背景を有する複数の加盟国，すなわち市場経済を重視する加盟国と，社会政策を重視する加盟国とから構成されるという EU の特徴に起因するもので，これは EU が長年にわたり抱えてきた問題である[8]。現在でも，将来の EU 社会のあり方である「欧州社会モデル」について，加盟国間の明確な合意が得られない状況が続いている。

このような「欧州社会モデル」にみられるせめぎあいは，一般的経済利益のサービスのあつかいにおいてもみられる。というのは，一般的経済利益のサービスは，一方では経済活動の基盤になるという意味において経済政策に，他方では市民に便益を提供し，雇用も創出するという点において社会政策に密接に関連しているからである。以下では，EU において社会政策がどのようにたち現れ，加盟国間の政治を通じていかに発展・変容をみせたかを概観し，これを背景に，現在の「欧州社会モデル」において一般的経済利益のサービスがどのように考えられているかを明らかにする。

(1) 社会政策の導入から新自由主義的傾向へ

EU における社会政策の源流は 1985 年～1995 年に欧州委員長であったジャック・ドロール（Jacques Delors）にあるといわれる[9]。ドロールは，自

---

(7) 欧州社会モデルに関する議論・政策の展開を詳細に検討し，そこに一定の安定性・継続性が存在することを政治学の視点から論ずる文献に，網谷龍介「『社会モデル』言説の定着とその制度的基盤——EU レベル専門家ネットワークの機能」平島健司編『国境を越える政策実験・EU』（東京大学出版会，2008 年）61 頁。AILISH JOHNSON, EUROPEAN WELFARE STATES AND SUPRANATIONAL GOVERNANCE OF SOCIAL POLICY (2005) も参照。

(8) 社会政策が加盟国ごとに多様であることにつき，Franz Scharpf, The European Social Model: Coping with the Challenges of Diversity, Journal of Common Market Studies 40(4) (2002) at 645. Scharpf は，社会政策に関する加盟国間の差異について，原加盟国 6 ヵ国から構成された共同体創設時が最も少なく，拡大をする度に域内の差異が拡大していることを指摘する。

(9) その後「社会モデル」(social model) という文言が重要な政策文書の中ではじめて用いられたのは 1993 年コミッションのグリーンペーパー「ヨーロッパの社会政策：EU のオプション」(COM (93) 551 final) であるという。網谷・前掲注(7) 64 頁。

らがフランスの財務大臣を務めた1980年代に，ミッテラン政権によるケインジアン的経済政策の失敗と，ブレトンウッズ協定の失敗に続く通貨市場の国際化により資本コントロールが効かなくなる事態とを経験し，これを契機に，一国レベルでの経済政策の有効性に疑問を持ち，加盟国の協力をもって社会民主主義的な動きをとるべきとの考え方を採るようになったという[10]。この時期の基本的な考え方は，経済的な進展と社会的な進展とは両者共に重要であり，経済的に成功を収めようとしている欧州は社会政策にも取組むべきというものであった[11]。具体的な取組みとして，1992年マーストリヒト条約が社会政策に関する章を導入したことが挙げられる[12]。

とはいえ，1990年代のECは社会政策に重きをおくというより，むしろ市場経済を重視する傾向をみせるようになった。まず，上述したマーストリヒト条約は社会政策の章を導入したものの，全体としては新自由主義的な傾向をもつとの評価を受けている。というのは，例えば同条約が導入した財政赤字の制限は，各国における社会福祉の切り下げを招き，むしろ社会民主主義的な性質はECにおいて周辺的なものにとどまってしまったというのである[13]。また，域内市場における自由移動が，ECレベルでの統一的な基準ではなく，各加盟国法の相互承認に基づくことを通じて実現されていたことも[14]，欧州全域にわたる強力な基準を求める社会民主主義的な要求——すなわちECレベルにおける社会政策にかかる規制——の実現を難しくしたことが指摘されている[15]。

(10) 鈴木一人「ミッテラン政権の経済政策とフランスの欧州政策」日本EC学会年報16号（1996年）73頁，Christoph Hermann & Ines Hofbauer, The European Social Model: Between Competitive Modernisation and Neoliberal Resistance, Capital and Class 93 (2007) at 126.
(11) ただし，ドロールのアイディアは，ソーシャルパートナー（social partner）を政策策定過程に参加させることに重点を置いていた。
(12) 濱口桂一郎「EU——深化と拡大の中の労使関係システム」海外労働時報325号（2002年）54頁。
(13) Hermann & Hofbauer, supra note 10, at 127. マーストリヒト条約の交渉過程につき遠藤乾編『ヨーロッパ統合史』（名古屋大学出版会，2008年）247頁［遠藤乾執筆］。
(14) 相互承認について庄司克宏「EU域内市場政策——相互承認と規制権限の配分」田中俊郎＝庄司克宏編『EU統合の軌跡とベクトル——トランスナショナルな政治社会秩序形成への模索』（慶應義塾大学出版会，2006年）111頁，同「EU域内市場法の仕組み」同編『EU法　実務篇』（岩波書店，2008年）1頁。
(15) Hermann & Hofbauer, supra note 10, at 127.

加えて，進展する経済のグローバル化によるプレッシャーを理由に，域内市場における新自由主義的なムードが高まったとされる。

(2) 新自由主義的傾向の緩和のための欧州社会モデル，そして欧州社会モデルの新自由主義化

しかし，他方でこのようなECの新自由主義的傾向には強い反発がみられた。その際たるものが，「デンマーク・ショック」とよばれるデンマークの国民投票におけるマーストリヒト条約批准の否決[16]と，1990年代後半の失業問題に端を発する欧州各地での民衆によるデモである。

このような状況に対応すべく，たとえば，1994年にコミッションによるホワイトペーパー「欧州の社会政策[17]」が欧州社会モデルを「民主主義，個人の権利，自由な団体交渉，市場経済，皆の機会均等，社会福祉，および連帯」を含む「多くの共有される価値」からなるものであると定義し[18]，同年のエッセンにおける閣僚理事会が失業問題を主要課題としてこれに取組んだのである。

だが，このような取り組みは労働組合からの批判に対応するためになされたと評されている。というのは，欧州において失業問題は重要である一方，一般に労働組合は産業別に組織され，その政治的な力は強い。そのためECが社会政策を講じるのは，労働組合の中の欧州統合反対派に対処するためという側面も強いようである[19]。そのような事情は別として，新自由主義的傾向をもつとされるマーストリヒト後に，一定の社会政策的な取り組みもなされたのである。

しかし，2000年のリスボン戦略の採択は路線変更をもたらしたといわれる（同戦略の概要につき後述）[20]。2000年3月にリスボンで開催された臨時欧州

---

(16) デンマークの国民投票によるマーストリヒト条約批准の否決の経緯につき，吉武信彦「マーストリヒト条約とデンマーク――1992年6月2日の国民投票を中心として」日本EC学会年報13号（1993年）49頁。

(17) European Commission, European Social Policy-A Way Forward for the Union, COM（94）333.

(18) Id, at 2.

(19) Hermann & Hofbauer, supra note 10, at 128.

理事会は，2010年までの10年間にEUを「世界で最も競争力が高くダイナミックな，知識に基礎をおく経済にし，よりよい仕事を増やし社会的連帯を強めること[21]」を目標に定めた。この政策目標のために採択された一連の経済・社会改革政策は「リスボン戦略」と呼ばれる。

リスボン戦略の性質を一言で表すことは困難である。というのは，一方ではグローバル経済における競争力を確保するための政策，そして他方では，雇用の安定と社会的連帯という福祉国家的な政策という，相矛盾するような内容をもつからである[22]。それゆえにリスボン戦略の性質についての評価は一様ではない。すなわち，一方では社会政策をも視野にいれたことをもって，いわゆる「第3の道」ないし北欧型の社会モデルを志向するとの理解が示され[23]，他方では，競争を重視する新自由主義的傾向が強いとの理解も示されている[24][25]。とはいえ，このような両方向の内容は，政治的志向の違いが大きいEUにおけるコンセンサスを得るために不可避であったと評される[26]。

---

(20) 「リスボン戦略」の概要について入稲福智「リスボン戦略」平成国際大学論集9号（2005年）131頁。なお，「リスボン戦略」の政策目標の達成の進捗は，2004年に有識者からなる High Level Group により中間評価を受けている。その内容についても同稿を参照。他に，リスボン戦略が採用したガバナンス手法 OMC（open method of coordination）を中心に論ずるものに，嘉治佐保子「EUの経済政策」田中＝庄司編・前掲注(14) 139頁。

(21) Lisbon European Council, 23-24 March 2000, Conclusions of the Presidency, SN 100/00, point 5.

(22) 遠藤編・前掲注(13) 299頁［鈴木一人執筆］。

(23) Nick Adnett, Modernizing the European Social Model: Developing the Guidelines, Journal of Common Market Studies 39(2) (2001) at 353.

(24) 入稲福・前掲注(4) 132頁。

(25) 後者の立場からは，リスボン戦略は社会政策の分野にも新自由主義的影響を及ぼしたものであるとすら解されている。Hermann & Hofbauer, supra note 10, at 130. 例えば，高水準の雇用と社会水準を実現するためには競争力が前提であるので，競争力を得るという目標にしたがって欧州社会モデルがその性質を変容させることを要請するものと理解されているのである。またリスボン戦略の後に，コミッションが2005年の社会問題に関するコミュニケにおいて「雇用，連帯および社会的包摂（ソーシャル・インクルージョン）の目的は，欧州の競争力と魅力が問われるグローバル化した経済から切り離すことはできない」との立場を示し，社会の高齢化に鑑みるに，将来の世代のために，既存の社会保障制度を改革する必要があるとしたことも，上述の理解を支持するものだろう。European Commission, Communication from the Commission on the Social Agenda, COM (2005) 33 final, point 1. 3.

(3) 現在の欧州社会モデルにおける公共サービス事業

リスボン戦略にみられるような，新自由主義的な経済政策をとりつつ，社会政策にも配慮をするとしている現在の欧州社会モデルにおいて，経済的側面と非経済的側面の両方を有する公共サービス事業，すなわち一般的経済利益のサービスはどのように位置づけられるのだろうか。以下，①リスボン戦略，②サービス指令を材料に検討する[27]。

① リスボン戦略

リスボン戦略はこれまで規制産業とされてきた公共サービス事業の自由化と競争の促進を図ろうとするものである。たとえば，リスボン戦略が特に重点を置く知識型経済へ移行し，また国際競争における基盤を確保するために，IT等の通信技術分野の統合・競争促進の目標が設定されている。具体的には，2001年末までに共同体の電気通信市場を完全に統合すること，加盟国の地域回線網へさらなる競争を導入すること[28]が要請されている[29]。

また，他の公共サービス分野についても，完成し完全に機能する域内市場へ

---

[26] 遠藤編・前掲注(13) 299頁[鈴木一人執筆]。他方で鈴木は，リスボン戦略を「経済成長と社会保障のポジティブ・サム的結合を企図した戦略」と捉え，欧州社会モデルに関するディスコースは，1990年代にデンマーク，オランダ，イタリア，イギリス，フランス，ドイツといった複数の加盟国で中道左派・社会民主主義勢力が伸張・政権獲得を果たしたことを契機とする，いわゆる「第3の道」路線をとるものであるとも評価する。

[27] なお，コミッションの政策文書も欧州社会モデルにおける一般的経済利益のサービスの位置付けを理解するための重要な手がかりとなる。1996年コミュニケから2004年ホワイトペーパーまでの検討について，拙稿「EC委員会の公共サービス事業に関する規制政策の展開」土田和博=須網隆夫編『政府規制と経済法：規制改革時代の独禁法と事業法』(日本評論社，2006年) 73頁。その後コミッションは，2006年にコミュニケ「欧州連合における一般的利益の社会的サービス」(COM (2006) 177 final)，そして，2007年にはコミュニケ「21世紀のヨーロッパの単一市場」の附属文書として「一般的利益の社会的サービスを含む一般的経済利益のサービス：新たな欧州のコミットメント」および「一般的利益のサービスに関する2004年ホワイトペーパー以降の進展」(それぞれ，COM (2007) 725final, SEC (2007) 1515) 等を示した。社会的サービスとヘルスケアの重要性がより強調されるようになった以外，大幅な方針の変更はみられないようである。

[28] これは主にインターネット接続料の引下げを狙ったものである。

[29] Lisbon European Council, 23-24 March 2000, Conclusions of the Presidency, SN 100/00, point 11.

の経済改革に関する政策との関連で，公共サービス等の自由化が言及されている。具体的には，コミッション，閣僚理事会，および加盟国を名宛人として，ガス，電力，郵便サービス，運輸等の分野における自由化の加速が要請されている[30]。

このように，リスボン戦略では，その価格が産業の競争力に密接である伝統的なユーティリティ分野の自由化が強く前面に出されている。ただし，同時に，一般的経済利益のサービスがもたらす非経済的価値に対する目配りもみられたことに注意すべきである。たとえば一般的経済利益のサービスに関する条約規定への配慮が不可欠であるとして，コミッションに対して1996年コミュニケのアップデートが求められた[31]。リスボン戦略におけるこのような叙述は，1990年代よりみられる競争によっては達成されない非経済的価値を尊重する必要性についての議論に基づくものであろう。

② サービス指令

リスボン戦略を具体化した措置のうち最も重要なものの一つに，「ボルケシュタイン（Bolkestein）指令」とも呼ばれる「域内市場におけるサービスに関する指令[32]」（2006年，サービス指令とする）がある。同指令は，サービス分野は経済成長および雇用創出に不可欠であるにも拘らず，様々な障壁を理由に域内のサービス市場の統合が進まないとの問題意識を背景として[33]，「高品質のサービスを維持しつつ，サービス提供者の開業の自由の行使，およびサービスの自由移動を促進する一般規定を確立する」ものである（サービス指令1条1項）。

その実現に向けた議論は，異なる政治的志向をもつ加盟国からなるEUの難しさを露呈することになった。殊に，草案段階では規制のあり方について母国主義（country of origin principle）が採用されていたため，ソーシャル・ダンピ

---

(30) Id, point 17. 他に公的調達に関するルールや制度の整備に関する要請もなされた。

(31) Id, point 19. 同コミュニケは一般的経済利益のサービスのもたらす非経済的価値，および同サービスに関する権限は補完性の原則の下，加盟国が一義的に権限を有することを確認したものである。

(32) Directive 2006/123/EC on Services in the internal market (2006) OJ L376/36. サービス指令について，庄司克宏「EUサービス指令」同編・前掲注(14) 25頁。

(33) Directive 2006/123/EC, preambles (1)-(5).

ングを招くとして強い反発を受けた[34]。また，サービス産業は商慣行・文化の影響が大きいため，これについて，欧州レベルでの単一のルールを策定し，自由化を進めることには反対が強かった[35]。加えて，公共サービス事業の状況は加盟国ごとに異なり，自由化が進んだ加盟国もあれば，いまだ公営企業の形態を維持しつつ，そのような事業者を通じて，経済政策・産業政策のみならず雇用対策をもおこなっている加盟国もある。そのため，これらにも一律にEU レベルのルールを適用することに対して，各国，殊にフランスは強く反発し，サービス指令に向けた議論において一般的経済利益のサービスは特に大きな議論の的になった。

2004 年1 月13 日のコミッションの提案の段階では，非経済的な一般的利益のサービスは対象とならないことが明示されたが[36]，2006 年2 月16 日に示された欧州議会案は原則的に一般的経済利益のサービスを対象とするとした[37]。これを受けてコミッションは2006 年4 月4 日に適用除外の範囲を変更した新案を提出した[38]。しかし，最終的には大幅に対象を限定した内容で指令が採択された[39]。すなわち，原則として指令は一般的経済利益のサービスを対象とするが，2 条2 項において非経済的一般利益のサービス，電気通信，運輸，ヘルスケア，視聴覚サービス（audiovisual services），一定の社会的サービス等についての適用除外を規定した。これに加えて，サービスの提供の自由について，適用除外の追加がなされている（17 条）。殊に，他の加盟国で提供される一般的経済利益のサービスがあげられている（同条1 項）[40]。

この緩和をその理由のひとつとして，サービス指令の実効性には疑問が呈さ

---

(34) 庄司・前掲注(32) 25 頁。母国主義はホーム・ステート・コントロールとも呼ばれ，加盟国間における規制の相互承認の下，輸出国（サービスにおいては開業国）のルールに基づいて規制がなされる。母国主義について，庄司・前掲注(14)「EU 域内市場政策」。
(35) 遠藤・前掲注(13) 299 頁［鈴木一人執筆］。
(36) COM（2004）2 final.
(37) EP-PE_TC1-COD（2006）0001.
(38) COM（2006）177 final.
(39) SEC（2007）1515, at 2.
(40) 特に，同項では以下のサービスが挙げられている。(a)郵便部門のうち「共同体郵便サービスの域内市場の発展及びサービスの質の改善のための共同体規則に関する指令97/67」（Directive 97/67/EC of the European Parliament and of the Council of 15 December 1997 on common rules for the development of the internal market of

れている[41]。その原因の根源には，リスボン戦略において示された相矛盾する価値を内容とする政策をめぐる，加盟国間の政策上の対立があるといえよう。

(4) 小　括

域内市場の深化に伴い，ECレベルにおける一定の社会政策の必要性が論じられるようになって久しい。たしかに「欧州社会モデル」の描出において，市場経済による競争とその修正としての社会政策は必要であるとの一定の合意がみられている。しかし，社会政策のあり方について，理解の一致はなさそうであり，「欧州社会モデル」を描いたものとされるリスボン戦略も妥協によるという。

社会モデルに関する上述の困難は，一般的経済利益のサービスの規制のあり方にも影響を及ぼしている。リスボン戦略は多くの公共サービス事業の自由化を求めた。しかし，妥協によってEUレベルの抽象的な政策決定になんとかこぎつけたとしても，具体化の段で再度加盟国の強固な反対を受ける可能性があることが，サービス指令の採択の経緯から明らかである。その例として，特に，リスボン戦略が国際競争の基盤を確保するために，通信技術分野の統合・競争促進を謳ったにもかかわらず，サービス指令は電気通信分野を適用除外としたことが挙げられよう。

このような状況に鑑みるに，市場経済に対する介入である社会政策の程度について，今後ECがいかなる判断を下すかは現状では明らかではないといわざるをえない。

Community postal services and the improvement of quality of service [1998] OJ L 15/14, as last amended by Regulation 1882/2003 OJ L 284/1) に含まれるサービス，(b) 電力部門のうち「域内電力市場のための共通規則に関する指令2003/54」(Directive 2003/54/EC concerning common rules for the internal market in electricity [2003] OJ L 176/37, as last amended by Decision 2006/653/EC [2006] OJ L 270/72) に含まれるサービス，(c) ガス部門のうち「域内天然ガス市場のための共通規則に関する指令2003/55」(Directive 2003/55/EC concerning common rules for the internal market in natural gas [2003] OJ L 176/57) に含まれるサービス，(d) 上水道の配水および供給サービス，ならびに下水道サービス，(e) 廃棄物処理。

(41)　遠藤・前掲注(13) 300頁[鈴木一人執筆]。

Ⅲ　条約規定の変化

　制定当初より1990年代に至るまで，EC条約のうち一般的経済利益のサービスに言及する規定は86条2項のみであった。同項は一般的経済利益のサービスを提供する事業者が条約ルールに違反することを禁止する。特に競争法との関係では，競争法が市場競争を保護する一方で，86条2項は一般的経済利益のサービスの遂行により実現される一般利益（general interest）を理由に，競争法からの逸脱を認めている。すなわち，競争法の文脈においては，一般的経済利益のサースは経済的価値（競争）と非経済的価値（一般利益）というふたつの価値（そしてこれらはしばしば相矛盾する）を用いて判断されるのである[42]。そして，1993年Corbeau事件先決裁定はそれ以前の判決に比べ，後者に重きを置く判断を示し，以後の多くの判決がこれにしたがっていることは前述の通りである。

　ところで，Corbeau事件先決裁定以降，一般的経済利益のサービスに関して条約規定上の変化がみられる。その最大のものは，1997年のアムステルダム条約による16条の新たな挿入である。また法的拘束力はもたないが，2000年に採択されたEU基本権憲章も一般的経済利益へのアクセスについての規定（36条）を有している。ここでは，これらの新たに導入された規範の内容，そしてそれにともなうEC法の規範全体の変容が，一般的経済利益のサービスの取扱いにいかなる影響をあたえるかを検討する。

　また，欧州憲法条約とリスボン条約では上述の両規定の改正がなされ，さらにEU基本権憲章はリスボン条約に組み込まれた。これらもあわせて検討する。

(1)　EC条約16条（1997年）

　1997年アムステルダム条約により新たに挿入された16条は次のように規定する。

---

[42]　なお，86条2項は，競争法のみではなく，自由移動規定や国家援助との関係においても適用されている。後の2者との関係においても，条約ルールからの逸脱の是非は経済的価値と非経済的価値（一般利益）というふたつの異なる価値において判断され，その思考形式は競争法からの適用除外の場合とほぼ同じであるといってよさそうである。

「73条，86条，および87条を害することなく，連合が共有する価値において一般的経済利益のサービスが占める地位，および社会的，領域的結束の促進におけるその役割を考慮しつつ，共同体と加盟国は，それぞれの権限の範囲において，そして本条約の適用の範囲において，そのようなサービスが，自らの任務を果たすことができるような原則および条件に基づいて運営するように取り計らわなければならない。」

16条は，ECと加盟国を名宛人として，一般的経済利益のサービスがその運営を遂行できるようにする義務を両者に課すことを内容としている。この規定の注目すべき点は，一般的経済利益のサービスが「連合が共有する価値」であり，「社会的，領域的結束の促進」(promoting social and territorial cohesion) に寄与するものとの位置づけが明示されたことである。

従前より一般的経済利益のサービスとして認められた事業活動には，国内レベルの結束や連帯に関連するものが多くみられた[43]。しかし，ここでいう「社会的，領域的結束の促進」は，EUレベルのそれである[44]。したがって，一般的経済利益のサービスは，前述の86条2項の下では，経済的価値（競争）との関係において非経済的価値（一般利益）をもたらすものであるとの考慮がなされていたが，16条により，EUレベルの「社会的，領域的結束の促進」への寄与という新たな価値もみいだされるようになったのである。一般的経済利益のサービスは，より複雑な文脈におかれることとなったといえよう。

16条は，ECにおける一般的経済利益のサービスの価値を「連合が共有する価値」にまで高め，また，同サービスについて「社会的，領域的結束の促進」に対して寄与するという価値を見出した。このようなあらたな価値の付与は，競争法の射程に影響（86条2項による適用除外をより広く認める方向に働くような影響）を与える可能性をもつ。だが，この規定が既存のEU法規範に対していかなる影響をもつかは，アムステルダム条約に附属する16条に関するプロトコールをもってしても明らかでない（この点についての判例はいまだみられず，

---

(43) たとえば，産業別年金基金が一般的経済利益のサービスとされた Case C-67/96 Albany International BV v. Stichting Bedrijfspensioenfonds Textielindustrie [1999] E.C.R. I-5751, [2000] 4 C.M.L.R. 446. が挙げられる。

(44) 「社会的，領域的結束の促進」は単一欧州議定書によって導入された概念である。

それゆえに学説の対立は鋭い。後述。)。というのは，規定ぶりが曖昧なためである。16条が共同体や加盟国に対してはたして具体的な義務を与えるか否かは，条約の文言からは明らかではない。その曖昧さの背景には以下に述べるような16条の制定経緯がある[(45)]。

ECは，各時期における条約の締結において，それぞれ大きな目標を有してきた。すなわち，EEC条約では共同市場，単一欧州議定書では単一市場の見直し，マーストリヒト条約では連合の導入という目標である。とりわけ1992年に調印されたマーストリヒト条約は市場経済を重視する傾向を有するものと目された[(46)]。

これに対して，このような傾向を警戒する立場も強く，それはアムステルダム条約に向けた議論では，一般的経済利益のサービスの文脈においてみられた。とりわけ，1996年にフランスの国民議会代表は86条2項を，「一定の公共サービスの供給する事業者に利するように競争を制限することを許す[(47)]」ように改正すべきと提案し，また欧州議会も「公共サービスの基本原則，すなわち，アクセス可能性，ユニバーサル性，平等性，継続性，質，透明性，参加[(48)]」を条約に盛り込むことを求めたことが挙げられる。これに対して，イギリスからは強い反対が示された。結局，86条2項の改正はなされず，あらたに16条が挿入されたのである。

このような経緯を理由に，16条はしばしば妥協の産物と評される。とはいえ，16条が，一般的経済利益のサービスが「連合が共有する価値」であり，「社会的，領域的結束の促進」に寄与するものであるとの理解を明示的に規定

---

(45) 以下の16条挿入の経緯につき，JOSÉ LUIS BUENDÍA SIERRA, EXCLUSIVE RIGHTS AND STATE MONOPOLIES UNDER EC LAW, ARTICLE 86 (FORMERLY ARTICLE 90) OF THE EC TREATY, 1999, points 8. 217-8. 230.

(46) マーストリヒト条約は社会政策に関する章を導入したにもかかわらず，社会民主主義的な戦略としては失敗したとの理解を示す論稿にHermann & Hofbauer, supra note 10, at 127.

(47) Leo Flynn, Competition Policy and Public Services in EC Law after the Maastricht and Amsterdam Treaties, in David O'KEEFE & Patrik TWOMEY EDS, LEGAL ISSUES OF THE AMSTERDAM TREATY (1999), at 197.

(48) Resolution of the European Parliament on the Intergovernmental Conference [1996] OJ C96/77, point 11. 3. Flynn, supra note 47, at 197.

したこと,そして,EC法の一般原則を定める第1部という位置にこの規定が挿入されたことは,すくなくとも,ECが一般的経済利益のサービスがもたらすそのような価値も尊重することを明示したものと理解される。これは,マーストリヒト条約後にみられた批判——ECが新自由主義的傾向にあるとの批判——が妥当しないことを確認するという,極めて重大な意義を有したのである[49]。これにより,各加盟国の国民によるEC条約の受容度を高める効果をも有したといえよう。

(2) EU基本権憲章36条(2000年)

EUの拡大と社会経済的な統合・深化が進んだことにより,諸問題に関するヨーロッパレベルでの権利を確立する必要性が認識されるようになった。まず,1989年には共同体社会権憲章[50]が調印され,1992年にはマーストリヒト条約が連合市民権を導入した。さらに,EUにおける人権諸規定を保障する制度として,2000年12月7日にニース理事会において,EU基本権憲章が採択された[51]。基本権憲章は,法的効果を有するかのように起草されている[52]。しかし,その採択においては,欧州議会,理事会,コミッションの三者による共同宣言の形がとられており,法的拘束力は認められなかった[53]。

基本権憲章は基本的自由に関する条項,市民的・政治的権利に関する条項,経済的・社会的権利に関する条項からなる。そのうち,連帯(solidarity)に関する第4章におかれた36条は次のように規定する。

「連合は,欧州共同体設立条約に従って,連合の社会的および領域的結

---

(49) Flynn, supra note 47, at 188.
(50) Community Charter of Fundamental Social Rights for Workers. 同憲章については須網隆夫「変貌するEC労働法」季刊労働法161号(1991年)183頁。
(51) Charter of Fundamental Rights of the European Union (2000) OJ C364/1. EU基本権憲章の導入の経緯につき,DERRICK WYATT & ALAN DASHWOOD, EUROPEAN UNION LAW, 5th ed., 2006, at 285-288。またその概要につき,庄司克宏「EU基本権憲章(草案)に関する序論的考察」横浜国際経済法学9巻2号(2000年)1頁。
(52) Síofra O'Leary, Solidarity and Citizenship Rights in the Charter of Fundamental Rights of the European Union, in GRÁINNE DE BÚRCA ED., EU LAW AND THE WELFARE STATE (2005) 47.
(53) WYATT & DASHWOOD, supra note 51, at 288.

束を促進するために，国内法および慣行によって規定される，一般的経済利益のサービスへのアクセスを認識し尊重する。」

本条は，一般的経済利益のサービスが「連合の社会的および領域的結束を促進する」ことに寄与するとの理解を示している。これはEC条約16条と軌を一にしており，一般的経済利益のサービスについてのこのような位置付けがEUレベルにおける規範の上で定着しているとの論拠となろう。

ただし，連帯に関する第4章に挙げられた事項の多くは，それ自体独自の権利ではなく，EUの立法等を促すことを意図した「原則」である[54]。36条もその例外ではなく，一般的経済利益のサービスに対する権利をもたらすものではない[55]。本条はEC条約16条と同様に，EUの政策の周知，一般的経済利益のサービスの自由化は，EU市民によるサービスへのアクセスを犠牲にしてなされるものではないことを確約することを狙ったものであると解されている[56]。

EU基本権憲章が法的拘束力をもたず，また，36条が具体的な権利を付与するものではなく「原則」を示すものであるとはいえ，EU諸機関・補助機関の立法および執行行為，およびEU法を実施しているときの加盟国の行為の解釈および合法性に関する判断では，「原則」との適合性が審査される（基本権憲章52条5項）。欧州司法裁判所は，また政策立案などにおいて，「原則」価値や規範のソースとして用いられるとする判例法理を司法裁判所は確立している[57]。

(3) 憲法条約とリスボン条約による条文の改正

欧州憲法条約は2004年に署名されたが，その批准は失敗に終わった[58]。これを受けて憲法条約に代わるリスボン条約が2007年12月13日に署名され，

---

(54) Id, at 303.
(55) Id, at 309.
(56) Id, at 309.
(57) O'Leary, supra note 52, at 49.
(58) 憲法条約の概要について，庄司克宏「2004年欧州憲法条約の概要と評価—『一層緊密化する連合』から『多様性の中の結合』へ」慶應法学1号（2004年）1頁，中村民雄「欧州憲法条約—解説及び翻訳」衆憲資料56号（2004年），福田耕治編『欧州憲法条約とEU統合の行方』（早稲田大学出版部，2006年）等。

同条約が発効すればEC条約はEU機能条約[59]と名称変更されることとなる[60]。現在は，発効に必要な全加盟国の批准を待つ段階にある。

憲法条約およびリスボン条約はそれぞれ条文の改正をともなうものであった。以下では，EC条約16条およびEU基本権憲章36条にみられた変化を概観する。

① 基本権憲章

EU基本権憲章は，パートIIとして憲法条約に取り込まれた。これにより基本権憲章が法的拘束力を有することが予定されていた。36条はII-96条へと条文番号が変更されたが，その実質的な規定内容に変更はない。

他方，その後のリスボン条約はEU基本権憲章を（憲法条約にみられたような）条約に取り込み内部化することはせず，EU条約およびEU機能条約と「同じ法的価値」を同憲章に付与するという形式をとった（EU条約6条1項1段）。同憲章の規定は，EUの諸機関・補助機関およびEU法を実施しているときの加盟国を名宛人としている（基本権憲章51条1項）。2007年に新たに示された基本権憲章に附属する「説明文書」は解釈の指針となるとされているが，これによると，欧州司法裁判所の判例法より，EUとの関係で定義される基本権は加盟国がEU法の範囲内で行動する時にのみ加盟国を拘束するとされる[61]。

しかし，36条が「原則」として位置付けられることには変わりなく，「説明文書」は，36条は何ら新たな権利を付与するものではなく，また基本権憲章が定める「原則」はEU諸機関または加盟国当局による積極的行動を求める直接的な請求権を発生させないことを明らかにしている[62]。なお，36条の内容に実質的な変更はない。

② 16条の改正

EC条約16条は，憲法条約ではIII-122条に，リスボン条約によって改正さ

---

[59] Treaty on the functioning of the European Union 6655/1/08 REV 1
[60] リスボン条約の概要について，庄司克宏「リスボン条約（EU）の概要と評価――『一層緊密化する連合』への回帰と課題」慶應法学10号（2008年）195頁。
[61] Explanations relating to the Charter of Fundamental Rights [2007] OJ. C 303/17, at 32.
[62] Id, at 27 & 35. 庄司・前掲注(60) 215頁。

れるEU機能条約では14条になり，それぞれ規定内容も改正されている。

2005年に採択された憲法条約Ⅲ-122条は次のように規定する（下線部は改正による変更部分）。

「Ⅰ-5条，Ⅲ-166条，Ⅲ-167条およびⅢ-238条を害することなく，<u>また連合において皆が価値があると認識するサービスとして一般的経済利益のサービスが占める地位</u>，および社会的および領域的結束の促進におけるその役割を考慮しつつ，連合と加盟国は，それぞれの権限の範囲内において，そして<u>憲法</u>の適用の範囲において，そのようなサービスが，自らの任務を果たすことができるような原則および条件，特に経済的および財務的条件に基づいて運営するように取り計らわなければならない。ヨーロッパ法は，加盟国の権限を害することなく，憲法を遵守して，そのようなサービスを提供し，委任し，支出するために，これらの原則を確立し，これらの条件を設定する。」

改正において本稿との関係で注視されるべきは，新たに「連合において皆が価値があると認識するサービス」としての一般的経済利益のサービスという位置付けがなされている点である。16条の「連合が共有する価値」に比べて，価値が高いこと，それが共通認識として共有されていることを強調する。

そしてリスボン条約により改正されるEU機能条約14条は次のように規定する（下線部は憲法条約での改正内容が維持された部分，圏点部は新たな変更部分）。

「EU条約4条または本条約93条，106条，107条を害することなく，連合における共有の価値において一般的経済利益のサービスが占める地位，および社会的，領域的結束の促進におけるその役割を考慮しつつ，連合と加盟国はそれぞれの権限の範囲において，そして本条約の適用の範囲において，そのようなサービスが，自らの任務を果たすことができるような原則および条件，特に経済的および財務的条件に基づいて運営するように取り計らわなければならない。欧州議会および理事会は，通常の立法手続に従って規則によって，<u>加盟国の権限を害することなく，憲法を遵守して，そのようなサービスを提供し，委任し，支出するために，これらの原則を確立し，これらの条件を設定する</u>。」

憲法条約にみられた一般的経済利益のサービスの価値のさらなる強調の文言

は，リスボン条約において16条の通りに戻されている。むしろリスボン条約では憲法条約で加えられた規制権限に関する最後の1文に，さらなる精緻化（エラボレーション）を加えたところに特徴が見出される。憲法条約が「加盟国の権限を害することなく」として，新たに加盟国とEUとの間の権限関係への言及をすることにより，加盟国が好まない一般的経済利益のサービス分野へのEUの権限拡大を図らないことを示した一方，リスボン条約の最後の1文（圏点部）は，EUの中の権限関係，すなわち（EUレベルの政策を推進する）コミッションではなく（加盟国の意見をより反映しやすい）欧州議会と理事会が権限を有することを定めたのである[63]。

このような改正のあり方に鑑みるに，憲法条約では欧州レベルの価値としての側面を強調する傾向がみられたが，リスボン条約では一般的経済利益のサービスは加盟国が一義的に権限を有している事項であることを再確認することに重点が置かれたといえる。

③ リスボン条約のプロトコール

リスボン条約には「一般的利益のサービスに関するプロトコール（第26号）[64]」が附属している。同プロトコールは，解釈を示す規定（interpretative provisions）である全2条からなり，新14条（現16条）との関係で一般的利益のサービスに関して「連合が共有する価値」がいかなるものかを示すものである。これはEUの政策の基盤となるとされている[65]。すなわち，EUの行動の指針となる枠組み，そしてあらゆるレベルでのガバナンスのレファレンスになるという[66]。

---

[63] なお，EC条約が86条3項を「コミッションは本条の規定の適用を確保し，必要な場合は，加盟国に対して適切な指令もしくは決定を出さねばならない。」と規定しているところ，憲法条約はこれを改正し「コミッションは本条の規定の適用を確保し，必要な場合は，適切な<u>欧州指令もしくは決定を採択せねばならない</u>。」（下線は筆者）としたが，リスボン条約は元の文言に戻っている。一般的経済利益のサービスに関連する権限関係についての動きがあったことが，ここからも読み取れる。しかし，この点は本稿の射程外であるので，その検討は別稿で行う。

[64] Protocol (No 26) on Services of General Interest.

[65] European Commission, Services of General Interest, Including Social Services of General Interest: A New European Commitment, Accompanying the Communication on "A Single Market for 21st Century Europe," COM (2007) 725 final, at 9.

[66] Id.

特に重要な原則を示すのは1条である[67]。

「EU機能条約14条にいう一般的経済利益のサービスに関する連合が共有する価値は，特に次を含む。

　　——ユーザのニーズに可能な限り緊密に，一般的経済利益のサービスを提供し，委任し，および組織することにおける，国，地方，および自治体当局の不可欠な役割と裁量。

　　——様々な一般的経済利益のサービスの間の多様性，および異なる地理的，社会的，文化的な状況から生ずるユーザのニーズの違い。

　　——高水準の質，安全および入手可能な価格，平等取扱いおよびユニバーサル・サービスならびにユーザの権利の促進。」

この内容はいずれも，1996年よりコミッションの政策文書等で繰り返し述べられてきたものであるところ，10年を経てその内容がEUレベルでの合意を得て，ついには条約に附属するプロトコールとして取りまとめられるに至ったと理解される[68]。少なくとも，一般的経済利益のサービスが欧州市民の生活の質に寄与するとの認識が[69]，プロトコールの採択の理由のひとつであろう。

(4) 小　括

1997年に新たにEC条約16条が挿入されたことにより，一般的経済利益のサービスは規範の上において新たな意味づけを受けることになった。すなわち，16条は一般的経済利益のサービスを「連合が共有する価値」であることを明示し，また同サービスは「社会的，領域的結束の促進」に寄与するとの理解を示したのである。また，後者については，2000年に採択されたEU基本権憲

---

(67)　2条は「条約の規定は，非経済的な一般的利益のサービスを供給し，委任し，組織する加盟国の権限に何ら影響を与えない。」と規定し，非経済的な一般的利益に対してEUが権限を有さないことを明示している。一般的経済利益のサービスと非経済的な一般的利益のサービスとは，いずれも一般的利益のサービスの下位概念である。両者が扱われていることから，このプロトコールのタイトルが，条約上の文言である「一般的経済利益のサービス」に限らず，「一般的利益のサービス」とされたのだろう。なお，「一般的利益のサービス」の文言を文書のタイトルに用いることはしばしばみられる。

(68)　Commission Communication, supra note 65, at 14.

(69)　Id.

章36条も同様の理解を示している。これにより，一般的経済利益のサービスは，86条2項においてみられた経済的価値，非経済的価値に加え，EUレベルの「社会的，領域的結束」という非経済的価値をも含む，より複雑な文脈におかれることになったといえよう。

　EUレベルの「社会的，領域的結束」という非経済的価値は，86条2項に基づく競争法からの逸脱を認める方向に働く考慮要素である。しかし，EU全体の法規範において16条がどのような法的効果を有するかは明らかでないため，実際に16条が挿入されたことが競争法の適用においてどのような影響をもたらすかは議論のあるところである。次項ではこの点の学説の対立を検討する。

Ⅳ　一般的経済利益のサービスの規範的位置付けと競争法の限界

　上述した1997年以降のEC条約規定の変化等は，EC法秩序における一般的経済利益のサービスの取扱いにいかなる変化をもたらしたのだろうか。この点について，特に16条の法的効果を鍵として議論がなされてきた。この議論は，16条が挿入されたことにより，86条2項による一般的経済利益のサービスに対する競争法適用からの逸脱の範囲に，いかなる変化をもたらすかという論点も巻き込んでなされている。学説は2つに大別される。これらの学説には，規範の変容のみならず，欧州社会モデルにおける一般的経済利益のサービスの位置付けをも視野にいれて議論を構築するものがある点に特徴がある。

(1)　変化なしとする立場

　16条が挿入されたことは，一般的経済利益のサービスに関する規範に何ら（潜在的なものも含めて）変化をもたらさないとする立場である[70]（「変化なし説」とする）。この立場をとる論者は多くはないが，そのうちHancherは，Almelo

---

(70) Leigh Hancher, Community, State and Market, in Paul Craig and Gráinne de Búrca eds., The Evolution of EU Law (1999), at 721-722; Buendia Sierra, supra note 45, points 8.231-8.237. また，筆者とのインタビューにおいて，Stephen Weatherill教授も16条は，一般的経済利益のサービスに関する規範に何ら変化をもたらさないだろうとの理解を明らかにした。その根拠は，文言の曖昧さにあるという。

事件先決裁定⁽⁷¹⁾(1994年) などの判決において既にみられた判例法を条文化したもの，すなわち *acqui*（EC法の集積＝当時の判例法）が16条であるとの理解を示す⁽⁷²⁾。したがって，この理解によれば，86条2項の射程は従来の判例法と同じままということになる。

　この立場の根拠となるのは，16条が「73条，86条，87条を害することのない範囲で」との文言を有していること，およびアムステルダム条約に附属する宣言のうち，16条に関する第13宣言が，16条は「司法裁判所の判例，とりわけ，平等取扱いの原則，それらのサービスの質および継続性に関する司法裁判所の判例を十分に尊重して実施されねばならない」としていることである⁽⁷³⁾。これらを根拠として，16条がいかなる効果を有するとしても，16条が挿入される以前に形成されていた一般的経済利益のサービスと競争法に関する判例法に一致するように運用されるとの結論に至る。

　しかしながら，この立場に対しては，16条は判例法を条文化したものとの理解を取ると，16条を挿入することは86条に関する判例を取消しえないことを確認する意義しかもたず，わざわざ新たな条約規定をもってその点を強調するいかなる必要があるかについての説明が欠けているとの批判がある⁽⁷⁴⁾。裁判所の判例法を覆すには，明確な条約規定を通じて行われなければならないのであるから，判例法の確認のために16条を挿入する必要はないというのである⁽⁷⁵⁾。

　また，立法時には16条に関する立法意図は明らかでなかったことを根拠とする批判もみられる。すなわち加盟国間の立場の違いが原因となり，16条の文言は妥協的な曖昧さを有している。そのため，立法時に16条の内容は判例法の成文化だとの合意があったというよりは，16条は解釈の可能性があるいまだ検討されていない法的領域であるとみる方が適切で，16条は公共サービ

---

(71) Case C-393/92 Almelo [1994] ECR I-1477.
(72) Hancher, supra note 70, at 721. BUENDIA SIERRA もほぼ同様の理解を示す。BUENDIA SIERRA supra note 45, points 8. 231-8. 237.
(73) Declaration on Article 7d of the Treaty establishing the European Community.
(74) Malcolm Ross, Article 16 EC and Services of General Interest: From Derogation to Obligation?, European Law Review 25 (2000), at 29.
(75) Id.

ス分野が特に重要性を有するものであることを示すに過ぎないと主張されている(76)。

(2) 地位が引き上げられたとする立場

多くの論者は 16 条が挿入されたことによって，一般的経済利益のサービスの地位は「憲法的」な価値に引き上げられる可能性があるとの理解を示す(77)（「地位引き上げ説」とする）。このような理解の根拠は，主に 4 つ挙げられる。第 1 に，16 条における「連合が共有する価値において一般的経済利益のサービスが占める地位」との言及により，一般的経済利益のサービスは特別の価値を有することが認められるとする。

第 2 に，16 条が EC 条約の原則を定める第 1 部におかれていることである。すなわち，非差別や平等取扱いといった確立した原則と並んで，水平的に適用されるより重要な要素であり，特に条文として挙げられていることから，3 条に列挙された EC の目的や活動事項よりも高次の価値を有するとの理解が示されている(78)。

第 3 に，16 条の「社会的，領域的結束の促進におけるその役割」との文言により，欧州社会モデルでしばしば言及される EU の結束の文脈において，一般的経済利益のサービスが特別の役割を果たすことが認められたと解されるという。

第 4 に，EU 基本権憲章 36 条が一般的経済利益のサービスへのアクセスを，「原則」としてではあるが，特に規定していることである。

司法裁判所はいまだ 16 条の解釈に関する判断を示していない。しかし，司法裁判所の判断に先立って示される法務官意見において，次のような理解が示

---

(76) Id.
(77) この立場をとるものに，TONY PROSSER, THE LIMITS OF COMPETITION LAW (2005); Ross, supra note 74；Flynn, supra note 47. また，庄司教授も，EU 機能条約 14 条，附属議定書，および EU 基本権憲章 36 条を指摘しつつ，「一般的経済利益を有するサービスの運営を委託された事業者に EU 競争法を適用する範囲が，より限定される方向に働くように思われる」とする。庄司克宏「リスボン条約と域内市場法」同編『EU 法　実務篇』（岩波書店，2008 年）359 頁。
(78) Ross, supra note 74, at 31.

されたことがあった。Alber 法務官は TNT 事件先決裁定[79]において「新たに公布された 16 条および欧州連合基本権憲章 36 条は，共同体法における基本的な価値判断の表れとして，［86 条 2 項］の重要性を強調している」とした。このような法務官意見も，この立場の妥当性を補強する根拠として指摘されている。

　しかしながら，注意すべきなのは，この立場をとる論者は，16 条が挿入されたことをもってして一般的経済利益のサービスの地位が引き上げられたとするというより，将来的に，市場競争を重視する法規範から一般的経済利益のサービスを守るための梃子として，16 条の目的論的解釈（teleological interpretation）がなされる可能性を意識的に指摘する論者がほとんだという点である[80]。このような立場をとる論者らにとって，欧州社会モデルのうち社会政策を重視する側面において，16 条は一般的経済利益のサービスを通じて得られる市民の便益や期待を確保するための法的ツールとしての役割を果たしうると理解されており，法規範の発展は「市民権の表象としての一般的経済利益のサービスの積極的な価値の認識の強化[81]」を示すものであるとすらされている。

　しかし，この立場には次のような限界も指摘されている。この立場によると，16 条の目的に基づいて加盟国が一般的経済利益のサービスに特別に優位を与えると，同サービスに対して競争法が適用されてしまうという点である[82]。すなわちアムステルダム条約に附属する第 13 宣言が，16 条は司法裁判所の判例を尊重するとしているので，86 条 2 項による競争法からの適用除外がどの程度の変更をみるかは明らかではないが，仮にこれに変更がない場合には，競争法との関係において 16 条はその目的を実効的に達成できないことになるというのである[83]。

　また，この立場への批判として，公共サービスは競争的市場を通じて供給さ

---

(79) Case C-340/99 TNT Traco SpA v. Poste Italiane SpA and Others [2001] E.C.R. I-4109, [2003] 4 C.M.L.R 13.

(80) その代表的なものとして，Ross, supra note 74. ERIKA SZYSZCZAK, THE REGULATION OF THE STATE IN COMPETITIVE MARKETS IN THE EU (2007).

(81) PROSSER, supra note 77, at 161.

(82) Ross, supra note 74, at 33.

れているという域内市場の状況に鑑みて，16条は一般的経済利益のサービスの概念を創設するための新たな制度デザインを示すものであるとの理解も示されている。この立場をとる Szyszczak は，一般的経済利益のサービスはさらなる市場統合と自由化の過程にあるとする[84]。

(3) 評　価

以上の2つの異なる立場は，一方の「変化なし説」は，16条は86条2項に関する判例法を承認し成文化するものであるとし，他方の「地位引き上げ説」は，16条は一般的経済利益のサービスの価値を引き上げるものであるとする。両者はまったく異なる理解を示すようである。これらは以下の2つの背景に照らして検討する必要があろう。

第1に，16条挿入に先立つ1993年にみられた86条2項に関する判断基準の変化を考慮する必要がある。即ち既に1993年 Corbeau 事件先決裁定において86条2項の「任務遂行の阻害要件」が大幅に緩和され，一般的経済利益のサービスが競争法からの適用除外を享受する可能性は高まった[85]。この判断基準の変化は，前述した通り，公共サービスを通じて提供される非経済的な価値を尊重すべきとのEC諸機関および諸加盟国の意見の影響をうけたとされる。この背景に鑑みるに，同先決裁定によって，すでに判例上では，競争を通じて実現される経済的な価値に対する関係において，非経済的な価値が引き上げられていたと解されよう。

背景を同じくして挿入された16条とこの判断基準の変更の関係は明らかではないが，16条が挿入された時点における86条2項の判例法は，既にCorbeau 事件先決裁定によるレベルまで一般的経済利益のサービスの価値ないし地位を引き上げている。この点に鑑みるに，一般的経済利益のサービスをさらに保護するような判例が示されるのであれば別段，現状では上に挙げた2つの立場による実質的な相違がどの程度まであるかを論ずるのは困難である。

第2に，欧州社会モデルとの関係である。先に指摘した学説にみたように，

---

(83) Id, at 33.
(84) Erika Szyszczak, Public Service Provision in Competitive Markets, Yearbook of European Law 20 (2003), at 64.

16条を梃子にして，欧州社会モデルにおける一般的経済利益のサービスの地位をさらに引き上げる可能性もあるだろう。しかし，本稿の前半でみた通り欧州社会モデルの議論にみられる，市場経済的な考慮要素と，一般利益に加えて結束や連帯などを含めた社会政策的な考慮要素との間のバランスのとり方に関する加盟国間でのコンセンサスの欠如をみるに，そのような可能性の実現は現段階では容易ではなさそうである。殊に，規範上の変化が生じた1997年以降に採択されたにもかかわらず，リスボン戦略およびサービス指令における議論の状況は，経済活動の基盤（経済的価値），一般利益（非経済的価値），社会的・領域的結束（同）のいずれに一般的経済利益のサービスの価値をより重く置くか，そのバランスのとり方についていまだ合意がないことの証左となろう。

　したがって，現状では，16条の法的効果についての前述のふたつの学説のいずれに妥当性があるかを断ずることはできない。現状は「変化なし説」が妥当するようである。とはいえ，16条およびEU基本権憲章36条による規範上の変化をみるに，「地位引き上げ説」が主張するようにEUの社会政策が進展する可能性も十分にある。この点の判断は，今後の立法や判例を待たねばならない。

結語 ── 一般的経済利益のサービスの変容と競争法の限界への影響

　本稿では，社会における公共サービス事業の意義が近時になって規範の上でも変容しており，それが公共サービス事業に対する競争法の適用の限界の広狭に影響する可能性があるとの理解の下，欧州社会モデルにおける社会政策および一般的経済利益のサービスの取扱い，そして規範の変容を検討し，以下を明らかにした。

　第1に，欧州社会モデルにおける一般的経済利益のサービスの位置付けは，相矛盾しうるふたつの価値を提供することが期待されている。すなわち，一方では，リスボン戦略にもみられたように，グローバル経済における国際競争力を高めるためには，産業の基盤となるような公共サービス事業が自由化により効率化される必要があるとされている。このような効率性の要請の一方で，ユニバーサル・サービスにみられるように，ある一定以上のサービスの供給を通

じて，欧州市民の生活の質（quality of life）を確保するという非経済的な価値に関する要請がある。しかし，市場競争とそれに対する社会政策的介入のバランスのあり方について（特に加盟国間での）争いがある。

第2に，一般的経済利益のサービスを擁護するような規範的な変化がみられた。すなわち，1997年アムステルダム条約が一般的経済利益のサービスの尊重を内容とする16条を挿入したこと，2000年に採択されたEU基本権憲章に一般的経済利益のサービスへのアクセスを規定する36条があること，そして，未発効ではあるが2007年に合意に至ったリスボン条約により改正されたEU機能条約14条が理事会・欧州議会に一般的経済利益のサービスの尊重することを求めていること，そして同条約に付属するプロトコールが一般的経済利益のサービスに関する原則を明示した，という大きな変化である。これらの新たな規定により，一般的経済利益のサービスは「連合が共有する価値」であって，「社会的領域的結束の促進」に寄与するものと位置づけられた。これにより，一般的経済利益のサービスは経済活動の基盤（経済的価値），一般利益（非経済的価値），社会的・領域的結束(同)というより複雑な文脈におかれることになったといえる。

規範を表面的にみると，あたかも一般的経済利益のサービスの地位が高まったかのようである。しかし，学説の多くの立場は慎重で，多くの論者は16条は現状を変えないか，または社会政策を促進する梃子となる可能性を有するもの，との見方にとどまる。欧州社会モデルが一般的経済利益のサービスのもたらす非経済的価値を競争に対して優位させるという政策的な動きは見られず，また，規範的な変化が非経済的価値をより重視するような司法判断を導いた事例もこれまでにないことは，学説が現状ではなく将来に向けた期待を論ずるにとどまっていることを補強しよう。

むしろ，先行研究の中には，欧州社会モデルにおいて一般的経済利益のサービスが重要だと言及されるのは，新自由主義的傾向への反発を緩和するためのリップ・サービスであるとする見方すらある[86]。そのような主張が左派から出た極端なものであるとしても，どの程度まで一般的経済利益のサービスが重

---

(85) Corbeau事件先決裁定による判断基準の変更につき，拙稿・前掲注（1）209頁。
(86) このような立場を採る論者にHermann & Hofbauer, supra note 10.

第3部 EU法

視されるのか——これまでと同様か，あるいは保護の程度が上下するのか——は，これまでに示されている欧州社会モデルの青写真からは明らかではない。実際のところは，加盟国とECとの権限配分に関するポリティクス，域内経済の状況，あるいはグローバル経済からのプレッシャーといった様々な状況から，ユニバーサル・サービスの水準をも含むECレベルでの規制のあり方が判断され，また適宜修正されていくのだろう。したがって，確固たる規制水準が既に描かれているというより，規制のあり方は動態的なものとなる。

それゆえ，ECにおける一般的経済利益のサービスの規範上の意義の変容が，今後，どのような具体化をみせるかは現段階では判断が難しく，また，競争法適用においてみられるその影響についても同じことがいえる。それは，動態的に定められている，規制におけるユニバーサル・サービス義務等の水準の変化，あるいは一般的経済利益のサービスに関連する司法判断における非経済的価値の取扱いの状況を細かく見ることによって徐々に明らかになるのだろう。

　本稿は，早稲田大学大学院法学研究科「魅力ある大学院教育」イニシアティブによる2007年度博士論文海外リサーチ支援の助成を受けたものである。お礼申し上げたい。また，本稿執筆にあたり，嘉治佐保子先生（慶應義塾大学経済学部），遠藤乾先生（北海道大学大学院法学研究科・公共政策大学院），鈴木一人先生（同大学公共政策大学院）よりコメントをいただいた。あらためてお礼申し上げる次第である。

第4部
憲　法

16　モデル小説と芸術の自由

16 モデル小説と芸術の自由
―― ドイツ連邦憲法裁判所「エスラ」事件決定を中心に ――

鈴木秀美

Ⅰ　はじめに　　　　　　　　Ⅲ　「エスラ」事件決定
Ⅱ　「エスラ」事件の経緯　　Ⅳ　芸術の自由と人格権の調整

Ⅰ　はじめに

「フィクションのほうが，本当のことを書いたよりも遥かに真実を伝える文学になる」[1]という。事実をありのままに書くのではなく，「事実をフィクションとして装飾し，そして増殖し，詳しく書くことによって初めて，生きた人間がそこに生まれてくる」[2]というのである。ところが，たとえ小説であっても，登場人物に実在のモデルがいることが明らかな場合，読者は，小説家によって創作された登場人物についての記述を，そのモデルとされた実在の人物についての記述として受け止めてしまう可能性がある。小説の中に，読者にとって既知の事実が含まれていればいるほど，小説中でそれと渾然一体となっているフィクションまでも事実として認識されかねない。だからこそ，いわゆるモデル小説における文学表現の限界が問題となる。モデルとされた人物が，プライバシー侵害を理由に提訴して，小説家や出版社に損害賠償の支払いを求めたり，仮処分による出版差止めを求めたとき，裁判所は，小説家や出版社の表現の自由と，モデルとされた人物のプライバシーの権利を調整しなければならない。

（1）　加賀乙彦『小説家が読むドストエフスキー』（集英社，2006年）11頁以下によれば，これはアンドレ・ジイドの言葉だという。小説家の村上春樹も，2009年2月15日，イスラエルの「エルサレム」賞の授賞式で行った講演の冒頭で，小説家は嘘を紡ぐプロであり，上手な嘘ほど賞賛されるが，それは小説家が作り話を現実にすることによって，真実を暴き，新たな光でそれを照らすことができるからだと述べている。村上は，そのように述べた後，今日は年にほんのわずかしかない嘘をつかない日であると断ったうえで，イスラエルのガザ地区攻撃を批判した。英文で行われた講演の邦訳は，47NEWSのウェブページに掲載されている（http://www.47news.jp/47topics/e/93925.php）。

（2）　同書11頁。

第4部 憲　法

　本稿で取り上げるのは，この問題について新たな判断を示した，ドイツ連邦憲法裁判所第1法廷の「エスラ」事件決定[3]（以下，「本決定」という）である。連邦憲法裁判所は，2007年6月13日，人格権侵害を理由とするモデル小説『エスラ』（„Esra"）の出版差止めが争われたこの事件において，1971年のいわゆる「メフィスト」決定[4]よりも，芸術の自由（基本法5条3項）への配慮を強く求め，①文学的テキストには虚構性の推定が働くこと，芸術の自由には実在する人物をモデルとして用いることも含まれていることを認めた。ただし，本決定は，同時に，②「著者が，事実から切り離された美的な現実を創造した程度と，人格権侵害の強さの間には相関関係がある。作中人物とモデルの共通点が多ければ多いほど，人格権の制約の程度は強まる。芸術的描写が，人格権のとくに保護された次元に及べば及ぶほど，人格権を侵害しないために，より虚構化をはからなければならない」という新しい衡量定式を示し，結論において『エスラ』の出版差止めを認めた。本決定が民事裁判所に芸術に固有の考慮を求めたことについて異論はないが，そのために採用された衡量定式については，3人の裁判官が反対意見を付しており，研究者や実務家によっても疑問視されている。

　本稿では，「エスラ」事件の経緯および本決定による芸術の自由と人格権の調整のあり方を詳述したうえで，モデル小説における文学表現の限界について若干の検討を加えることにしたい。

II　「エスラ」事件の経緯

　本決定は，民事裁判所の判決による『エスラ』の出版差止めに対する憲法異

（3）　BVerfGE 119, 1.
（4）　BVerfGE 30, 173. この決定について，保木本一郎「芸術の自由の憲法的統制――メフィスト決定」ドイツ憲法判例研究会編『ドイツの憲法判例〔第2版〕』（信山社，2003年）190頁以下参照。
　　なお，基本法は5条1項で意見表明の自由，プレスの自由，放送の自由を保障し，同条3項で芸術の自由を保障している。意見表明の自由と人格権の調整については，ディーター・グリム（上村訳）「ドイツ憲法における意見表明の自由と人格権の保護」名城法学52巻1号（2001年）1頁以下参照。

議に対して下されたものである(5)。ユダヤ系小説家マキシム・ビラー（Maxim Biller）は，2003年，『エスラ』をK出版社から出版した。この小説では，小説家「アダム」と女優「エスラ」の約4年間に及ぶ恋愛模様が，ミュンヘンのシュヴァービング地区を舞台に，「私」であるアダムの目線を通じて描かれていた。小説の中では，エスラの家族，とくに支配欲の強い母親，最初の，失敗に終わった結婚によって生まれたエスラの娘，その娘の父親，そしてなによりも消極的で，運命に甘んじてしまうエスラの性格，これらすべての状況が2人の恋愛関係にとって邪魔な存在として描かれていた。この小説が出版された直後，ビラーとかつて恋愛関係にあった女優Rは，その母親Lとともに，一般的人格権の侵害を理由に仮処分による出版差止めをミュンヘン地裁（以下では，「LG」と略記）に申し立てた。それまでにこの小説は約4000部販売されていたという。

　『エスラ』の登場人物「エスラ」と実在するトルコ人女優R，エスラの母親「ラーレ」とRの母親Lとの間には明確な類似性があった。Rは，1989年に連邦映画賞を受賞しており，17歳で結婚し，子ども（女児）を1人出産したが，離婚した。その後，Rは『エスラ』の著者であるビラーと1年半以上にわたって親密な関係にあり，同じ時期，Rの娘は重い病気にかかった。ビラーと別れたRは，短期間ながら同窓生と交際し，この同窓生との間に子どもができたが，この交際も破局した。Lは，トルコにあるホテルの所有者であり，2000年にはトルコにおける環境保護活動（シアン化物を使用した金の採掘に対する反対運動）によりオルターナティブ・ノーベル賞(6)を受賞した。

　これに対し，小説において登場人物のエスラは，母親に依存する，自立していない女性として描かれていた。エスラは，K社が裁判所で提示した最終修正版では，映画出演による「フリッツ・ラング賞」の受賞者とされていた。「私」

（5）　LGにおける仮処分から本決定に至る経緯については，本決定のほか，B. v. Becker, Der geschlossene Vorhang — Der Beschluss des BVerfG zum „Esra"-Fall, K&R 2007, 620 f. による概観を参照。

（6）　オルターナティブ・ノーベル賞（Right Livelihood Award）は，1980年にスウェーデンで設立された財団（http://www.rightlivelihood.org/home.html）によって運営されており，環境保護や人権保障など社会が直面する様々な問題の解決に貢献した人物に贈られる。

との関係は，好意と拒絶の絶え間ない繰り返しと，「私」にとって期待はずれの恋愛によって特徴づけられていた。エスラは，母親，重病の娘，その娘の父親（元の夫）のしがらみを断ち切ることができないために挫折する運命にあった。「私」とエスラの関係は，さまざまな局面において，詳細に描かれており，そこにはエスラが，最終的には出産を決意したものの，2人目の子どもを中絶しようかどうか迷ったことも含まれていた。また小説にはエスラと私の性的行為の描写もいくつかあった。

エスラの母であるラーレは，トルコのエーゲ海岸にホテルを所有しており，オリジナル版ではオルターナティブ・ノーベル賞，最終修正版では「カール・グスタフ賞」の受賞者であった。ラーレと実在のLの経歴には，明確で，特徴的な共通点（結婚の回数，子どもの数，住所，活動している場所）があった。小説では，アダムとエスラの関係が上手くいかなかったことの責任はラーレにあるとされ，ラーレは明らかに否定的に描かれていた。

著者はRに献呈した本に次のように記していた。「親愛なるA（Rのファーストネーム），この本を君に贈る。私は君のためだけにこの本を書いた。しかし，君がこの本を読むことを怖がることも私は理解する。おそらく，私たちが年老いたら，君はこの本を読むだろう。そして，君は，どれほど私が君を愛していたかをもう一度知るだろう。マックス，ベルリン，2003年2月22日」。また，この本に次のような注意書きが印刷されていた。「この小説のすべての登場人物は創作されたものである。それゆえ，生存する者および他界した者とのすべての類似性は，純粋に偶然であり，意図されたものではない」。

2003年3月3日，LGは仮処分によりこの小説の出版差止めを認めた[7]。これに対するK社の異議は同年4月23日のLG判決[8]によって退けられた。ところが，K社の控訴に基づきミュンヘン上級地裁（以下では，「OLG」と略記）は，同年7月23日判決[9]により，仮処分を認めた原審判決を破棄した。LG

---

(7) 刊行直後，新聞に掲載された『エスラ』の書評はまったく肯定的であったが，2003年3月3日の仮処分による差止めを契機に批判も出るようになり，その後は評論家の間で賛否両論があったという。B. v. Becker, Fiktion und Wirklichkeit im Roman, Der Schlüsselprozess um das Buch „Esra", 2006, S. 45 ff.

(8) LG München I, ZUM 2003, 692.

(9) OLG München, NJW-RR 2003, 1487 ff.

における同年4月23日の口頭弁論において，K社が，モデルの手がかりとなる記述を修正する意思を明らかにしたため，OLGは人格権侵害が繰り返される危険はないと考えた。この判決によって仮処分手続は終了し，その数日後，K社はLGにおいて示した修正版を出版した。

　仮処分手続が係属中であった同年6月18日，LGにおいて出版差止めの本案手続が始まった。この手続における差止めの対象は，オリジナル版ではなく，仮処分手続においてK社から提案され，その時点では出版されていなかった修正版であった。K社は，同年8月18日，修正版でもそのままになっていた，エスラとラーレが受賞した賞の名前と受賞理由をさらに変更する意思があることを示した。しかし，LGは，同年10月15日の判決[10]によって，RとLの人格権侵害を理由に，8月18日に示された『エスラ』最終修正版の出版を差し止めた。K社は控訴したが，2004年4月6日，OLGは原審判決を支持する判決を下した。OLGはRとLの人格権保護を理由に判決文の公表も控えた[11]。K社の上告は，2005年6月21日，連邦通常裁判所（以下では，「BGH」と略記）判決[12]によって退けられた。

　そこでK社は，2005年8月末，基本法5条3項（芸術の自由）の侵害を理由に，『エスラ』の出版差止めを認めたLG，OLG，BGHの各判決に対する憲法異議を連邦憲法裁判所に申し立てた。

　なお，女優Rと母親Lは，出版差止めの裁判とは別に，K社と著者ビラーを相手取り10万ユーロ（約1300万円）の損害賠償の支払いを求めてLGに提訴した。モデル小説による人格権侵害を理由にこれほど高額な損害賠償が認められることになれば，ビラーだけでなく，ほとんどのドイツの小説家が破産の危機に瀕することになるとして，2006年7月，ノーベル賞受賞者であるエルフ

---

(10) LG München I, ZUM 2004, 234.
(11) LGとOLGにおける仮処分と本案の経緯について，B. v. Becker, Verbotene Bücher, ZUM 2003, 675 ff.; D.-A. Busch, Romanverbot — Zu den Grenzen der Privatzensur, AfP 2004, 203 ff.
(12) BGH, NJW 2005, 2844; ZUM 2005, 735. この判決について，E. Wanckel, Der Schutz der Persönlichkeit bei künstlerischen Werken, NJW 2006, 578 ff. 憲法異議のための鑑定書として，Chr. Eichner/Y.-G. Mix, Ein Fehlurteil als Maßstab? Zu Maxim Billers Esra, Klaus Manns Mephisto und dem Problem der Kunstfreiheit in der Bundesrepublik Deutschland, 2007 (http://www.literaturkritik.de/public/Mix-EichnerLang.pdf).

第4部 憲　法

リーデ・イエリネック（Elfriede Jelinek）やギュンター・グラス（Günter Grass）を含む100人以上の小説家，俳優，芸術家らが，『エスラ』の出版差止めを認めた判決の破棄と損害賠償請求の取り下げを求めるアピールに署名した。損害賠償請求についてのLGの判決は，連邦憲法裁判所の出版差止めについての判断が出るのを待って下されることになっていた。連邦憲法裁判所の判断に世間の注目が集まる中，2007年6月13日，本決定が下された。

III 「エスラ」事件決定

　連邦憲法裁判所は，『エスラ』（2003年8月18日付け最終修正版）の出版等を禁止した民事裁判所の判決が，憲法異議申立人（K社）の芸術の自由に対する制約であることを確認したうえで，それが憲法上許容されるか否かを審査した。その結果，『エスラ』の出版等を禁止する判決によって生じたK社の芸術の自由に対する制約は，女優Rとの関係においては正当化されるが，Rの母親Lとの関係においては正当化されず，その限りにおいてK社の芸術の自由が侵害されたと判断された。本決定[13]によって，2005年6月21日のBGH判決はその範囲で破棄され，事件はBGHに差し戻された。なお，本決定には，第1法廷8人の裁判官のうちホーマン＝デンハルト，ガイアー，ホフマン＝リームの3人の裁判官の反対意見が付されている。反対意見は，Lとの関係だけでなく，Rとの関係においても出版差止めは憲法上許されないとしている。以下では，

---

(13)　BVerfGE 119, 1. 本決定について，v. Becker, a.a.O.（Anm. 5），620 ff.; J. Neumeyer, Fiktion und Fortschritt, AfP 2007, 509 ff.; E. I. Obergfell, Dichtung oder Wahrheit?, ZUM 2007, 910 ff.; K.-H. Ladeur, Nochmal: Der Fall „Esra" und das Verhältnis von Fiktion und Wirklichkeit, AfP 2008, 30 ff.; M. Schröder, Die Je-desto-Formel des Bundesverfassungsgerichts in der Esra-Entscheidung und ihre Bedeutung für Grundrechtsabwägungen, DVBl 2008, 146 ff.; S.-C. Lenski, Grundrechtsschutz zwischen Fiktionalität und Wirklichkeit — Zum „Esra"-Beschluss des BVerfG, NVwZ 2008, 281 ff.; T. Gostomzyk, Wahrheit, keine Dichtung, NJW 2008, 737 ff.; R. Hahn, Persönlichkeitsrecht und Buch, ZUM 2008, 97 ff.; D. Grimm, „Keine Trumpfkarte im ‚Fall Esra'", ZRP 2008, 29 f.; Chr. Enders, Anm., JZ 2008, 581 ff.
　なお，本稿執筆にあたり，2009年1月10日に開催されたドイツ憲法判例研究会における上村都准教授（当時は岩手大学，2009年4月より新潟大学）による本決定についての報告と，それについての議論を参考にさせていただいた。ここに記して謝意を表したい。

本決定の訳文によって，連邦憲法裁判所による芸術の自由と人格権の調整のあり方を詳述する(14)。

(1) 芸術の自由の侵害 (RN 58 ～ 66)

本件の民事裁判所の判決は，K社の芸術の自由の基本権を制約する。

『エスラ』は芸術作品である。「現実関連性と芸術的形成との結合は，まさに小説という芸術形態にとって，しかしまた芸術的に仕上げられた自伝，ルポルタージュその他の表現形態（風刺，ドキュメンタリー・ドラマ，ファクション）にとって，しばしば避けることできないものである。このため，芸術的異化（Verfremdung）に成功した程度に応じて，明確な境界線を使って芸術と非芸術を区別することは不可能である」。

「すべての自由権と同様に，芸術の自由はなによりもまず国家に対抗している。……しかし，基本権は同時に芸術の自由についての客観的な決定である。それは，私人相互の関係において，とりわけ，私的権利に基づいて芸術的作品が国家の裁判所によって禁止されるという場合には，考慮されなければならない」。

「芸術の自由と人格権の衝突が問題になっている民事法の紛争において，当事者が基本権によって保護された地位を争っている場合でも，それは，なによりもまず民事裁判所が判断すべき，私的当事者間の争訟である。このことは，とりわけ，人格権侵害を認めるために重要な事実の認定にあてはまる。もちろん，ある小説の禁止は，芸術の自由に対するとりわけ強力な侵害である。それゆえ，連邦憲法裁判所による審査は，攻撃されている判決が，基本法5条3項1文の意義，とりわけその保護領域の範囲についての原則として誤った見解に基づいているのではないか，という問題に限定されない。むしろ，連邦憲法裁判所は，攻撃されている判決が，事案の具体的な状況に基づき憲法による芸術の自由の保障に適っているか否かを審査しなければならない」。

---

(14) 以下は本決定の抄訳である。ただし，直訳の部分には括弧を付した。見出しは内容に応じて筆者が付したものである。なお，連邦憲法裁判所のウェブページで公開されている本決定（http://www.bundesverfassungsgericht.de/entscheidungen/rs20070613_1bvr178305.html）に付されている「欄外番号」を，見出しに付した括弧内でRNと略記して示しておいた。

(2) 侵害の正当化

(a) 芸術の自由と人格権（RN 68〜72）

本件における芸術の自由の侵害（Eingriff）は一部のみ正当化される。

「芸術の自由には明文の法律の留保はない。しかし，無制限に保障されているわけではなく，基本法の憲法秩序において同様に重要な法益を保護している憲法の他の諸規定が直接にその限界となる」。芸術家と，芸術家によって権利を侵害された被害者の間で，裁判所は，両者の基本権を同じように尊重する義務を負っている。このことは，基本法1条1項と結びついた2条1項により保護された人格権にとくにあてはまる。連邦憲法裁判所はこの権利に，なかでも人間の尊厳の核心に特別に高い地位を認めてきた。人格権は，基本法に規定された自由権を補い，局限された個人的生活領域とその基本条件の維持を保障する。そこに，芸術的表現にとっての限界もある。人格権の内容は，一般的かつ網羅的には言い表されていない。認められた内容としては，自己の人格の表現，社会的承認または個人的名誉についての権利がある。本質的な保障は，人の名声，とりわけ公共空間におけるイメージ（Bild）を損なう発言からの保護である。一般的人格権は，とくに人格の発展にとって少なからず重要な，歪曲的表現から人を保護する。人格権の保護は，親子関係にも及ぶ。

(b) モデルとされた人物の認識可能性（RN 73〜78）

RとLは人格権を侵害された。その前提は，RとLが小説の登場人物のモデルであると認識可能なことであるが，その認識可能性だけでは人格権侵害にならない。攻撃されている判決は，RとLが登場人物エスラとラーレのモデルであると認識可能であることを前提としている。この判断に憲法上の問題はない。とくにBGHが採用した，大なり小なり広範囲の知人関係における認識可能性という基準は，憲法の観点から見て妥当である。

これに対し，他の手がかりが追加されたことにより，ある実在の人物をモデルとして証明できるということだけでは，上記のような意味での認識可能性を基礎づけるためには十分ではない。なぜなら，芸術家は，その着想をしばしば現実に見いだすため，念入りに調査をする批評家または文学者は多くの場合，ある登場人物のモデルまたはある小説の基礎となった実際の出来事を解明することができるであろう。もしもそのような解明可能性によって，モデルとされ

た人物の認識可能性が認められるとすれば，芸術の自由は過剰に制限されることになる。むしろ，状況を熟知している読者による同定によるべきである。それは，通常，同定のためのメルクマールの多数の積み重ねを前提とする。

　本件では，RとLの認識可能性が裁判所の基準に従って適切にも肯定された。小説のオリジナル版の場合，RとLに授与された賞による一義的な同定（17歳のトルコ人女性への連邦映画賞の授与，その映画ではドイツ人青年を愛するトルコ人女性の役を演じたこと。その母親は，トルコにおけるシアン化合物を用いた金の採掘に反対する活動によりオルターナティブ・ノーベル賞を受賞したこと）のためそこに疑いの余地はなかった。しかし，裁判所は，最終的に手続の基礎となった改訂版における賞の名称変更も，なお残っている事実との近さのために，その他の多数の手がかり（とくにOLGが詳細に説明している）とも結びついて，同定を不可能にしていないと考えた。なお，RとLの認識可能性を導き出すことができる事実認定は，なによりもまず専門裁判所の役割である。

　RとLの人格権の制約は，芸術の自由にはじめから劣後しなければならないほど軽いものではなかった。なぜなら，RとLがモデルであると認識可能な登場人物の振る舞いおよび特徴は，もし読者がそれをRとLに関連づけることができるとしたら，彼女らの人格権を重大に制約することになるものであったからである。

(c)　**芸術の自由と人格権**　(RN 79～90)

　芸術の自由は人格権に限界を設ける。これは，芸術の自由と人格権の関係にも妥当する。なぜなら，人格権を芸術の自由に対抗して貫徹することは，芸術作品に対抗して主張されるその他の私的権利よりも強力に，芸術的自由に内容上の限界を設定するからである。とくに，人格権に基づいて，公共空間と社会にとって重要なテーマについての公的な批判と議論が阻止される危険がある。

　具体的な事案においてこの限界を画定するためには，裁判所の手続において，芸術の自由を配慮せずに人格権の制約を認めることでは不十分である。芸術の自由の行使において，小説家の活動により，第三者の人格権が制約されたと認められた場合に，一般的人格権に基づく民事法上の防禦請求権について判断する際には，芸術の自由を適切に考慮に入れなければならない。それゆえ，その制約が，芸術の自由が劣後しなければならないような重大なものであるか否か

を解明する必要がある。軽微な制約または重大な制約の単なる可能性は、芸術の自由の大きな意義に照らせば、そのために十分であるとはいえない。もちろん、人格権の重大な制約を疑いの余地無く確認できる場合には、それは芸術の自由によってさえ正当化することはできない。

その際、人格権の制約の重大さ（Schwere）は、次の２点によって判断される。それは、①芸術家が、読者に、彼の作品の内容を実在の人物に関連づけることを可能にしている程度、そして、②読者がこの関連づけを行った場合の人格権の制約の強さ（Intensität）である。

① 作品の内容と実在の人物の関連性　小説の場合、それはしばしば現実と結びついているが、しかし芸術家はそこで新たな美的事実（neue ästhetische Wirklichkeit）を創造する。「ひとつの芸術作品は、『現実的』事実（„realen" Wirklichkeit）に対して自立した『より現実的な事実』（„wirklichere Wirklichkeit"）を創作しようと努力する。そこでは、現実的事実が、美的レベルにおいて個人に対する新たな関係の中でより意図的に練り上げられる。それゆえ、芸術的表現は、現実の世界の基準によってではなく、芸術に固有の、美的基準（kunstspezifischer, ästhetischer Maßstab）によってのみ判定されなければならない。これは、人格権保護と芸術の自由の間の対立関係が、芸術以外の社会領域における芸術作品の影響のみに注意を向けることができるのではなく、芸術に固有の視点も考慮しなければならないということを意味する。人格権が侵害されたか否かについての判断は、それゆえ、個別事例のあらゆる状況の衡量によってのみ行うことができる。その際には、『作中人物』（Abbild）が、その『モデル』（Urbild）と比べて、素材の芸術的形成および芸術作品の全体への組み込みによって、特殊性や個人的内密さが、一般性や『登場人物』の特徴によって非常に客観化されているために、自立したものにみえるか否か、みえるとしてそれはどの程度かを考慮しなければならない」。

芸術の自由の保障は、ある文学作品の読者に、思慮分別のある行動をすること、その作品を意見表明と区別すること、実際の出来事の描写と虚構の物語を区別することを求める。それゆえ、小説である文学作品は、まず、虚構とみなされなければならない。ある文学的テキストの虚構性を推定しないとしたら、それは、芸術作品としての小説の特徴と、芸術の自由の要請を見誤ることにな

る。虚構性の推定は，出発点においては，たとえ小説の登場人物の背後にモデルとしての現実の人物を認識できる場合でも妥当する。芸術の自由は，生活の現実に実在するモデルをこのように使用することを含んでいる。

「著者がある登場人物をそのモデルからより明確に切り離し，芸術上の人物として自立（『異化』）させればさせるほど，それには芸術に固有の考慮がふさわしい。その際，そのような虚構化に際して，重要なのは，認識可能性を完全に排除することではなく，むしろ，著者は語られたことが事実であるとの前提に立っていないということを，読者に明らかにしておくことである」。

② 人格権の制約の強さ　衡量にとって決定的なのは人格権がどの程度に強く制約されたかということである。「連邦憲法裁判所は，確立された判例において，人間の尊厳に特に近接しているため，私的生活形成の核心領域は絶対に不可侵なものとして保護されていることを前提としている。この絶対的に保護された核心領域には，とくに性の表現形態が含まれる。私的領域の保護の強さは，これに対して劣後する」。

「人格権のさまざまな次元を，図式的段階秩序という意味で理解することはできないが，おそらく，文学的作品による制約の強さについての手がかりとして理解することは可能である」。

「著者が，事実から切り離された美的な現実を創造した程度と，人格権侵害の強さの間には相関関係がある。作中人物とモデルの共通点が多ければ多いほど，人格権の制約の程度は強まる。芸術的描写が，人格権のとくに保護された次元に及べば及ぶほど，人格権を侵害しないために，より虚構化をはからなければならない」。

(d) **本件における具体的判断**（RN 91～103）

上記の基準によれば，民事裁判所は，本件において芸術の自由の要請を一部のみ考慮した。民事裁判所は，芸術の自由と人格権の衡量について，RとLには明確な違いがあるにもかかわらず，両者の訴えをすべて認めた。

① Lに関する芸術の自由と人格権の衡量　女優Rの母親であるLについて，民事裁判所は芸術に固有の考慮を十分には行っておらず，それゆえ，その判決は基本法5条3項1文の芸術の自由の保障に違反する。

民事裁判所が，Lを本件小説の登場人物ラーレのモデルであるとしたことに

第4部 憲　　法

ついて憲法上の異議を唱えることはできない。両者の経歴の多くの共通点，とりわけ受賞歴は，Lがラーレのモデルであることを認識可能にした。

「民事裁判所は，そのような認識可能性では公表禁止にとって十分ではなく，付加的に重大な人格権侵害が必要であるという自ら設定した出発点，とくにBGHの出発点に反して，ラーレという登場人物が非常に否定的に描かれていることを認定することによって満足し，その点に人格権侵害を見いだしている。ところが，その際に民事裁判所は，本件小説中のラーレについての記述のすべてが事実に対応しているわけではないということを自ら前提としており，まさにその点について本件小説を非難している。しかしながら，Lがラーレの認識可能なモデルであるということは，本件小説が，ある読者に，ラーレのすべての振る舞いと特徴がLのものだと受け取らせるということを意味しない。

この点で，民事裁判所の判決は，本件小説が出版点において虚構とみなされなければならないということを十分には考慮していない。もちろん，BGHが，著作の冒頭と終わりに付された。実在の人物との一致は純粋に偶然であり，意図されたものではないという『注意書き』(„disclaimer")を虚構のテキストであることを認めるためには十分ではないとしたことに異議を唱えることはできない。本件小説が虚構とみなされるか否かは，むしろ，テキスト自身から判断されなければならない。その判断によって，ある文学的テキストが，単なる報復または中傷であることが明らかになった場合には，かならず人格権保護が優位する。

しかし，本件小説はそのような場合にあたらない。なるほど，『エスラ』の場合，小説の筋書きは，現実と関連している人物を主人公として現実の場面で展開されているという意味において現実的な文学である。著者は，筋書きの中で事実と虚構を組み合わせてさえいる。著者はその限りにおいて意図的に境目をぼやかそうとしている。それにもかかわらず，文学を解する読者は，このテキストが，現実の人物と出来事をルポルタージュのように描いただけのものではなく，このような現実のレベルの背後に第二のレベルを備えていることを認識することができる。ラーレという人物は，アダムとエスラの関係が破滅に至った責任の追及にあたり，本件小説の全体的構成において重要な役割を果たしている。Lとの関係において，本件小説は，ラーレという登場人物のこのよ

うな役割のため，中傷であるとはいえない。著者は，むしろ，自分自身についても同様に性格的な弱さを露呈しており，「私」という人物を，同様に彼の娘に対して無力で，支離滅裂の精神状態で，嫉妬深い性格として描いている。エスラを愛する男と，彼に愛されたエスラの母親の間に存在する難しい関係がとくに強調されている，責任問題のまさにこの部分が，本件小説に第二のレベルが存在することを示している。

　このことは，著者が，登場人物ラーレについて，エスラと異なり，そのほとんどの記述を，自らの体験に基づかずに描いていることからも妥当する。ラーレの生涯は，本件小説において広範にわたって創造された物語である。Lが問題にしている小説の内容はまさに，明らかに物語的で，部分的には距離を置いて，他者の物語，噂および印象の再現としてのみ描かれている。

　このため，BGHによるLについての次のような性格描写が与えた，要請された芸術に固有の考慮に対する評価は不十分でしかない。BGHによれば，Lは，『抑鬱状態の，精神的に病んだアルコール依存症』で，『娘および家族を支配し，支配的で争いを好み，子どもたちを無視し，賞金を倒産したホテルにつぎ込み，良心の土地を盗み，マフィアをけしかけ，金の採掘に反対したのも，自分が騙し取った土地から金が発見されなかったためであり，自分のホテルが炎上する前に高額の火災保険に入り，自分の娘に中絶を強要し，最初の夫に騙され，同じくアルコール依存症の２人目の夫に暴力をふるわれた』。このような総括においては，事実認定として，例えば，自伝において，またはアルターナティブ・ノーベル賞の受賞者に対する批判として，許される可能性のある言明と，虚構の内容およびBGH自身による，誇張された解釈が混ざり合っている」。BGHは，いくつかの文章の正確さが問題とされる可能性に言及しているが，Lはそれについて真実性の証明には踏み込んでいない。BGHは，芸術家自身が描写の虚構性を前提としているため，彼の自己理解によればそれはまったく不可能なことを芸術家に期待している。事実に結びついた芸術作品は，それゆえこの手がかりによるなら，真実性の証明が可能な事実についての報道よりも保護される程度が弱くなるだろう。

　「事実と結びついた文学的作品にとって，事実と虚構の描写の混同はまさにその特徴である。そうした状況で，一方でモデルとしての認識可能性から，他

方で登場人物の否定的な特徴から，すでに人格権侵害が認められるとしたら，そのような文学の基本権保護は不十分になる。自己の人生像に関する権利をこのように理解することは芸術の自由に適っていない。むしろ必要とされるのは，いずれにしろ，筆者によって読者が，描写の特定の一部を実際に生じたこととみなすことが可能になるということ，そしてまさにこの部分が，名誉を毀損する誤った事実主張であるか，人格の核心領域に触れるためおよそ公共性には属さないため，人格権侵害になるということの証明である。ところが，民事裁判所の判決ではそのような証明は行われていない。むしろ，民事裁判所の判決は，芸術の自由が，なによりもまずテキストの虚構性を前提とすることを求めているということを見誤っている」。

② Rに関する芸術の自由と人格権の衡量　Rに関して本件小説の出版差止めを認めたことは合憲である。民事裁判所は，Lの場合と異なり，Rについては登場人物のモデルとしての認識可能性だけでなく，具体的で重大な人格権の侵害を認めた。それは内密領域の侵害と，重病の娘と母親の関係にかかわる。

「Rは，民事裁判所が適切に認めたように，エスラという登場人物のモデルであると認識できるように描かれただけではない。本件小説におけるその役割は，エスラと，たやすく著者であると認識できる『私』の間で直接に，その関係から生じた中心的な出来事にも関連している。彼女の著者との内密的な関係，彼女の結婚，娘の病気および彼女の新しい男女関係は，民事裁判所の適切な認定によれば，多かれ少なかれ事実から直接に借用されたものであり，その結果，Lの場合と異なって，すでに本件小説の視点からも私自身の体験として描かれていることもあり，読者は，この出来事を虚構であると理解することはできない。

著者による直接の経験に由来する，出来事についての現実的かつ詳細な物語によってまさに，Rの人格権がとくに重大に制約される。人格権の制約は，著者の実際の性的パートナーとして明らかに認識可能である女性の，もっとも内密的な詳細が正確に描写されることによってとくに生じる。この点に，Rの内密領域および人間の尊厳の核心に属する人格権の領域の侵害が認められる。この領域においてはRも著者も真実性の証明は不可能であり，期待可能でもない。明らかにエスラとして認識可能なRは，内密領域の優越的に重要な保護に基づ

き，小説に描かれた出来事が現実であったか否かという，本件小説によって読者が抱く疑問を甘受する必要はない。それゆえ，憲法異議を申し立てたK社の芸術の自由と，Rの人格権の衡量は，Rに有利な結果となる。

これと並んで，実際に重病の娘についての描写も，Rの重大な人格権の侵害である。娘は，彼女の周囲，例えばクラスメートにとって明らかに同定可能である。子どもおよび母と子の関係の特別な保護に照らせば，2人の明らかに同定可能な人物について，病気およびそれによって特徴付けられる母と子どもの関係を描写することは公共空間で行われるべきことではない」。

(3) 反対意見[15]
(a) ホーマン＝デンハルトとガイアー（RN 110〜124）

「ホーマン＝デンハルト裁判官とガイアー裁判官は，法廷が，正当にも芸術固有の基準を設定すべきであると宣言したにもかかわらず，人格権の制約の重大性を判定するために，彼らからすれば役に立たない認識可能性の基準を用いたことを批判する。法廷は，ある小説がその描写によって内密領域と性的領域に触れれば触れるほど，異化によって人格の侵害が排除されなければならないと，量的要請を行っているが，それは事実の芸術的な加工の質的次元を見誤っているというのである。これは，最終的に芸術を性のタブー化に導くことになる。なぜなら芸術は，事実への接近に依存しており，それによって常に，人物が認識され，他者にとっても認識可能であるという危険があるからである。文学的観点によれば，『エスラ』は，経験した世界を再生産するものでも，自伝的表現でもなく，むしろ文学的な美のプログラムに従った，物語的構成物である。それゆえ，芸術に固有の考察方法によれば，人格権侵害は認められない。基本権保護を拒否するための決定的な基準は，本件小説が全体的にみてもっぱら特定の人物を中傷するという目的を追求している場合である。しかし，著者のそうした意図は認識できないし，文学的側面からもそのようなものとは思われない」。

---

(15) 本決定に付された反対意見については，連邦憲法裁判所のウェブページに掲載されたプレスリリース（http://www.bundesverfassungsgericht.de/pressemitteilungen/bvg07-099.html）を訳出した。

(b) ホフマン＝リーム (RN 125〜151)

　ホフマン＝リーム裁判官によれば，「法廷は，ある芸術作品の効果の法的評価について発展させた原則を部分的にのみ本件に適用した。基本法5条3項が，小説という芸術形態のために，ある具体的なモデルを認識することが可能な場合でも，虚構性の推定が働くことを要請し，そして，このことが具体的に描かれた出来事，行動様式または性格の個性にも妥当するのであれば，なぜ性的領域についての表現もそこに含まれないのかを理解することは不可能である。さらに，芸術的なものに対する保護が虚構に限定され，ある芸術作品が虚構と現実のいずれであるかを確認したうえで法的に評価される場合には，芸術的創造の多様性が見失われるおそれがある。そうすることで，芸術における観察可能なものとの関わり方の独自性——現実の芸術的構成——が失われるおそれがある。——多数意見が支持しているように——芸術の自由の保護の強さと範囲が，虚構化の程度に依存する場合でさえも，こうしたリスクを回避することはできないだろう。虚構性の程度は，ある間主観的に観察可能な出来事を芸術的に加工する特別な方法を考慮することを可能にしない。小説的表現における間主観的に観察可能な出来事の芸術的加工は，その出来事を虚構にする必要はないが，芸術作品にしなければならない。その場合，その限りにおいて芸術性に有利な推定が妥当しなければならない。『虚構性』の推定という言い方は，保護の必要なこの次元を妨害するおそれがある」。

IV　芸術の自由と人格権の調整

　本決定が，女優Rとの関係において『エスラ』の出版差止めを認めたため，本決定についての報道は「文学の敗北」等の言葉で失望感を伝えるものが多かったという[16]。新聞報道では，本決定に対するきわめて厳しい批判が噴出したが，それに誘発された擁護論も唱えられた[17]。なお，本決定を受けてBGHは，2008年6月10日に差戻審判決[18]を下し，Rの母親Lとの関係で出

---

(16)　Vgl. Grimm, a.a.O.（Anm. 13), 29.
(17)　Obergfell, a.a.O.（Anm. 13), 910.
(18)　BGH, NJW 2008, 2587; ZUM 2008, 683.

版差止めを認めたLGとOLGの判決を破棄した。また，K社とビラーに対する損害賠償請求についても，RとLの10万ユーロの請求がRの単独でK社とビラーにあわせて5万ユーロの支払いを求める内容に変更された。LGは，2008年2月13日の判決[19]により，Rの損害賠償請求を認めたが，OLGは同年7月8日の判決[20]により原審判決を破棄した。このOLG判決が芸術の自由の優位を認めたため，本決定は，出版差止めを認めたものの，同時に，K社とビラーがそれに加えてRに対し損害賠償を支払う必要はないという結論をOLGが導く基礎を提供したとみられている[21]。

　公式に示された本決定の要旨は次の通りである。①芸術の自由に対するとりわけ強力な侵害として，ある小説を裁判所が禁止する場合，連邦憲法裁判所は，攻撃されている判決が，事案の具体的な状況に基づき憲法による芸術の自由の保障に適っているか否かを審査する。②芸術の自由は，小説であると証明された文学作品のために芸術に固有の考慮を求める。そこからとくに文学的テキストの虚構性の推定が帰結される。③芸術の自由は，生活の現実からモデルを使用する権利を含む。④著者が，事実から切り離された美的な現実を創造した程度と，人格権侵害の強さの間には相互関係がある。作中人物とモデルの共通点が多ければ多いほど，人格権の制約の程度は強まる。芸術的描写が，人格権のとくに保護された次元に及べば及ぶほど，人格権を侵害しないために，より虚構化をはからなければならない。

　連邦憲法裁判所は，「メフィスト」決定[22]において，民事裁判所の判決が，芸術の自由の意義について原則として誤った見解に基づいているか否かを審査の対象とした。これに対し，本決定[23]は，「メフィスト」決定のシュタイン裁判官反対意見に依拠して，連邦憲法裁判所は，それだけにとどまらず，民事裁判所の判決が，事案の具体的な状況に基づいて，憲法による芸術の自由の保障に適っているか否かを審査しなければならないと述べて，審査の範囲を明確に

---

(19)　LG München I, ZUM 2008, 537.
(20)　OLG München, ZUM 2008, 984.
(21)　Lothar Müller, „Esra"-Urteil revidiert, Zwischen Wahrheit und Fiktion, SZ v. 10. 7. 2009 (http://www.sueddeutsche.de/kultur/321/448055/text/).
(22)　BVerfGE 30, 173 (188).
(23)　BVerfGE 119, 1 (22).

拡大した(24)。なお，芸術の自由における芸術概念の定義については判例・学説において議論(25)があるものの，『エスラ』の場合，芸術としてこの基本権の保護を受けることについて争いはなかった。

本決定によれば，芸術の自由よりも人格権を優位させ，小説の出版差止めを認めるためには，大なり小なり広範囲の知人関係において登場人物からモデルを認識できることに加えて，人格権が重大に制約されていることが必要である。人格権の軽微な制約が生じている場合や，重大な制約の可能性があるにすぎないという場合には，芸術の自由に優位が認められる。人格権の制約の重大さは，著者による虚構化の程度と，人格権の制約の強さによって判断されるが，その際，文学作品については虚構性が推定される。

本決定が，唯一の先例である「メフィスト」決定よりも芸術の自由を重視したものであることは，ホフマン＝リームの反対意見だけでなく，同裁判官の前任者であるグリムによっても認められている(26)。ただし，本決定では，上記の要旨④の衡量定式（「エスラ事件の Je-desto-Formel」(27)という呼び方もある）について3人の裁判官が反対意見を述べている。

ホーマン＝デンハルトとガイアーは，作中人物とモデルの共通点が多ければ多いほど，人格権の制約の程度が強まるという衡量定式について，小説と事実の量的比較によって，事実の芸術的加工の質的次元を正当に評価することはできないと批判している。そして，芸術の自由が劣後するのは，モデル小説が全体的にみてもっぱら特定の人物を中傷するという目的を追求している場合であるとする。

ホフマン＝リームは，小説の虚構性の推定が，衡量定式を用いることで部分的に，重大な人格権の制約（『エスラ』の場合，Rの性に関する領域や娘の病気）

---

(24) Hahn, a.a.O.（Anm. 13), 100.
(25) 芸術の自由については，初宿正典「憲法と芸術の自由」京都大学法学部百周年記念論文集刊行委員会編『京都大学法学部創立百周年記念論文集　第2巻』（有斐閣，1999年）103頁以下，杉原周治「基本権競合論（二・完）——意見表明の自由と芸術の自由競合を素材として」広島法学29巻4号（2006年）129頁以下参照。
(26) Grimm, a.a.O.（Anm. 13), 30. Obergfell, a.a.O.（Anm. 13), 914 も，『エスラ』の出版差止めはきわめて例外的なケースとして合憲とされたと理解すべきであり，本決定は，一般論としては芸術の自由を尊重した判例として歓迎すべきであると指摘している。
(27) Schröder, a.a.O.（Anm. 13), 146.

との関係では働かなくなること，とくに性に関する領域については，虚構性がより強く求められ，芸術の自由に固有の考慮が妥当しないことを批判する。これに関連して，出版差止めが，母親Lとの関係では違憲であるが，女優Rとの関係では合憲とされたことを疑問視している。さらに，芸術の自由の保護が虚構に限定され，ある芸術作品が虚構と現実のいずれであるかを確認したうえで法的に評価される場合には，芸術的創造の多様性が見失われるおそれがあると指摘する。多数意見が虚構化をどのように理解しているか明らかではないが，間主観的に観察可能なある出来事を小説表現へと芸術的に加工すること——多数意見の言い方によれば，「第二のレベル」を作り出すこと——とは，その出来事を虚構にすることではなく，芸術作品にすることだ，とホフマン＝リームは主張する。

　本決定の衡量定式は，反対意見だけでなく，研究者や実務家によっても疑問視されている[28]。この衡量定式には，モデル小説による人格権の制約について裁判所がどのような判断を下すかについての予見可能性がないため，本決定以降，著者と出版社が抱える不安は大きくなったとの指摘もある[29]。

　日本で初めてモデル小説における文学表現の限界が争われた「宴のあと」事件判決[30]において東京地裁は，プライバシーの権利を「私生活をみだりに公開されないという法的保障ないし権利」ととらえ，それが侵害されたといえるためには，公開された内容が，①私生活上の事実または私生活上の事実らしく受け取られるおそれのあることがらであること，②一般人の感受性を基準にして当該私人の立場に立った場合，公開を欲しないであろうと認められることがらであること，③一般の人々に未だ知られていないことがらであること，を必要とすると判示した。さらに，私生活の公表が上記の3要件を満たしても，公共の利害に関する事実の公表である場合や，被害者が社会的に著名な存在である場合には，小説であっても，私生活の公表が許されるとした。その後，プラ

---

(28)　Lenski, a.a.O.（Anm. 13), 282; Neumeyer, a.a.O.（Anm. 13), 513; Gostomzyk, a.a.O.（Anm. 13), 739; Hahn, a.a.O.（Anm. 13), 102.

(29)　T. Gostomzyk, Ein Jahr „Esra"-Urteil, Wie ein Roman-Verbot die Buchbranche einschüchtert, Der Spiegel v. 16. 10. 2008（http://www.spiegel.de/kultur/literatur/0.1518.584138.00.html）.

(30)　東京地判昭和39・9・28下民集15巻9号2317頁．

第4部 憲　　法

イバシー，名誉，名誉感情の侵害を理由に小説の出版差止めが認められた「石に泳ぐ魚」事件では，小説の公表によって受ける被害者側の不利益と，出版差止めによる著者側の不利益を比較衡量するという東京高裁[31]が採用した手法が，最高裁[32]によっても支持された。

　モデル小説における文学表現の限界を法的に検討するにあたり，小説表現の特殊性をどのように考慮すべきかについては日本でも問題とされてきた。問題の解決を個別的衡量に委ねているところは，日独で共通している[33]。モデル小説には，実在の人物を描いていても虚実を織り交ぜ読者を全体として虚構の世界に誘う「虚構性の側面」と，小説家の洞察力と表現力のゆえに，創作の部分も含めてすべてが真実であるかのようにみせてしまう「真実性の側面」がある[34]。「宴のあと」事件判決が，私生活上の事実に加えて，「私生活上の事実らしく受け取られるおそれのあることがら」も権利侵害の要件に含めたのは，虚構も真実と受け取られるというモデル小説の真実性の側面に配慮したからだといえる。「名もなき道を」事件の東京地裁判決[35]のように，芸術的創作の成果として小説が読者に虚構と受けとめられると判断された事案もあるが，一般的には，モデル小説において実在の人物がモデルになっていると認識可能である場合，真実性の側面が問題とされ，モデルとされた人物のプライバシー権・

---

(31)　東京高判平成13・2・15判例時報1741号68頁。この判決について，鈴木秀美「小説『石に泳ぐ魚』事件東京高裁判決」法学教室252号（2001年）85頁以下参照。
(32)　最判平成14・9・24判例時報1802号60頁。
(33)　ただし，名誉毀損・プライバシー侵害における損害賠償や公表差止め等の救済手段の用い方には日独の相違もあり，注意が必要である。ドイツでは，精神的損害に対する賠償は民法典において明文では認められておらず，判例によって認められたものである。BGHによって確立された判例法理が，1973年のソラヤ決定（BVerfGE 34, 269）において連邦憲法裁判所によって認められた。ドイツでは，人格権が重大に侵害され，それが他の方法によっては償うことができない場合に金銭賠償が認められる。これに対し，出版差止めが認められるのは，将来の侵害から人格権を保護する必要がある場合である。Vgl. F. Fechner, Medienrecht, 7. Aufl. 2006, RN 250 ff. 渡辺康行「裁判官による法形成とその限界——ソラヤ決定」ドイツ憲法判例研究会編『ドイツの憲法判例［第2版］』（信山社，2003年）384頁以下参照。
(34)　棟居快行「プライバシー権を理由とするモデル小説の事前差止め——『石に泳ぐ魚』事件」堀部政男＝長谷部恭男編『メディア判例百選』（有斐閣，2005年）151頁の指摘。
(35)　東京地判平成7・5・19判例時報1550号49頁。

名誉権と著者の表現の自由をどのように調整するかが検討される。モデル小説による名誉毀損については，著者が小説の虚構性を主張している場合に，事実の真実性を理由とする免責法理の適用を認めるべきか否かをめぐる議論もある[36]。

　この点，「エスラ」事件では，第1法廷の一致した意見として，芸術の自由から小説の「虚構性の推定」が導出されたことは注目に値する。ただし，ドイツでも，衡量定式が用いられた結果，虚構性の推定が不徹底なものとなってしまい，芸術の自由に萎縮効果を及ぼしているという問題も指摘されている。近年，ドイツでは小説の出版差止めを求める事件が続いている[37]。本決定において，芸術の自由から導出された小説の虚構性の推定と，芸術の自由と人格権を調整するために採用された新しい衡量定式が，問題の解決にどのような効果を発揮するか，今後の展開に注目したい。

---

(36)　鈴木秀美「モデル小説と名誉毀損——『捜査一課長』事件」堀部政男＝長谷部恭男編『メディア判例百選』（有斐閣，2005年）161頁参照。

(37)　Gostomzyk, a.a.O.（Anm. 29）によれば，単行本の出版差止めが争われる事件は増加してはいないものの，年間に約30件から40件あるという。Vgl. K.-H. Ladeur/T. Gostomzyk, Mephisto reloded — Zu den Bücherverboten der Jahre 2003/2004 und der Notwendigkeit, die Kunstfreiheit auf eine Risikobetrachtung umzustellen, NJW 2005, 566 ff.

第5部

欧文

17 History and Possible Future Reform on Patent Invalidation Procedure in the United States

18 Die Anordnung der Urkundenvorlage von der Umlaufakte bis zur Darlehensentscheidungsfindung in der Bank in Japan

17 History and Possible Future Reform on Patent Invalidation Procedure in the United States

Toshitaka Kudo

I Introduction
II Origin of the litigation-based system
III First Turning Point: Establishment of the Federal Circuit
IV Second Turning Point: Establishment of Reexamination
V Characteristics and Solutions to Be Considered
VI Final Notes

I Introduction

While a patent right is established through a process that includes the filing of the patent application, examination[1], the decision to grant a patent, and registration, it is possible to dispute the validity of an established patent ex post facto. Disputes over patent validity are one of the typical types of patent dispute.

Various legal systems exist for the purpose of facilitating patent validity disputes. In terms of their relationship with infringement litigation, they can be divided into the following two categories: (1) a single forums wherein patent validity is disputed as part of the same proceedings as infringement proceedings, and (2) separate forums wherein patent validity is disputed separately from infringement. Moreover, in terms of the determining body and the nature of the proceedings, these can be divided into the following two categories: (1) judicial proceedings, and (2) administrative proceedings.

In this regard, the U. S. patent invalidation procedure is a unique model, compared with rest of the world. The U. S. system is oriented with general

---

(1) A few countries, such as France, have registration system, which the patent office doesn't examine novelty or inventive step of a patent application.

civil litigation, while other countries like Japan and Germany have special procedure at the patent office, or a specialized patent court.

Due to the broadening of the scope of patentable subject matter, an increase in the number of patent filings, and active enforcement, there has been an increase in the number of legal disputes over patent rights, mainly in industrialized countries. Under such circumstances, the appropriate and rational resolution of disputes over patent validity has become a matter of interest throughout the world. Therefore, in this article, I will describe the historical background of the patent invalidation procedure in the U. S., and spot issues of the current system, for further discussions on reform of dispute resolution proceedings regarding patents.

II Origin of the litigation-based system [2]

(a) The Patent Act of 1790

(1) Overview

The first U. S. patent statute was enacted by the second session of the first Congress. While the first Patent Act (hereinafter 1790 Act) statute was largely based on British custom and practice, it created a unique examination system which was different from the registration system adopted in the U. K. at that time.[3] The responsibility for examining patent applications was placed upon a board consisting of the Secretary of State, the Secretary of War, and the Attorney General. The Board members had power to issue a patent, "if they shall deem the invention or discovery sufficiently useful and important" and to fix the duration of a patent up to 14 years.[4]

---

(2) For overall information, see United States Patent Office, The story of the United States Patent Office (1965).

(3) Edward C. Waterscheid, To promote the Progress of Useful Arts: American Patent Law and Administration, 1798-1836, at 109 (1998).

(4) Id. at 350.

(2) Procedure for invalidation: repealing procedure

The 1790 Act provided procedure for repealing issued patents, in Section 5. The section provided that anyone could file a lawsuit for repealing an issued patent, within one year from the issuance date, at a federal district court. Patents could be repealed on the grounds that the patent was obtained surreptitiously by or upon false suggestion, or that the patentee was not the first and true inventor or discoverer. If the plaintiff lost the suit for repeal of the patent, he/she had to pay all costs expended by the challenged patentee. It seems that there were some infringement suits during the period from 1790 to 1793, for patents granted under the first Patent Act.[5] However, due to the unavailability of any reported patent cases during that period,[6] we have no way to research how the requests fot repeal were filed, or how the courts decided those cases.

Ultimately, the 1790 Act was revised after only a few years. The Board apparently had practical difficulties in examining patent applications, since the board members were too busy in their own government work to spare sufficient time to examine patent applications[7].

(b) Patent Act of 1793

(1) Overview: registration system

The gap between the 1790 Act and the Patent Act of 1793 (hereinafter 1793 Act) was significant. The 1793 Act completely abolished the impractical examination by the Board and adopted registration system. Under the registration system, a patent is granted to anyone who filed an application that met the formality requirement. The Secretary of State accepted the applications and kept records, and the President signed on the patent.[8] The regis-

---

(5) Considering the small number of issued patents, the number of cases was presumed to be small, too.
(6) Waterscheid, supra note 3, at 355.
(7) P. J. Federico, Operation of the Patent Act of 1790, 18 J. Pat. Off. Soc'y 97, 237 (1936).
(8) Id. at 241.

tration system was preserved until enactment of the Patent Act of 1836.

(2) Repealing procedure and defense of invalidity

The 1793 Act provided a procedure for repealing patents in Section 10. Same as the 1970 Act, anyone could file repealing of a patent to a federal district court. The causes for repealing were same as in the 1790 Act: obtaining patent surreptitiously by false suggestion, or misappropriation. Under the 1973 Act, a request for repeal could be filed within three years of the issuance of the patent.

In addition to the repealing procedure, the 1793 Act clearly codified "void" of a patent in Section 6, as a defense against alleged infringement. A defendant in an infringement suit could raise the invalidity of the patent as a defense. The grounds for invalidation were violation of disclosure, public use, and misappropriation. If the defendant succeeded in proving one of these causes, the judgment was rendered for the defendant with recovery of cost, and declaring the patent void.

Repealing and invalidation were actually similar in some respects. It seems that some causes of action of invalidation defense, such as violation of disclosure or misappropriation, overlapped with those of repealing. Both repealing and invalidation are adjudicated by federal courts[9]. On the other hand, repealing was subject to a three year limitation of the period for filing, but there was no such limitation for the invalidity defense. There may be some other differences that were provided by case laws; however, records are not available for this era.

(c) **Patent Act of 1836**

(1) Overview: examination system

Many shortcomings became apparent soon after enactment of the 1793 Act. Because the registration system was not capable of screening questionable patents and passed all substantive issues to litigation, the courts were

---

(9) The Patent Act of 1800 transferred jurisdiction in all infringement actions from district courts to the circuit courts. (See Section 3 of Appendix XI)

overwhelmed by the number of patent cases.[10] According to Senator John Ruggles, who advocated reform of the 1793 Act, 800 patents a year were being granted each year, and there were currently more than 100 patent suits pending, around 1835.[11] A Senate committee, of which he served on a chairman, issued a report which described practical situation under 1793 Act in detail.[12] The report mentioned that "A considerable portion of all the patents granted are worthless and void, as conflicting with, and infringing upon one another" so that "the country becomes flooded with patent monopolies, embarrassing to bona fide patentees, whose rights are thus invaded from all sides." Furthermore, the report pointed out that "out of this interference and collision of patents and privileges, a great number of law suits arise, which are daily increasing in an alarming degree" and that misappropriation of inventions or applications with slight immaterial alternation of preexisting inventions were extensive and serious. In the end, the Congress passed the reform bill in just a few months.

The Patent Act of 1836 (hereinafter: the 1836 Act) replaced the troublesome registration system with a brand-new examination system, which has been preserved as a fundamental part of the patent law to the present. The new system assigned the U. S. Patent Office the role of determining the utility, novelty and patentability of the invention. As one writeer put it, the aim was "to eliminate litigation before it begins."[13] The 1836 Act also stipulated that a specification was a necessary document in the patent application. The specification was required to set forth what the inventor claimed as her invention. In addition, an appeal procedure for rejected application was created for the first time.

---

(10) Federico, supra note 7, at 251.
(11) Kenneth W. Dobyns, The Patent Office Pony: History of the Early Patent Office 97 (1994).
(12) The report (Sen. Doc 228, 24th Cong. 1st Sess. Apr. 28, 1836) is reproduced in full in 1836 Senate Committee Report, 18 J. Pat. Off. Soc'y 853 (1936).
(13) Federico, supra note 7, at 97.

(2) Defense of Invalidity

The 1836 Act abolished the repeal procedure. The accused infringer's defense was provided in Section 15, by similar wordings to the 1793 Act. A defendant in an infringement suit could raise defense such as violation of disclosure, public use, on sale, and misappropriation. Although this section didn't clearly define the character of these defenses as "void" or "invalid", it was construed as defense of invalidation, from historical background and logical framework.

(d) Current Patent Statute: Patent Act of 1952

After passing through a number of amendments, patent law was rewritten to the new patent Act of 1952 (Hereinafter: the 1952 Act), for the first time since 1870. The 1952 Act, which is the current patent statute, modified the structure of articles and sentences to a more comprehensive form, and revised a lot of uncontroversial points, in both procedure and substance[14]. 35 U. S. C. §282 codified the presumption of validity of issued patents, and accused infringer's burden of proof of invalidity in an infringement suit; this fundamental principle remains effective to the presentday. The 1952 Act provides four basic requirements for patentability: (i) Statutory subject matter delineated in 35 U. S. C. §101; (ii) Usefulness under 35 U. S. C. §101; (iii) Novelty under 35 U. S. C. §102; (iv) Nonobviousness under 35 U. S. C. §103. The accused infringer can raise the invalidity argument on any of these grounds. In addition, 35 U. S. C. §112 provides requirements of disclosure at specification which the paten must comply. They are (i) Best mode, (ii) Enablement, and (iii) Written description. The lack of any of these requirements can provide grounds to invalidate the issued patents.

Accused infringers can raise the defense of invalidity in an infringement case. In addition, they can file a declaratory judgment action for invalidity, after the enactment of the Declaratory Judgment Act.

---

(14) United States Patent Office, supra note 2 at 33.

(e) Short Summary

The registration system, which lasted more than 30 years, was a unique characteristic of U. S. patent law in its early days. It was during this era that substantial grounds and procedural rules for repealing and invalidation were organized in the statute. As a consequence of the registration system, courts have jurisdiction of reviewing patentability, in repealing or infringement cases.

Even after examination of applications started in 1836, courts preserved jurisdiction over validity of granted patents. In contrast with the traditional Civil Law system, the Common Law system reviews administrative actions at ordinary civil courts, under basically same procedure as ordinary civil cases. This might be another factor which supported courts' jurisdiction for the invalidity issue.

Ⅲ First Turning Point: Establishment of the Federal Circuit

(a) Importance of the Argument

As mentioned in subsequent chapters, the U. S. Court of Appeals for the Federal Circuit was established as a semi-specialized appellate court dealing with limited subject matters. The Federal Circuit was the additional appellate court, added to the existing 12 regional courts of appeals. This reform didn't directly change the institutions and patent litigation procedure for the first instance. However, I would like to give a brief overview of the history of the Federal Circuit, and its impact to patent litigation. The reasons are as follows: First, in order to discuss on procedural rules of patent litigation for the first instance, we should be aware of allocation of roles between the first instance and the appellate instance. Second, the discussions held in the course of establishing the Federal Circuit provide us many useful insights for arguments over the judicial system and complex litigation. Third, the situation after the establishment of the Federal Circuit gives us concrete examples and lessons on semi-specialized judiciaries for patent litigation.

(b) Legislative History

The establishment of the Federal Circuit was realized though more than 10 years of study and debate. In early 1971, a committee appointed by Chief Justice Warren Burger recommended a national court of appeals that would decide cases and screen petitions for appeal to the Supreme Court, but it didn't pass the Congress[15]. In 1975, report of the Commission on Revision of the Federal Court Appellate System (known as the Hruska Commission) again proposed an appellate court that would determine national law and resolve inter-circuit conflicts by deciding certain categories of cases referred to it by the Supreme Court and the courts of appeals[16]. The commission pointed out that patent cases fell in those categories. Although the proposal did not pass Congress either, the commission succeed in obtain large recognition of the inter-circuit conflict issue. The Commission also studied specialized courts, but was not positive about the idea, pointing out the risk of judges at the specialized courts having a narrower perspective, possible bias from groups with interests in the specialized field, etc[17].

Referencing the Hurska Commission report, the Carter Administration proposed a bill to establish a new federal appellate court, the U. S. Court of Appeals for the Federal Circuit (hereinafter Federal Circuit). The scope of appellate cases to be merged into the jurisdiction of the new Federal Circuit was debated in Congress. In the approved act, Congress extended the jurisdiction of the Court of Custom and Patent Appeals to appeals from patent infringement and declaratory judgment cases in nationwide federal district courts, and appeals from other administrative proceedings such as the Merit

---

[15] An Act To establish a United States Court of Appeals for the Federal Circuit, to establish a United States Claims Court, and for other purposes, 96 Stat. 25 (1982).

[16] The Commission on Revision of the Federal Court Appellate System Report, Structure and Internal Procedures: Recommendations for Change, 67 F. R. D. 195 (1975).

[17] Id., at 234-236.

Services Protection Board, the Board of Contract Appeals, etc. Appeals of federal tax cases and environmental cases were considered, but not adopted.

(c) Current System and Operation

(a) Institutions

(1) Task

(i) Patent cases

The Federal Circuit has exclusive jurisdiction over appeals from final decisions of the District Courts whose jurisdiction was based in whole or in part on 28 U. S. C. §1338 (28 U. S. C. §1295 (a) (1)). The Federal Circuit's subject matter jurisdiction is decided with reference to that of the district court[18], and hinges on whether the action arises under federal patent law. The well-pleaded-complaint rule decides whether a case "arises under" federal law for purposes of 28 U. S. C. §1331, the statute conferring general federal-question jurisdiction. Because §1338 (a) uses the same operative language as 28 U. S. C. §1331, the court held that the Federal Circuit's jurisdiction is determined by the same well-pleaded complaint rule[19]. For example, an appeal involving licensing agreements where the claims were essentially contract issues and did not require interpretation of, or the validity of, patents did not arise under the patent laws.[20]

The basis of jurisdiction cannot be changed during or after trial, even though the only remaining issues are not within the exclusive assignment of the court. For example, even if patent validity or infringement issues were added during the course of an arbitration proceeding in a contract suit doesn't establish basis for asserting that District Court's federal question jurisdic-

---

(18) Cardinal Chemical Co. v. Morton Intern., Inc., 508 U. S. 83, 113 S. Ct. 1967, 1976, (1993) ("While the initial burden of establishing the trial court's jurisdiction rests on the party invoking that jurisdiction, once that burden has been met courts are entitled to presume, absent further information, that jurisdiction continues.").
(19) Christianson v. Colt Industries Operating Corp., 486 U. S. 800, 814-815, 108 S. Ct. 2166 (1988).
(20) Boggild v. Kenner Products, Div. of CPG Products Corp., 853 F. 2d 465 (6th Cir. 1988).

tion based on 28 U. S. C. § 1338.[21] On the contrary, in a case where a patent issue was present in the pleading but was not appealed, the Federal Circuit can exercise its jurisdiction over remaining issues, even though they are not within the exclusive assignment of the Federal Circuit.[22]

The Federal Circuit has exclusive jurisdiction over appeals of non-patent claims in cases where a related patent claim is being separately appealed. In this case, the Court will apply the law of the trial court's regional circuit Court of Appeals to decide nonpatent issues.[23] The regional circuit courts have appellate jurisdiction over cases involving patent law counterclaims where the complaint does not state a claim that arises under patent law.[24]

(ii) Cases other than patents

The Federal Circuit has jurisdiction over various kinds of cases besides patent cases: appeals from tax cases at federal district courts[25], appeals from the U. S. Court of Federal Claims[26] and U. S. Court of International Trade[27], and appeals from administrative procedure such as the International Trade Commission[28], Agency Board of Contract Appeals[29], etc.

Caseloads for cases other than patent cases are estimated as 60-70%[30].

(c) **Procedural Rules**

(1) Presentation of facts and evidences

The adversary system also dominates in the appellate procedure. Parties can submit briefs and make oral arguments at hearings, to support their ar-

---

(21) Ballard Medical Prods, v. Wright, 823 F. 2d 527 (Fed. Cir. 1987).
(22) Abbott Labs. v. Brennan, 952 F. 2d 1346 (Fed. Cir. 1991).
(23) Bandag, Inc. v. Al Bolser's Tire Stores, Inc., 750 F. 2d 903 (Fed. Cir. 1984).
(24) Holmes Group, Inc. v. Vornado Air Circulation Systems, Inc., § 35 U. S. 826, 122 S. Ct. 1899 (2002).
(25) 28 U. S. C. § 1295 (a)(2) (2000).
(26) Id. § 1295 (a)(3).
(27) Id. § 1295 (a)(5).
(28) Id. § 1295 (a)(6).
(29) Id. § 1295 (a)(7).
(30) 2004 Annual Report of the Director of the Administrative Office of the United States Courts, 117 tbl. B-8 (2004).

gument. However, the presentation of new facts and evidences is prohibited, due to the nature of the appellate procedure.

(2) Standards of review on each issue related to validity[31]

The standards of review at the Federal Circuit follow the same general rules as other civil cases.

With regard to matters of law, the Federal Circuit applies de novo, the same as for other cases in general[32]. For matters of fact, the substantial evidence rule or clearly erroneous standard applies[33]. With regard to the validity of patents, ultimate conclusion of statutory bars, ultimate question of obviousness[34], enablament[35], claim interpretation[36] are reviewed by de novo, as a question of law.

(d) **Short summary**

(1) Impacts of the Federal Circuit

Since the Federal Circuit has adopted the law of the former Court of Customs and Patent Appeals, any position taken in the trial court's regular cir-

---

(31) Lawrence M. Sung, Echoes of Scientific Truth in the Halls of Justice: The Standards of Review Applied by the United States Court of Appeals for the Federal Circuit in Patent-Related Matters, 48 Am. U. L. Rev. 1233 (1999).
(32) Pioneer Magnetics, Inc. v. Micro Linear Corp., 238 F. 3d 1341, 1344 (Fed. Cir. 2001); Union Pacific Resources Co. v. Chesapeake Energy Corp., 236 F. 3d 684, 692 (Fed. Cir. 2001).
(33) For fact-findings by jury, the substantial evidence rule applies; Upjohn Co. v. Mova Pharm. Corp., 225 F. 3d 1306, 1310 (Fed. Cir. 2000). The substantial evidence rule also applies for fact-findings by the USPTO; Dickinson v. Zurko, 119 S. Ct. 1816, 1818 (1999). Clearly erroneous standard applies to fact-findings by judge; Weatherchem Corp. v. J. L. Clark, Inc., 163 F. 3d 1326, 1332 (Fed. Cir. 1998).
(34) In re Lueders, 111 F. 3d 1569, 1571, 42 U. S. P. Q. 2d (BNA) 1481, 1482 (Fed. Cir. 1997) (noting that courts will utilize a de novo review for all legal conflicts of obviousness); Gardner v. TEC Sys., Inc., 725 F. 2d 1338, 1344, 220 U. S. P. Q. (BNA) 777, 782 (Fed. Cir. 1984).
(35) PPG Indus., Inc. v. Guardian Indus. Corp., 75 F. 3d 1558, 1564, 37 U. S. P. Q. 2d (BNA) 1618, 1623 (Fed. Cir. 1996) (stating the court's standard of review); Quaker City Gear Works, Inc. v. Skil Corp., 747 F. 2d 1446, 1453-54, 223 U. S. P. Q. (BNA) 1161, 1166 (Fed. Cir. 1984).
(36) Cybor Corporation v. FAS Technologies, Inc. 138 F. 3d 1448, 1456 (Fed. Cir. 1998) (en banc).

cuit Court of Appeals must henceforth be disregarded if it conflicts with decisions by the Court of Customs and Patent Appeals.[37]

In the course of legislation, the pros and cons of a specialized court were discussed broadly and deeply. The Federal Circuit was established with careful attention to the shortcomings of a specialized court. Nevertheless, year by year, Federal Circuit's specialty in patents has been emphasized, both among the general public and the legal community. In fact, the Federal Circuit now tends to be viewed as "the pro-patent court of the U. S.". However, since the famous U. S. Supreme Court Decision on the "Festo" case overruled the Federal Circuit's criteria on the doctrine of equivalents,[38] the Supreme Court actively grants petitions for certiorari on patent cases and often remands Federal Ciruit decisions. Here are actual examples which show the Federal Circuit's influence on patent cases, and recent intervention by the Supreme Court.

(2)　Federal Circuit's Pro-patent Attitude

The Federal Circuit applies the case law of its predecessor, the U. S. Court of Custom and Patent Appeals. Nevertheless, the Federal Circuit eventually decreased rate of invalidation of patents to less than 50% with slightly modification of the existing case law, and boosted up winning rate of patentees and amount of damages awarded.[39]

Furthermore, the Federal Circuit began to apply its unique choice of law rule and apply its own law, regarding patent-related issues. As a general

---

(37)　Air Products and Chemicals, Inc v. Chas. S. Tanner Co. Et Al, 219 U. S. P. Q. (BNA) 223, 1983 WL 51915 (D. S. C. 1983); Union Carbide Corp. v. American Can Co., 558 F. Supp. 1154 (N. D. Ill. 1983), judgment aff'd, 724 F. 2d. 1567 (Fed. Cir. 1984).
(38)　Festo Corp. v. Shoketsu Kinzoku Kogyo Co., 535 U. S. 722, 122 S. Ct. 1831 (2002).
(39)　John R. Allison & Mark A. Lemley, Empirical Evidence on the Validity of Litigated Patents, 26 AIPLA Q. J. 185 (1998) (about rate of invalidation at the Federal Circuit). Toshiko Takenaka, Beikoku hanreiho ni okeru tokkyoken shingai sosho songai baishoron to heisei 10-nen kaisei tokkyoho 102 jo no kaishaku [Theory of Patent Infringement Damage in U. S. Case Laws and interpretation of Japanese Patent Law Article 102 amended in 2000], 49-3 A. I. P. P. I. Journal (Japanese edition) 2 (2002).

principle, the Federal Circuit shall follow regional circuit law on substantive and procedural issues which are not under its exclusive jurisdiction.[40]

Nevertheless, recent Federal Circuit decisions have expanded the territory where its own law applies. For example, in Nobelpharma AB v. Implant Innovations, Inc.,[41] the Federal Circuit held that antitrust claims premised on the bringing of a patent infringement suit would now be covered by Federal Circuit law, because the Federal Circuit was in the best position to create a uniform body of federal law on this subject.[42] As another example, in Midwest Industries, Inc. v. Karavan Trailers, Inc.[43], the Federal Circuit held that it could apply its own law on issues regarding the relation between patent law and other federal and state law rights.[44] However, in a subsequent case, the Supreme Court rejected the Federal Circuit's conclusion in favor of the prior Tenth Circuit decision that a patent law forecloses a trademark claim.[45]

More recently, in the CSU v. Xerox[46] case, the Federal Circuit held that a patentee was immune from a refusal to deal claim under the antitrust laws, by applying its own law rather than the 9th Circuit precedent[47]. The federal

---

(40) Panduit Corp. v. All States Plastic Mfg. Co., 744 F. 2d 1564 (Fed. Cir. 1984); See also Atari, Inc. v. JS & A Group, Inc., 732 F. 2d 138 (Fed. Cir. 1984); Cygnus Therapeutics Systems v. Alza Corp., 92 F. 3d 1153 (Fed. Cir. 1996). See also Rochelle Cooper Dreyfuss, The Federal Circuit: A Case Study in Specialized Courts, 64 N. Y. U. L. REV. 1, at 25 (1989). Professor Dreyfuss criticized the court's application of this rule. She found the rule objectionable from several perspectives, primarily because of the difficulty in distinguishing substance, to which Federal Circuit law might apply, from procedure, to which regional circuit law would apply.
(41) 141 F. 3d 1059 (Fed. Cir. 1998).
(42) Id. at 1068.
(43) 175 F. 3d 1356 (Fed. Cir. 1999).
(44) Id. at 1358-59.
(45) TrafFix Devices, Inc. v. Marketing Displays, Inc., 523 U. S. 23 (2001).
(46) In re Independent Serv. Orgs. Antitrust Litig. (Xerox), 203 F. 3d 1322 (Fed. Cir. 2000), cert. denied, 531 U. S. 1143 (2001).
(47) Image Technical Servs., Inc. v. Eastman Kodak Co., 903 F. 2d 612 (9th Cir. 1990), aff'd, 504 U. S. 451 (1992); Eastman Kodak Co. v. Image Technical Servs., Inc., 523 U. S. 1094 (1998).

Circuit justified the choice of law, saying "in order to fulfill our obligation of promoting uniformity in the field of patent law, it is equally important to apply their own construction of patent law to the questions whether and to what extent patent law preempts or conflicts with other causes of action."

As the Federal Circuit mentioned in Midwest, a district court may be faced with conflicting appellate authority with respect to the same issue, and must decide whether the appeal will be taken to the Federal Circuit or a regional circuit court of appeals to determine which law to apply.[48]

(3) Federal Circuit's reversal and Supreme Court's rereversal

It should be noted that the Federal Circuit was especially active in reviewing patent-related issues. There are several studies that provide statistics Federal Circuit's review of patent litigation. Professor Moore provides an empirical study on post-Markman Federal Circuit cases addressing claim construction.[49] According to Moore's study, Federal Circuit held that district courts made errors in at least one claim construction issue in 33% of all the appealed patent cases. In 81% of these erroneous claim cases, the Federal Circuit reversed or vacated the district court decision. The reversal/vacate

---

(48) Dreyfuss, supra note 40. Professor Dreyfuss also pointed out that the district courts are regularly confronted with determining which circuit's law to apply in patent cases, even though those courts have less experience with Federal Circuit law and patent litigation.

(49) Kimberly A. Moore, Markman Eight Years Later: Is Claim Construction More Predictable?, 9 Lewis & Clark L. Rev. 231 (2005). She focused on Federal Circuit's reverse of claim construction, which de novo standard of review is applicable. There were 323 claim construction cases including 496 separate claim construction issues, from April 23, 1996 (the day the Supreme Court issued the Markman decision) through December 31, 2000. She notes the following limitations of her survey: First, the sampled cases didn't include claim constructions in unappealed decisions. She points out that the unappealed construction issues were more likely correct, because parties appeal when they believe the construction was wrong, while appealed cases are most likely the close cases in which the parties are more likely to disagree on the predicted outcome. In these senses, appealed claim construction decisions may not be a random sample of all claim construction disputes. However, I agree with Moore that the empirical results still provide an insight into the abilities of the district court judges and the practices of the Federal Circuit judges in reviewing these decisions

rate for erroneous claim construction case was 27%; this is higher than the overall reversal rates from the Federal Circuit[50].

Is another study, Christian Chu collected decisions on patent cases at the Federal Circuit between January 1988 and April 2000, including both written opinions and summary affirmances. According to his study, the reversal rate of all written opinions was around 50%; the rate for all patent decisions (including both written opinions and summary affirmances) was 36.6%.[51]

The high reversal rate on claim construction undermined certainty and predictability in patent claim scope analysis until the Federal Circuit review is complete, because claim construction is the most critical issue to both infringement and validity determination. This uncertainty attracts more appeals to the Federal Circuit for parties who want to take a chance on appellate reversal, and also discourages parties to settling the case.[52] However, the Supreme Court's decisions on patent cases over the last several years have dramatically changed the situation. Now the Supreme Court criticizes and overrules the Federal Circuit's decisions more actively than it used to, from the viewpoint of securing accused infringers' opportunity to defend themself.[53] Facing active intervention by the Supreme Court, the justices on the Federal Circuit began to modify their case law.[54] Therefore, Federal

---

(50) Id. at 247.
(51) Christian A. Chu, Empirical Analysis of the Federal Circuit's Claim Construction Trends, 16 Berkeley Tech. L. J. 1075 (2001).
(52) Lawrence Pretty, Developments in Markman Jurisprudence, 616 PLI/Pat 371, 375-76 (Sept. 2000); Margaret Fisk, Confusion Follows '96 Landmark Patent Case, Nat' 1 L. J., June 15, 1998, at A1 (1998).
(53) Toshiko Takenaka, Beikoku ni okeru chitekizaisan soshō no genjō to tenbō [Current Situation and Pespective of Intellectual Property Litigation in the United States], IP Annual Report 2008, additional volume of NBL No. 116, at 190 (2008) (pointing out Lab. Corp. of Am. Holdings v. Metabolite Labs., Inc., 126 S. Ct. 2921, 165 L. Ed. 2d 399 (2006), Quanta Computer, Inc. v. LG Elecs., Inc., 128 S. Ct. 2109, 170 L. Ed. 2d 996, etc. as examples).
(54) Id. at 191 (pointing out DSU Med. Corp. v. JMS Co., 471 F. 3d 1293 (2006), Quanta Computer, Inc. v. LG Elecs., Inc., 128 S. Ct. 2109, 170 L. Ed. 2d 996, etc. as examples).

第5部　欧　文

Circuit decisions are still very important as patent law authority, but the Supreme Court is strengthening its involvement in patent law.

Ⅳ　Second Turning Point: Establishment of Reexamination

(a)　Importance of the Argument

Reexamination was established as an additional administrative procedure for challenging the validity of patents. This has been the most important reform of the patent invalidation procedure in the U. S. with the USPTO obtaining jurisdiction over invalidation for the first time in 190 years since the U. S. patent system was established. The primary purpose of the establishment was to provide fast and less costly alternative to litigation, for thoes who wish to challenge validity of issued patents. It ultimately aimed to improve the quality of patents, by eliminating problematic patents in an efficient manner.[55]

(b)　Legislative History

(1)　Ex Parte reexamination

The Congress passed amendment to create patent reexamination system, which took effect in 1981[56]. Reexamination in effect reopens the examination procedure; accordingly, the USPTO patent examiners handle reexamination

---

(55)　The history is summarized in an article written by Donald J. Quigg, a member of the ABA Subcommittee that formulated the reexamination procedure embodied in the statute. See Donald J. Quigg, Post-Issuance Reexamination: An Inventive Attempt at Reform, Nat'l L. J., June 1, 1981, at 31, col. 1. (1981). For further discussion of the history of the reexamination proposals, see Martin Abramson, Should the U. S. Adopt a Re-Examination System?, 52 J. Pat. Off, Soc'y 407 (1970); Edward S. Irons & Mary Helen Sears, Patent "Reexamination": A Case of Administrative Arrogation, 1980 Utah L. Rev. 287, 290-91 (1980); Harold L. Marquis, Improving the Quality Control for Patens, 59 Minn. L. Rev. 67, 84-90 (1974); Thomas E. Popovich, Patent Quality: An Analysis of Proposed Court, Legislative, and PTO-Administrative Reform-Reexamination Resurrected, 61 J. Pat. & Trademark Off. Soc'y 248, 316 (1979).

(56)　Act of Dec. 12. 1980, Pub. L. No. 96-517, 94 Stat. 3015 (codified as amended at 35 U. S. C. §§301-307 (1980)).

requests. Reexamination is open for anyone, and available for request at any time by showing a substantial new question of patentability based on prior art in a document. Legislative discussion shows that primary purpose of the amendment is to "provide a useful and necessary alternatives for challengers and patent owners to test the validity of [a] patent in an efficient and relatively inexpensive manner" [57]. However, as a matter of fact, numbers of reexamination cases were far less popular than expected, totaling just one tenth of the expected amount. Furthermore, the reexamination was used mostly by patent owners who had found a new prior art and wished to reinforce the validity of their own patents. This ironical result was due to significant lack of opportunities for third parties to participate in the proceeding.

(2) Inter Partes Reexamination

Faced with the unpopularity of reexamination among third parties, Congress was forced to take another measure to attract more validity challenges to reexamination. In 1999, the American Inventors Protection Act Sections 4601-8[58] added a new inter partes reexamination, as an optional alternative to the original ex partes procedure. In inter partes reexamination, a third-party requestor is given opportunity to present her comments[59], which was not guaranteed in ex parte reexamination. Still, inter partes reexamination proved ever less popularity than original ex partes procedure, because of some possible disadvantages for third parties. Third parties facing adverse reexamination decision did not have any route to judicial review; furthermore, they were subject to broad estoppel. The preclusion estopps third parties from raising any challenges to validity of the patent in later proceeding, unless the assertion is based on newly discovered prior art[60]. Such shortfalls led commentqtors seriously question the value of the proceeding.[61]

---

(57) H. R. Rep. No. 1307 (I) (1980); See also Patlex v. Mossinghoff, 758 F. 2d 594, 602, (Fed Cir 1985).
(58) American Inventors Protection Act, Pub. L. No. 106-113, 113 Stat. 1501
(59) 35 U. S. C. §314 (b)(2) (3) (2002).
(60) Id. §315 (c).

(3) The 2002 amendment

To better attract third party requestors, the 2002 amendment has expanded the cause of reexamination to include references that were already cited and considered during the patent prosecution[62], and provided a third party requestor of an inter partes reexamination with the right to appeal an adverse decision by the Board of Patent Appeals and Interferences (hereinafter BPAI) to the Federal Circuit.[63] It seems that the amendment has succeeded in increasing requests for inter parte reexamination, but the number of filed so far is still insufficient for it to be called as alternative to litigation.

(c) Procedural Rules

(1) Available routes

There are two types of proceedings: "original" ex parte reexamination, and "alternative" inter partes reexamination. The difference between these two proceedings is in the opportunity for a third party requestor to participate, and the preclusive power of reexamination against the third party requestor. Otherwise, the procedural structure and substantial grounds for invalidation are the same.

(2) Substantial requirement for reexamination request

Reexamination is not available for all grounds of validity. The statute limits the ground for invalidation, only to substantial new questions of patentability, patents or printed publications filed or published before the priority date of the patent[64]. Until the 2002 revision, this requirement was construed as presentation of "new" prior art which had not previously been considered by the USPTO[65]. After the revision, the cause of reexamination can be based

---

(61)　See Mark D. Janis, Inter Partes Patent Reexamination, 10 Fordham Intell. Prop. Media & Ent. L. J. 481, 498 (2000); William P. DiSalvatore, Filing Considerations in Patent Litigation, 669 PLI/Pat 81, 89 (2001).
(62)　35 U. S. C. §303 (a) (2002).
(63)　Id. §315 (c).
(64)　35 U. S. C. §301 (2008).
(65)　Federal Circuit had confirmed this limitation in In re Portola Packaging, Inc. 110 F. 3d 786 (Fed. Cir. 1997).

on references that were already cited and considered during the patent prosecution[66].

(3) Preliminary phase

Upon filing of a request for reexamination, the Director must decide whether there is the substantial new question, within three months of the filing. In the case that the requestor is a third party, a copy of the request will be forwarded to the patent owner[67]. If the Director determines that a new question is discovered, an order for reexamination is issued.[68]

(4) Standing and timing of filing

Anyone, including owner of the patent and the Director, can request initiation of the reexamination procedure at any time. A request of reexamination can be filed at any time, during the period of enforceability of the patent[69].

(5) Collection and presentation of facts and evidences

(i) Inquisitorial system

Under the reexamination procedure, the USPTO examines the patent application to determine whether the issuance of the patent was appropriate. During a reexamination, the PTO may declare certain claims or the entire patent to be invalid or may ask the patent owner to narrow the scope of the claims[70].

Because of its nature as an extension or re-opening of examination, basic rules of examination apply to the reexamination procedure[71].

---

(66) See 35 U. S. C. §303 (a) (2008). The 2002 amendment added the following sentence to the provision regarding determination of issue by the Director: "The existence of a substantial new question of patentability is not precluded by the fact that a patent or printed publication was previously cited by or to the Office or considered by the Office."
(67) 35 U. S. C. §302 (2008).
(68) Id. §304.
(69) 37 C. F. R. 1. 510 (a) (2008).
(70) 35 U. S. C. §305 (2008).
(71) 37 C. F. R. §1. 550 (a) (2008) (ex parte reexamination); Id. §1. 937 (b) (2008) (inter parte reexamination).

第 5 部　欧　文

In the reexamination procedure, an examiner, patent owner and third party requestor in inter partes reexamination, engage in mostly written communications, in which the patent owner presents arguments supporting patentability, and the examiner assesses that information from the viewpoint of public interests[72]. 37 CFR § 1. 104 (a) (1) describes the inquisitorial nature of the examination procedure, saying: "On taking up an application for examination or a patent in a reexamination proceeding, the examiner shall make a thorough study thereof and shall make a thorough investigation of the available prior art relating to the subject matter of the claimed invention. The examination shall be complete with respect both to compliance of the application or patent under reexamination with the applicable statutes and rules and to the patentability of the invention as claimed, as well as with respect to matters of form, unless otherwise indicated".

As a consequence of this inquisitorial nature, an examiner can raise an issue about patentability and procedural rule at his/her initiative[73]. Furthermore, the examiner's personal understanding of the claimed subject matter can also be used to assess the application[74]. Nevertheless, an examiner can ask a patent owner to present information which may be reasonably necessary for reexamination[75].

(ii) Ex parte reexamination

After the order, the proceeding is generally carried out solely by communication between the examiner and the patent owner just like patent prosecution proceeding[76], regardless of who filed the request for reexamination. A patent owner may file a statement in response to the reexamination request,

---

(72) 37 C.F.R. § 1. 555 (a) (2008).
(73) Id. § 1. 104 (a)(1).
(74) Id. § 1. 104 (d)(2). To avoid arbitrary use of personal knowledge, the data shall be as specific as possible, and the reference must be supported, when called for by the applicant, by the affidavit which shall be subject to contradiction or explanation by the affidavits of the applicant and other persons.
(75) Id. § 1. 105 (a)(1).
(76) 35 U.S.C. § 305 (2008).

within the designated period (less than two months from service of the reexamination order). On the statute, there is a very limited opportunity for third party requestors to participate in ex parte reexamination. If the patent owner submits his statement on the new question, the requestor can file a response to the patent owner's statement, within another two months[77]. However, in fact, most patent owners decline to submit the statement in order to prevent third parties from participating.

An interview with the examiner is available, though only for the patent owner and the patent owner's representative[78].

(iii) Inter partes reexamination

A third-party requestor has a right to receive copies of all communications between the patent owner and the patent office[79], and the opportunity to file written comments addressing issues raised in the office action or the patent owner's response.[80] After the order of inter partes reexamination, the third party requestor may only cite additional prior art, as part of a comments submission. The prior art is limited to: (1) that which is necessary to rebut a finding of fact by the examiner; (2) that which is necessary to rebut a response of the patent owner; or (3) that which for the first time became known or available to the third party requestor after the filing of the request for an inter partes reexamination proceeding[81]. Interviews are prohibited in inter partes reexamination[82].

(6) Input of technical knowledge

Reexamination cases are processed by patent examiners who have a background in the related field of arts. As mentioned above, patent examiners are

---

(77) Id. § 304.
(78) 37 C.F.R § 1.560 (b) (2008).
(79) 35 U.S.C § 314 (b)(2) (2008). In inter partes reexamination, the USPTO are not allowed to perform ex parte interview with a patent owner. 37 C.F.R § 1.955 (2008).
(80) 35 U.S.C § 314 (b)(3) (2008)
(81) 37 C.F.R § 1.948 (a) (2008)
(82) Id. § 1.955

responsible for conducting the necessary investigations to examine patentability on their own initiative, and assessing reexamination requests based on their understanding. Parties can only submit requests and statements in reply, with citation of prior arts[83].

(7) Making decision

(i) Reexamination decision

The presumption of validity of patents does not apply in a reexamination[84], because it is a re-opening of an examination. Thus, the patent owner has the burden of proving validity to the USPTO. In addition, the USPTO applies the preponderance of the evidence standard to find a claim unpatentable in ex partes reexamination.[85]

(ii) Appellate procedure at Board of Appeals and Interferences

In ex parte reexamination, only the patent owner may appeal to the BPAI, concerning any decision adverse to the patentability of any original or proposed amendment or new claim of the patent[86]. In inter partes reexamination, a third party requestor can also appeal to the BPAI concerning any adverse decision[87], as can the patent owner[88]. In that case, both the patent owner and the third party requestor can attend the appellate proceeding as a party.[89] Parties of the appellate proceeding have the right to present their arguments, in briefs and oral hearing[90]. Affidavits or other evidence filed after the date of filing an appeal will not be admitted except as permitted by reopening prosecution[91]. The Board may affirm or reverse the decision of

---

(83) For inter partes reexamination, id. §§ 1. 501 (a), 1. 913, 1. 948 (a).
(84) Ethicon, Inc. v. Quigg, 849 F. 2d 1422, 1427 (Fed. Cir. 1988).
(85) In re Caveney, 761 F. 2d 671, 674 (Fed. Cir. 1985) ; In re Etter, 756 F. 2d 852, 856, (Fed Cir. 1985).
(86) 35 U.S.C. § 306 (2008). 37 C.F.R. § 41. 31 (2) (3) (2008).
(87) 35 U.S.C. § 315 (b)(1) (2008).
(88) Id. § 315 (a)(1).
(89) Id. § 315 (a)(2), § (b)(2).
(90) 37 C.F.R. §§ 41. 37, 41. 41, 41. 47 (2008) (ex parte reexamination); id. §§41. 67, 41. 68, 41. 69, 41. 71, 41. 73 (inter partes reexamination).

the examiner in whole or in part[92].

(8) Preclusion

When the time for appeal has expired or any appeal proceeding has been terminated, the Director will issue and publish a certificate reconfirming pre-existing claims, canceling invalidated claims, and incorporating amended claims, except for when all claims are canceled[93].

If one or more claims survive after inter partes reexamination, the requestor is estopped from challenging validity in subsequent litigation, on any ground raised or that could have been raised in the inter partes reexamination.[94] The only exception to the estoppel is if there is newly discovered prior art that was not available to the requestor at the time of the reexamination. Thus, with respect to a patent that has got through inter partes reexamination, the opportumites for a third party requestor to make subsequent challenges are significantly restricted.

(d) **Relation between Litigation and Reexamination**

(1) Concurrently pending litigation and reexamination

There are two possible options: stay of reexamination, or litigation.

(i) Possibility of staying reexamination

The CFR provides that when a patent involved in ex parte or inter partes reexamination is concurrently involved in litigation, the Director shall determine whether or not to suspend the inter partes reexamination proceeding[95]. Under current PTO practice, it seems that an ex parte reexamination is basically allowed to proceed concurrently with litigation[96].

---

(91) Id. § 41.33 (c)(2) (ex parte reexamination); Id. § R 41. 63 (c) (inter partes reexamination).
(92) Id. § 41. 50 (a)(1) (ex parte reexamination) ; Id. § 41. 77 (a)(1) (inter partes reexamination)
(93) 35 U.S.C. § 307 (a) (2008)
(94) Id. § 315 (c)
(95) 37 C.F.R. § 1. 565 (b) (ex parte reexamination); 47 CFR § 1. 987 (itner partes reexamination).
(96) U.S. Patent & Trademark Office, Manual of Patent Examination Procedure [here-

(ii) Possibility of staying litigation

The patent statute provides that the patentee may obtain a stay of any litigation involving the issue of the patentability of any claim of the patent, based upon the existence of an inter partes reexamination[97]. The statute does not provide a stay at the request of a third party, nor in ex parte reexamination. However, case law holds that the court in charge of the litigation has discretion to grant a motion of stay to the defendant of an infringement suit where there is an ex parte reexamination of the patent concurrently pending[98].

(2) Effect of prior decisions

(ⅰ) Effect of prior reexamination on litigation

If a patent is invalidated in ex parte reexamination, the registration of the patent is eliminated. Thus, a patentee apparently has no way to enforce it. A reexamination decision upholding patentability has no preclusive power. However, in practice, parties are aware that the presumption of validity is reinforced regarding the validity issue that was argued in the reexamination. On the other hand, an inter partes reexamination decision upholding patentability has statutory preclusion, which prohibits raising issues that were raised or "could have been raised" during the reexamination proceeding, except for "newly discovered prior art unavailable to the third party requestor[99]. The scope of this exception is frequently criticized as being ambiguous[100].

---

inafter MPEP] § 2286 (8th ed. rev. 2008) ("The determination on the request will be made without considering the issues allegedly before the court. If an ex parte reexamination is ordered, the reexamination will continue until the Office becomes aware that a court decision has issued.").

(97) 35 U.S.C. § 318 (2002).

(98) See Xerox Corp. v. 3 Com Corp., 69 F. Supp. 2d 404, 406 (W. D. N. Y. 1999); Perricone v. Unimed Nutritional Services, Inc. 2002 U.S. Dist. LEXIS 17613 (D. CT. 2002) : (ⅰ) Whether a stay would unduly prejudice or present a clear tactical disadvantage to the non-moving party, (ⅱ) Whether a stay will simplify the issues in question and trial of the case, (ⅲ) Whether discovery is complete and whether a trial date has been set

(99) 35 U.S.C. § 317 (b) (2002)

(100) United States Patent and Trademark Office, Report to Congress on Inter Partes

(ii) Effect of prior judgment on reexamination

By virtue of Blonder-Tongue v. Univ. of Illinois, a prior judgment that invalidated a patent precludes a patent owner from asserting his/her patent, not only to a party of the prior case, but also third parties. Because judgments invalidating a patents are filed on the registration of patents[101] and available for the general public to view, it appears that parties don't have due interest to file for a reexamination.

A prior judgment upholding the validity of a patent statutory precludes parties and their privies from requesting an inter partes reexamination on the basis of issues which were raised or could have been raised in the prior action[102]. However, there is no preclusion on asserting of invalidity based on newly discovered prior art unavailable to the third-party requestor and the USPTO.

There is no statutory rule about filing for an ex parte reexamination after a prior judgment that upheld validity[103].

(e) **Short Summary**

The reexamination procedure was established with the expectation that it would create a more efficient alternative to litigation. However, the caseload for reexamination is far less than for litigation. Among a number of shortcomings of reexamination, the very limited grounds for invalidation and broad estoppel are the most frequent targets of criticism. It is assumed that such inconvenient restrictions on reexamination were the results of legislative compromises with patent owners who feared abusive and frivolous filings for reexamination.

Reexamination 6, at http://www.uspto.gov/web/offices/dcom/olia/reports/reexamreport.pdf (last modified Dec. 21, 2004) (pointing out as the most frequently identified inequity of inter partes reexamination).
(101) 35 U.S.C. § 290 (2002).
(102) Id. § 317 (b).
(103) Cf. Blumcraft of Pittsburgh v. Kawneer Co., 482 F. 2d 542. (5th Cir, 1973). The fact that a prior inconsistent ruling of validity raises a question as to the correctness of the invalidity determination does not create an exception to Blonder-Tongue.

The achievements of the reexamination procedure are far from satisfactory. Still, many users and scholars are proposing a more enhanced and sophisticated administrative invalidation procedure. We can assume that these proposals arise from the fact that the patent litigation issues that supported the establishment of reexamination remain unresolved.

V Characteristics and Solutions to Be Considered

(a) Characteristics of the U.S. Civil Judicial System in General

Needless to say, the U.S. civil judicial system is fundamentally formulated by Common Law tradition. Federal court judges are appointed from among experienced attorneys. Their appointment is designated to a particular court for life. Because federal courts don't have special divisions for particular subject matters, judges are expected to be generalists who deeply commit to trial proceedings for various cases. Civil procedure rules are dominated by the principle of the adversary system. In particular, pre-trial proceedings which collect evidence from each other and seek issues to be tried have at least equal, and probably more importance than trials.

Parties can choose jury trails, which entrusts fact-finding to a verdict delivered by lay person jurors without any, or detailed reasoning.

These factors encourage parties' self-help and active commitment and presentation.

(b) Characteristics of the Patent Invalidation Procedure

(1) Litigation as predominant main route, and reexamination as small alternative route.

Although the U.S now has both litigation and administrative procedures litigation is the predominant route, from the viewpoints of caseload and subject matter. More than 10 years have passed since reexamination was introduced as an alternative to litigation. Reexamination enhanced requirements and added inter partes proceedings but the administrative has procedure has still not attained major popularity.

(2) Dispersed venues of patent litigation

With regard to infringement and declaratory judgment for invalidation cases, the venues for the first instance are dispersed among all federal district courts. At these courts, patent cases are assigned to judges without any special consideration, and adjudicated under general rules of civil procedure, just like ordinary civil cases. At the appellate level, the Federal Circuit has special nationwide jurisdiction for patent cases, but this is a special rule: the appellate court reviews only legal issues and has no special device to acquire technical knowledge for patent cases. Patent cases at first instance are sunk in an ocean of various civil and criminal cases, so that motivation for making practical improvements in processing patent cases does not easily arise. As a consequence, some particular districts have gained popularity as patent litigation venue because of special local rules or a judge's unique practice, resulting in forum shopping by clever plaintiffs.

(3) Input of technical knowledge dominated by adversary principle in litigation

Parties usually provide technical knowledge necessary to adjudicate the particular case by appointing expert witnesses, etc. They prepare resource of expertise on their side and use them for partisan presentation. Such practice is compatible with the adversary system, but the problem of "junk science" has the risk of contaminating objective fact-finding. Furthermore, the cost and difficultly of accessing experts deprives small businesses of the opportunity to argue against big businesses with sufficient resource in patent litigation.

(c) **Possible Solutions**

Taking the characteristics of current U. S. patent invalidation procedure into consideration, I draw attention to the following possible future reform points.

(1) More convenient administrative proceedings

Although reexamination was originally expected to be an alternative to declaratory judgment action for invalidation at federal courts, most cases are filed by patent owners. The number of reexamination cases filed had been low, but began to rise slightly after the requirement for reexamination in 35 USC 303 (a) was enhanced in the 2002 amendment. In addition, the madia reported on the reexamination proceeding and its decision on a famous patent dispute, the Blackberry case[104]. These factors made reexamination more popular as a route for resolving patent dispute. Recently, practitioners and scholars have actively argued about the establishment of a post-grant opposition system, which would enhance the filing requirement used in current reexamination.

(2) Concentration of patent litigation at federal courts

All federal district courts can hear patent litigation, as long as the jurisdiction and venue requirements are met. Furthermore, federal district courts assign civil cases randomly to each judge's docket. Thus, in theory, patent cases in the U. S. are dispersed to all judges in all district courts.

Such a situation poses the question of whether concentrating patent cases at one or a few district courts could achieve quicker and more precise case management and adjudication.

(3) More active use of neutral experts for input of technical knowledge

The use of so-called "Junk Science" observed in U.S. specialized litigation has already been discussed. The Federal Rules of Civil Procedure have provisions calling for technical experts such as a "special master" and a "court-appointed expert witness," and in applying the Federal Rules, it is allowable to call for a "technical advisor" of neutral virtue. Nevertheless it is rare to call

---

(104)　Teresa Riordan, Contest Over BlackBerry Patent (June 7, 2004) (available at http://www.nytimes.com/2004/06/07/technology/07patent.html?ex=1402027200&en=5831810075d0c0fe&ei=5007&partner=USERLAND)

for technical experts of neutral virtue in patent litigation and little practical use has been made of them.

Therefore, I will consider whether more active use of neutral experts can contribute to speedy and appropriate decisions by facilitating the input of technical knowledge.

VI Final Notes

It has been noted that patent litigation were especially costly and time-consuming. In addition, some parties do forum shopping and concentrates to several famous jurisdiction for patent cases. Such issues were due to lack of expertise at federal district courts to deal with technical issues. However, they couldn't find effective solution under strict constitutional limitation. The reexamination procedure was established as an alternative to litigation, but failed to gain popularity. Government and stakeholders are still seeking breakthrough by another new administrative procedure, post-grant opposition system. Recent patent law reform bills H. R. 1908 and S. 1145 comprised administrative invalidation procedure "post-grant opposition"[105], a special rule of venues for patent cases[106], and interlocutory appeal to the Federal Circuit[107]. In addition, another bill[108] proposed a pilot program for concentrat-

---

(105) The post-grant opposition, which has broader grounds for seeking proceedings compared with reexamination proceedings. The post-grant opposition had been proposed by the U.S. National Academy of Sciences and by the USPTO some time ago. Both. S. 1145 and HR1908 propose to establish derivation, abolishing the current interference procedure due to transition to the first-to-file system.

(106) The proposed rules basically limited venues of patent infringement cases to (1) in the judicial district where either party resides; or (2) in the judicial district where the defendant has committed acts of infringement and has a regular and established place of business.

(107) Procedural rules for interlocutory appeal to construction of claims are prescribed. A party can appeal to an interlocutory order which determines construction of claims, within 10 days after entry of the order, and proceedings in the district court under such paragraph shall be stayed during pendency of the appeal.

ing patent cases to designated patent specialized judges. These bills still have never become law, but we should keep an eye on further legislative efforts.

---

(108)　H.R.5418 is a bill to establish a pilot program in certain U.S. district courts to encourage an enhancement of expertise in patent cases among district judges.
　This bill does not change the existing rules of the jurisdiction of federal district courts and does not create a new judicial court. Instead, it is experimental system which tries to set up special rules on the assignment of cases to judges of the courts targeted by the program.

18 Die Anordnung der Urkundenvorlage von der Umlaufakte bis zur Darlehensentscheidungsfindung in der Bank in Japan

Takehiko MIKAMI

I Einleitung
II Die Eingenschaft der sog. Ringisho
III Die Bedeutung der Ringisho als Beweismittel und die Rechtsregelungen über die Anordnung der Urkundenvorlage in der japanischen Zivilprozessordnung
IV Die Stellungnahme der Rechtsprechung
V Die verschiedenen Meinungen in der Literatur
VI Die Richtung der Auslegung in Japan
VII Bezug zur Rechtslage in Deutschland aus japanischer Sicht
VIII Schlusswort

I Einleitung

Im gewöhnlichen Zivilprozess ist es grundsätzlich Sache der Parteien, dem Gericht diejenigen Tatsachen vorzutragen, mit denen sie ihren Anspruch oder ihre Rechtsverteidigung begründen. Ebenso müssen die Parteien dem Gericht diejenigen Beweismittel vorlegen, auf die sie sich und ihre Ausführungen stützen wollen. Aber hierdurch könnten unter Umständen Schwierigkeiten für den Beweisführer entstehen, nämlich in all den Fällen, in denen der Prozessgegner ein für den Vortragenden wichtiges Beweismittel inne hat und der Beweisführer es daher nicht zu seiner eigenen Verfügug nutzen kann. Als Beispiel hierfür sei folgender Fall zur Veranschaulichung genannt:

In den Neunziger Jahren haben die Banken den Privatpersonen als Kunden diverse hochriskante und überaus spekulative Finanzprodukte verkauft, ohne die Kunden zuvor eingehend über die damit verbundenen Risiken aufzuklären. Infolge von negativen Finanzentwicklungen haben viele Kunden (sie sind meistens normale Konsumenten, denen der rechtliche und praktische Ablaufvorgang von speziellen Finanzgeschäften verstädnlicherweise nicht bekannt ist) immense wirtschaftliche, gar ruinöse Schäden erlitten; dennoch verlangten die Banken Rückzahlung der von den Kunden zuvor bei ihnen durch Aufnahme von Darlehen gemachten Schulden. Die Kunden wollten es dabei aber nicht bewenden lassen und haben ihrerseits eine Fülle von Schadensersatzklagen gegen eine Vielzahl von Kreditinstituten lanciert.

In diesen Prozessen behaupteten die Darlehensnehmer allesamt, dass die beklagte Bank das Darlehen gewährte, ohne auf das damit verbundene Geschäftsrisiko aufmerksam gemacht zu haben. Die Bank habe bei der Darlehensvergabe nämlich sehr wohl gewusst, dass der Kunde für den Fall eines durchaus möglichen Misserfolgs nicht kreditfähig gewesen sei; trotzdem habe sie dem Kunden ein Darlehen gewährt, das dessen Kreditwürdigkeit um ein Vielfaches übersteige.

Der klagende Kunde befindet sich nun in der für ihn gefährlichen Situation, dass er das von ihm Vorgetragene beweisen muss, die Bank aber über die verschiedenen Schriftstücke verfügt, die den Gang der Darlehensvergabe und die genauen Abwicklungsmodalitäten dezidiert nachzeichnen. Der Kunde selbst hält nichts in der Hand, was er als sachdienliches Material vor Gericht präsentieren könnte. Daher wird der Kläger die Anordnung der Urkundenvorlage von der Umlaufakte bis zur Darlehenentscheidungsfindung (sog. Ringisho)[1] der Bank begehren, um dadurch seiner Beweisbelastetheit nachkommen zu können.

Vor diesem Hintergrund taucht freilich das Problem auf, ob und unter welchen Voraussetzungen eine solche Anordnung der Urkundenvorlage der begehrten Akten zulässig und damit erlaubt ist.

Ⅱ Die Eingenschaft der sog. Ringisho

Das Ringisho-System ist in Japan eine eigentümliche Gewohnheit in den

---

(1) Nicht nur bei den Banken sondern auch bei den anderen Firmen werden die sog. Umlaufakten als System der Entscheidungsfindung ganz verbreitet benutzt.

18 Die Anordnung der Urkundenvorlage von der Umlaufakte bis zur Darlehensentscheidungsfindung in der Bank in Japan (Takehiko MIKAMI)

Unternehmen. Die sog. Ringisho wird hierbei ausgefertigt, wenn ein Angestellter einen Auftrag oder einen Vorgang, über den er nicht die abschließende Entscheidungsbefugnis hat, erledigen soll, um danach die Bestätigung und Genehmigung seiner Vorgesetzten einholen zu können. In diesem Ringisho-System schlägt der erste Entwerfer vor, wie die in Frage stehende Angelegenheit zu erledigen sei; danach kann der Vorgesetzte diesen Vorschlag durch einen Stempel, der gewisse Ähnlichkeiten mit einem altertümlichen Siegln aufweist, absegnen, wenn er die Meinung und den Lösungsvorschlag seines Untergebenen teilt. Er sendet die Akte danach weiter an den nächsthöheren Vorgesetzten bishin zur Entscheidungsspitze („Umlauf"). Daher wird letzten Endes die finale Entscheidung eines Unternehems immer dadurch bestätigt, dass alle Leute, die in einer bestimmten Angelegenheit mit Entscheidungskompetenzen ausgestattet sind, die Akte mit ihren Stempeln abzeichnen und dadurch gewissermaßen versiegeln. Zwar mag dieses System etwas umständlich und auf den ersten Blick äußerst bürokratisch erscheinen, es hat aber den entscheidenden Vorteil, dass alle betroffenen Leute im Unternehmen ausnahmslos an der Entscheidungsfindung teilnehmen können, jeder mit seiner Auffassung Gehör findet und gleichzeitig auch Verantwortung für seine eigene Entscheidung und letztlich die des gesamten Unternehmens übernimmt.

Bei der Ringisho in der Bank wird ebenso vorgegangen, wie ich dies gerade nachgezeichnet habe. Zuerst untersucht der Angestellte, der für die Darlehensvergabe zuständig ist, die Kreditfähigkeit des Kunden und schlägt mit seinem Bericht dem Vorgesetzten vor, das Darlehen an den Kunden auszuzahlen, dessen Kreditwürdigkeit und eine angemessene Risikoverteilung zugunsten der Bank vorausgesetzt. Dieser erste Entwerfer bringt seinen Stempel, also sein Siegel, auf der Akte an und sendet sie seinem Vorgesetzten weiter. Dieser Vorgang wiederholt sich solange, bis der letzte Entscheidungsträger sein Siegel auf die betreffende Akte gesetzt hat. Freilich erfolgt diese sog. Ringisho über die Finazierungsentscheidung der Bank intern, wird auch nur intern ausgefertigt und abgelegt. Die dabei entstehenden Unterlagen gehen nicht an die Öffentlichkeit, die Bank ist auch gesetzlich nicht dazu verpflichtet, ihre Bewertungs- und Finanzierungspraktiken offen zu legen.

III Die Bedeutung der Ringisho als Beweismittel und die Rechtsregelungen über die Anordnung der Urkundenvorlage in der japanischen Zivilprozessordnung

(1) Im oben genannten Fall des klagenden Kunden hat die Ringisho große Beweiskraft, wenn darüber gestritten wird, ob die Bank dem Kunden das Darlehen fahrlässig gegeben hat, ohne ihn über die rechtlichen und wirtschaftlichen Gefahren aufzuklären. Denn der Kunde macht durch das Darlehen Schulden bei der Bank, die seine Kreditfähigkeit bei weitem übersteigen und erleidet schließlich erheblichen finanziellen Schaden, wenn sein Finanzierungsobjekt sich als nicht einträglich erweist.

In den bankintern erstellten Akten sind hingegen die Kreditfähigkeit des Kunden, das Risiko, das die Bank bei der Darlehengebung übernehmen soll und die Schadensmöglichkeit, die der Kunde übernehmen sollte, analysiert und vermekt worden; die Bankentscheidung beruht hierbei auf dieser Gesamtanalyse. Wenn man diese Akte liest, könnte man aus ihr Schlussfolgern, inwieweit die Bank mit einem möglichen Schaden des Kunden gerechnet, und ob die Bank den Kunden auf eben dieses Risiko hingewiesen und ihm die möglichen Konsequenzen erläutert hat.

Deshalb verlangt der klagende Kunde die Anordnung der Urkundenvorlage der Ringisho, um damit seinen eigenen Beweisvortrag zu sichern und der Bank den sprichwörtlichen schwarzen Peter zuspielen zu können.

(2) §220 der japanischen Zivilprozessordnung regelt die Fälle, in denen die Anordnung der Urkundenvorlage gesetzlich anerkannt ist; hierbei seien die folgenden 4 Punkte genannt:

18 Die Anordnung der Urkundenvorlage von der Umlaufakte bis zur Darlehensentscheidungsfindung in der Bank in Japan (Takehiko MIKAMI)

(a) wenn die Partei diejenigen Unterlagen, die sie im Prozess zitiert hat, bei sich führt (Nr. 1)

(b) wenn der Beweisführer von dem Inhaber der Unterlagen die Übergabe oder die Einsicht verlangen kann (Nr. 2)

(c) wenn die Unterlagen für den Beweisführer ausgefertigt oder im Hinblick auf das Rechtsverhältnis zwischen Beweisführer und Inhaber der Unterlagen ausgefertigt wurde (Nr. 3., sog. Rechtsverhältnis unterlagen)

(d) außer in den oben genannten 3 Fällen, wenn die Unterlagen nicht auf das in folgenden 5 Fällen Gezeigte zutrifft (Nr. 4)[2].

§220 Nr. 4 (d) verneint also als Ausnahme die Vorlagepflicht, wenn die Ringisho nur der Benutzung der Urkunde durch ihren Inhaber dient.

---

(2) §220 Nr. 4 lautet: Außer in den oben genannten drei Ziffern, wenn auf die Unterlagen nicht das unten Genannte zutrifft:
(a) Die Unterlagen, die im Hinblick auf den Inhaber der Urkunde oder auf die Leute, die mit dem Inhaber der Urkunde in einer in den Ziffern des §196 geregelten Beziehungen stehen, Tatsachen aus §196 offenbaren.
(b) Die Unterlagen, die ein amtliches Beamtengeheimnis enthalten, durch ihre Vorlage das Allgemeinwohl behindern oder die Durchführung eines öffentlichen Amtes erschweren würde.
(c) Die Unterlagen, die die in §197 Abs. 1 Nr. 2 oder Nr. 3 geregelten Tatsachen enthalten und nach denen nicht von der Pflicht zur Aussageveweigerung befreit werden kann.
(d) Die Unterlagen, die nur zur Benutzung des Inhabers der Urkunden bestimmt sind (bei staatlichen und behördlichen Urkunden diejenigen Urkunden, die ein Beamter organisatorisch benutzt).
(e) Die Unterlagen, die von einem Strafprozess handeln, oder Dokumente einer Jugendschutzsache sind, oder es sich um Unterlagen handelt, die während eines solchen Verfahrens beschlagnahmt wurden.

IV Die Stellungnahme der Rechtsprechung

(1) Von 1998 bis 1999 erließen mehrere Oberlandesgerichte Beschlüsse, die den Banken die Vorlage der Ringisho aufgaben[3]. Allerdings haben parallel hierzu auch einige Oberlandesgerichte die Vorlagepflicht des Akteninhabers verneint, weil bezüglich der Ringisho zuträfe, dass „die Unterlagen zur hauptsächlichen Benutzung des Inhabers der Urkunde" dienen sollten[4].

Schließlich hat der Oberste Gerichtshof (OGH) einen Beschluss über die Voraussetzungen von §220 Nr. 4 (d) der japanschen ZPO gefasst (Fall 1)[5].

Nach diesem Beschluss kann man unter folgenden 3 Voraussetzungen von Unterlagen sprechen, die hauptsächlich zur Benutzung des Inhabers dienen:

(a) wenn Unterlagen aufgrund ihrer Ausfertigungsgründe, ihrem geschriebenen Inhalt, vom Verlauf bis zum Erwerb der Unterlagen und den besonderen Umständen hauptsächlich nur zur Benutzung von internen Angestellten ausgefertigt wurden und dabei nicht erwartet wurde, dass diese Unterlagen an die Öffentlichkeit gebracht werden sollten

(b) wenn die unübersehbaren Nachteile für die Inhabersseite (z. B. die Verletzung der Privatsphäre oder der freien Willensgestaltung) dadurch geschehen, dass diese Unterlagen an die Öffentlichkeit gelangen

(c) wenn keine „besonderen Umstände" vorliegen, die eine Herausgabe rechtfertigen würden.

Bei der Ringisho ist die Ausfertigung einer Akte keine gesetzliche Pflicht, denn normalerweise steht bloß eine rückhaltlose Stellungnahme oder Ver-

---

(3) *OLG* Tokyo, Beschluss von 5. 10. 1998, Hanrei Times (Journal der Rechtsprechung) Nr. 988, S. 288; *OLG* Tokyo, Beschluss von 24. 11. 1998, Kin. yu-Homu-Jijo (Journal des Finanzrechts) Nr. 1538, S. 72; *OLG* Osaka, Beschluss von 26. 2. 1999, Kin. yu-Homu-Jijo (Journal des Finanzrechts) Nr. 1546, S. 117.

(4) *OLG* Tokyo, Beschluss von 16. 4. 1999, Hanrei Jiho (Rechtsprechungszeitung) Nr. 1688, S. 140; *OLG* Fukuoka, Beschluss von 23. 6. 1999, Kin. yu-Homu-Jijo (Journal des Finanzrechts) Nr. 1557, S. 75; *OLG* Tokyo, Beschluss von 14. 7. 1999, Kin. yu-Homu-Jijo (Journal von Finanzrechts) Nr. 1554, S. 80.

(5) *OGH*, Beschluss von 12. 11. 1999, OGHZ Bd. 53, Nr. 8, S. 1787.

18 Die Anordnung der Urkundenvorlage von der Umlaufakte bis zur
Darlehensentscheidungsfindung in der Bank in Japan (Takehiko MIKAMI)

wertung auf dieser Akte geschrieben, weil diese Akte im Grundsatz allein zur Prüfung des Pro und Kontra bezüglich der Finanzierungsentscheidung seitens der Bank ausgefertigt wird. Deshalb ist diese Akte allein zum Zweck der Benutzung innerhalb der Bank ausgefertigt worden und es steht daher auch nicht zu erwarten, dass diese Akte an die Öffentlichkeit gebracht wird. Der OGH hat im Hinblick auf die Ringisho die Eigenschaft der Unterlagen nur zur Benutzung des Inhabers der Urkunde bejaht, weil ansonsten Schwierigkeiten beim freien Meinungsaustausch in der Bank auftauchen könnten und die freie Willensgestaltung der Bank verhindert werde, wenn diese Akte an die Öffentlichkeit gebracht würde.

(2) Nach dieser Rechtsprechung des OGH hat man den Blick vermehrt darauf gerichtet, wie man die erwähnten „besonderen Umstände" rechtlich fassen soll. Zu diesem Punkt lassen sich 2 einschlägige OGH-Beschlüsse anführen:

1) Zu nennen ist hierbei zunächst der Bschluss des OGH vom 14. 12. 2000, OGHZ 54, Bd. 9, S. 2709 (Fall 2). Das Mitglied X der Kreditbank (Shinyo-Kinko) Y hat gegen das ehemaligen Vorstandsmitglied A eine Klage erhoben und behauptet, dass die Y wegen einer ungerechtfertigten Tat des A einen Schaden erlitten habe. Da die Kreditbank Y die Klage nicht selbst erhoben hat, klagt X gegen A[6]. Um die Fahrlässigkeit des A zu beweisen,

---

(6) Das Kreditbankgesetz wendet § §847 ff. Gesellschaftsgesetz auf die Haftungsklage des Mitglieds der Kreditbank analog an. §847 Abs. 1 des Gesellschaftsgesetzes lautet:
(1) Die Aktionäre, die seit 6 Monaten ununterbrochen die Aktien besitzen, können von der Aktiengesellschaft schriftlich oder mit einem sonstigen Mittel, das das Justizministerium bestimmt, verlangen, dass die Gesellschaft gegen die Gründungmitglieder, die Verwalatungratsmitglieder, die gesellschaftsinternen Prüfer, die in §423 Abs. 1 geregelten Organmitglieder und die Liquidatoren die Haftungsklage oder die Rückgabeklage nach §120 oder die Zahlungsklage nach §212 Abs. 1 oder §285 Abs. 1 erheben soll.
(3) Wenn die Aktiengesellschaft innerhalb von 6 Monaten nach dem Tag, an dem das Verlangen nach Absatz 1 vorgetragen war, die Haftungsklage nicht erhebt, können die das Verlangen gestellten Aktionäre zugunsten der Aktiengesellschaft die Haftungsklage erheben.

hat X die Anordnung der Urkundenvorlage der Ringisho verlangt.

Der OGH hat hierzu entschieden, dass die Ringisho eine Unterlagenform sei, „die hauptsächlich zur Benutzung des Inhabers" diene, wenn keine besonderen Umstände vorlägen, die ein anderes Ergebnis rechtfertigten. Danach hat er die Ausnahme der besonderen Umstände näher erörtert. Nach dieser Rechtsprechung liegen diese „besonderen Umstände" vor, wenn der Antragsteller der Anordnung der Urkundenvorlage im Hinblick auf die Benutzung der Ringisho mit dem Urkundeninhaber gleichgesetzt werden könne. Im vorliegenden Fall habe der Antragsteller X kein Recht zur Durchsicht und zum Fotokopieren der Ringisho. Die Repräsentantenklage werde nämlich von den Mitgliedern der Kreditbank aufgrund ihrer Stellung als Mitglied durchgeführt. Mit der Klageerhebung bekomme das Mitglied aber nicht die identische Stellung wie die Kreditbank selbst. Deshalb kann X im Hinblick auf die Benutzung der Ringisho mit Y gleichgesetzt wird. Im vorliegenden Falle gibt es daher keine besonderen Umstände.

2) Ein anderer Beleg durch die Rechtsprechung findet sich bei OGH, Beschluss von 7. 12. 2001, OGHZ 55, Bd. 7, S. 1411 (Fall 3). X, der den Betrieb einer in die Insolvenz gefallenen Kreditbank übernommen hat[7], begehrt von Y die Rückzahlung eines Darlehens. Dagegen wendet Y ein, dass er wegen einer unerlaubten Handlung der A (Bank) Schaden erlitten habe und er mit seiner Schadensersatzforderung gegen die Darlehenforderung aufrechne. Um diese Schadensersatzforderung zu beweisen, hat Y die Anordnung der Urkundenvorlage der Ringisho, die A ausgefertigt hat, beantragt. Der OGH hat erörtert, ob in diesem Falle „besondere Umstände" vorlägen und deren Existenz anerkannt, sowie die Vorlagepflicht des X bejaht. Als Gründe hierfür hat

---

(7) Man sagt, X sei befugt zur Abwicklungen und zum Einziehen der Schulden. Diese Einrichtung ist die im Jahr 1999 gegründete Aktiengesellschaft, die einen öffentlichen Zweck verfolgt. Ihre Aufgabe besteht darin, das Vermögen oder die Forderungen von insolventen Firmen zu kaufen und solches Vermögen zu verwalten und die Forderungen einzuziehen, um die Insolvenzerledigung sauber und ohne Schwiegkeiten durchzuführen.

der OGH die folgenden 3 Punkte zitiert:

(a) X ist eine auf gesetzliche Grundlage gegründete öffentliche Gesellschaft, die das Vermögen insolventer Unternehmen kauft, deren Vermögen verwaltet und darüber verfügt.

(b) Der Ausfertiger dieser Ringisho, die A, hat den gesamten Betrieb an X veräußert und ist nun selbst eine Liquidationsgesellschaft. Deshalb hat A in Zukunft keine Möglichkeit mehr, Kreditgeschäfte zu treiben.

(c) Die Abwechslung der Aktenbesitzer geschieht aufgrund der Betriebsübertragung.

Aufgrund dieser 3 Punkte hat der OGH entschieden, dass die Verhinderung der freien Willensgestaltung nicht zu befürchten sei, obwohl die vorliegende Ringisho an die Öffentlichkeit gebracht wurde.

3) Neulich hat der OGH[8] entschieden, dass die sog. innerbetrieblichen Bekanntmachungsschriftsätze die Unterlagen zur Benutzung des Inhabers der Urkunde nicht beträfen. In diesem Fall hat die Bank X von Y die Rückzahlung eines Darlehens von ca. 1,150,000,000 Yen (ca. 9,000,000 Euro) verlangt. Dagegen hat Y die Anordnung der Urkundenvorlage der sog. innerbetrieblichen Bekanntmachungsschriftsätze beantragt, die die zuständige Abteilung in der Hauptniederlassung der Bank den Filialleitern zugesendet hat (Fall 4). Der OGH hat unter Anführung des oben genannten OGH-Beschlusses (Fall 1) die Rechtsfrage detailliert erörtert und hierzu entschieden, dass die sog. innerbetrieblichen Bekanntmachungsschriftsätze diejenigen Schriftsätze seien, auf denen allgemeine Richtlinie und Ähnliches festgelegt seien; diese dienten nicht bloß zur Benutzung des Inhabers der Urkunde.

(3) Wenn man diese OGH-Beschlüsse analysiert, dann folgt der OGH in den Fällen 2 und 3 den grundsätzlichen Erörterungen des OGH in Fall 1. Im Anschluss daran hat der OGH im Fall 2 das Kriterium für „die besonderen Umstände" festegestellt: Die besonderen Umstände liegen vor, wenn der An-

---

(8) *OGH*, Beschluss, 17. 2. 2006, OGHZ Bd. 60, Nr. 2, S. 496.

tragsteller der Anordnung der Urkundenvorlage der Ringisho mit dem Inhaber der Akte gleichgezetzt werden kann. Dagegen hat der OGH im Fall 3 die unübersehbaren Nachteile für die Inhabersseite (z. B. die Verletzung der Privatsphäre oder der freien Willensgestaltung) dadurch gewürdigt und berücksichtigt, dass diese Unterlagen nicht an die Öffentlichkeit gebracht werden dürfen. Die Argumentation des OGH im Fall 2 ist indes nicht überzeugend. Der OGH führt nämlich aus, dass die fraglichen besonderen Umstände vorlägen, wenn der Antragsteller von der Anordnung der Urkundenvorlage im Hinblick auf die Benutzung der Ringisho mit dem Urkundeninhaber gleichgesetzt werden könne. Aber wenn der Beweisführer/Antragsteller eine solche Stellung einnähme, könnte die Vorlagepflicht des Akteninhabers direkt nach §220 Abs. 2[(9)] ganz leicht und ohne Umstände bejaht werden. Wenn man der Argumentation des OGH folgt, kann man sich den Fall, in dem „die besondere Umständen" vorliegen, kaum vorstellen. Im Ergebnis ist die Argumentation des OGH identisch mit den Fällen, in denen die Vorlagepflicht der Ringisho bejaht werden wird.

Im Fall 3 beschreitet der OGH grundsätzlich den gleichen Argumentationsweg, den der OGH bereits im Fall 1 eingeschlagen hat. Wenn z. B. eine in die Insolvenz geratene Bank auf ein anderes Kreditinstitut übergetragen wird, erleidet das Kreditinstitut als Übernehmer die Schwierigkeiten beim Kreditgeschäft, obwohl diese Betriebsübereignung einzig und allein aufgrund der Betriebsprobleme vollzogen wird. Diese Rechtsprechung sieht daher auch keinerlei Raum für die Anerkennung der Vorlagepflicht der Ringisho.

Im Fall 4 folgt der OGH den Voraussetzungen über die Unterlagen zur Benutzung durch den Inhaber, die der OGH im Fall 1 aufgezeigt hat. In beiden Fällen waren es die Banken, die die Urkunden ausgefertigt haben. Hierbei be-

---

(9) §220 lautet: In folgenden Fällen kann der Inhaber der Unterlage die Vorlage nicht verweigern.
Nr. 2: wenn der Beweisführer dem Inhaber der Unterlage die Übergabe oder die Einsicht verlangen kann.

zwecken sowohl die sog. innerbetrieblichen Bekanntmachungsschriftsätze als auch die Ringisho, dass diese Unterlagen nur innerbetrieblich benutzt werden und nicht an die Öffentlichkeit gehen. Trotzdem sind die Ergebnisse beider OGH-Beschlüsse vollkommen unterschiedlich. Der Grund hierfür könnte in folgenden Punkten liegen:

(a) Die Ringisho wird als die Akte zur Willensgestaltung des Unternehmens angesehen, während die sog. innerbetrieblichen Bekanntmachungsschriftsätze nicht als eine solche Akte zur Willensgestaltung des Unternehmens erfasst werden.

(b) Im Fall 1 dient die Ringisho als Akte, in der Kunden- und Bankvertraulichkeiten sowie Angaben über Know How festgelegt sind; solche Informationen findet man in den innerbetrieblichen Bekanntmachungsschriftsätzen hingegen nicht.

(c) Einerseits ist die freie Willensgestaltung des Unternehmens dann eingeschränkt, wenn die Ringisho an die Öffentlichkeit gebracht wird; andererseits ist die freie Willensgestaltung des Unternehmens nicht behindert, obwohl die sog. innerbetrieblichen Bekanntmachungsschriftsätze an die Öffentlichkeit gebracht werden[10]. Im Fall 4 könnte es auch je nach Einschätzung der konkreten Umstände möglich sein, dass die sog. innerbetrieblichen Bekanntmachungsschriftsätze allein zur Benutzung durch den Inhaber dienen sollen. Dagegen ist auch denkbar, dass die Ringisho, je nach Inhalt, nicht allein zur Benutzung durch den Inhaber der Unterlagen dienen soll. Der OGH-Beschluss im Fall 4 ist deshalb äußerst wichtig, weil dieser Beschluss die oben genannten Möglichkeiten verdeutlicht.

V Die verschiedenen Meinungen in der Literatur

Im Hinblick auf die Vorlagepflicht der Ringisho hat der Gesetzgeber der ja-

---

(10) Vgl. *Miki*, Hogaku-Kenkyu (rechtswissenschaftliche Forschung), Bd. 79, Nr. 10, S. 73, 80.

panischen Zivilprozessordnung erklärt, dass die Ringisho hauptsächlich zur Benutzung des Inhabers der ausgefertigten Unterlage dienen solle[11]. Das heißt, dass den Inhaber dieser Akte grundsätzlich keine Vorlagepflicht trifft.

In der Literatur sind hierzu dennoch vollkommen verschiedene Meinungen vertreten:

(1) Eine Meinung behauptet, dass die sog. Ringisho unbedingt und vor allem anderen zur hauptsächlichen Benutzung des Inhabers diene. Nach dieser Meinung ist die hauptsächlich zur Benutzung des Inhabers ausgefertigte Unterlage diejenige Unterlage, die zur Nutzung von diesem selbst oder von dessen Angestellten diene[12].

(2) Nach anderer Meinung bei der Entscheidung, ob die betreffende Unterlage zur hauptsächlichen Nutzung des Inhabers diene, ist es wichtig, ob von der Unterlage erwartet werde, dass sie an die Öffentlichkeit gebracht werden solle. Die Öffentlichkeit ist daher das Entscheidungskriterium im gerichtlichen Verfahren. In diesem Sinne ist im Hinblick auf die Ringisho in der Bank diese nicht gesetzlich dazu verpflichtet und die Akte wird nicht etwa ausgefertigt, um sie dem Finanzministerium oder der Nationalbank zu zeigen. Die Ringisho dient dann also hauptsächlich zur internen Nutzung als extra dafür ausgefertigte Unterlage[13].

(3) ITOH behauptet, dass man den Unterscheidungsgrund darin sehen könne, dass die Vorlagepflicht der Urkunden eine im Wesentlichen eingeschränkte Pflicht sei, wenn man entscheiden solle, ob die betreffenden Urkunden hauptsächlich zur internen Nutzung als dazu ausgefertigte Unterlage diene. Da das Volk alle zur Mitwirkung verpflichte, um die Gerechtigkeit in der Justiz zu verwirklichen, dürfe man bei der Entscheidung, ob die betreffende Urkunde hauptsächlich zur internen Nutzung diene, nicht nur von der subjek-

---

(11) Justizministerium Zivilabteilung, Q&A Neue Zivilprozessrecht (1996), S. 251.
(12) *Nakano*, Erklärung neue Zivilprozessordnung (1997), S. 53.
(13) *Shindo*, Kin. yu-Homu-Jijo (Journal des Finanzrechts), Nr. 1538, S. 7, 13; *Namiki*, Kin. yu-Homu-Jijo (Journal des Finanzrechts), Nr. 1562, S. 43.

tiven Absicht des Ausfertigers oder Inhabers ausgehen; man müsse vielmehr mehrere Umstände zu Rate ziehen. ITOH nennt hierzu folgende 3 Punkte als diejenigen Umstände, die man bei der Entscheidung, ob die betreffende Urkunde hauptsächlich zur internen Nutzung diene, berücksichtigen müsse:

(a) Die Unterlage, zu deren Ausfertigung eine gesetzliche Pflicht besteht, dient nicht nur internen Zwecken.

(b) Die Unterlage, auf denen der Ausfertiger den Prozess der Willensgestaltung aufgezeichnet hat, wie eine Sitzungsnotiz oder die Ringisho, soll vor der Vorlage möglichst weitreichend geschützt werden, wenn nicht erwartet wird, dass sie an die Öffentlichkeit dringen sollte. Aber wenn diese Unterlagen zur Entscheidung des streitigen Sachverhalts unentbehrlich sind und es keine anderen angemessenen Beweismitteln gibt, könnte es vertretbar sein, anzunehmen, dass die gerichtliche Wahrheitsfindung im Zivilprozess gegenüber dem Geheimnisschutz beim Prozess der Willensgestaltung bevorrechtigt wird und es sich nicht bloß um eine vornehmlich interne Ausfertigung handelt.

(c) Die Unterlage, bei der es sich um den Bericht eines Sachverhalts handelt, wie der Unfalluntersuchungsbericht, betrifft ebenso wie diejenige Unterlage, auf der der Prozess der Willensgestaltung aufgezeichnet ist, nicht die hauptsächlich zur internen Nutzung ausgefertigte Unterlagen, wenn die Ausfertigung vom Gesetz als verpflichtend festgeschrieben ist. In sonstigen Fällen kann die Vorlagepflicht bejaht werden, wenn die betreffende Unterlage nach dem Vergleich zwischen dem Beschreibungsinhalt der Unterlage und dem Gegenstand des Prozesses und der Wichtigkeit als Beweismittel als unentbehrlich angesehen wird, obwohl sie ursprünglich zum Zwecke einer Innenuntersuchung ausgefertigt worden ist [14].

(4) Es wird auch eine Meinung vertreten, nach der die Ringisho grundsätzlich nicht hauptsächlich zur internen Nutzung diene [15]. Nach dieser Mei-

---

(14) *Itoh*, Hogaku Kyokai Zasshi (Zeitschrift vom Verein zur Rechtswissenschaft), Bd. 114, Nr. 12, S. 1444.

nung beschränke sich der Bereich ausschließlich bzw. hauptsächlich interner Unterlagen auf solche, die die Privatsphäre betreffen (privates Tagebuch, Memorandum). Im Hinblick auf die sonstigen Unterlagen sei die Vorlagepflicht des Inhabers zu verneinen, wenn objektiv festgestellt sei, dass sie unter keinen Umständen an die Öffentlichkeit gebracht werde und dies normativ gerechtfertigt sei. Der Ansatzpunkt dieser Meinung liegt darin, dass der Begriff der hauptsächlich internen Nutzung vor allem den Schutz der Privatsphäre bezwecke und die Vorlagepflicht in der geltenden japanischen Zivilprozessordnung (§220 Nr. 4) als allgemeine Pflicht ausgestalte. Dazu betreffe die Ringisho nach ihrem Inhalt die Rechtsverhältnisunterlage nach §220 Nr. 3 oder die in §220 Nr. 4 geregelten Unterlagen.

VI Die Richtung der Auslegung in Japan

Wie ich oben skizziert habe, wird zurzeit in Japan über die Vorlagepflicht des Inhabers der Ringisho sowohl in der Rechtsprechung als auch in der Literatur äußerst lebhaft diskutiert. Daher drängt sich die Frage auf, welcher Ansicht der Vorzug einzuräumen ist.

Wenn man ganz allgemein die Anordnung der Urkundenvorlage erwähnt, ist es sehr wichtig, wie man die Werte zwischen der Forderung nach Wahrheitsfindung im Zivilprozess und derjenigen nach Vermeidung der Nachteile, die dem Inhaber oder anderen Leute durch die Vorlage der Urkunde entstehen können, ausbalanciert und zueinander ins Verhältnis setzt. Dies gilt freilich auch für die Anordnung der Urkundenvorlage der Ringisho.

Im Rahmen dieser Problemstellung glaube ich, dass der Ausfertigungszweck, nämlich zumeist die hauptsächlich interne Nutzung der Unterlagen, kein entscheidender Grund dafür sein kann, dass der interne Charakter der

---

(15) *Yamamoto*, NBL (New Business Law), Nr. 662, S. 30, 32.; so auch *Ueno*, Festschrift zum 70. Gebrutstag von Herrn Ryuichiro HARAI, S. 96, 109, 112 ff.; *Matsumoto/Ueno*, Zivilprozessrecht, 4. Aufl., Rdnr. 560a.

Unterlagen ohne Zweifel zu bejaht ist. Denn wenn diese Unterlagen der Wahrheitsfindung im Zivilprozess dienen, soll und muss der Zweck der Wahrheitsfindung Vorrang vor dem Ausfertigungszweck der Unterlage haben. Man sollte daher unabhängig von dem subjektiven Ausfertigungszweck der Unterlagen nach deren objektiven Inhalt entscheiden, ob die Öffentlichkeit der Unterlagen für den Inhaber oder für andere Dritte erhebliche Nachteile verursacht oder nicht.

Dass deren Ausfertigung gesetzlich verpflichtend ist, spielt bei der Entscheidung des Charakters zur hauptsächlich internen Nutzung ebenfalls keine Rolle. Bei der Entscheidung, ob die Vorlage der Urkunde angeordnet werden kann, sollte man ebenfalls allein danach urteilen, ob die Öffentlichkeit diesen Unterlagen nach deren Inhalt nachteilhafte Auswirkungen auf Inhaber oder Dritte beimisst.

Natürlich ist es nicht erlaubt, dass die Privatsphäre des Inhabers der Unterlagen oder die eines Dritten durch die Anordnung der Urkundenvorlage verletzt wird. Der Schutz der Privatsphäre ist eine verfassungsrechtlich verbürgte Forderung und ein Grundrecht, das das gesamte Volk genießt. Dieses Recht soll und muss auch im Zivilprozess geschützt werden. Deshalb ist die Anordnung der Urkundenvorlage zu verneinen, wenn private Angelegenheiten aus der Ausfertigung hervorgehen. Dies gilt folgerichtig auch für die sog. Ringisho. Lediglich dann, wenn durch den Inhalt der Unterlagen allein die Privatsphäre des Antragstellers betroffen ist, braucht man die Vorlage der Urkunde nicht zu verneinen, weil der Antragsteller auf den Vorteil des Schutzes der Privatsphäre verzichtet und diesen gerade hinter das Vorlageverlangen zurückstellt[16].

Es ist freilich umstritten, ob man die betreffenden Unterlagen, die vornehmlich zur internen Nutzung ausgefertigt wurden an die Öffentlichkeit bringen darf, wenn dadurch die freie Willensgestaltung der Gesellschaft oder

---

(16) So. Auch *Sekizawa*, Kin. yu-Homu-Jijo (Journal des Finanzrechts), Nr. 1531, S. 5

diejenige von beteiligten Dritten beeinflusst wird. Aber ich glaube, dass dies verneint werden sollte. Denn der OGH hat im Fall 1 erwähnt, dass auf der Ringisho normalerweise neben den Vertragsbedingungen, also der Darlehenssumme, dem Sicherheitsinhalt und der Gewinnaussicht der Bank, auch perönsliche Angaben zum Darlehensnehmer und die Möglichkeit der Finanzierung geschrieben stehen. Wenn diese Unterlagen allesamt an die Öffentlichkeit gebracht werden würden, kann eben dies die freie Willensgestaltung innerhalb der Bank in einem erheblichen Maße beeinflussen und einschränken[17]. Außerdem kann die Befürchtung auftauchen, dass durch die Öffentlichkeit der Umlaufakte die Finanzierungsmethoden der Bank bezüglich der Darlehensvergabe bekannt werden[18]. Denn alle diese Schriftsätze hängen direkt vom Bestehen oder Nichtbestehen des Darlehenvertrages ab. Diese Schriftsätze sind aber als Betriebsgeheimnis der Bank in diesem Bereich nach §220 Nr. 4 gerade vor der Öffentlichkeit geschützt[19]. Daneben wird auch erwähnt, dass die Tatsachen, die in der Ringisho niedergeschrieben werden, normalerweise nicht so wichtig seien wie die Betriebsgeheimnisse[20]. Je mehr man nämlich die Beschränkungsmöglichkeit der Willensgestaltung der Gesellschaft als ein Kriterium bei der Entscheidung, ob die betreffenen Unterlagen hauptsächlich der internen Nutzung dienen oder nicht, akzeptiert und als solches einordnet, desto wichtiger ist die Akte für die Bank, sodass deren Willensgestaltung durch das öffentliche Bekanntwerden erheblich eingeschränkt werden kann. Dies bedeutet, dass die für den Inhaber wichtigen Unterlagen nicht zum Gegenstand der Anordnung der Urkundenvorlage werden darf. Das Ergebnis erscheint mir in erheblichem Maße ungerechtfertigt. Im Hinblick auf die Unterlagen, die sich nicht unter §220 Nr. 4 c fassen lassen, kann man nach §220 Nr. 4 d die Anordnung der Vorlage

---

(17) *OGH*, Beschluss von 12. 11. 1999, OGHZ Bd. 53, Nr. 8, S. 1787.
(18) *Sekizawa*, a.a.O., S. 5.
(19) *Matsumoto/Ueno*, Zivilprozessrecht, 4. bearbeiteter Aufl., Rdnr. 560a.
(20) *Ueno*, a.a.O., Festschrift, S. 113; *Sekizawa*, a.a.O., S. 5.

solcher Unterlage auch nicht anerkennen.

VII Bezug zur Rechtslage in Deutschland aus japanischer Sicht

Soweit der Verfasser weiß, regelt die deutsche Zivilprozessordnung die Anordnung der Urkundenvorlage in den §422, §423 und §142 ZPO. In Deutschland hat der BGH erst vor kurzem über die Anordnung der Urkundenvorlage durch ein Urteil entschieden[21]. Der Kläger und seine Ehefrau hatten über Vermittler und Treuhänder zwei Eigentumswohnungen gekauft und zur Finanzierung ein Darlehen bei der beklagten Bank aufgenommen. Da sich der Zustand der Wohnungen als unzureichend erwies und die vom Verkäufer garantierten Mieteinnahmen nicht zu erzielen waren, verlangte der Kläger die Rücknahme der Immobilien und erzielte schließlich ein rechtskräftiges Urteil gegen die Verkäuferin auf Rückabwicklung des Kaufvertrages, freilich ohne großen wirtschaftlichen Nutzen, da die Verkäuferin mittlerweile insolvent geworden war. Der Kläger verlangte in dem schließlich zum BGH gelangten Prozess Schadensersatz von der kreditgebenden Bank, weil diese ihn schuldhaft nicht darüber informiert habe, dass der Wert der Wohnungen und die erzielbaren Mieten beim Verkauf weit überhöht angegeben worden sei. Landgericht und Oberlandesgericht wiesen die Klage ab, weil der Kläger die Voraussetzungen einer schuldhaften Verletzung der Aufklärungspflicht durch die Bank nicht habe nachweisen können. Es ging dabei u. a. darum, ob Mitarbeitern der Bank bekannt war, dass der Kaufpreis für die Eigentumswohnungen weit überhöht (und der Kaufvertrag daher sittenwidrig) war. Der Kläger hatte sich insoweit auf die Bewertungsunterlagen der Bank bezogen. Das Berufungsgericht hatte hierzu festgestellt, die Bank sei nach §§422, 423 ZPO nicht zur Vorlage dieser Unterlagen verpflichtet. Der BGH stimmte der Verneinung einer Vorlagepflicht nach §§422, 423 ZPO zwar zu, hob das

---

(21) Urteil des BGH vom 26. Juni 2007 - XI ZR 277/05.

Urteil aber dennoch auf, weil das Berufungsgericht nicht in Erwägung gezogen habe, der beklagten Bank die Vorlage dieser Unterlagen nach §142 Abs. 1 ZPO aufzugeben, also sein insoweit bestehendes Ermessen nicht ausgeübt habe.

Das OLG Frankfurt[22] hat vertreten, dass es dem Zweck des §142 Abs. 1 ZPO und der §§421 bis 423 ZPO entspricht, die Anordnung nach §142 Abs. 1 ZPO gegenüber der nicht beweisbelasteten Partei nur zuzulassen, wenn auch die Voraussetzungen einer Vorlagepflicht nach §§421 bis 423 ZPO gegeben sind[23].

Meiner Meinung nach legt das oben genannte OLG Frankfurt die Vorlagepflicht der Unterlage zu eng aus. Nach der Meinung des BGH ist die Bezugnahme durch eine Partei schon genug, um die Herausgabeanordnung zu verlangen. Dies könnte aber zu weit sein.

Sowohl die sog. Ringisho wie auch die Bewertungsunterlagen werden innerhalb der Bank ausgefertigt und die Bank ist materiellrechtlich dem Kunden gegenüber nicht dazu verpflichtet, sie herauszugeben. In diesem Fall werden die Bewertungsunterlagen (oder die Ringisho) nach der Erörterung des OLG Frankfurt im Prozess nicht vogelegt und es könnte möglich sein, dass die Warheitsfindung schwer bzw. unmöglich wird. §142 Abs. 1 S. 1 ZPO lautet: Das Gericht kann anordnen, dass eine Partei oder ein Dritter die in ihrem oder seinem Besitz befindlichen Urkunden und sonstigen Unterlagen, auf die sich eine Partei bezogen hat, vorlegt. Nach dieser Vorschrift braucht sich eine Partei nur auf sich zu beziehen, um die Anordnung der Urkundenvorlage zu verlangen. Dann aber könnten die Rechte des Inhabers der Unter-

---

(22) *OLG Frankfurt*, Urteil vom 18. Oktober 2006 - 1 U 19/06, OLG-Report Frankfurt 2007, 466.

(23) So. *Leipold*, Die gerichtliche Anordnung der Urkundenvorlage im reformierten deutschen Zivilprozess, Festschrift für Gerhardt (2004), S. 562, 580 ff.; *Stein/Jonas/Leipold* §142 Rdnr. 17 ff. Ebenso *Baumbach/Lauterbach/Hartmann*, ZPO, 65. Aufl. (§2007), §142 Rdnr. 6. – A. M. Wagner JZ 2007, 706, 710; *Zöller/Greger* ZPO, 26. Aufl. (2007), §142 Rdnr. 3; *Musielak/Stadler*, ZPO, 5. Aufl. (2007), §142 Rdnr. 7.

lagen leicht vereitelt werden, wenn man dem BGH folgte.

VIII Schlusswort

Im vorliegendem Beitrag habe ich die Problemlage über die Anordnung der Urkundenvorlage der Ringisho dargestellt, die Lage der Rechtsprechung und der Literatur präsentiert und meine Meinung hierzu kurz aufgezeigt. Die Vorschriften über die Urkundenvorlagepflicht sind in Deutschland und in Japan ziemlich unterschiedlicher Natur. Dementsprechend ist die Diskussion dieser Rectsfrage in beiden Ländern auch unterschiedlich. Ich hoffe aber dennoch, dass meine Darstellung der Rechtsprobleme etwas zum besseren länderübergreifenden Verständnis beitragen konnte.

オスカー・ハルトヴィーク先生略歴

1936年12月4日	ブラウンシュヴァイクで誕生
1958年 – 1962年	ミュンヘン大学およびハンブルク大学で法律学を学ぶ
1962年	1次国家試験合格
1966年	ハンブルクのマックスプランク外国・国際私法研究所助手
1967年	ハンブルク大学で法学博士号取得
1968年	第2次国家試験合格
1968年	テュービンゲン大学のエッサー教授の下で助手を務める
1970年 – 1974年	フォルクスワーゲン財団学術研究員
1975年	ハノーファー工科大学（後のハノーファー大学）教授
1976年	ハノーファー大学教授
2001年	逝去

オスカー・ハルトヴィーク先生主要文献目録

Monographien
Der Renvoi im deutschen Internationalen Vertragsrecht: A. Metzner, Frankfurt a. M/Berlin 1967 (Besprochen v. Neuhaus in: RabelsZ 33, 1969, S. 162 f.)

Geheime Materialien zur Kodifikation des deutschen Internationalen Privatrechts: mit Friedrich Korkisch, Hrsg. v. Max-Planck-Institut für ausländisches u. internationales Privatrecht, J. C. B. Mohr (Paul Siebeck), Tübingen 1973 (Besprochen v. Gerhard Kegel in: RabelsZ 39, 1975, S. 130-138)

Rechtstatsachenforschung im Übergang - Bestandsaufnahme zur empirischen Rechtssoziologie in der BRD
Hrsg. v. Stiftung Volkswagenwerk, Hannover 1975

Rechtstatsachenforschung und Kriminologie - Empirische Forschung in Zivil- und Strafrecht
Hrsg. v. Bundesministerium der Justiz, Bonn 1978

Die Entscheidung um Zivilprozeß: mit Hans Albrecht Hesse, Athenäum, Königstein 1981

Die Kunst des Sachvortrags im Zivilprozeß - Eine rechtsvegleichende Sutudie zur Arbeitsweise des englischen Pleading-Systems: D. F. Müller, Heidelberg 1988 (Besprochen v. Gerhard Kegel in: RabelsZ 54, 1990, S. 192-197)

Aufsätze
Die künstlerische Darbietung - Eine Entgegnung auf die Erwiderung von Dünnwald in GRUR 1970, 274ff.
In: Gewerblicher Rechtsschutz und Urheberrecht, April 1971, S. 144-148

Culpa in contrahendo als Korrektiv für „ungerechte" Verträge - Zur Aufhebung der Vertragsbindung wegen Vershuldens bei Vertragsabschluss, Juristische Schulung, Dez. 1973, S. 733-740

Das Einheitliche Kaufgesetz und der hypothetische Parteiwille, ZHR 138 (1974), S. 457-477

Der Gesetzgeber des EGBGB zwischen den Fronten heutiger Kollisionsrechts-Theorien, RabelsZ 42 (1978), S. 431-455

Die „Autonome Beweislast" der Wiener Konvention der Vereinten Nationen über den Internationalen Warenkauf von 1980 (CISG) - Eine komparative Fall-Studie zur einheitlichen Rechtsanwendung

Innovationsleistungen zivilrichterlicher Sachverhaltsarbeit, In: Harenburg/Podlech/Schlink (Hrsg.), Rechtlicher Wandel durch richterliche Entscheidung, Beiträge zu einer Entscheidungstheorie der richterlichen Innovation, Darmstadt 1980, S. 339-362

Vergleichendes zum Vergleich
In: W. Gottwald/W. Hutmacher/K. Roehl/D. Strempel (Hrsg.), Der Prozessvergleich, Bonn 1983, S. 163-177

Die Arbeitsleistung zwischen Anwälten und Richtern - Rehtsvergleichende Notizen zur professionellen Streitfixierung im Zivilverfahren, ZZP 96 (1983), S. 37-67

Die fachsprachliche Analyse und Übersetzung juristischer Texte - Ein interdisziplinäres Lehrprojekt für Anglisten und Juristen Mit D. Stark
In: C. Gnutzmann (Hrsg.), Fachbezogener Fremdsprachenunterricht, Tuebingen 1988, S. 174-188

Einheitliches UN-Kaufrecht (Wiener Kaufrecht) als Modell für japanisch-europäische Handelsbeziehungen, Zeitschrift für vergleichende Rechtswissenschaft (ZVglRWiss.) 88 (1989), S. 454-472

The Art of Framing the Case under English and German Rules of Pleading - A Comparative Case Study, japanische Übersetzung in Hogaku-Kenkyu 65 (1990), 57-78

Sphären der Darlegungslast von Software-Mängeln
In: M. Bartsch (Hrsh.), Software-Ueberlassung und Zivilprozess, Köln 1991, S. 1-23

オスカー・ハルトヴィーク先生主要文献目録

Vortrag vor Gericht - Bericht über eine Lehrveranstaltung zur Zivilrechtlichen Methodik der Entscheidung streitiger Sachverhalte im SS 1993
Hrsg. mit U. Stobbe (RA), Hannover University Press (Vogel), 161 S.

Prozessuale Aspekte einheitlicher Anwendung der Wiener UN-Konvention über den internationalen Warenkauf (CISG) - Eine Komparatistische Fall-Studie zur einheitlichen Rechtsanwendung, ZVglRWiss 92 (1993), S. 282-325

Die Klassifikation von Mobiliarsicherheiten im grenzüberschreitenden Handel - Zur verfahrensrechtlichen Qualifikation im Kollisionsrecht, RabelsZ 57 (1993), S. 607-642

Die Grenze der Erklärungspflicht des Soft-Ware-Mangels, japanische Übersetzung in Hogaku-Kenkyu 67 (1994), 94-117

Die Publizität von Mobiliarsicherheiten im deutschen, US-amerikanischen und japanischen Recht
In: ZIP 1994. S. 96-114

Rechtsvergleichendes zum Gegenstand der Anwaltshaftung, AnwBl. 45 (1995) S. 209-216

Anwartlicher Vortrag vor Gericht - Bericht über eine Lehrveranstaltung zur zivilrechtlichen Methodik der Entscheidung streitger Sachverhalte im SS 1995
Hrsg. mit Ch. Schwenker (RA), Hannover University Press (Vogel), 220 S.

Forum Schopping zwischen Forum Non Conveniens und „hinreichendem Inlandsbezug" -Ein realer Fall-Vergleich, JZ 51 (1996), S. 109-118

Preliminary Views of International Buisiness Transactions (IBT) - Seminar-Referate und Comparative Case Studies zum internationalen Wirtschaftsrecht aus dem SS 1996
Hrsg. mit L. Mistelis (Barr.), Hannover University Press (Vogel), 662 S.

Die schnellen Rechtsbehelfe - world-wide und notfalls ex proviso - in der Debatte um die Juristenausbildung und Anwaltsbezogenheit, JZ 1997, S. 381-397

Kollisionsrechtliches zur internationalen Abtretung – eine reale Reminiszens zu BGH ZIP 1997, 890, ZIP 51/52 1998, S. 2137-2144

Remedial Metamorphoses of Collateral at State Borders – Classifications of Security Interests on the Highways of International Commerce
In: Norton/Roever/Andenas (ed.), Emerging Financial Markets and Secured Transactions, 1998, S. 49-81

Die Globalisierung und die Justizministerinnen und -minister, AnwBl 2/99, S. 93-95

Ist der BGH der Globalisierung gewachsen? – Reformgedanken zur Juristenausbildung" Vortrag vom 9.7.1998, Elsa, Zusammenfassung veröeffentlicht in ELSA Bulletin 1999

Bedarf und Möglichkeiten provisorischer Eilverfügungen im E-Commerce – The mareva injunction at the very edge of what is permissable, mit Jens Grunert, ZIP 2000, S. 721-732

Prozeßreform und Summary Judgment – „Prognostisch-frühes" und „wahrheitser-härtet-spätes" Entscheiden, ZZPInt. 5 (2000), S. 19-58

Basic Documents on E-Commerce
In: The Law School Press (Vogel), Hannover 2000, 684 S.

Pleading Actions and Defences under Foreign Law
In: Ian Fletcher/Loukas Mistelis/Marise Cremona (eds), Foundation and Perspectives of International Trade Law, London 2001 (Sweet & Maxwell), S. 173-192

Auslandsurteile um Wirkungsvergleich
In: Hagen Hof/ Martin Schule (Hrsg.), Wirkungsforschung zum Recht III – Folgen von Gerichtsentscheidungen, Baden=Baden 2001 (Nomos), S. 151-165

Schmitthoff-Symposium „Law and Trade in the 21st Century" vom 1. bis 3. Juni 2000 in London, ZVglRWiss. 100 (2001), S. 216-222

International trade law und die deutsche Justiz – Nebst Case Study zum Renvoi durch Qualifikation im Rechtsvergleich, ZVglRWiss. 101 (2002), S. 434-470

■ 執筆者紹介 ■

石 渡　　哲（いしわた　さとし）
　1948 年 3 月生まれ
　1970 年 3 月　慶應義塾大学法学部法律学科卒業
　1975 年 3 月　同大学大学院法学研究科民事法学専攻博士課程単位取得満期退学
　1975 年 4 月　防衛大学校社会科学教室講師
　1977 年 8 月〜1979 年 3 月　アレキサンダー・フォン・フンボルト財団奨学生として，ドイツ連邦共和国ザールラント大学留学
　1979 年 10 月　防衛大学校社会科学教室助教授
　1989 年 10 月　同大学校社会科学教室教授
　2000 年 4 月　防衛大学校人文社会科学群教授（防衛大学校内の機構改変に伴う所属の変更）（現在）
〈主要著作〉
『執行契約の研究』（慶應通信，1978 年）
『シュタットプラン法学』（共著，成文堂，2005 年）
『EU の国際民事訴訟法判例』（共編著，信山社，2005 年）

小 田　　司（おだ　つかさ）
　1963 年 8 月生まれ
　1990 年 3 月　日本大学大学院法学研究科博士前期課程修了
　1996 年 2 月　ドイツ・ヨハネス・グーテンベルク（マインツ）大学にて法学博士号を取得
　1996 年 4 月　ドイツ・フィーリップス（マールブルク）大学法学部講師
　1997 年 4 月　日本大学国際関係学部専任講師
　2001 年 4 月　同助教授
　2002 年 6 月　同大学法学部助教授
　2006 年 4 月　日本大学法学部教授（現在）
〈主要著作〉
『Die Prozeßähigkeit als Voraussetzung und Gegenstand des Verfahrens』（Carl Heymanns Verlag KG, 1997）
「Überlegungen zur Prozessfähigkeit von Ausländern」（FS Konzen, Mohr Siebeck, 2006）
「渉外訴訟における当事者適格」日本法学 73 巻 1 号（2007 年）
「外国人の当事者能力及訴訟能力」日本法学 73 巻 2 号（2007 年）

永 田　　誠（ながた　まこと）
　1935 年 5 月生まれ
　1959 年 3 月　日本大学法学部卒業
　1961 年 3 月　同大学大学院法学研究科私法学専攻，法学修士
　1963 年 12 月　同大学助手法学部勤務
　1969 年 4 月　同大学法学部専任講師
　1975 年 6 月　弁護士登録
　1975 年 9 月　西ドイツ（当時）デュッセルドルフ市で弁護士

1978 年 4 月　日本大学法学部助教授
1985 年 4 月　同大学法学部教授
2005 年 4 月　日本大学大学院法務研究科教授
2008 年 9 月　任期満了により退職
2009 年 4 月　日本大学大学院法学研究科非常勤講師（現在）
〈主要著作〉
「いわゆる「国籍唯一の原則」は存在するか」日本法学 51 巻 4 号（1986 年）
『ドイツ動産担法──概観と基本的思惟』（共著，テイハン，1998 年）
「動産譲渡に係る登記制度の創設について」日本法学 70 巻 2 号（2004 年）
「日本における消滅時効法」（共著，信山社，2006 年）

芳賀雅顯（はが　まさあき）
1966 年 9 月生まれ
1989 年 3 月　明治大学法学部卒業
1992 年 3 月　早稲田大学大学院法学研究科修士課程修了
1995 年 3 月　慶應義塾大学大学院法学研究科博士後期課程単位取得退学
1995 年 4 月　ドイツ・レーゲンスブルク大学留学（DAAD，1996 年 3 月まで）
1996 年 4 月　明治大学法学部助手
1998 年 4 月　同大学法学部専任講師
2003 年 3 月　ドイツ・レーゲンスブルク大学留学（フンボルト財団，2005 年 3 月まで）
2003 年 4 月　明治大学法学部助教授，准教授を経て
2008 年 4 月　明治大学法学部教授（現在）
〈主要著作〉
『EU の国際民事訴訟法判例』（共著，信山社，2005 年）
『戦後の司法制度改革』（共著，成文堂，2007 年）
Das europäische Insolvenzrecht aus der Sicht von Drittstaaten, in: Gottwald (Hrsg.), Europäisches Insolvenzrecht/Kollektiver Rechtsschutz, 2008, S. 169 ff.
「国際民事訴訟における判決の抵触と公序」『慶應の法律学（民事手続法）』（慶應義塾大学出版会，2008 年）

石川　明（いしかわ　あきら）
1931 年 11 月生まれ
1954 年 3 月　慶應義塾大学法学部卒業
1956 年 3 月　同大学大学院法学研究科修士課程修了
1956 年 4 月　同大学法学部助手
1961 年 4 月　同大学法学部助教授，1966 年 3 月　法学博士
1966 年 4 月　同大学法学部教授
1995 年 4 月　朝日大学大学院法学研究科教授
2007 年 4 月　愛知学院大学大学院法務研究科教授（現在）
〈主要著作〉
『訴訟上の和解の研究』（慶應義塾大学法学研究会，1966 年）
『ドイツ強制執行法研究』（成文堂，1977 年）
『民事調停と裁判上の和解』（一粒社，1979 年）
『ドイツ強制執行法の改正』（信山社，1998 年）

執筆者紹介

大濱しのぶ（おおはま　しのぶ）
 1985 年 3 月　慶應義塾大学法学部卒業
 1987 年 4 月　大月短期大学専任講師
 1993 年 4 月　同短期大学助教授
 2002 年 4 月　近畿大学法学部助教授
 2005 年 4 月　岡山大学法学部教授（2006 年 4 月より同大学大学院社会文化科学研究科所属，2007 年 4 月より法務研究科兼任）
 2008 年 9 月　関西学院大学法学部教授（現在）
〈主要著作〉
『フランスのアストラント──第二次世界大戦後の展開』（信山社，2004 年）
「間接強制と他の執行方法の併用の許否──間接強制と代替執行の併用が問題となった事例を手掛かりとして」判例タイムズ 1217 号（2006 年）
「間接強制決定に関する覚書──強制金の額及び期間を中心に」小島武司先生古稀祝賀『民事司法の法理と政策（上）』（商事法務，2008 年）

小西飛鳥（こにし　あすか）
 1966 年生まれ
 1990 年 3 月　国際基督教大学教養学部社会科学科卒業
 1995 年 3 月　慶應義塾大学博士課程民事法学専攻単位取得満期退学
 1997 年 9 月　Trier 大学法経学部修士課程修了
 1997 年 10 月　平成国際大学法学部専任講師，助教授を経て
 2003 年 4 月　平成国際大学法学部准教授（現在）
〈主要著作〉
「ドイツの不動産法における実質的審査主義」法学政治学論究 23 号 305 頁以下（1994 年）
「ドイツの不動産取引における公証人の責任と義務」公証法学 29 号 65 頁以下（2000 年）
「ドイツ債務法改正がドイツの不動産取引に与えた影響──不動産の瑕疵を中心に──」平成法政研究 12 巻 2 号 55 頁以下（2008 年）

我妻　学（わがつま　まなぶ）
 1960 年 9 月生まれ
 1983 年 3 月　早稲田大学法学部卒業
 1988 年 3 月　一橋大学大学院法学研究科博士課程修了，同大学助手
 1988 年 9 月　東京都立大学法学部助教授
 2003 年 9 月　同大学法学部教授
 2005 年 4 月　首都大学東京法科大学院教授（現在）
〈主要著作〉
「イギリス（イングランド・ウエールズ）における法曹制度改革の試み」法学会雑誌 49 巻 2 号（2009 年）
「民事法律扶助の意義と機能」小島武司先生古稀記念論文集『民事司法の法理と政策 下巻』256 頁～302 頁（商事法務，2008 年）
「破産管財人の職責と善管注意義務」川井健先生傘寿記念論文集『取引法の変容と新たな展開』（日本評論社，2007 年）

執筆者紹介

蒲　俊郎（かば　としろう）
　1960年9月生まれ
　1985年3月　慶應義塾大学法学部法律学科卒業
　1993年4月　弁護士登録（第二東京弁護士会所属）
　1998年9月　桐蔭横浜大学法学部非常勤講師
　2003年6月　城山タワー法律事務所設立代表弁護士（現在に至る）
　2003年9月　桐蔭横浜大学法学部客員教授
　2005年4月　桐蔭横浜大学法科大学院専任教授（現在）
〈主要著作〉
『第三世代ネットビジネス～成功する法務・技術・マーケティング』（文芸社，2003年）
『新・第三世代ネットビジネス～新たな潮流に対応できる法務・マーケティング』（文芸社，2005年）

櫻井雅夫（さくらい　まさお）
　1935年1月生まれ
　1958年3月　慶應義塾大学法学部卒業
　1960年3月　同大学文学部卒業，（特殊法人）アジア経済研究所入所
　1980年6月　青山学院大学法学部助教授
　1984年4月　同大学国際政治経済学部教授
　1992年4月　慶應義塾大学総合政策学部教授
　1994年4月　同大学法学部兼担
　1999年4月　獨協大学法学部教授
　2004年4月　同大学院法務研究科兼担
　2005年3月　同大学退職
　2005年4月　青山学院大学WTO研究センター研究員（現在）
〈主要著作〉
『国際経済法研究』（東洋経済新報社，1977年）
『国際経済法の基本問題』（慶應義塾大学出版会，1983年）
『国際経済法〔新版〕』（成文堂，1997年）

赤松耕治（あかまつ　こうじ）
　1964年1月生まれ
　1986年3月　慶應義塾大学法学部法律学科卒業
　1988年3月　同大学大学院法学研究科修士課程民事法学専攻修了
　1988年4月　富士通株式会社入社
　1993年6月　財団法人知的財産研究所(出向)研究員（～1995年）
　2004年4月　福島大学人間発達文化学類非常勤講師（情報法）（～2006年）
　2004年　　情報技術産業協会法務・知的財産権委員会経済法規委員会委員長（～2009年）
　2007年1月　富士通株式会社法務・知的財産権本部法務部担当部長
　2007年12月　富士通株式会社知的財産権本部知的財産戦略室担当部長（現在）
〈主要著作〉
『知的財産と無形資産の評価』（共訳，中央経済社，1996年）
「企業法務からみた今後の知的財産制度」知財研フォーラム48号（2002年）
「米国における不正競争行為規整の概観」知財管理53巻4号，5号（共著，2003年）

執筆者紹介

矢野公子（やの　きみこ）

　1958 年 1 月生まれ
　1980 年 3 月　慶應義塾大学文学部文学科英米文学専攻卒業
　2004 年 3 月　同大学大学院法学研究科民事法学専攻修士課程修了
　1985 年 12 月　弁理士登録，その後 2005 年 10 月まで都内大手特許事務所に勤務
　2005 年 11 月　矢野公子特許事務所開設（現在に至る）
　2006 年 1 月　特定侵害訴訟代理業務付記登録
〈主要著作〉
『米国商標法・その理論と実務 Q&A 方式による理論解説』（共同執筆，経済産業調査会創英知的財産研究所，2004 年）
"Trademarks Throughout the World" Chapter 82 Japan（Thomson West, New York, 2004 年）
『巻き込まれ型社会における商標戦略—電子情報通信業界の傾向—』（社団法人電子情報通信学会（IEICE）基礎・境界ソサイエティ，技術と社会・倫理研究会，2007 年）
『商標法研究』（共著，池田書店，2008 年）

籾山錚吾（もみやま　そうご）

　1943 年 10 月生まれ
　1968 年 3 月　愛知大学法経学部卒業
　1975 年 9 月　東京大学大学院博士課程修了（法学博士）
　1973 年 4 月　東京理科大学理工学部専任講師
　1976 年 4 月　同大学理工学部助教授
　1987 年 4 月　朝日大学法学部教授（現在）
　1992 年 4 月　同大学大学院教授（兼任）
〈主要著作〉
『地方公務員勤務法』（第一法規，1987 年）
『EURO』（国際取引法研究所，1998 年）
『公勤務者争議法の研究』（法制研究所，2006 年）
「アスベスト疾病と医師の責任」（独法産業健康，2008 年）

入稲福　智（いりいなふく　さとし）

　1991 年 3 月　慶應義塾大学法学部法律学科卒業
　1993 年 3 月　同大学大学院法学研究科修士課程修了
　1993 年 10 月　ドイツ連邦共和国ザールラント大学法経学部助手
　1997 年 4 月　ドイツ連邦共和国トリア大学法学部講師
　1998 年 4 月　平成国際大学法学部専任講師，2001 年 4 月助教授を経て
　2008 年 4 月　平成国際大学法学部准教授（現在）
〈主要著作〉
「管轄および執行に関する EEC 条約（EuGVÜ）第 1 条第 1 項の「民事事件」の概念に関して」ゲルハルト・リュケ教授退官記念『民事手続法の改革』433〜466 頁（信山社，1995 年）
「WTO 諸協定に照らした法令審査に関する EU 理事会の見解」櫻井雅夫先生古稀記念論集『国際経済法と地域協力』539〜553 頁（信山社，2004 年）

「EU・EC による安保理決議の実施と司法救済に関する再考」平成法政研究 13 巻 1 号 1 〜 52 頁（2008 年）

青柳 由香（あおやぎ ゆか）
    2006 年 4 月   （財）知的財産研究所特別研究員（〜 2007 年 3 月）
    2009 年 3 月   早稲田大学大学院法学研究科博士後期課程満期退学
    2009 年 4 月   北海道大学大学院法学研究科文部科学省グローバル COE プログラム「多元分散型統御を目指す新世代法政策学」博士研究員（現在）
〈主要著作〉
「一般的経済利益のサービスの『阻害』に関する判例法理の展開と 86 条 2 項の機能」日本国際経済法学会年報 16 号 205 頁（2007 年）
「EC 委員会の公共サービス事業に関する規制政策の展開」土田和博・須網隆夫編『政府規制と経済法：規制改革時代の独禁法と事業法』73 頁（日本評論社，2006 年）

鈴木 秀美（すずき ひでみ）
    1959 年 9 月生まれ
    1982 年 3 月   慶應義塾大学法学部卒業
    1990 年 3 月   同大学法学研究科博士単位取得退学
    1987 年 10 月〜 1990 年 9 月   ドイツ留学（ゲーテ・イスティトゥート，ケルン大学）
    1991 年 4 月   慶應義塾大学新聞研究所研究員
    1992 年 4 月   北陸大学法学部講師
    1996 年 4 月   同大学法学部助教授
    1998 年 4 月   広島大学法学部助教授
    2001 年 4 月   同大学法学部教授（2002 年 4 月〜 9 月東京大学社会情報研究所教授を併任）
    2002 年 10 月   日本大学法学部教授
    2004 年 4 月   大阪大学大学院高等司法研究科教授（現在）
〈主要著作〉
『放送の自由』（信山社，2000 年）
『放送法を読みとく』（共著，商事法務，2009 年）
『ドイツの憲法判例 3』（共著，信山社，2008 年）
『ヨーロッパ人権裁判所の判例』（共著，信山社，2008 年）

工藤 敏隆（くどう としたか）
    1972 年 2 月生まれ
    1993 年 10 月   司法試験合格
    1994 年 3 月   慶應義塾大学法学部法律学科卒業，司法修習生（第 48 期）
    1996 年 4 月   弁護士登録（東京弁護士会）
    2002 年 6 月   米国ワシントン大学法科大学院修士課程修了（LL. M. in Asian and Comparative Law）
    2006 年 4 月   東京法務局訟務部付
    2007 年 4 月   法務省大臣官房民事訟務課付（現在）
    2009 年 3 月   米国ワシントン大学法科大学院博士課程修了（Ph. D. in Asian and Comparative Law）

執筆者紹介

〈主要著作〉
「DIP ファイナンスの一層の活性化へ向けての提言—K マートとマイカルの再建手続の比較を通して—」立命館法学 291 号 301 頁（2004 年）
「米国特許訴訟第一審手続の現状と展望—及び若干の比較法的考察」司法研修所論集 115 号 123 頁（2006 年）
「特許侵害訴訟における特許の有効性判断に関する諸問題」法学政治学論究 69 号 1 頁（2006 年）
「倒産解除条項の倒産手続における効力」法学政治学論究 81 号 1 頁（2009 年）

三 上 威 彦（みかみ　たけひこ）
　1952 年 4 月生まれ
　1975 年 3 月　慶應義塾大学法学部法律学科卒業
　1978 年 3 月　同大学大学院法学研究科修士課程修了
　1981 年 3 月　同大学大学院法学研究科博士課程単位取得退学
　1983 年 7 月　法学博士（慶應義塾大学）
　1983 年 4 月　横浜市立大学商学部助教授
　1994 年 4 月　同大学商学部教授
　2004 年 4 月　慶應義塾大学大学院法務研究科教授（現在）
〈主要著作〉
『ドイツ倒産法改正の軌跡』（成文堂，1995 年）
『比較裁判外紛争解決制度』（共著，慶應義塾大学出版会，1997 年）
„Reform der Juristenausbildung in Japan" Zeitschrift für Zivilprozess International (ZZPint.) 10. Band 2005, S. 359-370 (Carl Heymanns Verlag, 2005 年)

ボーダレス社会と法

オスカー・ハルトヴィーク先生追悼

2009(平成21)年7月30日　第1版第1刷発行

編　者　石川明・永田誠・三上威彦
発行者　今井貴・渡辺左近
発行所　株式会社　信　山　社
〒113-0033　東京都文京区本郷6-2-9-102
Tel 03-3818-1019　Fax 03-3818-0344
info@shinzansha.co.jp
出版契約 No.2009-2623-01010　Printed in Japan

©石川明・永田誠・三上威彦, 2009. 印刷・製本／松澤印刷・渋谷文泉閣
ISBN978-4-7972-2623-2 C3332 分類327.215-d001 民事訴訟法・その他
2623-01010：p488：b550：P12000《禁無断複写》

小山昇著作集1　訴訟物の研究／小山　昇
小山昇著作集2　判決効の研究／小山　昇
小山昇著作集3　訴訟行為・立証責任・訴訟要件の研究／小山　昇
小山昇著作集4　多数当事者訴訟の研究／小山　昇
小山昇著作集5　追加請求の研究／小山　昇
小山昇著作集6　仲裁の研究／小山　昇
小山昇著作集7　民事調停・和解の研究／小山　昇
小山昇著作集8　家事事件の研究／小山　昇
小山昇著作集9　保全・執行・破産の研究／小山　昇
小山昇著作集10　判決の瑕疵の研究／小山　昇
小山昇著作集11　民事裁判の本質を探して／小山　昇
小山昇著作集12　よき司法を求めて／小山　昇
小山昇著作集13　余録・随想・書評／小山　昇
小山昇著作集14（別巻1）　裁判と法／小山　昇
小山昇著作集15（別巻2）　法の発生／小山　昇
◇小山昇著作集（全15巻セット）／小山　昇
―　―

民事訴訟法概史／アルトゥール・エンゲルマン 小野木常・中野貞一郎 編訳
訴訟における時代思潮(クライン)//民事訴訟におけるローマ的要素とゲルマン的要素
(キヨヴェンダ)／クライン・フランツ//キヨベェンダ・ジウゼッペ　中野貞一郎 訳
谷口安平著作集3　民事紛争処理／谷口安平
谷口安平著作集4　民事執行・民事保全・倒産処理（上）／谷口安平
民事訴訟法文献立法資料総目録[戦前編]／信山社編集部
倒産法研究／福永有利
民事紛争解決手続論／太田勝造
民事訴訟審理構造論／山本和彦
フランスのアストラント／大濱しのぶ

信山社

EU法・ヨーロッパ法の諸問題〔石川明教授古稀記念論文集〕／櫻井雅夫 編集代表
EU法の現状と発展〔ゲオルク・レス教授65歳記念論文集〕／石川明 編集代表
国際経済法と地域協力〔櫻井雅夫先生古稀記念論集〕／石川明 編集代表
EUの国際民事訴訟法判例／石川明・石渡哲 編
ドイツ強制執行法の改正／石川明
ドイツ強制執行法と基本権／石川明

― ― ―

対話型審理／井上正三・高橋宏志・井上治典 編
新民事訴訟法論考／高橋宏志
民事手続の実践と理論／井上治典
多数当事者の訴訟／井上治典
フランス民事訴訟法の基礎理論／徳田和幸
複雑訴訟の基礎理論／徳田和幸
証明責任の分配［新版］／松本博之

― ― ―

基本講義民事訴訟法［新装補訂版］／小島武司・小林学
基本演習民事訴訟法／小島武司・小林学

― ― ―

法学六法'09
標準六法'09

石川明・池田真朗・宮島司・安冨潔・三上威彦・大森正仁・三木浩一・小山剛 編集代表

信山社

◇学術選書◇

1	太田勝造	民事紛争解決手続論(第2刷新装版)	6,800円
2	池田辰夫	債権者代位訴訟の構造(第2刷新装版)	続刊
3	棟居快行	人権論の新構成(第2刷新装版)	8,800円
4	山口浩一郎	労災補償の諸問題(増補版)	8,800円
5	和田仁孝	民事紛争交渉過程論(第2刷新装版)	続刊
6	戸根住夫	訴訟と非訟の交錯	7,600円
7	神橋一彦	行政訴訟と権利論(第2刷新装版)	8,800円
8	赤坂正浩	立憲国家と憲法変遷	12,800円
9	山内敏弘	立憲平和主義と有事法の展開	8,800円
10	井上典之	平等権の保障	続刊
11	岡本詔治	隣地通行権の理論と裁判(第2刷新装版)	9,800円
12	野村美明	アメリカ裁判管轄権の構造	続刊
13	松尾 弘	所有権譲渡法の理論	続刊
14	小畑 郁	ヨーロッパ人権条約の構想と展開〈仮題〉	続刊
15	岩田 太	陪審と死刑	10,000円
16	安藤仁介	国際人権法の構造〈仮題〉	続刊
17	中東正文	企業結合法制の理論	8,800円
18	山田 洋	ドイツ環境行政法と欧州(第2刷新装版)	5,800円
19	深川裕佳	相殺の担保的機能	8,800円
20	徳田和幸	複雑訴訟の基礎理論	11,000円
21	貝瀬幸雄	普遍比較法学の復権	5,800円
22	田村精一	国際私法及び親族法	9,800円
23	鳥谷部茂	非典型担保の法理	8,800円
24	並木 茂	要件事実論概説	9,800円
25	椎橋隆幸	刑事訴訟法の理論的展開	続刊
26	新田秀樹	国民健康保険の保険者	6,800円
28	戸部真澄	不確実性の法的制御	8,800円

◇総合叢書◇

1	甲斐克則・田口守一編	企業活動と刑事規制の国際動向	11,400円
2	栗城壽夫・戸波江二・古野豊秋編	憲法裁判の国際的発展Ⅱ	続刊
3	浦田一郎・只野雅人編	議会の役割と憲法原理	7,800円
4	兼子仁・阿部泰隆編	自治体の出訴権と住基ネット	6,800円
5	民法改正研究会編(代表 加藤雅信)	民法改正と世界の民法典	12,000円

◇法学翻訳叢書◇

1	R.ツィンマーマン	佐々木有司訳 ローマ法・現代法・ヨーロッパ法	6,600円
2	L.デュギー	赤坂幸一・曽我部真裕訳 一般公法講義	続刊
3	D.ライポルト	松本博之編訳 実効的権利保護	12,000円
4	A.ツォイナー	松本博之訳 既判力と判決理由	6,800円
9	C.シュラム	布井要太郎・滝井朋子訳 特許侵害訴訟	6,600円

価格は税別